自主知识体系丛书 手册系列

Books of Independent Knowledge System Handbook Series

任少波　总主编

Handbook of
Silk Road

丝绸之路
知识手册

刘进宝　罗　帅　主编

ZHEJIANG UNIVERSITY PRESS

浙江大学出版社

·杭州·

图书在版编目（CIP）数据

丝绸之路知识手册 / 刘进宝，罗帅主编. -- 杭州：
浙江大学出版社，2025.3. --（自主知识体系丛书）.
ISBN 978-7-308-25805-0

Ⅰ. K928.6-62

中国国家版本馆 CIP 数据核字第 20259AK417 号

丝绸之路知识手册

刘进宝　罗　帅　主编

出 品 人	吴　晨
总 编 辑	陈　洁
特邀总监	褚超孚
项目统筹	徐　婵
责任编辑	蔡　帆
责任校对	吴　庆
封面设计	程　晨
出版发行	浙江大学出版社
	（杭州市天目山路 148 号　邮政编码 310007）
	（网址：http://www.zjupress.com）
排　　版	浙江大千时代文化传媒有限公司
印　　刷	杭州宏雅印刷有限公司
开　　本	710mm×1000mm　1/16
印　　张	21.25
字　　数	358 千
版 印 次	2025 年 3 月第 1 版　2025 年 3 月第 1 次印刷
书　　号	ISBN 978-7-308-25805-0
定　　价	98.00 元

总　序

习近平总书记指出："加快构建中国特色哲学社会科学，归根结底是建构中国自主的知识体系。"这一科学论断体现了扎根中国繁荣发展哲学社会科学、探索人类文明新形态的规律性认识，为新时代我国高校哲学社会科学勇担历史使命、服务中国式现代化建设提供了根本遵循。

在"两个大局"交织演变的时代背景下，党和国家对哲学社会科学发展提出了更高的要求，期待其在理论引领、学理阐释、话语传播、智力支撑等方面发挥更大的作用。当代中国正经历着我国历史上最为广泛而深刻的社会变革，以及最气势恢宏的理论与实践创新，亟须加快哲学社会科学体系的自主性、引领性建构，建立起具有时代特征的学科体系、学术体系和话语体系，以反映中国国情和历史深度，进而指导中国现实发展，推动文明交流互鉴。

建构中国自主知识体系是为人类文明不断创造和积累新知识，为人类文明新形态不断开辟理论新视野和实践新高度的战略之举。所以，我们需要在人类知识图景的历史与时代视野中通达普遍性意义，在新的时代条件下凝练基于中国经验、中国道路、中国问题的学术概念、理论和思想，提出体现中国立场、中国智慧、中国价值的理念、主张和方案。

学术思想是自主知识体系核心的理论集成，既要有"致广大"的世界视野，也要有"尽精微"的现实关怀。没有宏阔普遍的世界历史作为参照，学术思想难以作为独特经典影响时代发展；没有经国序民的家国情怀作为底蕴，学术思想难以成为治理良策"为人民做学问"。对此，我们一方面要沿循学科化逻辑，聚焦人类知识共同的创新突破需求，借鉴其他国家优秀的学术创新成果，不断推进世界的中国学研究，以"人类知识的总和"为视野建构自主知识体系；另一方面也要立足中国式现代化的实践图景，科学阐释中国式现代化实践中的重大思想、典型案例、创新经验等，为当代中国人"安身立命"的现世生活提供智识支持。

为回应总书记的关切，浙江大学提出要建成服务中国自主知识体系建构的战略基地,系统谋划推出"自主知识体系丛书",包括手册系列、案例系列、外译系列。手册系列提炼中国特有范畴与独创性理论,案例系列聚焦中国式现代化的伟大实践,外译系列推动中国学术思想和优秀传统文化"走出去"。

其中,手册,即学科手册,正是浙江大学探索建构自主知识体系的一个重要突破口。学科手册,是一种集工具查阅、学科知识脉络梳理和学术前沿拓展等功能于一体的著作方式,面向专业领域之外更广泛的阅读受众,旨在提供特定学科领域的学科历史、知识结构、研究方法和研究前景的评述性介绍,具有学术意义、育人意义和传播意义。

我们认为,学科手册具有以下特性:

一是兼具权威性和前沿性。手册的编写者是该学科领域具有重要影响的专家学者,与一般的教科书相比,手册的回溯性较弱,时新性较强,在学科定位、理论依据、研究范畴、基本概念、研究路径、价值追求等方面都作出积极的探索,进行深度呈现和"讲解",并且关注学术前沿动态,随着学科发展不断修订、及时更新。

二是兼具通用性和创新性。手册兼顾全球视野和中国特色,建立东西方学术之间的交流对话,凝结共识;手册既有历史叙述又有理论阐释,尤其注重对学科基本规范概念的再阐释、对标识性概念的再提炼;手册"又泛又新",强调在评述介绍中提出引领学术话语走向的新议题。

三是兼具整体性和独特性。与偏向条目式编排的大部分辞典类实用型工具书不同,手册更加重视在体系上呈现出对学科内容的全景式的整体观照,以紧密的内部逻辑关系构建章节,以独特的学术视角切入研究内容,相互勾连,在构建完整知识生态体系的同时呈现出多样化的研究思路、学术观点和研究体系。

学科手册作为中国自主知识体系的重要载体,在一定程度上构成了自主知识体系建构的基础材料。其所呈现的国际通行的学科知识框架和研究规范,为学术对话、知识传播提供了必要条件,可以作为自主知识体系建构工作的一个突破口。编写学科手册本身就是总结中国经验、凝练中国方案、建构自主知识体系的过程。

中国式现代化道路和人类文明新形态的伟大实践不仅为理论创新、学术发展注入了强大活力,也为建构中国自主的知识体系提供了广阔空间。面对世界格局深刻变化的背景,"自主知识体系丛书"手册系列与时俱进,在习近平新时代中国特色社会主义思想指导下,紧扣服务中国自主知识体系建构这一核心任务,以中国实践为着力点,以铸魂育人为出发点,聚焦重大前沿问题,总结经验、提炼观点,做出独创性贡献,希望本系列手册能为中国自主的知识体系建构和话语创新添砖加瓦,以此回答"世界怎么了""人类向何处去"的中国之问、世界之问、人民之问、时代之问。

感谢全国哲学社会科学工作办公室、教育部对浙江大学哲学社会科学发展的指导,感谢浙江省委宣传部、浙江省社会科学界联合会的大力支持,感谢学校社会科学研究院、本科生院、研究生院、出版社等相关职能部门的有力组织,感谢各位作者的辛勤付出以及校内外专家学者的宝贵建议。书中难免有不尽完善之处,敬请读者批评指正。

任少波

二〇二五年三月

目　录

上编　丝绸之路的路线、廊道与城镇

引言:"丝绸之路"的提出及其学科概念

"丝绸之路"有狭义和广义之分。狭义的"丝绸之路"是指起始于古代中国长安,通过甘肃河西走廊和今天的新疆地区,越过帕米尔高原,进入中亚、伊朗等地,连接亚洲、欧洲的交通和商业贸易路线。广义的"丝绸之路"已经成为古代东、西方之间经济、文化交流的代名词,即凡是古代中国到相邻各国的交通路线,不论是陆路还是海路,均称为"丝绸之路"。

一、李希霍芬与"丝绸之路"的提出

19世纪初,在以法、英为主的西方学术界,出现了一门新的学科——东方学。东方学是在西方殖民主义向东方侵略过程中逐渐形成、发展起来的,主要是运用历史比较语言学研究的方法,对各种新发现的东方文献进行比较研究和解读。

丝绸之路的提出或"丝路学"的产生,是在近代中亚探险的背景下由西方学者提出的。就是第一部以"丝绸之路"命名的著作也是瑞典探险家斯文赫定(1865—1952)于1936年出版的。

第一个使用"丝绸之路"一词的是德国地理地质学家李希霍芬(1833—1905)。他1856年毕业于柏林大学,随后在奥地利和罗马尼亚进行地质研究;1860年到1862年,参与普鲁士政府组织的东亚考察团,前往亚洲的锡兰、日本、印尼、菲律宾、暹逻(泰国)、缅甸等国考察。1863年到1868年,他在美国的加利福尼亚州等地从事地质勘查。1868年,李希霍芬在美国加利福尼亚银行的资助下到中国考察,到达上海后受英国商会委托,对中国地貌和地理首次进行了综合考察,足迹遍布中国大部分地区。

李希霍芬在陕西考察后,还计划进入甘肃河西走廊和新疆考察,但由于西北地区政治形势的变化和社会动乱而未能实现。作为一种安慰性的奖赏,欧洲学者将沿河西走廊南缘通往新疆的山脉,即甘州(甘肃张掖)到肃州(甘肃酒泉)之间的祁连山命名为"李希霍芬山"。

李希霍芬虽然未能到达甘肃、新疆等西北地区,但他提出了沿古代丝绸之路修建铁路的计划:从西安→兰州→肃州→哈密,然后经天山南麓和天山北麓进入中亚地区。他回国后继续研究这条路线,并在《中国——亲身旅行和研究成果》中提出了"丝绸之路"一词。

1872年返回德国后,李希霍芬出任柏林大学校长,并致力于5卷本的《中国——亲身旅行和研究成果》(以下简称《中国》)的写作,到去世前出版了第一、二、四卷,其中第一卷于1877年在柏林出版。正是在1877年出版的《中国》第一卷中,李希霍芬利用前人研究的成果,讨论了赛里斯之路,即丝绸之路。

李希霍芬在《中国》一书中首次将中国长安与中亚之间的交通往来路线称为"丝绸之路",同时,《中国》第一卷还有李希霍芬绘制的一幅"中亚地图",此地图的文字说明是"旨在说明公元前128年至公元150年间交通关系概况的中亚地图。费迪南·冯·李希霍芬绘制于1876年"。这幅"中亚地图"可以说就是最早的一幅丝绸之路图。

李希霍芬《中国》一书的出版,震动了西方的东方学界和地理学界。为了表彰其杰出贡献,英国皇家地理学会于1878年将该学会的最高奖——"奠基者"奖章授予他。也是因为《中国》这部巨著,李希霍芬被公认为19世纪最伟大的中国地理学家。

二、"丝绸之路"概念的不断完善

李希霍芬提出"丝绸之路"的概念不久,德国学者赫尔曼(1886—1945)于1910年在《中国和叙利亚间的古代丝绸之路》一书中,从文献角度对丝绸之路作了进一步的阐述,认为应该将丝绸之路的含义扩大,一直延长到通向遥远西方的叙利亚。1915年,赫尔曼在《中国到罗马帝国的丝绸之路》一文中进一步提出,丝绸之路应当是中国经西域与希腊—罗马社会的交通路线。赫尔曼将丝绸之路的终点延伸到叙利亚(罗马),是符合历史事实的,这是因为张骞出使西域不久,中国的丝绸就传到了罗马帝国境内。

"丝绸之路"一词虽然很早就出现了,但很长一段时间,国内学者在研究相关问题时,主要使用"中西交通史""中外关系史"等名称。20世纪三四十年代,张星烺在辅仁大学、方豪在浙江大学讲授"中西交通史"。其后出版了一系列相关著作,如张星烺的《中西交通史料汇编》、向达的《中外交通小史》和《中西交通史》、方豪的《中西交通史》等。这些学者讲述和研究的内容,实际上就包括我们今天所说的"丝绸之路"。

由此可知,当时"丝绸之路"因其含义简单、范围明确,被纳入"中西交通史"或"中外关系史"中,没有被单独介绍和宣传。

在国内使用"丝绸之路"的名称之前,曾称其为"绸缎之路"。如 1933 年 9 月,《北辰》第 46 期发表的《戈壁大沙漠的秘密》一文中写道:中西之间往来的交通道路,"有所谓'绸缎之路'的,是汉朝张骞出使大月氏的道路"。从其内容可见,"绸缎之路"显然是指今天的"丝绸之路"。该词出现不到两年,就有了"丝绸之路"的先声"丝路"。如朱杰勤先生在 1935 年发表的《华丝传入欧洲考》一文称"古代中西交通,实以丝为开端","罗马与中国通商,亦大抵以丝为媒介","考中国生丝缯帛,初由安息输入罗马","当时丝之输入罗马"等关于中国丝西传的语句。其中谈到"欲考华丝传入欧洲之情况,不可不先探其丝路",并以斯坦因在西域的考察及其《古代于阗》为依据,初步介绍了"古代东西经过中亚之交通"的具体路线。

由此可知,1935 年时,我国学者已经使用"丝路"的称谓。后来又有了"贩丝大道""丝绸路"等。不论是"丝路",还是"贩丝大道""丝绸路",都是指传统的"丝绸之路"。

1943 年,我国媒体上第一次出现了"丝绸之路"一词,即《申报》在南洋各地特辑之四《马来亚纵横谈》中,讲述了 16 世纪葡萄牙对印度和马六甲的占领,"当时还没有橡胶,也没有石油与锡,欧洲人所追求的是南洋特产的香料,所以,当时北循陆路越天山以至中国以取丝的道路,叫做'丝绸之路',而南线麻六甲出南海以取南洋香料的路就称为'香料之路'"。从其内容可知,"丝绸之路"就是指传统的陆上丝绸之路,"香料之路"则是指海上丝绸之路。

虽然在 20 世纪 30 年代就有了"丝路"的称谓,1943 年开始使用"丝绸之路"一词,但使用的范围很小,频率很低。"丝绸之路"较多的使用,是在 20 世纪五六十年代政府间的对外友好交往中。如 1957 年 12 月 27 日,中国代表团副团长楚图南在《关于促进亚非国家间文化交流的报告》中说:"世界闻名的'丝绸之路',就是叙利亚人、波斯人、阿富汗人、中亚各族人民和中国人从公元前 6 世纪开始,赶着骡马,牵着骆驼,孜孜不倦,披星戴月地开辟出来的。"另如 1959 年 9 月 6 日,周恩来总理在欢迎阿富汗王国副首相纳伊姆亲王宴会上的讲话中说:"中国和阿富汗有着悠久而深厚的友谊,早在两千多年前就已经开始了密切的经济和文化往来。著名的'丝绸之路',在一个相当长的历史时期内,一直是我们两国人民友好关系的标志。"再如1963年11月20日,陈毅副总理在欢迎阿富汗政府代表团宴会上的讲话中指出:"中国和阿富汗自古以来就是和睦相处的亲密邻邦。我们的祖先共同开辟了著名的'丝绸之路',对促进两国人民的互相了解和友谊,沟通东西方的贸易和文化交流,曾经作出了重要的贡献。"还有1964年10月30日,刘少奇在为阿富汗国王和王后举行的欢迎宴会上讲道:"中国和阿富汗自古以来就是和睦相处的亲密邻邦。两国人民有悠久的传统友谊,我们两国的祖先很早就开辟了著名的'丝绸之路'。"阿富汗国王穆罕默德·查希尔·沙阿在讲话中也说:"几世纪中商队就走过了丝绸之路,这条道路通过阿富汗,把中国和西方联系了起来。"

"丝绸之路"在政府层面的使用,是当时我国面临的国际形势决定的。"丝绸之路"分为东、中、西三段,东段从中国的长安(今西安)到敦煌,中段是从敦煌到帕米尔高原(葱岭),帕米尔以西为西段。从帕米尔西行,首先到达的是阿富汗、巴基斯坦和苏联中亚地区(今中亚五国),这一地区与中国交往密切的主要是阿富汗。阿富汗既是中国的友好邻国,又是古丝绸之路的要冲之地,张骞第一次出使西域所到达的"大月氏""大夏",就在今天阿富汗境内的阿姆河上游。"丝绸之路"是中阿之间交流的最好纽带与媒介,也是中阿之间友好关系的象征。因此,在中阿政府间的交往中,双方都用"丝绸之路"来表述相互间的联系与友谊。

在政府层面的友好交往中使用"丝绸之路"一词后,史学界也开始使用"丝绸之路"。需要特别注意的是,史学界较早使用"丝绸之路"一词,是从新疆地区开始的,即新疆的文物考古、历史研究工作者和研究新疆历史文物的学者。如新疆维吾尔自治区博物馆《吐鲁番县阿斯塔那——哈拉和卓古墓群清理简报》中写道:"我国自古被誉为'丝绸之国',穿过我国新疆,通往西亚、欧洲的交通大道被称为'丝绸之路'……通过'丝绸之路',中国人民同西亚、欧、非各国人民之间,建立了历史悠久的友谊。"另如新疆维吾尔自治区博物馆《吐鲁番阿斯塔那363号墓发掘简报》中,在介绍阿斯塔那363号墓发现的文物时说,它"对古代中西陆路交通'丝绸之路'的物质文化遗存及其他各个方面也提供了实物例证……古代我国的绢锦等丝织品,沿着这条'丝绸之路'源源由东方向西方输出,曾远达波斯、罗马。高昌正是位于这条'丝绸之路'的运输驿站上"。再如夏鼐先生在《吐鲁番新发现的古代丝绸》一文中所说,新疆吐鲁番"是古代'丝绸之路'上的一个重要中间站","'丝绸之路'的兴旺,促进了高昌地区的繁荣"。高昌古城发现的"丝织物,生动地反映了当时这个'丝绸之路'中间站的繁荣景象"。

出版于 1972 年的《丝绸之路——汉唐织物》,是我国第一本以"丝绸之路"命名的学术著作。新疆维吾尔自治区博物馆在该书所附的"说明"中,比较详细地阐述了丝绸之路在新疆境内的南北二道:"在从汉到唐的千余年间,这两条路都曾是运销丝织物的主要通道,后来中外历史学家称之为'丝绸之路'。"

20 世纪六七十年代,"丝绸之路"一词在新疆历史、文物研究中的广泛运用,是有具体历史背景的。即 20 世纪 60 年代中后期至 70 年代末期,中苏关系处于不正常状态,学界一方面要研究中俄关系史,如编写《沙俄侵华史》《沙俄侵略中国西北边疆史》等学术著作,揭露沙皇俄国对我国的侵略;另一方面要研究新疆的历史、文物,强调中国与亚非拉各国源远流长的友好关系,从而出现了较多关于"丝绸之路"的论述。

从 1978 年开始,伴随着"科学的春天"到来,高校招生制度的改革,在学术著作和高校教材中也开始使用"丝绸之路"一词。如 1979 年出版的郭沫若主编的《中国史稿》写道:"因为运往西方的货物主要是丝和丝织品,所以后来把这条路称为'丝绸之路'。"同年出版的朱绍侯主编十院校《中国古代史》教材中指出:"那时,中国的丝织品在国际上享有盛誉,通过这两条通道输出的商品主要是丝织品,所以被称为'丝绸之路'。'丝绸之路'是古代中国同中亚、西亚各国经济文化交流的友谊之路。"南开大学历史系刘泽华等主编的《中国古代史》教材中也有:"中国的丝绸经南北两路大量运往中亚各国,甚至再经这些国家的商人运到欧洲大秦国(罗马帝国)等地。因此,历史上称这两条道路为'丝绸之路'。"

到了 20 世纪 80 年代,以"丝绸之路"命名的著作逐渐增多,如陈振江的《丝绸之路》,杨建新、卢苇的《丝绸之路》,武伯纶的《传播友谊的丝绸之路》等。

由以上所述可知,史学界从"丝路"到"丝绸之路"的使用有一个演进过程,不论是学术论著、高校教材,还是通俗读物,主要限定在学术层面。但史学的"经世致用"在"丝绸之路"研究上也有体现,它既与政府、行业界的使用有所联系,又与时代的发展变化紧密结合,使"丝绸之路"扩展到整个文化界,成为社会大众熟知的词语。

三、"丝绸之路"概念的进一步充实和深化

李希霍芬所说的"丝绸之路"是指从中国到中亚、印度的交通路线,赫尔曼将其延伸到罗马。但他们最初的定义仅仅限定在贸易或交通方面。随着学术界研究的不断扩大和深入,"丝绸之路"的概念也在不断深化。早在1965年版《辞海》(未定稿)中,就有了"丝绸之路"的支线之说:"丝路的支线,亦有取道今新疆天山北面的通道及伊犁河流域西行者;亦有取道海上者,或自中国南部直接西航,或经滇、缅通道再自今缅甸南部利用海道西运,或经由中亚转达印度半岛各港再由海道西运。"这里的"滇、缅通道"就是今天的"西南丝绸之路","海道"就是今天的"海上丝绸之路"。

在此之后出版的《辞海》《中国历史大辞典》《中国大百科全书》和《大辞海》中,都有相似表述。在《中国历史大辞典》中,对"丝绸之路"的支线释义如下:

> 支线有出敦煌向北,经天山北麓至伊犁河流域再西行者,有经蒙古草原至西伯利亚,或由蒙古草原折向西南,越阿尔泰山至中亚者。海道则或自中国南部直接西航,或经由滇、缅通道再从今缅甸南部西行,或由中亚转印度半岛各港再由海道西运。

相较于《辞海》,《中国历史大辞典》增加了"有经蒙古草原至西伯利亚,或由蒙古草原折向西南,越阿尔泰山至中亚者"。即所谓的"草原路"。

《新疆各族历史文化词典》对"丝绸之路""支线"的记述更加细致:"陆路还有经蒙古高原至西伯利亚或由蒙古草原折向西南、越阿尔泰山至中亚者,有以内地经青海、西藏至印度者(吐蕃道),还有经四川、云南至缅甸者(滇缅道)。"这是在辞典中第一次明确出现"吐蕃道"和"滇缅道"。再加上以前出现的"草原路",陆上丝绸之路的支线基本上都明晰了。

随着"丝绸之路"研究的深入和细化,其概念也在不断扩大或充实,即将我国古代到相邻各国的交通路线,不论是陆上,还是海上,都称为"丝绸之路",甚至更为广泛。因传统的"丝绸之路",即经中亚陆路到罗马的交通线,经过一段沙漠地带,所以被称为"沙漠路",同样,这条路线还经过中间的绿洲地带,又被称为"绿洲路",经北方蒙古草原游牧民居地到中亚称为"草原路",从云南入缅甸、印度称为"南方丝绸之路"或"西南丝绸之路",经海上航路与对外交往称为"海上丝绸之

路"。除了这些大的支线外，还有一些临时的小支线，如经青海湖畔的吐谷浑居地到敦煌的支线被称为"吐谷浑道"或"青海道"。

不论是支线说，还是各条道路的单独存在，都是对"丝绸之路"概念的扩大或充实，实际上也就是今天所说的网络。我们知道，李希霍芬、赫尔曼所说的"丝绸之路"，是指从中国长安到罗马之间的东西方交通路线。后来，随着交往的不断扩大，尤其是由于气候、政治、战争、宗教等各种因素的变化，中西交通路线可能会随时发生变化，从而偏离原来的路线或规划，甚至废弃某一段道路，也会不断开辟新的支线或道路，这些支线分而复合，合而复分，并不是一成不变的。如从长安到敦煌就有几条通道，从敦煌出阳关、玉门关到帕米尔又有几条通道。在这些通道上，还有许多小支线，在史籍文献记载中，仅以民族、部族或地名出现的就有"灵州道""朔州道""云中道""河西道""高昌路""伊吾路""白龙堆路""回鹘道""大碛道""焉耆北道""康居道""大宛道""大月氏道"等。这些支线通道，有些是同时并存，有些是前后出现，它们根据不同情况和需要被使用。更大一些并比较固定的通道还有如草原道、印缅滇道、唐蕃古道等，因此史学界认为"丝绸之路"是一个交通网络系统。一旦因自然条件或社会环境出现变故，导致某一条或某几条路线出现阻隔或阻断的时候，就可利用其他路线，从而保证丝绸之路的畅通。

除了按交通线路划分外，还有以不同时代、不同地域交换物品、传播文化来划分，如"玉石之路""青铜之路""香料之路""珠宝之路""茶叶之路""瓷器之路""青金石之路""绢帛之路""皮毛之路""佛教之路""书籍之路"等。这些都是扩大的概念，与"丝绸之路"的本来含义相去甚远。

当我们从学理层面梳理"丝绸之路"概念的形成、发展、演变和含义的充实、深化后，可以得出以下结论。

第一，作为地质地理学家的李希霍芬，并没有专门研究中亚史地，"丝绸之路"一词也是他偶然、无意之间提及的，所指也仅仅是从中国长安到中亚之间的东西交通路线，并将其理解为一条基本上笔直的道路，这与"丝绸之路"的实际走向并不符合。

虽然赫尔曼也对李希霍芬提出的"丝绸之路"进行了引申和研究，但真正奠定"丝绸之路"学术地位的是李希霍芬的学生斯文赫定，他对李希霍芬提出的"丝绸之路"进行了更加具体、深入的研究，并将"丝绸之路"一词引入国际学术界，但他并不认同李希霍芬的"丝绸之路"直线说。斯文赫定的《丝绸之路》一书，在李希霍芬的基础上，对"丝绸之路"的几条道路、走向、性质作了比较全面的阐述，并于

1936年出版了以"丝绸之路"命名的学术著作,才使"丝绸之路"一词为大众熟知,并为后来的研究奠定了基础。

第二,"丝绸之路"一词最早由李希霍芬于1877年提出,50多年后我国学者才开始使用这一词。此前曾于1933年使用"绸缎之路"以指称"丝绸之路"。1935年开始使用"丝绸之路"的简称"丝路"。此后不久,欧洲和苏联也使用了"丝路"一词。1941年使用了"丝绸路"。同时,还使用了"贩丝之道"以代称"丝绸之路"。1943年,在我国正式出现了"丝绸之路"一词。

第三,"丝绸之路"虽然称呼众多,甚至有些泛化。但不论是按交通路线划分的"绿洲道""草原道""沙漠道""南海道"等,还是以交换物品分类的"玉石之路""青铜之路""香料之路""皮毛之路"等,这些扩大或充实了的"丝绸之路",都是借用或参照了李希霍芬的"丝绸之路"概念。如果不加特别说明,当我们说到"丝绸之路"时都应有具体的含义,即从我国长安(或洛阳)出发,经甘肃河西走廊、新疆到中亚、欧洲、非洲的古代交通道路。

第四,虽然"丝绸"不是整个历史阶段中西贸易的大宗商品,"丝绸之路"也出现了多种称谓,但都仅仅是对某一个时期或某一种物品的概括或总结,还没有哪一个称谓或名称能够替代"丝绸之路"。因为丝绸是这条通道开创的原动力,它是中西方贸易的主要物品;在"丝绸之路"上,丝绸的影响最大,它可以作为货币流通和使用,中国因此被称为"Seres"。正因为如此,世界文化遗产委员会命名的"丝绸之路:长安—天山廊道的路网",都是以"丝绸之路"命名。

当然,"丝绸之路"现在已不是某一条道路或某一种交换物品的专称,而是古代中外政治、经济、文化交流的统称,甚至突破了原来的"中外关系史"和"中西交通史"。以"丝绸之路经济带"和"海上丝绸之路"命名的"一带一路"倡议,就是这一历史名称在当下的现实反映。

(刘进宝)

上编

丝绸之路的路线、廊道与城镇

第一章　丝绸之路上的通都大邑

　　城市是一定时期社会文明发达的标志,它集中了大量的资源,包括人口、物质、技术、文化、政治、社会等,既代表了世俗的权力,也是先进文明的象征。伊塔洛·卡尔维诺在小说《看不见的城市》中描绘了马可·波罗向忽必烈汗汇报55座想象中的城市,阐释了城市的社会价值与重要属性。在丝绸之路上,城市不仅是重要节点,也是文明汇聚最集中的荟萃之地。沿着丝路分布的官方驿站如同是今天国道上的各个站点,其中较大者就是国都及各地的州县治所,州城之侧有州城驿,为过往的行人提供服务并进行管理。这些不同的国都与州城是丝绸之路上最重要的通都大邑,聚集着来自四面八方的人们,也带来了不同地方的文化风俗,使得丝路风貌变得丰富多彩。本章选取长安、平城、洛阳、敦煌、撒马尔罕、罗马六座具有代表性的城市,串连起连接东西方横亘万里的丝绸之路,通过这些城市展现丝绸之路沿线人类文明的精华所在。

第一节　丝路起点长安城

　　"丝绸之路"一名风靡全球,世界各地的人们都对它津津乐道。虽然这一名称是西方人首先提出的,但丝绸之路是以丝绸为基础,而西人笔下的丝绸源自塞里斯(中国),所以丝绸之路需要从中国出发。中国古代政治发达,宫室营造备极辉煌,四方赋税集于都城,使之成为政治、经济、文化的中心,而长安作为鼎盛的汉唐王朝的都城,自然最易被当作丝绸之路的起点。不过,西方学者则从欧洲中心论出发,往往将长安当作丝路终点,如耶鲁大学芮乐伟·韩森(Valerie Hansen)在《丝绸之路新史》(*The Silk Road: A New History*)一书中,第五章以"丝绸之路终点的国际都会(The Cosmopolitan Terminus of the Silk Road: Historic Chang'an, Modern−day Xi'an)"为题,是不确切的。

一、作为首都的长安城

如今城墙保存最完整的城市,莫过于古都西安,古代多称长安,偶亦写作常安。当你乘坐火车到达西安,列车进站时就可看到古老巍峨的西安城墙,走出车站就站在了城墙脚下。城墙把我们拉向了过去,走进了尘封的历史。

长安作为都城,共有西周、秦、西汉、新、前赵、前秦、后秦、西魏、北周、隋、唐11个朝代定都于此。历代有不少关于长安城的著作,为我们了解这座伟大的都城提供了指南。佚名《三辅黄图》,记秦汉时期三辅尤其是长安城的城池、宫殿、苑囿、陵庙、明堂、辟雍、郊畤、池沼、台榭、府库、桥梁等内容;葛洪《西京杂记》,记西汉京城长安的佚事传闻,包括帝后公卿的奢侈好尚、宫殿苑林、珍玩异物,以及舆服典章、文人佚事、民风民俗等;韦述《两京新记》,记唐代西京长安和东京洛阳的街坊、官衙、宅舍、园林,以及建置过程、时人掌故,对寺观的记载尤为详备;宋敏求《长安志》,记唐代长安城坊、宫室、宅第、寺观,旁及京兆府所属万年、长安等二十四县,详记其沿革,并有山川、名胜、古迹;程大昌《雍录》,记关中地区的宫殿、山水、都邑,注重与政治制度、军事活动有关的地理位置,设有军政机构、交通路线等专题,以唐代为主,附绘若干地图。此外,还有吕大防《长安图记》、骆天骧《类编长安志》、李好文《长安志图》、徐松《唐两京城坊考》等书,都可供了解古代的长安城。

现代学者也十分重视长安研究,特别是作为世界性都市,长安与世界各地的交往颇受学者注目,出版了大量论著,如向达《唐代长安与西域文明》、韩香《隋唐长安与中亚文明》、毕波《中古中国的粟特胡人:以长安为中心》、石田干之助《长安之春》、足立喜六《长安史迹研究》、妹尾达彦《长安的都市规划》等。妹尾达彦主攻唐都长安研究,《长安的都市规划》虽然写的是长安,但将君士坦丁堡、巴格达、长安三个丝路城市放在一起,将长安置于丝绸之路的宏观视角下来观察,从世界史的整体角度讨论了都城的普遍性问题,特别是思考地形环境气候、人口迁徙流动、农牧交错地带、历史分期等,展现了作者宏阔的学术视野与丝路眼光。此外也有一些关于长安研究的刊物,如《长安学刊》《长安史学》《唐都学刊》等,甚至还有学者提出了"长安学"这一概念。

作为都城的长安城,可以分为两个阶段:前一阶段从西周到北周共9个朝代,后一阶段为隋、唐2个朝代。两个阶段的长安城位置不同,前期偏西,后期在今西安城,相去约20里。

周人在长安修造镐京城,意义重大,因为此前的夏都至今无考,商都游徙不定,而周都镐京使用长达 400 多年,奠定了后世长安城的基础。镐京城位于上林苑昆明池北面,公元前 770 年平王东迁,在洛阳建立东周,镐京城失去了京城的地位。直到秦在渭河北岸建都咸阳,不过秦宫的扩建从渭河北面延伸到南面,最具代表性的阿房宫就位于渭河南岸的上林苑中。代秦而建的西汉所建的都城,汉高祖六年(前 201)命名为长安。惠帝元年(前 194)征发 15 万人修筑长安城墙,历时五年完竣。长安城面积约 36 平方公里,城中的八街九陌将长安城划分为 11 个规整的区域,未央宫、长乐宫占据龙首山北麓的制高点,贵族官僚居住在未央宫的北面和东面。东、西两市分布在长安城内的西北部,中下层吏民居住在地势较低的东北角。从《史记·天官书》及其他史籍的记载可知,秦汉王朝修建都城是以"象天设都"来设计的。渭河象征天上的银河,咸阳宫象征天极星,阿房宫象征营室星,分布在渭河两岸。长安城又名斗城,具有天文学的意义,体现出周天宇宙模型,表示受命于天。西汉末年赤眉军攻入长安,像项羽一样烧毁了宫殿。此后到十六国时期,前赵、前秦、后秦三朝定都于此;北魏分裂以后,西魏、北周续都其地。

长安城的华丽转变发生在隋朝初期。开皇二年(582),隋文帝命新都大监高颖、营新都总监虞庆则、营新都副监宇文恺等人修建大兴城,也就是后来唐代的长安城。与之前的旧长安城相比,位置向东南方向移动了 20 里,面积约 68 平方公里,比旧长安城扩增近一倍,也比同时代的君士坦丁堡大近一倍。长安城由宫城、禁苑、皇城、外郭城四部分组成。城中东西 11 街、南北 14 街,中间的朱雀大街将长安城分为两个部分,街东 54 坊隶万年县,街西 54 坊隶长安县,东、西各有市。隋唐长安城的特点是非常整齐,如同一副方格棋盘。白居易在《登观音台望城》诗中写道:"百千家似围棋局,十二街如种菜畦。遥认微微入朝火,一条星宿五门西。"妹尾达彦认为,"隋唐长安城,是基于当时认识世界的宇宙论而建成的一座奉承天命的宇宙之都,旨在依据宇宙论来将王都圣化,以确立其统治的正统性"。他绘制了一幅图,指出"长安当时被认为位于圆形的天和方形的地的中心交叉点上,交叉点就是隋唐长安城里宫城中央的宫殿,即隋大兴殿和唐太极殿的所在"。长安城的天文学意义再次被抉发,已经成了古代都城政治文化史中不可或缺的内容。

二、长安的外族居民

汉唐王朝是中国封建社会的鼎盛时期,实行对外开放政策,许多周边与域外民族纷纷前来京城长安,因此作为汉唐王朝的都城,长安是世界性的都市,人口自然不少。根据《汉书·地理志》的记载,汉长安城有 80800 户,246200 口,惜两《唐书·地理志》没有记载唐长安城的人口数字,不过唐人常说长安有百万家,如韩愈《论今年权停举选状》记"今京师之人不啻百万",《出门》记"长安百万家,出门无所之",岑参《秋夜闻笛》记"长安城中百万家,不知何人吹夜笛",元稹《遣兴十首》记"城中百万家,冤哀杂丝管"。唐长安城分设长安、万年两县,《长安志》卷 8《东市》注曰"万年县户口减于长安",卷 10《西市》注曰"长安县所领四万余户,比万年为多,浮寄流寓,不可胜计",可知长安县有 4 万余户,万年县户口稍少,两县合计约有七八万户。以每户 5 人计,近 40 万口,再加上流动人口、禁军,总人口估计在六七十万左右。

唐太宗曾提出,"自古皆贵中华,贱夷狄,朕独爱之如一,故其种落皆依朕如父母",并把它当作所以能够成功的五条理由之一。这种开放的胸襟气度与民族政策导致唐朝走向开放的世界。贞观四年(630),突厥酋长史大奈被加封官爵,"其余酋长至者,皆拜将军、中郎将,布列朝廷,五品已上百余人,殆与朝士相半,因而入居长安者近万家"。以每家 5 人计,有近 5 万人入居长安;而在朝中当官的胡族官员比例更多,夸张一点说与汉官几乎各占一半。这些胡族官员受到唐廷的重用,为唐朝开疆拓土立下了汗马功劳。《新唐书》甚至为 15 位蕃将列了专门的《诸夷蕃将传》,包括突厥史大奈、阿史那社尔、阿史那忠、执失思力,岭南冯盎,铁勒契苾何力,百济黑齿常之,靺鞨李谨行、李多祚,高丽泉男生,吐蕃论弓仁,于阗尉迟胜,宇文鲜卑尚可孤,疏勒裴玢。未被列入《诸夷蕃将传》的蕃将胡官还有很多,如唐高祖时期的鲜卑人屈突通、丘和、窦威、宇文士及、长孙无忌,粟特人安兴贵、安修仁,以及尉迟恭等;到唐玄宗时期,宰相李林甫更是重用蕃将,如高丽人高仙芝、契丹人李光弼、羌人夫蒙灵詧等。蕃将中最有名的是能跳胡旋舞的安禄山,是粟特与突厥的混血儿,父姓康,早卒,母姓阿史那,为突厥女巫,带着安禄山改嫁给安延偃,故改姓为安,其名禄山为粟特语 roxšan 的汉文音译,意为"光明"。安禄山通"六蕃语",具备粟特人擅长多语言的特点。

唐朝文明的高度发达与开放性,吸引着周边与域外的胡族蕃客纷纷前来唐都长安。敦煌曲子词 P.2506《献忠心》唱道:"臣远涉山水,来慕当今。到丹阙,向龙楼。弃毡帐与弓剑,不归边土。学唐化,礼仪同,沐恩深。见中华好,与舜日同钦。垂衣理,教化隆。臣遐方无珍宝,愿公千秋住。感皇泽,垂珠泪,献忠心。蓦却多少云水,直至如今。陟历山阻,意难任。早晚得到唐国里,朝圣明主。望丹阙,步步泪,满衣襟。生死大唐好,喜难任。齐拍手,奏乡音。各将向本国里,呈歌舞。

愿皇寿,千万岁,献忠心。"就是当时四夷归化来朝的盛世大唐的社会写照。经过一段时期的交流融合,到晚唐时许多外来胡族已经完全融入了中华民族。陈黯在《华心》中说:"有生于中州而行戾乎礼义,是形华而心夷也;生于夷域而行合乎礼义,是形夷而心华也。"程晏在《内夷檄》中也说:"虽身出异域,能驰心于华,吾不谓之夷矣";"虽身出于华,反窜心于夷,吾不谓之华矣"。代表了晚唐时人对待华夷的观念,这一观念与陈寅恪所说的重文化而非种族是完全相符的,显示了唐代中国开放包容的时代特点。

长安城内的居民既有皇帝与达官贵族,也有下层平民与奴隶,还有流动商贩、举子与外来民族。在中古门阀时代,我们首先关注长安城所在的雍州京兆郡的世家大族,敦煌文献 S.2052《〈新集天下姓望氏族谱〉一卷并序》记载,雍州京兆郡有40个大姓:"车(韦)、杜、段、严、黎、宋、秦、钟、雍、车、田、粟、于、米、冷、支、贠、舒、扈、皮、晁、申屠、康、别、夫家(蒙)、郚、丰、杼、史、伦、邢、金、公成、第五、宗、宜、狄、粟(栗)、计。"排在最前面的是著名的京兆韦、杜二氏,前者如唐中宗的韦皇后家族,后者如名臣杜佑、杜牧家族。这两个大姓自汉迄唐代有人出,《史记·货殖列传》记载"关中富商大贾,大抵尽诸田,田啬、田兰。韦家栗氏,安陵、杜杜氏,亦巨万",可见渊源甚早,千余年间名人辈出。除了韦、杜二氏,京兆郡其他38个姓恐怕不太为人所知,值得注意的是其中有支(大月氏)、夫蒙(羌)及康、史、米(粟特)三氏,是来自西部乃至域外的民族,也在京兆郡占了一席之地,体现了长安是一座多民族共居的世界性都市。

向达对唐代长安的西域裔民作过详尽勾勒,特别是粟特昭武九姓人数众多,这跟上述康、史、米三氏以京兆为郡望正好相合。敦煌文献 P.3813《唐判集》记载了一则长安粟特人与突厥人打官司的故事,案例虽然是虚构的,但却反映了唐代长安胡族杂居的现实。长安富商史婆陀靠着经商贸易,资财巨富,并且获授勋官骁骑尉,正六品上,家中园池屋宇、衣服器玩、家僮侍妾,富比侯王;其弟颉利分家别居,家徒四壁,生活贫困。邻居康莫鼻向史婆陀借衣不得,心生怨恨,遂向官府状告史婆陀有违法式,称他门地寒微,却奢僭过度,请求查处。史婆陀、颉利分别是粟特人、突厥人的姓名,邻居康莫鼻也是粟特人,说明长安城中有粟特人、突厥人居住。关于长安粟特人,今西安市大明宫乡出土了粟特人凉州萨保(s'rtp'w)史君(Wirkak)、同州萨保安伽、大天主康业等人的墓葬,精美绝伦的石棺床图像具有浓郁的西域风格,是当时粟特人现实生活的写照。粟特人积极融入长安社会,有的甚至嫁入后宫,如来自中亚粟特曹国的曹野那姬,为唐玄宗生下寿安公主。"野那"为粟特语,意为"最喜欢的人",吐鲁番文书中有曹野那、曹延那、安野那等人名,均为粟特人。唐玄宗时期,粟特史国、米国、康国都曾进贡过胡旋女,元稹、白居易还以《胡旋女》为题写过新乐府诗。除了宫中,民间关于粟特人的记录更多,李白《少年行》诗中写道"五陵年少金市东,银鞍白马度春风。落花踏尽游何处,笑入胡姬酒肆中",粟特人擅长经商,在酒肆当垆卖酒的胡姬通常被认为是粟特胡女。

三、长安的外来文明

大量的外来民族进入长安,必然给这个世界之都带来外部世界的异质文明。不同的文明在这里互相交流融合,使长安变得更加璀璨辉煌。

首先是外来的物质文明。石云涛《汉代外来文明研究》共列十章,前八章分别为《动物篇》《植物篇》《器物篇》《毛皮与纺织品》《香料、医药与医术》《珠宝篇》《人工饰珠》,均属物质文明范畴;谢弗(E. H. Schafer)《唐代的外来文明》(The Golden Peaches of Samarkand)共列十九章,除了第一章综论大唐盛世外,其他各章分别为《人》《家畜》《野兽》《飞禽》《毛皮和羽毛》《植物》《木材》《食物》《香料》《药物》《纺织品》《颜料》《工业用矿石》《宝石》《金属制品》《世俗器物》《宗教器物》《书籍》,也都属于物质文明。四夷诸国通过丝绸之路进贡给中原王朝的物品琳琅满目,其中绝大部分是价格高昂的奢侈品,被源源不断地运输到以首都为中心的中原地区,主要供上流社会的达官贵族享用。

1956 年,西安西查寨汉长安城遗址发现 13 块铅饼,凹面铸有一圈与罗马时代的希腊文相似的铭文,凸面有兽纹,并有两枚方形戳记。这样的铅饼,1972 年在扶风姜嫄汉代遗址发现 2 块,1976 年在灵台发现 247 块,分布在通往汉都长安的丝绸之路沿线上。另外,上林苑中养了许多来自异域的珍禽异兽,如狮子、孔雀、大象、骆驼、汗血马等,种植各种奇花异草和瓜果名木,如苜蓿、葡萄、石榴等,甚至还在上林苑建造离宫别馆,招待匈奴单于与外国使节,还可以在苑中学习乌孙语。可以说,上林苑是汉代外来物质文明的一个集中缩影。

到了唐代,外来民族主要居住在朱雀大街之西的长安县西市周边诸坊,附近有祆祠与波斯胡寺。在西市东南部的兴化坊,1970 年在何家村挖掘出两个陶瓷与一个银罐,内装大量金银器、玉器、玛瑙器、琉璃器、水晶器等物,共计千余件。银罐内有一件用红玛瑙制作的镶金兽首玛瑙杯,兽作牛首形,兽嘴镶金,兼用作杯塞。这件镶金兽首玛瑙杯就是西方的"来通"(rhyton),制作精美,显然是从西域传到长安的。另外,何家村窖藏的鎏金舞马衔杯纹仿皮囊银壶、鸳鸯莲瓣纹金碗、鎏金仕女狩猎纹八瓣银杯、鎏金鹦鹉纹提梁银罐、拜占庭金币、萨珊波斯银币,具有鲜明的域外风格,是唐代外来文明汇聚长安的重要物证。1979年,西安交通大学校园内出土了三件套装在一起的唐代银盒,外层为六瓣喇叭形高圈足银盒,中层为鹦鹉纹海棠形圈足银盒,内层为海棠形龟纹小银盒,内装水晶珠两颗、褐色橄榄形玛瑙珠一颗。外层银盒面上中部錾刻一位骑象人,周围有六个形态各异的人物形象,旁题"都管七个国""昆仑王国""将来"等字。外圈分为六区,每区錾刻人物并依次题"婆罗门国""土番国""疏勒国""高丽国""白拓□国""乌蛮人"等字,反映了以南海一带的昆仑王国为中心的亚洲世界与唐朝的关系。

其次是外来的精神文明。石云涛《汉代外来文明研究》的后三章为《佛教的初传》《艺术篇》《诗赋中的外来文化因子》,属于精神层面;谢弗《唐代的外来文明》则几乎未及精神文明。事实上,随着人员的到来与物质的流入,外来文化也因之得以输入,对汉地社会产生了深刻的影响。

孙英刚《隋唐》提出隋唐王朝的五个特点,其中之一是"佛教帝国"。就此而言,长安就是一个佛教之都。事实上,各种宗教在此荟萃,徒众甚多。从两汉之交起,起源于印度的佛教开始传入中国,特别是到十六国时期,大量胡人迁居中原,佛教也随之广泛地传播开来。经过南北朝时期的三教争衡,到唐代出现了诸宗并立的大发展,佛教更加深入地融入中国社会。中古时期,祆教、摩尼教、景教、伊斯兰教等外来宗教也先后传入中国。长安城中各种宗教并存,文化十分多元。以大兴善寺、慈恩寺、大雁塔、小雁塔为代表的佛教寺塔,以及《大秦景教流行中国碑》至今仍在西安保存,尤其是景教碑为汉文、叙利亚文合璧,记述了大秦国大德阿罗本于贞观九年(635)来到长安,受到唐太宗的礼遇,并出资在义宁坊建造了一座大秦寺,后来又被唐高宗封为镇国大法主,还在诸州设置景教寺院,景教遂在中国得以广泛传播开来。

隋唐九部乐中,除了燕乐伎、清商伎之外,高丽伎来自朝鲜半岛,其他诸部乐均来自西部,如西凉伎、龟兹伎、疏勒伎、安国伎、康国伎、天竺伎,隋唐音乐受外来影响之大不言而喻。在社会生活中,长安胡风颇盛,对服饰、饮食方面影响甚深。日本僧人圆仁在长安,"立春节赐胡饼、寺粥,时行胡饼,俗家皆然"。大臣刘晏去上早朝,天气严寒,途中买胡饼为早餐,觉得滋味美不可言;白居易甚至还专门写了一首《寄胡饼与杨万州》诗,称"胡麻饼样学京都",连一枚小小的胡饼都是如此,其他的自然更不用多说。都城长安确实引领了当时社会的时代风尚,是外来文明的荟萃之地。

参考文献：

1. 韦述著，辛德勇辑校：《两京新记辑校》，三秦出版社，2006。

2. 向达：《唐代长安与西域文明》，河北教育出版社，2001。

3. 妹尾达彦：《長安の都市計画》，讲谈社，2001。

4. Valerie Hansen，*The Silk Road：A New History*，Oxford University Press，2012.

5. E. H. Schafer，*The Golden Peaches of Samarkand：A Study of T'ang Exotics*，University of California Press，1963.

（冯培红）

第二节　大同的平城时代

　　研究丝绸之路不能忘掉一个城市,那就是历史上的平城,今山西省北部的大同市。这里近邻漠北草原,经由草原丝路可以通向西方世界,另外经由鄂尔多斯南缘可与绿洲丝路相连。早在先秦时期这里就是中西交通的重要节点,到魏晋时从东北迁来的鲜卑民族控制其地,拓跋部定都平城。翻开《魏书·西域传》可以看到,北魏到西域诸国的道路里程基本上都是以代为起点,如鄯善国"去代七千六百里",悉万斤国"去代一万二千七百二十里",大秦国"去代三万九千四百里";传文所列 60 国中,仅嚈哒国书作"去长安一万一百里",排在嚈哒国后面的 8 国皆不书里程,除了最末的康国是据《隋书》所补外,其他 7 国因为役属于嚈哒国而皆未书里程。以代为基准的里距是平城时代测量的北魏与西域的里程。即便后来北魏迁都洛阳,修撰于东魏时期的《魏书》也没有以洛阳为起点来记录与西域诸国的里程。另外,观《魏书》四夷中的其他诸国,均未叙其去代或去洛的里程,更加可见北魏平城与西域的丝路交通意义确实非同一般。

一、平城时代的北魏

　　平城时代是指北魏定都平城的历史阶段,起于道武帝天兴元年(398)定都平城,迄于孝文帝太和十八年(494)迁都洛阳,时间长达 96 年。在这将近一个世纪的时间里,北魏经历了道武帝、明元帝、太武帝、文成帝、献文帝、孝文帝的统治,特别是太武帝拓跋焘统一北方,结束了割据林立的十六国时代,加强了与四夷诸国的交通与交流,大力招徕四方商客,极大地促进了中外文化的交流,创造了平城时代的辉煌,建造于平城西郊的云冈石窟就是其中杰出的代表。

　　北魏是由鲜卑族拓跋部建立的政权,其前身为代国,渊源于大兴安岭北部的嘎仙洞鲜卑石室。在拓跋部不断南迁的过程中,势力逐渐壮大,到 313 年穆帝猗卢以盛乐城为北都,修平城为南都,两年后称代王。376 年代国为前秦所灭,直到淝水之战以后,才在 386 年由道武帝拓跋珪复建代国。398 年改国号曰魏,并迁都平城,从此开启了北魏的平城时代。

　　平城的崛起得力于北魏的军事征伐将各征服区的民众大量徙入平城一带。人口的骤增,加上道武帝在迁都当年推行"给内徙新民耕牛,计口授田"的政策,生产力得以发展,平城迅速积聚了庞大的经济实力。在这一政策实施前夕,北魏灭后燕,将山东六州民吏及徒何、高丽、杂夷 36 万人与百工伎巧十万余人迁徙京师。据李凭《北魏平城时代》一书统计,道武帝时期向以平城为中心的京畿地区的大规模移民,人口超过 150 万,成为推动北魏平城发展的生力军。此后,这种迁徙人口的行为仍在不断继续,特别是太武帝在灭夏以后,将长安及平凉民迁徙至平城;在灭北凉以后,又将 3 万余家凉州民众迁徙至平城及代北六镇等地。为了安置这些被迁徙来的各地民众,北魏专门设置了平齐郡、平凉郡。如同道武帝将山东六州的十余万百工伎巧徙至代都一样,凉州民众中也有大量工匠、僧侣、商人、乐人。这些从各地迁徙来的大量民众,特别是拥有技术的工匠,为平城社会的发展创造了技术条件,增强了魏都平城的实力。明元帝时期修筑平城的外郭城,周长 32 里,其规模相当于汉长安城。

北魏在平城西郊开凿了云冈石窟,因为是皇家出资凿建的石窟,气象宏伟,装饰华丽,巧夺天工,代表了平城时代最高的技术与文化水准。《魏书·释老志》中说:"太延中,凉州平,徙其国人于京邑,沙门佛事皆俱东,象教弥增矣。"云冈石窟的开凿受到了凉州石窟的影响,流寓北凉的罽宾僧人师贤及云冈石窟的开创者昙曜均来自凉州,师贤在文成帝复兴佛法时出任道人统,"诏有司为石像,令如帝身",到兴光元年(454)在五级大寺内"为太祖已下五帝,铸释迦立像五,各长一丈六尺"。接替师贤的沙门统昙曜在云冈石窟开凿了五个大型洞窟,每个窟中雕刻高达六七十尺的佛像,象征着五位北魏皇帝,也就是云冈石窟第 16—20 窟,俗称"昙曜五窟"。与云冈石窟相呼应的,当时平城的新旧寺院多达 100 所,僧尼 2000余人。这些都反映了北魏佛教的辉煌发展,但也因为佛教势力的壮大,引起了太武帝的担忧,一度出现灭佛之举。此外,北魏灭北凉时还俘虏了武威城中的许多粟特胡商,这些粟特胡商很早就来到河西走廊进行商业贸易,被俘后过了十多年,粟特国王派遣使者来到北魏,出钱为他们赎身,这也可以看出粟特胡商在丝绸之路上的重要性。北魏灭北凉时还俘获了一些乐人,其中也有不少应是粟特人,擅长乐舞,迁徙到平城后对北魏的乐舞文化也产生了较大的影响。

二、北魏太武帝与西域的交往

平城是介于农耕区与草原区的边陲城市,与漠北草原联系便捷,是通往草原并进一步通往西域的一扇窗口。李凭指出,从平城西北行,骑马于当日可达盛乐;沿黄河河套西行,可以进入陇右乃至西域;或经由白道北上,便可深入漠北。正由于平城处在这样便利的交通位置,与漠北、西域的交往便大大加强了。另外,北魏太武帝在灭夏、北凉以后,又打通了沿着鄂尔多斯、河西走廊的线路,并且进一步控制了南疆地区,可以直接通往西域地区。

北魏与西域的交往虽然早已存在,但主要始于太武帝太延年间(435—440),当时北魏计划吞灭北凉,便开始加强与西域诸国的联系,以达到孤立北凉进而灭凉的目的。史载太延时,西域龟兹、疏勒、乌孙、悦般、渴槃陀、鄯善、焉耆、车师、粟特九国遣使向北魏朝贡;北魏也派遣散骑侍郎董琬、高明等人出使西域,出鄯善,招抚九国,此外魏使还曾到访乌孙、破洛那、者舌三国,回国东返时有西域十六国的使节一同前来。此后,太武帝大批遣使四夷,其中以西域为最;而在西域诸国之中,又以粟特国往来为最。据《魏书》本纪统计,在平城时代,西域诸国中遣使朝贡北魏最多的是粟特国,分别在太延元年(435)、太延三年(437)、太平真君五年(444)、太安三年(457)、皇兴元年(467)、延兴四年(474)、太和三年(479),贡魏次数多达 7 次。北魏的使节也曾到过粟特,如《刘桀造像记》记载“太延之初,远使粟特”。另外,巴基斯坦北部喀喇昆仑山公路沿线洪扎灵岩石刻题记中有一处“大魏使谷巍龙今向迷密使去”,迷密国即粟特地区的米国,曾向北魏进贡过一峰黑色的独峰驼。

北魏对西域的认知大大超过了以前,这体现在将西域划分为四块区域:第一块在葱岭以东、流沙以西;第二块在葱岭以西、海曲以东;第三块在者舌以南、月氏以北;第四块在两海之间、水泽以南。第一块区域也就是传统的狭义西域,后三块均在葱岭以西地区,属广义的西域范围。北魏对广义西域划分细致,认知较深,这与平城时代北魏与西域的深入交往、特别是对里程的精确丈量正相吻合。或许也正因此,西方人将拓跋氏称为“桃花石”,表明北魏对西域世界的影响之大。

对于狭义西域,北魏太武帝在太平真君六年(445)派大将万度归攻占鄯善,之后又进克焉耆、龟兹,命韩牧镇鄯善、唐和镇焉耆,控制了南疆东部地区。但是,此时柔然的势力比较强大,不时地对北魏产生威胁。

伴随着官方之间开展的交往,北魏与西域诸国的民间交往也同样兴盛起来,许多西域商人沿着丝绸之路到魏都平城,开展贸易。太武帝时,大月氏国商人来到北魏,在山中采矿,运至平城,铸造出五色琉璃,其光泽比西域长途运来的还要亮丽;太武帝用五色琉璃建造了可容百余人的宫殿,光色鲜亮,见者莫不惊骇,以为是神明所作。自从中国掌握了这一琉璃制造技术以后,五色琉璃就变得贱价了,遂不再为人们所珍视。

三、平城的丝路胡风

大同地区出土文物极多,不少带有鲜明的胡风特征,是平城时代丝绸之路中西文化交流的重要物证。

《南齐书·魏虏传》记载平城时代的皇宫正殿,在皇帝所坐氍毹褥子的前方,摆放着金香炉、琉璃钵、金碗等物。皇室如此,上行下效,王公贵族也纷纷仿效,上层社会出现了崇尚使用西域奇珍异器的风气。首先来看出土较多的琉璃器,它们来自西方或为其仿制品,深受上层贵族的喜爱。大同南郊墓群 M107 墓出土的磨花玻璃碗,腹部外壁有四排内凹的椭圆形纹饰,每排 35 个,是典型的萨珊波斯传来的器物;七里村 M6 墓出土的天青色玻璃碗,制作精美,表面晶莹光滑,透明度高,工艺高超,属于典型的北魏传统造型。这两种不同的类型正好说明了上述大月氏人传来琉璃制造技术前后的状况。此外,湖东编组站 M21 的胆形玻璃注,蓝色半透明,一端圆鼓,中有小孔,另一端为管状流,与西方的来通颇为相似,明显受到西方的影响。其次来看金银器,带有明显的萨珊波斯风格。大同小站村封和突墓出土了一件右边有所残缺的鎏金银盘,盘中央雕刻一位深目高鼻、卷发长髯的男子,头向后望,双手持矛,左腿直立,右腿朝后抬起,正与三只野猪搏斗,属于典型的萨珊波斯器物。

拓跋鲜卑喜尚歌舞,甚至渗入北魏的政治生活中,如《真人代歌》上叙祖宗开基所由,下及君臣废兴之迹,凡 150 章,每日晨昏及郊庙宴飨皆歌之。冯太后曾为孝文帝作《劝戒歌》300 余章,又造《劝戒歌辞》以赐群官。孝文帝曾在冯太后的生日宴会上率领群臣祝寿,"太后忻然作歌,帝亦和歌。遂命群臣各言其志,于是和歌者九十人";逢冬至日,孝文帝在太后面前亲自歌舞,群臣皆舞,于此足见歌舞在北魏政治生活中的重要性。除了鲜卑音乐以外,北魏还大量吸收了西域的乐舞,如道武帝时命太乐、总章、鼓吹增修杂伎,其中白象、畏兽、高絙百尺、长趫、缘橦等均来自西域;太武帝灭北凉,"得其伶人、器服,并择而存之",通西域后又以悦般国鼓舞设于乐署,甚至专门设置乐部尚书来管理乐舞事务。孝文帝力行改革,但在音乐方面却因"卒无洞晓声律者,乐部不能立,其事弥缺。然方乐之制及四夷歌舞,稍增列于太乐"。音乐改革因无法接受中原正音而告失败,但方乐之制、四夷歌舞却在北魏流行开来,尤其是来自西域的龟兹歌舞,这在云冈石窟中有具体体现。

云冈石窟第 12 窟俗称"音乐窟",窟中有数十种乐器,前室窟顶甚至组成了一个 7 人乐队，南面中间浮雕一位舞伎，双手高举偏向右侧作弹指状，橙色裤子极为醒目，似乎在指挥窟内乐人一起奏乐；他的左右两侧分列两位敲击腰鼓、圆鼓的乐人，再远一点的东南角、西南角也各有两位乐人分别吹奏笙篪和埙；东面有一位乐人在弹奏五弦，西面的乐人缺失，推测原本是在弹奏箜篌。前室北壁的明窗及其上下方，分别有三层乐人雕塑，最上方一排 14 身，明窗三面共雕有 18 身，最下面的甬道上方雕有 10 身。这些乐人中，只有 2 位未持乐器，其他人则持有排箫、古琴、五弦、直项琵琶、曲项琵琶、箜篌、横笛、义觜笛、笙篪、埙、法螺、铜钹、腰鼓及其他各种类型的鼓，其中持鼓者 15 身，数量最为居多。另外，在该窟后室西壁交脚弥勒菩萨的两侧，也有两身持鼓的伎乐天。由此可见，鼓是云冈石窟第 12 窟中出现最多的乐器。而鼓也是龟兹乐中使用最多的乐器，因此该窟中有明显的西域龟兹风格。值得注意的是，后室南壁在说法图的左下侧雕有四人二马，右下侧雕有四人二驼，从人物头戴尖顶帽与翻领胡服来看当为西域人。此窟属于云冈二期（471—494 年）洞窟，也就是平城时代孝文帝在位期间。史载太和二年（478），龟兹国两次向北魏朝贡，七月遣使献名驼 70 头，九月又献大批大马、名驼、珍宝。龟兹频繁朝贡北魏的目的，是因为遭到了柔然的进攻，遂向北魏进贡驼、马、珍宝，希望向魏搬求救兵。龟兹的朝贡举动被雕进了孝文帝时代的第 12 窟中，正好与该窟出现龟兹乐器中使用最多的鼓相符合。

从大同出土的具有胡风特点的文物及云冈石窟来看，平城时代的北魏受到明显的西域胡风的影响，这显然与太武帝时期以降加强与西域诸国的密切交往有关，甚至可以说，平城开启了丝绸之路的一种新模式，那就是将中原、草原、西域完美地结合起来，并且在其中发挥了实际的作用。

参考文献：

1.魏收：《魏书》，点校本二十四史修订本，中华书局，2017。

2.张焯主编：《云冈石窟全集》，青岛出版社，2017。

3.李凭：《北魏平城时代》（第三版），上海古籍出版社，2014。

4.前田正名著，李凭、孙耀、孙蕾译：《平城历史地理学研究》，书目文献出版社，1994。

5.逯耀东：《从平城到洛阳：拓跋魏文化转变的历程》，中华书局，2006。

（冯培红）

第三节　洛阳与《洛阳伽蓝记》

中国古代的王朝都城,汉唐时期位置偏西,五代以后逐渐东移。从 11 朝古都长安来看,国家的重心在西北边防,抗御北部和西部的少数民族侵犯成为头等大事。而洛阳的位置居天下之中,东周、东汉、曹魏、西晋、北魏、后唐 6 朝先后在此定都,甚至有学者把夏、商、西周、隋、唐、后梁、后晋也列入其中,称为 13 朝古都,有扩大化之嫌。若仅以 6 朝计算,洛阳作为都城的时间合计 893 年,与长安作都 923 年相比并不逊色。学界还存在着洛阳与西安争丝绸之路起点的争论,出版了《洛阳——丝绸之路的起点》《隋唐洛阳——隋唐时代丝绸之路起点》等书。

一、洛阳:"天下之中"

西周虽然定都于长安镐京,但也十分重视营建洛阳,《逸周书》中有一篇《作雒解》。营建洛阳的原因,就是它的位置居于天下之中,可以便利地通往四方,以达到控制天下的目的。周成王初命召公奭营建洛邑,后来续由周公旦完成营筑,并将九鼎移放到洛阳,称"此天下之中,四方入贡道里均"。公元前 771 年西周灭亡,平王东迁,东周遂定都于洛阳,此后东汉、曹魏、西晋、北魏四朝续都于此。然而,洛阳城在东汉末、西晋末、北魏末历经战乱兵燹,宫室屡遭焚毁,弄得残破不堪,以致到了隋唐时期,不得不在其西南 26 里处选址另建洛阳城,但是此时洛阳仅仅作为东都,而非帝国的首都。

东汉末、西晋末,都城洛阳两次遭到大火焚烧。第一次是在东汉献帝初平元年(190),董卓徙天子都长安,行前焚烧了洛阳的南北宫室、宗庙、府库、民家,城内扫地殄尽;又烧洛阳城外百里,悉数发掘陵墓,掠取宝物。第二次是在西晋永嘉五年(312),南匈奴汉国刘曜与王弥率军攻入洛阳,擒捉晋怀帝,汉军焚烧宫庙,杀害官民三万余人。经历了这两次兵燹,洛阳城残破不堪,以至于在十六国时期,竟然无一政权在洛阳建都,足见洛阳城破坏之严重。

到北魏孝文帝时,为了统治全国的需要,孝文帝决意南下迁都洛阳,但在太和十七年(493)亲自视察洛阳城时,看到的却是西晋故宫基址的一派荒毁景象,不禁吟咏《诗经·黍离》,为之流涕。孝文帝排除万难,迁都洛阳,营建都城,使洛阳城焕然一新,重新焕发生机。然而好景不长,北魏末从北边六镇燃起的兵乱战火,很快烧到都城洛阳。杨衒之在《洛阳伽蓝记》的序中写道:东魏"武定五年岁在丁卯

（547），余因行役，重览洛阳。城郭崩毁，宫室倾覆，寺观灰烬，庙塔丘墟，墙被蒿艾，巷罗荆棘。野兽穴于荒阶，山鸟巢于庭树。游儿牧竖，踯躅于九逵；农夫耕老，艺黍于双阙。始知麦秀之感，非独殷墟；黍离之悲，信哉周室！京城表里，凡有一千余寺，今日寥廓，钟声罕闻"。洛阳再次回到了半个世纪前孝文帝看到的荒凉破败的光景。

那波利贞、陈寅恪曾注意到隋大兴城与此前长安城的不同，前者从北魏的胡族建造者的出身考察原因，后者则认为是出自河西的洛阳城设计者李冲之故。遵循《周官·考工记》"面朝背市"的设计原则，宫在正中，市在北，朝在南；但是，北魏都城洛阳、隋都大兴城的设计却恰好相反，宫在北，市在南。孝文帝命司空穆亮、尚书李冲、将作大匠董爵营建洛阳城，陈寅恪根据姑臧城的形制与李冲为河西士族，推测洛阳城的设计受到河西都城的影响，从而进一步影响到隋大兴城、唐长安城的城市结构。

604 年隋炀帝上台，年底亲幸洛阳，并颁布诏令营建洛阳城，所颁诏书中称是为了"南服遐远，东夏殷大"，所以选择"天下之中"的洛阳来营建东京，由尚书令杨素、纳言杨达、将作大匠宇文恺负责设计营建，"既营建洛邑，帝无心京师"。隋炀帝经常四处巡狩，在位 14 年间，在京师长安的时间不到 2 年，在洛阳 5 年，由此已可看出当时东都洛阳的地位并不逊于长安。唐显庆二年（657），唐高宗将洛阳改名为东都，洛州官员的品阶也与雍州相等。嗣圣元年（684）武则天又改东都为神都，特别是到天授元年（690）革唐建周，自称圣神皇帝，立武氏七庙于神都，使洛阳成为名副其实的帝国都城。翌年又徙关内雍、同等七州数十万户以实洛阳。唐代洛阳城的面积约 100 平方公里，规模比长安城还要大。渤海国东京龙原府、日本平安城，均是仿照洛阳城设置。到五代时，与后梁一直对峙的后唐定都于洛阳，成为最后一个定都于此的王朝。

二、《洛阳伽蓝记》

关于洛阳的历代著作，有东魏杨衒之的《洛阳伽蓝记》、唐代韦述的《两京新记》、北宋宋敏求的《河南志》、清代徐松的《唐两京城坊考》等。其中，《洛阳伽蓝记》最为详备，史料价值最高。

《洛阳伽蓝记》是关于北魏末期洛阳城内外佛教寺院的著作，主要涉及佛教、历史、建筑与中外交通等领域，提供了丰富的文献记载，具有极高的史料价值，对于了解北魏首都洛阳至为重要。作者杨衒之，北平（今河北遵化）人，生活在北魏、东魏时期,担任过奉朝请、期城郡守、抚军府司马、秘书监等官。他在东魏武定五年(547)再次到洛阳,看到旧都的荒败现状,感慨不已,遂就北魏洛阳辉煌时代的 43 所大寺撰成《洛阳伽蓝记》一书。书名中的"伽蓝"一词,是梵文 samghârāma 的音译汉字的省称,意为佛寺。北魏佛教十分兴盛,魏收在编修《魏书》时专门列有《释老志》,开创了正史为佛教立志的先河。北魏除了凿建云冈石窟、龙门石窟外,《魏书·释老志》记载孝明帝正光(520—525)以后,僧尼有 200 万人,佛寺有 3 万余所;另据《洛阳伽蓝记》记载,都城洛阳有 1367 所寺院,佛教发展可谓臻于极盛。

《洛阳伽蓝记》共 5 卷,卷 1 记城内永宁寺等 9 寺,卷 2 记城东明悬尼寺等 12 寺,卷 3 记城南景明寺等 9 寺,卷 4 记城西冲觉寺等 11 寺,卷 5 记城北禅虚寺等 2 寺及郭外诸寺。书中逐一记述了洛阳城内 43 所寺院及其涉及的历史人物、政治事件、建筑、宗教、故事传说、地理风俗、中西交通等内容,具有极高的史料价值与学术价值。

洛阳城内的 9 所寺院以永宁寺为中心,寺中有高 90 丈的九层浮图,再加上顶部有高 10 丈的金刹,总高达百丈,是洛阳城内的标志性建筑。永宁寺是熙平元年(516)灵太后胡氏所立,坐落于宫前闾阖门南一里御道西侧。当时"外国所献经像皆在此寺",另外还提到波斯国胡人前来参拜此寺,可见永宁寺是魏都洛阳城中外文化交流的重要场所。1979 年,中国社会科学院考古研究所洛阳汉魏城工作队对永宁寺进行发掘,也确认了这座重要的佛寺建筑。

城外为官民百姓杂居之所,更加体现出北魏社会风貌的多样性,特别是受到西域胡风的强烈影响。洛阳城四周最引人瞩目的是城南龙华寺一带,在宣阳门外四里,洛水之上有座浮桥,名曰永桥;永桥以南、圜丘以北、伊洛之间为御道。道东有四夷馆,即金陵馆、燕然馆、扶桑馆、崦嵫馆,道西有四夷里,即归正里、归德里、慕化里、慕义里,分别安置来自四方的归附者;在四夷馆居住三年以后,可以由政府赐宅四夷里,正式成为北魏的子民。御道之东有白象、狮子二坊,白象是永平二年(509)乾陀罗国胡王所献,狮子为波斯国胡王所献。慕义里中有一座菩提寺,亦为西域胡人所立。另外,城西法云寺为西域乌场国胡沙门昙摩罗所立,当时西域持来的舍利骨、佛牙、经像皆在此寺;永明寺规模宏大,有僧舍千余间,院内种植奇花异草,有"百国沙门,三千余人"。从《洛阳伽蓝记》的记载来看,北魏都城洛阳是一座国际化的世界都市,外来人口,尤其是来自西域的胡人极多,他们定居于此,将域外的宗教文化、民风民俗带到了洛阳,使这座城市绽放出辉煌灿烂的文明之花。

还应该注意的是,《洛阳伽蓝记》城北部分虽然只提到两座寺院,但在叙及闻义里敦煌人宋云宅时,用了极长的篇幅引录了宋云与沙门惠生出使西域的行记。他们在神龟元年(518)从洛阳西行,到正光三年(522)东归,最西抵达乾陀罗国。他们沿途经过捍麼城时,见到数千身佛像塔上悬挂着数以万计的彩色幡盖,其中大半是北魏之幡,幡上文字用隶书书写,许多写有太和十九年(495)、景明二年(501)、延昌二年(513),显示了洛阳时代北魏与西域交流之频繁。

在《洛阳伽蓝记》的最后部分,除了提到郭外的一些寺院,还叙及京南关口有石窟寺,也就是著名的龙门石窟,开凿在洛阳城南 25 里伊河两岸的龙门山崖上。在龙门石窟中,北魏窟占三分之一,全都凿于西山,其中代表性的洞窟有古阳洞、宾阳洞、莲花洞。龙门石窟营造于孝文帝改革以后,因实行改革衣服之制,所以多以褒衣博带的汉风造像来呈现,这一点与平城时代的云冈石窟有很大的不同。

三、洛阳的胡风

汉唐王朝实行开放的对外政策,处在汉唐之间的魏晋南北朝正遇上诸族入华的民族大融合浪潮,所以整个汉唐时期一直以开放的姿态对待外部的世界。无论是作为东汉、曹魏、西晋、北魏的都城,抑或是在十六国、隋唐时代,洛阳都是重要的国际性都市,受外来影响大,胡风一直很炽盛。

关于洛阳的胡风,东汉时期最著名的记载莫过于司马彪《续汉书·五行志》所记:"灵帝好胡服、胡帐、胡床、胡坐、胡饭、胡空侯、胡笛、胡舞,京都贵戚皆竞为之。"东汉末年这股弥漫京城洛阳的胡风,既是西汉张骞凿空西域以来所影响的,更是东汉实行开放政策的结果。东汉和帝永元九年(97),西域都护班超派遣甘英出使大秦,尽管最终未能抵达目的地,但其所至之条支却是汉朝使节所行的最西之地,远迈于西汉。而大秦人却两次抵达东汉洛阳,第一次是在安帝永宁元年(120),大秦国幻人经由西南夷掸国到洛阳朝贺;第二次是在桓帝延熹九年(166),大秦王安敦遣使经由海路到洛阳,进献象牙、犀角、玳瑁等物。洛阳东郊出土一件半透明黄绿色的玻璃瓶,属于典型的 1 世纪前后罗马玻璃制品,被认为是陆上丝绸之路发现时代最早的罗马遗物。另外,东汉也是佛教开始传入中国的阶段,许多南亚、中亚的胡僧纷纷东来洛阳,如天竺人竺法兰,大月氏人支娄迦谶、支谦、支曜,安息人安清、安玄,康居人康巨、康孟祥等。洛阳出土了一块佉卢文井栏刻石,记录了大月氏移民在洛阳建立寺院的史实。除胡僧外更多的则是胡商,其人数之多在《后汉书·西域传》中被描绘成"商胡贩客,日款于塞下"。这种盛况在曹魏时期依然,傅畋说河南尹内掌帝都,外统京畿,"其民异方杂居,多豪门大族,商贾胡貊,天下四(方)会,利之所聚,而奸之所生"。

汉魏时期的胡风吹到西晋,泰始(265—274)以后出现崇尚使用"胡床、貊槃""羌煮、貊炙",这些胡风饮食成为晋都洛阳上层贵族社会的饮食时尚。他们喜欢用来自西域的琉璃器盛装食物,因为该器透明度高,对中国人来说显得颇为奇特,深受上层贵族的喜爱。潘尼为此还专门写了一篇《琉璃碗赋》,描述"济流沙之绝险,越葱岭之峻危,其由来也阻远"的丝路流通过程。经历西晋时期的五胡入华,到十六国时代建立众多的割据政权,社会上的胡风愈刮愈烈,更加强劲。及至北魏,尤其是太武帝积极招徕四夷,派遣大批使者出使四方,于是四夷胡人纷纷来到北魏。孝文帝迁都洛阳以后,在城南设置四夷馆、四夷里,安置四夷胡人;这些人中以来自西域的商胡居多,"自葱岭已西,至于大秦,百国千城,莫不款附。商胡贩客,日款塞下"。当时归化北魏、定居洛阳的胡人多达1万多家。商胡中最有名的是擅长经商的粟特人,如康罗在孝文帝时举族内附,并在洛阳定居下来,其孙康和在隋代为定州萨宝,是当地信仰祆教的粟特胡人聚落首领。胡人来到洛阳,同时也带来了胡风民俗,《洛阳伽蓝记》记载长秋寺有六牙白象背负释迦像,辟邪、狮子导其前,吞刀吐火,"奇伎异服,冠于都市";景乐寺也有各种奇禽怪兽、异端奇术。

北魏时期佛教寺院中的这种胡风民俗,到了唐代主要在祆教神庙中表演,如河南府立德坊及南市西坊皆有胡祆神庙,商胡祭拜祆神进行祈福,宴饮歌舞,祆主表演以刀刺腹的西域幻术。唐代洛阳龙门安菩、何氏夫妇墓出土了一方《唐故陆胡州大首领安君墓志》,安君名菩,字萨,其祖先为安国大首领,东迁时投靠东突厥,630年东突厥灭亡后归顺唐朝。此墓出土了许多胡人俑,高鼻深目,卷发虬髯,充满了浓郁的西域粟特胡风,是唐代洛阳粟特人的典型代表。此外,洛阳还出土了一件唐代景教石刻经幢,上部雕刻两组以十字架符号为中心的四尊天神图像,其下刻有《大秦景教宣元至本经》及《幢记》,记载墓主人安国安氏太夫人,以及大秦寺的僧官,这些僧官大多俗姓米,或姓康,是信奉景教的粟特人。龙门西山红石沟北崖甚至还有一处唐代景教瘗穴,瘗穴上方阴刻十字架。除了以粟特为主的西域胡人外,洛阳还有来自世界其他地方的外来人口,如龙门西山珍珠泉南崖有唐代新罗人所开之龛,龛楣正中刻有"新罗像龛"之题记。

参考文献：

1.杨衒之撰,周祖谟校释:《洛阳伽蓝记校释》,上海书店出版社,2000。

2.徐松辑:《河南志》,中华书局,2012。

3.张乃翥、张成渝:《洛阳与丝绸之路》,国家图书馆出版社,2009。

4.洛阳市文物管理局编著:《洛阳出土少数民族墓志汇编》,河南美术出版社,2011。

5.毛阳光、石涛、李婉婷:《唐宋时期黄河流域的外来文明》,科学出版社,2010。

（冯培红）

第四节　华戎交汇在敦煌

芮乐伟·韩森《丝绸之路新史》一书共有七章,每章叙述一座城市,分别为长安、敦煌、楼兰、吐鲁番、库车、于阗、撒马尔罕。其中第六章讲的是敦煌,开篇说道:"如果你只参观一个丝绸之路遗址,那就去敦煌。"于此可见敦煌在丝绸之路上的重要性和代表性。敦煌之所以在丝绸之路上显得特别重要,有两个原因:第一从地理位置来看,它是丝绸之路上的交通要冲;第二从内容来看,它保存了大量珍贵文物,无论是石窟或文书都颇具系统性,这是丝绸之路其他地方无法比拟的。

一、敦煌:丝绸之路的咽喉要冲

在唐朝控制西域以前,中原王朝对西域的统治主要采取羁縻方式;敦煌作为控御西域的前沿基地,地位自然十分重要。进入唐代以后,敦煌(沙州)顿成内地,玉门关也已东迁到瓜州境内,敦煌的丝路要冲地位也就降低了。

汉代在敦煌郡的西侧设置玉门关、阳关,分别位于敦煌城的西北和西南,是从敦煌进出西域的重要边关。据《汉书·西域传》记载,从敦煌出两关后,在西域地区有两条道路:"自玉门、阳关出西域有两道:从鄯善傍南山北,波河西行至莎车,为南道,南道西逾葱岭则出大月氏、安息。自车师前王廷随北山,波河西行至疏勒,为北道,北道西逾葱岭则出大宛、康居、奄蔡焉。"南道出阳关,从鄯善(今新疆若羌)沿着昆仑山西行至莎车,翻越葱岭(今帕米尔)至大月氏、安息;北道出玉门关,从车师(今新疆吐鲁番)沿着天山南麓的塔里木河,西行至疏勒(今新疆喀什),翻越葱岭至大宛、康居、奄蔡。当时北道因受匈奴威胁,不如南道安全,所以南道被称为阳关大道,比较畅通。

到了三国时期,随着形势的变化,北道也发生了相应的变化,分出了两条道路:一条从玉门关西出,经故楼兰、龟兹,再西行至葱岭,为中道;另一条从玉门关西北出,到车师后除原汉代北道外,又分出一支翻越天山至车师后部,再往西北行至乌孙、康居、奄蔡等国,为新的北道。这三条道路也就是隋代裴矩在《西域图记》序文中所说的从敦煌通往西海(今地中海)的三道:

> 发自敦煌,至于西海,凡为三道,各有襟带。
>
> 北道从伊吾,经蒲类海铁勒部,突厥可汗庭,度北流河水,至拂菻国,达于西海。

其中道从高昌、焉耆、龟兹、疏勒,度葱岭,又经钹汗、苏对沙那国、康国、曹国、何国、大小安国、穆国,至波斯,达于西海。

其南道从鄯善、于阗、朱俱波、喝槃陀,度葱岭,又经护密、吐火罗、挹怛、忛延、漕国,至北婆罗门,达于西海。

其三道诸国,亦各自有路,南北交通。其东女国、南婆罗门国等,并随其所往,诸处得达。故知伊吾、高昌、鄯善,并西域之门户也。总凑敦煌,是其咽喉之地。

这是对敦煌在丝绸之路上的交通位置的最佳概括。丝绸之路从东向西,穿行河西走廊以后,从敦煌进入西域,分为三道:北道从伊吾(今新疆哈密)翻越天山,经由草原丝路抵达地中海畔的拂菻;中道从高昌(今新疆吐鲁番)沿着塔里木河西行,翻越葱岭后穿过粟特、波斯,到达地中海;南道从鄯善沿着塔克拉玛干沙漠的南缘,翻越葱岭后前往印度,再抵达地中海。敦煌作为三道的起点,自古以来就被认为是个咽喉之地,地理位置十分重要。历史上许多东来西往的行人,如使者、商人、僧侣、士兵等,大多经由敦煌,在这里也留下了丰富的历史记载。

敦煌最初是游牧民族的居住地,如允姓之戎、氐、羌、乌孙、月氏、匈奴等。直到西汉武帝经略河西走廊,才从匈奴手中接管其地。元狩二年(前121)初置酒泉郡,敦煌大概是酒泉郡辖下的一个县,十年后升格为郡。关于"敦煌"一名的含义,东汉人应劭说"敦,大也;煌,盛也",但是敦煌地处边陲,在河西四郡中人口最少,甚至不到其他三郡的一半,很难称得上"大""盛",所以有学者提出可能出自胡语,但是众说纷纭,如吐火罗语、突厥语、羌语、希腊语等,目前以吐火罗语说最为流行,认为敦煌指的就是吐火罗(Tocharoai)。

汉代敦煌郡辖区较大,统敦煌、冥安、效谷、渊泉、广至、龙勒六县;到西晋元康五年(295),从敦煌、酒泉二郡析置晋昌郡;前凉张骏将敦煌郡升格为沙州,辖敦煌、晋昌、高昌、西域都护、戊己校尉、玉门大护军三郡三营,张祚时更名为商州,北魏置瓜州,后来一度更名为义州;唐置西沙州,后更名为沙州。敦煌郡有时隶属于州,隋唐时期州郡同级,仅名相异。需要说明的是,古代的敦煌城并不在今敦煌市区,而是位于党河西岸,因长期受党河水冲刷,雍正三年(1725)在党河东岸修筑新城。

敦煌位于河西走廊的最西端,西域胡人进入玉门关或阳关以后,首先要在敦煌停留,特别是西域诸国的侍子东来朝觐,需要在敦煌等候朝廷的命令。东汉建武二十一年(45),车师前王、鄯善、焉耆等18国遣子入侍,"鄯善、焉耆诸国侍子久留敦煌,愁思,皆亡归"。这种侍子居留敦煌等待朝命的制度,直到三国时期仍然如此。曹魏初年大鸿胪崔林怀疑西域诸国侍子为商人所冒充,"乃移书敦煌喻指,并录前世待遇诸国丰约故事,使有恒常",依照东汉旧制处理相关事务。除侍子之外,西域胡商来敦煌贸易的更多,魏明帝太和(227—233)年间,西域杂胡前来朝贡,敦煌太守仓慈为他们主持公平贸易,并且发放过所,护送商胡东去都城洛阳。

敦煌作为一座边关城市,随着时代形势的发展,其功能也在发生变化。比如,东汉时代匈奴衰弱,丝路北道的压力遂得减轻,原本的阳关大道亦即南道的功能因地处沙漠地带,也随之渐趋减退。约至隋初,原来位于敦煌西面的玉门关、阳关已遭废弃,玉门关东徙至晋昌城(唐瓜州治所)东,坐落在从伊吾到晋昌的莫贺延碛路南端。这样,从敦煌通往西域的三道趋于衰落,而从晋昌到伊吾的莫贺延碛路则兴盛起来。也正因此,玄奘西行取经所走的路线并未经由敦煌,而是从瓜州(晋昌)直接出玉门关,度越莫贺延碛到伊吾。瓜州也升格为都督府,管辖沙、肃二州。

二、敦煌石窟与藏经洞文物

敦煌是丝绸之路上的一颗璀璨明珠,其文化价值集中体现在举世闻名的敦煌石窟群。按照敦煌研究院编的《敦煌石窟内容总录》,敦煌石窟群包括敦煌市莫高窟、西千佛洞,瓜州县榆林窟、东千佛洞,肃北县五个庙石窟。另外还有一些规模较小的零星石窟。敦煌石窟群不仅洞窟数量多,仅莫高窟就多达735个洞窟,而且雕塑、壁画艺术价值极高,是丝绸之路石窟艺术的杰出代表。

莫高窟位于敦煌市东南25公里处的宕泉河畔,开凿于鸣沙山的东麓。"莫高窟"一名始见于隋代第423窟西壁龛下墨书《莫高窟记》,"莫高"有时写作"漠高",莫高窟之名及其来历一直是历史之谜。据《唐李义莫高窟佛龛碑》记载,僧人乐僔于前秦建元二年(366)在莫高窟开始凿建洞窟,不过此时敦煌属前凉管辖。目前所见莫高窟时代最早的洞窟,是被称为"北凉三窟"的第268、272、275窟。敦煌石窟以彩塑、壁画为主,后者根据内容可分为佛像画、佛传故事画、本生故事画、佛教史迹故事画、经变画、供养人画像、装饰图案画。除了装饰图案画外,其他均以人物画为主,这与宋代以后绘画以山水写意为主迥然不同。

敦煌壁画是至今保存数量最多、时代延续最长、绘制十分精美的佛教艺术。北凉、北魏前期的敦煌壁画,明显受西域影响,线条粗犷,重色晕染,人物穿着裸露。北魏后期、西魏的敦煌壁画,受到孝文帝汉化改革的影响,秀骨清像,褒衣博带,眉清目秀,动作飘逸,色彩简淡。北周时期的敦煌壁画再次受到西域的影响,人物脸型浑厚,晕染厚重,出现"曹衣出水"的曹家样,衣纹稠迭如出水之状。隋唐时期的敦煌壁画,将中原和西域的风格糅合在一起,兼顾神韵和写实,出现以线描为主,兼顾色彩晕染的新风格。特别是第220、335窟维摩诘经变中的帝王形象,与阎立本《历代帝王图》几乎相同,水平类似。中唐时期吐蕃控制敦煌,经变画中出现屏风画。归义军时期地方大族控制政局,他们在莫高窟营造家族窟,供养人画像形象高大,甚至高过于人,世俗化特征明显。

敦煌虽以佛教为主,但却是个多种宗教共存的地方,道教、祆教、摩尼教、景教共存,反映了敦煌具有丝绸之路多元文化的特点,归义军时期的一些高僧号称"三教大法师",很好地体现了儒、释、道三教合一的状况。莫高窟第249窟窟顶有东王公、西王母及开明兽、四神、风雨雷电诸神、羽人等道教相关图像,第285窟除了类似的道教相关图像外,在西壁南龛还有坐在马车上的祆教密特拉神;第322窟西壁有手托山羊或绵羊的有翼畏兽,亦属祆教内容。另外,莫高窟北区B22窟出土了带有十字架或鹰的景教教徽。

除了石窟艺术,敦煌石窟第16窟的耳窟亦即第17窟(藏经洞)出土了约7万号纸质文献与绢画等文物。这些藏经洞文物自1900年被发现以后,伴随着清政府的腐败,很快走向四处流散的命运。目前所见藏经洞最晚的纪年文献是俄藏敦煌文献Ф.32《北宋咸平五年(1002)七月十五日敦煌王曹宗寿与夫人氾氏捐经记》,藏经洞的封闭年代即在此稍后。莫高窟北区发现的纸质文献还有晚至西夏、元代的。除了纸质文献,藏经洞还出土了一些绢画、幢幡、铜佛及其他法器。藏经洞发现以后,英国斯坦因(A. Stein)、法国伯希和(P. Pelliot)、日本橘瑞超与吉川小一郎、俄国鄂登堡(S. F. Oldenburg)等探险家先后来到敦煌莫高窟,盗劫了许多敦煌文献与文物,现在主要分藏在英、法、日、俄等国的图书馆与博物馆中,由此在世界范围内也催生了一门"敦煌学"学问。

敦煌文献数量庞大,内容丰富,主体是佛教文献,占90%左右,特别是一些藏外佛经与疑伪经,学术价值极大。宗教文献中还有400多件道教典籍,以及珍贵的摩尼教、景教典籍,如P.3884、S.3969《摩尼光佛教法仪略》,S.2659《下部赞》与P.3847《大秦景教三威蒙度赞》《尊经》等。儒家文献有320件,包括《诗》《书》《礼》《易》《春秋》《论语》《孝经》《尔雅》,十三经中占九种,甚至还出现了有藏文注释的P.2663《论语集解》,为吐蕃人学习用书。此外,藏经洞还出土了《史记》《汉书》《诸道山河地名要略》《沙州图经》《西天路竟》《南海寄归内法传》等史地文献,以及官府文牒、籍簿、账册、百姓书启、寺院文书、诗、赋、曲子词、变文等文学资料,汉语音韵学、字书和少数民族语言文字等语言文字资料,乐舞、科技资料等,被称作"学术的海洋"。除了汉文文献,敦煌文献中还有藏文、佉卢文、粟特文、突厥文、回鹘文、梵文、于阗文、西夏文、蒙古文、叙利亚文等文字书写的文献。

三、民族融合与丝路文明的荟萃之地

敦煌地处西陲,近邻西域,是丝绸之路上的咽喉要冲,南、北分别为蒙古高原与青藏高原,自古以来就是个多民族杂居的地方。刘昭在注释《续汉书》时引《耆旧记》,称敦煌为"华戎所交,一都会也"。纵观敦煌历史,在西汉武帝开拓河西以前,先后居住或主宰此地的有允姓之戎、氐、羌、乌孙、月氏、匈奴诸族;西汉控据敦煌以后,近五百年间为汉族所统治;从前秦至北周,氐、汉、卢水胡、鲜卑、匈奴等族相继控制其地;隋及唐前期复为汉族所领,至中唐为吐蕃占据,晚唐张议潮逐蕃归唐;从五代初曹氏归义军起,直至清朝的千年时光,粟特、回鹘、党项、蒙古、满族先后统治敦煌;民国至今,复为汉族所领。仅从统治者的角度来看,敦煌地区确实是华戎所交的都会;即便是在某一民族所建政权的统治之下,敦煌也是诸族杂居,互相通婚,共同建设这块沙漠绿洲,是多民族融合的典范之地。

敦煌文献 P.3636《类书》有一则《仓慈传》,记载"胡女嫁汉,汉女嫁胡,两家为亲,更不相夺",表明早在曹魏时期,仓慈担任敦煌太守,鼓励当地胡汉通婚,结为姻亲。到了唐代,由于粟特人大批东来,敦煌县专门设立从化乡。根据 P.3559 等《唐天宝十载(751)敦煌郡敦煌县差科簿》的记载,从化乡有 257 人,其中 117 人因身死(23 人)、逃走(35 人)、没落(27 人)、虚挂(3 人)、废疾(3 人)、单身土镇兵(23人)、单身卫士(3 人)等各种原因,已经不再承担差科;只剩下 140 人需要承担差科,包括中下户(10 人)、下上户(10 人)、下中户(20 人)、下下户(100 人)。据池田温统计,康姓 48 人、安姓 39 人、石姓 31 人、曹姓 30 人、罗姓 23 人、何姓 20 人、米姓 10 人、贺姓 7 人、史姓 6 人、裴姓 4 人、翟姓 1 人,属于粟特昭武九姓及其他西域胡姓,共计 219 人,超过了从化乡总人数的 85%,可见从化乡是以粟特人为主的西域胡人聚落。他们中有许多人取名具有胡风特点,如曹咄利支、安薄鼻、曹伏帝延等,但也有不少人取了汉名;有些人虽然是汉名,但根据亲属的姓名可以推断实为胡人,如曹大庆有子引吐迦宁、安边庭有弟伏帝延,说明从化乡虽为胡族聚居,但也在逐渐走向汉化。特别是到吐蕃统治时期,敦煌从化乡不再出现,粟特人

被打散居住在各个部落,这反而加快了他们汉化的速度,甚至被吐蕃人当作汉人来对待。土肥义和对敦煌资料中的姓名作过普查辑录,得出生活在敦煌的西域胡人占据了19.35%的比重,是符合当时的实际状况的,只不过越到后来,这些以粟特人为主的西域胡人汉化已深,甚至从相貌上已经较难辨识,完全融入了中华民族共同体。这跟敦煌胡汉民众之间的相互通婚是分不开的,如归义军首任节度使张议潮的母亲安氏即为粟特人,所以他弃蕃归唐的行动得到了粟特人安景旻的鼎力支持,后者在起事成功后出任节度副使;曹氏归义军节度使家族的婚姻带有多民族化乃至国际化的特点,首任节度使曹议金娶汉族索氏、宋氏与甘州回鹘天公主李氏为妻,两个女儿分别嫁给甘州回鹘可汗阿咄欲与于阗国王李圣天。通过这样的婚姻关系,无论在血缘上还是文化上都紧密地联系在了一起,敦煌及其周邻的甘州、于阗等地越来越密不可分,逐渐凝聚为一个整体,是多民族共创中华的典范。

随着不同民族之间的交流、交融,地处丝绸之路咽喉要冲的敦煌汇聚了来自不同地域的多元文明。史籍记载,北周时期河西走廊流通使用拜占庭金币、萨珊银币。周武帝曾命尉迟恺前往瓜州(敦煌),给瓜州刺史李贤赐一万银钱,证明当时敦煌确实流通使用萨珊银币,而且在莫高窟北区B222窟也有实物出土,银币正面为王者像及钵罗婆文字,背面为火坛及两位祭司和铭文,经鉴定为萨珊王卑路斯时期(459—484)所铸。此外,敦煌文献P.3432《龙兴寺卿赵石老脚下佛像供养具经等目录》、P.2613《唐咸通十四年(873)沙州某寺徒众常住交割历》均列有"拂临样"的银盏,应当是仿照拂临(拜占庭)样式制作的。

比起拜占庭、波斯等较远地区的文明交流,地处中亚的粟特文明在敦煌体现得更多。早在汉代,悬泉汉简《康居王使者自言书册》就记载康居王使者杨伯刀、苏薤王使者等到敦煌进献橐驼。西晋末、前凉初,敦煌西北长城烽燧遗址 T.ⅩⅢa.ii.2 出土的第2号粟特文信札展现了粟特商人从撒马尔罕经敦煌、武威到中原地区的商业贸易网络。粟特人信仰袄教,据唐代敦煌文献P.2005《沙州都督府图经》卷第三记载,沙州城东一里有袄神庙,画有甘兔神主。P.2748v《敦煌廿咏》中有一首《安城袄咏》,称"板筑安城日,神祠与此兴。一州祈景祚,万类仰休征。苹藻来无乏,精灵若有凭。更看零祭处,朝夕酒如绳"。若敦煌只有一座袄祠,那就坐落在安城,位于沙州城东一里。从粟特石棺床图像来看,他们喜欢宴饮、歌舞、狩猎,在举行祭祀活动时更是饮酒不断,朝夕酒如绳。P.2569v《儿郎伟》所记"今夜驱傩队仗,部领安城火袄",可见到了岁末,敦煌当地在安城举行袄教的驱傩仪式。

源于南亚的天竺佛教传入中国,敦煌是陆路传播的必经之地。悬泉置出土的小浮屠里汉简证明了早在汉代敦煌就有以佛教命名的里。出自大月氏、世居敦煌的竺法护是西晋著名高僧,被称为"敦煌菩萨",他出游西域,东往中原,沿路译经,是敦煌佛教史上的知名高僧,在全国范围内有着举足轻重的地位。法显西行、玄奘东归皆经敦煌,特别是到五代宋初归义军时期,许多取经僧和弘法僧都经过敦煌,东去西往,像归文、法宗、道圆、继从、志坚、施护、法贤等中外高僧在敦煌文献中都留下了记录。

可以说,敦煌集聚了丝绸之路沿线各地的民众,吸纳了多元的外来文明,从而创造了以莫高窟为代表的高度文明,敦煌文明是丝绸之路多元文明的结晶。

参考文献:

1.荣新江:《华戎交汇在敦煌》,甘肃教育出版社,2021。

2.马德:《敦煌莫高窟史研究》,甘肃教育出版社,1996。

3.池田温:《敦煌文書の世界》,汲古书院,2003。

4.赵声良:《敦煌石窟美术史》,高等教育出版社,2014。

5.姜伯勤:《敦煌吐鲁番文书与丝绸之路》,文物出版社,1994。

(冯培红)

第五节　中亚肥城撒马尔罕

绵亘万里的丝绸之路的中心是在中亚两河流域的粟特地区,粟特城邦诸国的中心是在撒马尔罕,意为"肥沃的土地"。亚历山大东征时称之为马拉坎达(Maracanda),隋唐汉文史籍中称之为康国。在历史上,以撒马尔罕为中心的粟特地区经常被周围的强大政权所征服,如波斯阿契美尼德王朝、希腊马其顿王朝、贵霜帝国、嚈哒、西突厥、中国唐朝、阿拉伯帝国等。粟特地区通往四方的道路四通八达,粟特人以擅长经商著称,经常四出贸易,足迹遍天下;粟特语也成为丝绸之路上使用得最广泛的语言,对丝路沿线各地的语言与社会产生了较深远的影响。魏义天(É. de la Vaissière)的《粟特商人史》一书中叙述了粟特商人与中国、印度、突厥、可萨汗国、波斯、拜占庭及伊斯兰世界的贸易和交流,他们在亚欧大陆乃至海上构建了最为完善的丝绸之路商业网络。从这个角度来说,以撒马尔罕为中心活动的粟特商人既是丝绸之路东西商贸的担当者,又是游牧民族与农耕民族之间的重要中介,甚至在海上丝路也发挥了一定的作用。

一、昭武九姓与粟特康国

粟特地区位于中亚阿姆河、锡尔河之间,其核心区在泽拉夫善河流域,波斯语意为"黄金之河",汉文史籍中写作那密水。这里是粟特城邦诸国的所在地,作为宗主国的康国,又称飒秣建、萨末建、悉万斤、撒马尔罕(Samarkand)等,都城位于泽拉夫善河南岸,所属诸小国有安国(布豁、捕喝,Bukhara)、曹国(劫布呾那,Kapūtānā)、石国(者舌、赭时,Chach)、米国(弭秣贺,Māymurgh)、何国(屈霜你迦、贵霜匿,Kushānika)、史国(佉沙、羯霜那,Kashāna)、火寻国(货利习弥,Khwarism)、伐地(Betik)等,皆以昭武为氏,所以被称为昭武九姓。汉代河西走廊张掖郡辖有昭武县,很可能是月氏语地名。大月氏西迁中亚后,起初定都于妫水(阿姆河)之北的粟特地区,"昭武"一词遂为粟特人所用。隋代裴矩《西域图记》序文所记敦煌通往地中海的三条道路,其中中道就经过粟特地区的昭武诸国。

粟特人深目高鼻,多须髯,属印欧人种,喜爱歌舞,主要信仰祆教,兼信摩尼教、佛教、景教。粟特人的丧葬风俗多与祆教有关,如康国城外有二百余户专知丧事,别筑一院,院内养狗,人死后取尸置此院内,令狗食之,肉食尽后将骸骨用纳骨瓮装盛。粟特地区出土了许多纳骨瓮,其中于撒马尔罕出土者居多,约占总数的

40%。祆教尚火,这些纳骨瓮上大多刻有火坛,两边各有一位戴着口罩的祭司,属于典型的祆教内容。

粟特当地绿洲农业发达,兼营畜牧业,但在历史上粟特人却以善于经商著称,不仅"异方宝货,多聚此国",而且粟特人还走向四方,西与拜占庭、北与高加索、南与印度、东与中国广泛地开展商业贸易。据《两唐书》记载,康国人善于经商,经常外出贸易,甚至远至中国。敦煌西北长城烽燧遗址出土的八封粟特文信札,展现了粟特商人从撒马尔罕到中原各地开展丝路贸易的状况,尤其是在河西走廊形成了根据地。入华粟特人的后裔后来形成了郡望,最有名的是武威安氏、建康史氏、会稽康氏,均位于河西走廊,这里成了他们的第二故乡。尤其武威是河西走廊最大的城市,安难陀、康拔达、史君等人均曾担任凉州萨保。粟特人还是漠北游牧政权的商业代理人,将与中原政权通过绢马贸易得来的丝绢运到西方,赚取高额利润。弥南德《希腊史》记载,以马尼亚克(Maniakh)为首的粟特商团受西突厥可汗室点密(Sizabulus)的派遣,携带生丝前往波斯,试图打通丝路中道,但遭到波斯王库思老一世(Khosrau Ⅰ)的阻止。马尼亚克只好取道丝路北道,也就是草原之路,将生丝卖给东罗马帝国。

以撒马尔罕为中心的粟特城邦,通过商业贸易走向外部的广阔世界,并在各地定居下来,建立了庞大严密的商业帝国,为丝绸之路的持久发展奠定了基础,也作出了巨大的贡献。

二、大使厅壁画:撒马尔罕与四方世界

1222年,成吉思汗率领蒙古军队西征中亚,焚毁了撒马尔罕城;后来帖木儿在撒马尔罕古城的西南重建新城,成为帖木儿帝国的首都。1965年,苏联考古队发掘了撒马尔罕古城阿夫拉西阿卜遗址,这座宫殿建筑遗址被称为"大使厅",因为西壁绘制了康国王接见各国使节的场面。

大使厅坐西面东,西壁所绘的各国使节中,有六位中国使节手持蚕茧、生丝、绢帛,站在最前面,地位最显,身后有突厥、高丽、波斯、吐蕃等派来的使节。北壁一派汉风,湖上有两条船,西边的鹰首大船上有一群女性,其中一人身形较大,雍容华贵;东边有一群男子狩猎图,其中一人身形高大,骑马持枪正在猎豹。大使厅壁画中出现的这一场景,反映的是唐朝势力强盛的时代。唐高宗时期在粟特地区设立羁縻府州,最早是在永徽年间以康国为康居都督府,国王拂呼缦(Varkhuman)为都督;稍后在显庆三年(658),又以石国为大宛都督府,国王瞰土

屯摄舍提于屈昭穆为都督;安国为安息州,又置木鹿州,米国为南谧州,何国为贵霜州,史国为佉沙州,皆以国王为刺史。大使厅壁画显然反映的是这一时期的状况。西壁正中的康国王就是拂呼缦,北壁骑马猎豹的男子是唐高宗及其侍从,坐船的女子则是武则天及其宫女。南壁绘有众人骑马携带鹅、马去祭祀祆神,东壁的残缺画面则属印度风格。

与康国都城的大使厅壁画相类似,何国都城的左侧有座重楼,北面绘有中华古帝,东面绘有突厥可汗、婆罗门国王,西面绘有波斯、拂菻国王。无论是康国或何国,中国皇帝均被绘于北壁,在诸国之中居于最尊崇的地位,这显然是发生在唐朝于中亚实施羁縻府州制度的时代。

粟特位于丝绸之路的中间地带,在中国、突厥、印度、波斯、拂菻之间,是文明交汇的十字路口。唐代僧人道宣在《释迦方志》中以雪山为中心,把天下划分为四主:雪山以南至于南海,是象主统治的印度;雪山之西至于西海,是宝主统治的胡国;雪山以北至于北海,是马主统治的突厥;雪山以东至于东海,是人主统治的至那国。后来他在《续高僧传》中将西面的宝主从胡国改为波斯,胡国就是粟特,如此一改更加体现了粟特为中心的世界。除了佛教徒对世界地理的解释,伊斯兰地理中也有类似的说法,《中国印度见闻录》认为世界上有四个国王:伊拉克王是诸王之王,中国皇帝是人类之王,突厥王是猛兽之王,印度王是象之王。粟特就处在这四王的中间地带。

三、粟特人的中转贸易

粟特人以擅长经商而闻名,他们四出贸易,将丝绸之路上的商品转运到各个地方,建立起了东起中国、西迄罗马之间庞大而完善的商业网络。粟特商人的贸易活动中,以中转贸易最富特色。

撒马尔罕阿夫拉西阿卜大使厅壁画中,唐朝使节手捧蚕茧、生丝、绢帛,受到康国王拂呼缦的接见,显示了康国人对中国的理解是以丝绸为标志的。不过,这些丝绸是否为汉商直接贩运到撒马尔罕的呢?尚无确切的证据,因为目前所见贩卖丝绸的汉商,足迹所履之地最西到达弓月(今新疆伊犁)。从匈奴、突厥、回鹘与中原王朝实行绢马贸易可知,大量的中原丝绸被运送到漠北,主要是经由粟特人之手贩运到西方的,所以更可能是粟特人居间从事中转贸易。粟特人马尼亚克使团代表西突厥出使波斯,就是试图将生丝通过波斯卖给更西的米底人,在遭到拒绝以后,又通过草原丝路将生丝直接卖到了拜占庭。西突厥的生丝应当是与唐朝通过绢马贸易换来的,突厥人借由粟特人转售到拜占庭,这是典型的中转贸易。

粟特人在丝路东段的商业贸易,因考古材料与汉文史料较为丰富,得到较充分的揭示。韩森《丝绸之路新史》一书描写了 7 座丝路城市,其中最西的是粟特地区的撒马尔罕,也反映了丝路东段的资料相对丰富,以及粟特人东行较多。《十六国春秋》记载,前凉"张轨时,西胡致金胡瓶,皆拂菻作,奇状,并人高,二枚",西胡指粟特胡人,在拂菻(罗马)与中国前凉之间从事中转贸易,将与人等高、形状奇特的金胡瓶运送到前凉都城武威。我们尚不清楚金胡瓶是粟特人长距离运输到武威的,抑或是一段一段接力式地运送的。但粟特人更多的是从事中转贸易,如《酉阳杂俎》记载了一则故事:唐玄宗与亲王弈棋,令贺怀智在旁弹琵琶,杨贵妃立于局前观棋,眼见玄宗即将输棋,灵机一动,放出康国猧子扑上棋盘,扰乱棋局,玄宗大悦。这只康国猧子是杨贵妃的宠物狗,应当抱在怀里,又能爬到棋局之上,形体必然很小。《旧唐书·高昌传》记载,高昌王麹文泰向唐高祖进献过一对雄、雌狗,"高六寸,长尺余,性甚慧,能曳马衔烛,云本出拂菻。中国有拂菻狗,自此始也"。拂菻狗形体较小,当即康国猧子,具体形象可见于吐鲁番阿斯塔那 187 号墓出土的绢画中孩童左手所抱的小狗。拂菻狗被贩运到高昌国,再被转送至唐都长安,极可能是粟特康国人将拂菻狗从产地先贩运到康国,然后再续运至长安,所以拂菻狗之名也就被改称为康国猧子,体现了撒马尔罕的康国商人在丝绸之路上扮演着中转贸易的角色。

阿拉伯人崛起以后,到 8 世纪吞并了粟特地区,大批粟特人逃往七河流域,这里在玄奘西行时就是诸国商胡杂居之地,粟特沦陷后在这里留下许多遗迹。另外根据阿拉伯史料的记载,造纸术向西传入欧洲,西方人将纸张称为撒马尔罕纸,也打上了撒马尔罕的烙印。

参考文献:

1. É. de la Vaissière, *Histoire des Marchands Sogdiens*, Institut des Hautes Études Chinoises, Collège de France, 2002.

2. E. H. Schafer, *The Golden Peaches of Samarkand: A Study of T'ang Exotics*, University of California Press, 1963.

3. 葛乐耐(Frantz Grenet)著,毛铭译:《驶向撒马尔罕的金色旅程》,漓江出版社,2017。

4.康马泰（Matteo Compateti）著，李思飞译：《撒马尔罕的荣光：阿夫拉西阿卜壁画解谜》，社会科学文献出版社，2023。

5.王静、沈睿文：《大使厅壁画研究》，文物出版社，2022。

（冯培红）

第六节　条条大道通罗马

公元前 2 世纪后期,张骞两次出使西域标志着丝绸之路正式开通,丝绸之路主要指绿洲丝绸之路,此外还有草原丝绸之路、西南丝绸之路、海上丝绸之路等。丝绸之路开通后,丝绸被源源不断地运往中亚、西亚等地,丝绸之路的范围也扩大至地中海东岸。丝绸之路成为长安至地中海东岸间东西方经济文化交流的主要通道。丝绸之路可分为东段和西段,东段指自长安经河西走廊、中国西域至葱岭,西段指自葱岭经中亚、伊朗高原、两河流域至地中海东岸。丝绸之路西段又可细分为西段东线和西线,西段东线指葱岭至两河流域一段,西段西线指两河流域至地中海东岸一段。丝绸之路全线贯通以后,随着时代变迁,虽也经过曲折的发展历程,各段走向亦时有变化,但绝大部分时代是畅通的,大致走向也基本上相同。公元前 1 世纪上半叶,罗马的势力范围扩张至地中海东岸,先后建立了小亚细亚、叙利亚等东方行省,其东部边界远至幼发拉底河—亚美尼亚一线,和丝绸之路发生了直接的关系,丝绸之路西段西线商路基本上都在罗马东部领土境内,通过罗马东部行省与罗马本土间的交通,丝绸之路最远延伸至罗马城,中国丝绸也大量输入罗马城。

丝绸之路西段东线有几条分支,它们在中亚、印度、伊朗高原和两河流域之间构架起了一个发达便利的交通网络。丝绸之路出葱岭后,向西可至中亚的交通商业枢纽城市撒马尔罕(Samarkhand),在撒马尔罕有两条分支,一条由撒马尔罕向西至布哈拉(Bukhara)再至木鹿(Merv),另一条向南至巴克特拉(Bactra)。自巴克特拉开始,丝绸之路西段东线出现了三条分支,由巴克特拉向西,有两条商路,其一,为帕提亚北部之路线,即伊朗北道。自巴克特拉依次至木鹿、里海南部的赫卡通皮洛斯(Hecatompylos,今达姆甘)、帕提亚夏都埃克巴坦那(Ecbatana),西南入美索不达米亚平原,最终至底格里斯河畔的帕提亚都城塞琉西亚(Seleucia)。其二,为帕提亚南部之路线,即伊朗南道,自巴克特拉至赫拉特(Herat)、阿拉霍西亚(Arachosia),经伊朗高原南缘至古城苏萨(Susa),最终和伊朗北道汇合于塞琉西亚。此外,自巴克特拉的第三条分支则是转而向南,经兴都库什山关隘,进入西北印度地区,到达印度河上游,再向南进入印度次大陆,因而第三条分支可称为丝绸之路西段东线中亚至印度段。在这三条路线中,最重要的也是被使用最多的路线是伊朗北道,它是丝绸之路西段东线的主干道。

丝绸之路西段西线最终将东西方连接在一起，实现了条条大路通罗马，这里的罗马更多泛指罗马国家（罗马共和国末期和罗马帝国），而不仅指罗马城。所谓条条大路通罗马，不仅指罗马城四通八达的对外交通，而且也指丝绸之路的众多分支道路都通向罗马国家。中亚至两河流域的两条丝绸之路商道在塞琉西亚汇合，塞琉西亚遂成为丝绸之路在两河流域的枢纽。自塞琉西亚向西至小亚细亚、地中海东岸的商路即丝绸之路西段西线，这段商路呈现出分支众多的特征，它的另一个显著特征是自公元前1世纪中期开始，幼发拉底河以西的丝绸之路西段西线商路由罗马控制，罗马真正成为丝绸之路途经之国家，长期与帕提亚帝国对峙于幼发拉底河—亚美尼亚一线，双方为了争夺丝绸之路贸易主导权以及边境城市，在两河流域、叙利亚、亚美尼亚等地展开了长期胶着的对抗，双方的关系在战和之间频繁转换。公元1世纪，罗马帝国、帕提亚帝国、贵霜帝国、汉朝成为欧亚大陆上横贯丝绸之路交通干道的四大帝国。

丝绸之路西段西线是罗马帝国获得东方商品的主要渠道，包括南路、中路、北路和北方草原商路等不同路线。西方古典文献对此记载较少，仅有《帕提亚驿程志》，中国古代史籍《后汉书》和《三国志》则保留了丰富的信息。首先，据《后汉书·西域传》记载："从安息陆道绕海北行出海西至大秦，人庶连属，十里一亭，三十里一置，终无盗贼寇警，而道多猛虎、师子，遮害行旅，不百余人，赍兵器，辄为所食。又言有飞桥数百里可度海北。"此处的飞桥指的是宙格玛（Zeugma）过幼发拉底河的大桥。罗马帝国时期，幼发拉底河以西地区大都属于帝国的行省属地，主要包括叙利亚行省和小亚细亚诸行省。《后汉书·西域传》的记载对应的是叙利亚行省地区的情况，罗马帝国在这一地区的商路上设置了大量驿站和军事哨所，对应的是"十里一亭，三十里一置"。由于罗马帝国的有力控制，这一地区得以维持良好的治安秩序，出现"终无盗贼寇警"的和平局面。综上所述，《后汉书·西域传》这一段主要记载的是罗马帝国东部叙利亚行省的情况。其次，《三国志》卷30裴松之注引的《魏略·西戎传》记载了从巴比伦到叙利亚商路上的城市："驴分王属大秦，其治去大秦都二千里。从驴分城西之大秦渡海，飞桥长二百三十里，渡海道西南行，绕海道行。且兰王属大秦。从思陶国直南渡河，乃直西行之且兰三千里。道出河南，乃西行，从且兰复直西行之汜复国六百里。南道会汜复，乃西南之贤督国。且兰、汜复直南，乃有积石，积石南乃有大海，出珊瑚、真珠……贤督王属大秦，其治东北去汜复六百里。汜复王属大秦，其治东北去于罗三百四十里渡海也。"19世纪末的德国学者夏德（Hirth）根据"从驴分城西之大秦渡海，飞桥长二百三十里,渡海道西南行,绕海道西行"这一记载,结合《后汉书·西域传》中"又言有飞桥数百里可度海北"的描述,认为"中国人经常提到的'渡海',实际上是渡河",因此上述记载中的"渡海道"和"度海北"实际上都是指渡过幼发拉底河,由此可判断《三国志》记录的"飞桥"对应的是《后汉书·西域传》中的"飞桥",因此驴分很有可能指"飞桥"的所在地宙格玛,在宙格玛渡过幼发拉底河后的主要商路是向西南行至安条克,这和《三国志》的记载相符。"且兰"指沙漠商路上的城市巴尔米拉(Palmyra)。从相对地理位置上看,巴尔米拉的正西为埃美萨(Emesa),因此"氾复"应为埃美萨。从"氾复"和"贤督"的相对地理位置判断,"贤督"应为位于埃美萨西南方的大马士革(Damascus),而大马士革也是由阿拉伯北部的佩特拉(Petra)到巴尔米拉商路的必经之地。《三国志》援引《魏略·西戎传》的记载实际上暗示了丝绸之路西段西线的三条主要商路,这三条商路即丝绸之路西段西线南、中、北三条路线。

第一,丝绸之路西段西线南路指从幼发拉底河经过阿拉伯半岛北部沙漠商路至佩特拉。《魏略·西戎传》记载:"且兰、氾复直南,乃有积石,积石南乃有大海,出珊瑚、真珠。"其中,积石之地便是指从氾复(埃美萨)向南可抵达的阿拉伯半岛西北部的商业城市佩特拉,从巴尔米拉和叙利亚的埃美萨等地都有商路通向佩特拉,同时也暗示了自两河流域有商路连接佩特拉,即丝绸之路西段西线南路。佩特拉至幼发拉底河的最近路线是向正东行,抵达幼发拉底河接近入海口的下游地区(下美索不达米亚地区)。这条商路所经两河流域地区是帕提亚帝国的南部边缘省份,当帕提亚帝国对这些边缘地区监管不严时,商人可利用这条商路,继续向东通过伊朗南部地区、俾路支省(Baluchistan)到达印度。这条路线也是罗马帝国时期罗马商人前往印度直接从事陆上贸易的几乎唯一选择。

第二,《魏略·西戎传》载:"且兰王属大秦。从思陶国直南渡河,乃直西行之且兰三千里。道出河南,乃西行,从且兰复直西行之氾复国六百里。"这段记载明确了途经巴尔米拉的商路,此商路即丝绸之路西段西线中路。"从思陶国直南渡河"即从塞琉西亚等地出发的商人在此地渡过幼发拉底河,然后向西行至巴尔米拉。由上述可知,丝绸之路西段西线中路从巴比伦、塞琉西亚等地毗邻底格里斯河的城市至幼发拉底河,然后经阿拉伯半岛北部沙漠边缘至绿洲巴尔米拉,从巴尔米拉正西行可至埃美萨,埃美萨南行即至大马士革,北行可至罗马叙利亚行省首府和罗马东部最重要城市之一安条克。公元1世纪末、2世纪初,随着罗马帝国对巴尔米拉控制的加强以及后者与波斯湾之间贸易的兴盛,丝绸之路西段西线中路也开始被商人越来越多地使用。

第三,《魏略·西戎传》所记"从驴分城西之大秦渡海,飞桥长二百三十里,渡海道西南行,绕海道西行",实际上描述了丝绸之路西段北路经宙格玛的商路。宙格玛又被称为幼发拉底河的十字路口,位于今土耳其的比尔吉克(Birijik),它是从安条克进入美索不达米亚的必经之地,地理位置十分重要,是罗马与帕提亚常年争夺的重要城市。丝绸之路西段西线北路又有两种主要路线,一种主要路线是从塞琉西亚出发走陆路向北美索不达米亚,经尼西比斯(Nisibis)、雷塞纳(Resaina)至卡雷(Carrhal)或卡雷北部的埃德萨(Edessa),然后经过先利阿拉伯(Soenite Arab)地区至幼发拉底河,利用位于宙格玛的桥渡河,然后转向西南行,最终至安条克。图拉真(Trajan,98—117年在位)远征帕提亚后,尼西比斯成为罗马帝国永久的管辖地,此后经尼西比斯的商路也更加安全和便捷。另一种主要路线同样从塞琉西亚出发走陆路向西行至幼发拉底河,然后沿河至宙格玛附近,在此渡河,主要终点同样是安条克。伊西多尔的《帕提亚驿程志》详细记载了这条路线。公元前25年左右,奥古斯都派遣伊西多尔等人考察从叙利亚至波斯湾、伊朗高原的交通路线,伊西多尔写成了考察报告《帕提亚驿程志》,该文献自西向东详细记载了丝绸之路西段西线的交通路线。该路线从安条克出发,在宙格玛渡过幼发拉底河,随后抵达阿帕米亚(Apamea)。阿帕米亚位于幼发拉底河左岸,与宙格玛隔幼发拉底河相望。从阿帕米亚沿幼发拉底河左岸前行,可抵达亚历山大大帝所建的希腊式城市尼刻福里乌谟(Nicephorium)。继续南行可抵达幼发拉底河畔的法利伽村。法利伽的希腊语义是"中途",它距安条克约120斯克索伊诺伊(约639.4公里),距底格里斯河畔的塞琉西亚约100斯克索伊诺伊(约532.8公里),大致位于丝绸之路西段西线的中点。法利伽继续前行可至幼发拉底河畔的杜拉·欧罗波斯(Dura Europus),从杜拉·欧罗波斯最终至底格里斯河畔的塞琉西亚。从宙格玛到塞琉西亚总共171斯克索伊诺伊(约911公里)。《后汉书·西域传》只记载了"又言有飞桥数百里可度海北",却没有记录其他的交通方式,说明这条在宙格玛渡桥的路线是当时丝绸之路西段西线的主要商路。丝绸之路西段西线北路的第一种路线虽然路程远于第二种路线,但可以避免幼发拉底河沿岸的政府向过往商人征收高额杂税,由此可降低贸易成本,因此两种路线各有优势。此外,北路还有第三种延长的路线,即从塞琉西亚出发向西北至小亚地区的诸多城市。丝绸之路西段西线南、中、北三条商路大都经过新月沃土(Fertile Crescent)地带,主要是为了保证商人的水源供应。

　　上述南、中、北三条路线是丝绸之路西段西线的主干线,除此之外,在北方还有一条横贯东西的草原丝绸之路,亦可称为北方草原商路。罗马帝国与帕提亚长期争夺亚美尼亚地区的控制权,这和黑海、里海以北的草原丝路贸易密切相关。草原丝路分为两条路线,它们的出发地都是罗马势力影响下的小亚、黑海东部地区,第一条路线从黑海东岸出发,穿过高加索地区抵达里海,为草原丝绸之路南线。具体来说,从黑海东岸的港口费希斯(Phasis)出发,进入高加索山脉的道路,四五日内便可见居鲁士河(Cyrus)流域。高加索关位于此流域,这一区域的贸易大多在高加索关进行。商人利用居鲁士河便可通向里海。然后过里海,便可沿阿姆河至丝绸之路在中亚的重镇撒马尔罕。在撒马尔罕,有许多中国商人,售卖生丝、丝绸,交换罗马的琥珀、珊瑚等商品。由于小亚和黑海东部以及亚美尼亚地区对于罗马帝国的东部边境安全、打开通向中亚的贸易商路都极为重要,因此罗马帝国特别重视对这一地区的管理和控制。罗马皇帝尼禄时期(Nero,54—68 年在位),本都和亚美尼亚都在罗马帝国的控制之下。另外,罗马帝国在费希斯常年有驻兵,图拉真时期,帝国加强了在费希斯地区的管理,维持此地区政治稳定的同时,也起到了保护北方商路和商人安全的作用。第二条路线是从黑海东部出发向东北行至里海北部,然后向东南行,抵达中亚北部,利用锡尔河(Jaxartes)、阿姆河(Oxus)最终至中亚的巴克特里亚等地区从事商品交换。这条商路自公元 1 世纪末期就已开始使用,罗马皇帝图密善(Domitian,81—96 年在位)时期,在小亚东部建有通向西伯利亚的新路,这条新路即黑海地区通往里海北部和东部地区的草原丝绸之路北线。公元 3 世纪,随着西域地区一条新的东西交通线"北新道"的开通,草原丝绸之路北线更加地便利和畅通。据《魏略·西戎传》载:"北新道西行,至东且弥国、西且弥国、单桓国、毕陆国、蒲陆国、乌贪国,皆并属车师后部王。……转西北,则乌孙、康居,本国无增损也。……又有奄蔡国一名阿兰,皆与康居同俗。西与大秦东南与康居接。"这条商路至康居段路线比此前的北道更加靠北,此路线先由天山以北地区,经乌孙到达康居,然后经奄蔡和里海北部至高加索北部、南俄地区,由此可继续沿黑海北岸向西行,也可转向南行,最终至罗马帝国控制或影响下的黑海东岸、小亚东部地区。需要说明的是,为了和丝绸之路西段相对应,可以将里海以西的草原丝绸之路北线和南线商路定义为草原丝绸之路西段。

　　丝绸之路西段不仅是汉、贵霜、帕提亚、罗马等国进行贸易交换的大通道,也是诸文明互动互鉴之路。中亚和西北印度的巴克特里亚—希腊人王国、印度—希腊人王国、罗马帝国的钱币通过丝绸之路西段输入印度各地,对贵霜钱币的形制产生了重大影响。贵霜帝国早期的钱币以希腊式钱币为模版,主要分为四德拉克马和一德拉克马两种重量标准,而且德拉克马已经演变为印度标准,体现了希印文化在丝绸之路西段之上的融合。从阎膏珍开始,贵霜开始发行金币,贵霜金币不仅以罗马黄金为主要原料之一,而且在重量、形制、纹饰上都学习和模仿了罗马金币,正面为王像,背面为希腊罗马、中亚、伊朗、印度等各种神祇,贵霜金币全身像的出现明显模仿了罗马钱币背面频繁出现的拟人化女神全身像,此外,贵霜金币还以罗马银币单位第纳里(denarius)命名。通过丝绸之路西段,中国的丝绸大量进入罗马帝国境内,在罗马帝国发生了一场"服饰革命",兴起了一股热衷中国丝绸服饰的社会风潮,罗马人的衣着风格有了巨大变化,丝绸衣着也成为罗马人评判社会地位的标准之一。罗马的贵族阶层热衷丝绸,并将其作为身份的象征,形成了消费奢侈品的文化。中国丝绸输入罗马叙利亚地区,促进了这一地区的丝织业发展,叙利亚、地中海东岸有一些地区专门加工来自中国的缣素,黎凡特的提尔、西顿等城市拥有繁荣的丝绸加工业。公元 6 世纪中期,印度僧侣通过丝绸之路西段商路将中国蚕种带入拜占庭帝国,西方从此掌握了中国养蚕织丝技术。

　　总之,丝绸之路西段从中亚经伊朗高原、两河流域至地中海东岸,扩大了丝绸之路的覆盖范围,丝绸之路也成为古代世界主要国家之间交往的主要渠道。丝绸之路西段东线在整个丝绸之路上居于中心位置,连接了中国和罗马,也是东西方物质、技术、宗教等文明交流的桥梁。丝绸之路西段东线有众多分支,主要途经中亚、伊朗高原、西北印度等地,沿途主要有贵霜帝国、帕提亚帝国、萨珊波斯、白匈奴等国家。罗马帝国时期丝绸之路西段西线的贸易路线更加丰富,不仅有绿洲丝绸之路南、中和北三条商路,而且在北方还有草原商路可使用。罗马—拜占庭帝国早期的丝绸之路西段西线商路涵盖了北至黑海、南至波斯湾和阿拉伯半岛西北部、东至两河流域、西至叙利亚和小亚的广阔地区,分支路线众多,串联了塞琉西亚、尼西比斯、巴尔米拉、安条克等众多核心商贸城市。丝绸之路西段西线的众多商路为罗马—拜占庭商人的对外贸易提供了更多机会和选择,为罗马—拜占庭帝国提供了空前的贸易发展机遇,罗马—拜占庭帝国早期也成为丝绸之路贸易发展史和东西交通史上的重要阶段。丝绸之路西段由撒马尔罕、巴克特拉、木鹿、塞琉西亚、宙格玛、安条克等城市串联成一条横贯东西的大通道,中国的丝绸、中亚的宝石、印度的香料也由此输入罗马,真正实现了条条大路通罗马。

参考文献:

1. 范晔:《后汉书》,中华书局,1965。

2. 陈寿:《三国志》,中华书局,1964。

3. 夏德著,朱杰勤译:《大秦国全录》,商务印书馆,1964。

4. 余太山:《伊西多尔〈帕提亚驿程志〉译介》,《西域研究》2007 年第 4 期。

5. Isidore of Charax, W. H. Schoff, tr. , *Parthian Stations : An Account of the Overland Trade Route Between The Levant and India in the First Century B. C.* , Philadelphia: the Commercial Museum, 1914.

（高克冰）

第二章　绿洲丝绸之路

中国古代丝绸之路穿过我国西北地区、中亚、西亚等地的沙漠与绿洲相伴地带。星散在各处河流、绿洲的定居点连接成为丝绸之路的基本道路网。本章主要探讨绿洲在丝绸之路中所发挥的积极作用和独特意义。

第一节　河西走廊与两关四郡

河西走廊位于黄河以西，南面是祁连山，北面是蒙古高原的戈壁边缘，是一个东西长、南北窄的狭长地带。河西地区气候干旱，在党河、疏勒河、黑河、石羊河等祁连山脉水系的滋养下，形成诸多绿洲。星散在沙漠和戈壁地带的绿洲，连接形成一条著名的河西走廊。古代的中外使者、商人、僧徒西去东来，大多经过河西走廊，它是古代中西陆路交通的必经之地。

从秦至唐，长安与河西走廊间的道路主要有两条：一是沿渭河谷地西经陈仓（宝鸡），翻越陇山，渡黄河，经金城（兰州）到达凉州（武威）。二是从长安出发，沿泾河向西北，翻越黄土高原，经平凉、会州（白银市平川区），渡黄河直奔凉州。南北两道会合于武威绿洲，进入干旱地带河西走廊。

一、河西走廊的游牧民族

河西走廊的绿洲地带水草丰美，是适宜放牧的优良牧场。从战国到秦汉，活动在河西走廊的主要是月氏、乌孙、匈奴等游牧民族。大约中原秦王朝时期，月氏的势力最为强盛，是西北地区最强大的民族。他们驱逐原本居住在河西走廊的塞种胡，兼并诸戎。其分布向东可达河西走廊东部和陇右地区，向西进入塔里木盆地和天山东部地区。史料中称月氏的首领为王，应当已经形成了松散的部落联盟组织。秦汉之际，月氏人打败同在河西走廊西部游牧的乌孙人，迫使乌孙西迁到天山以北区域。与此同时，蒙古草原上的匈奴在冒顿单于的率领下逐渐强大起来。到汉朝建立初期，冒顿单于派遣匈奴右贤王，西击月氏。匈奴吏卒精良，兵马强劲，最终击溃月氏主力，占据河西走廊。被匈奴击溃而西迁的月氏部落联盟的主体，被史家称为"大月氏"；留下的月氏人，与羌人杂居，被称为"小月氏"。

匈奴占据河西后，浑邪王统治河西走廊西部，休屠王驻牧于东部。到了老上单于时（前174—前161），匈奴再次沉重打击了西迁伊犁河的大月氏，杀死了月氏王，还把他的头骨做成匈奴人的饮器。随后，匈奴吞并楼烦王、白羊王、河南王的领地，进一步控制了塔里木盆地的西域绿洲王国，成为这一地区最大的征服者。

匈奴占领河西及西域后，向统治下的诸族征收重税，垄断了东西方贸易、阻碍了中西文化交流。匈奴还与羌联合起来，对汉王朝的西北边疆形成了包围之势。匈奴成为汉王朝统治的心腹大患。

值得说明的是，在张骞通西域之前，东西方文化交流的载体"丝绸之路"已经存在。考古工作者在先秦高等级墓葬中不断发现来自于阗的玉料，可见于阗与中原腹地之间早已存在联系。学界认为，早期的东西方文化交流并不是直接交通的结果，而是通过某些中间人的转运。河西走廊的游牧民族，在西汉张骞凿空丝绸之路以前，长期扮演着中原和西域物质、文化交流的中间人。

二、从游牧地到汉地

公元前141年，汉武帝即位，此时的汉朝经过文、景六十余年的休养生息，府库充盈、马匹繁多、国富民强，拥有了强大的实力。在此基础上，汉武帝开始积极谋划，意图彻底解除匈奴之患。有投降汉朝的匈奴人告诉武帝，月氏与匈奴积怨，想寻求盟友报复匈奴。这一情报得到武帝重视，马上招募出使月氏的人，有意联络大月氏打击匈奴。于是，汉中人张骞应募。公元前138年，张骞受命西行，寻找大月氏。而此时的大月氏，已经从天山北麓的伊犁河流域进一步西迁到中亚阿姆河流域。张骞的第一次出使，两度被匈奴擒获，于公元前126年回到长安。这次出使，张骞虽然没有搬来大月氏的援兵，但了解到河西地区的水草所在和匈奴部落的游牧动向。他的报告成为汉朝用兵时的指南，为汉朝打败河西的匈奴起了一定作用。另一方面，凭借汉初以来的积蓄，汉朝开始用兵匈奴。

汉朝对匈奴的反击战争主要有三次，即公元前127年的河南之战，公元前121年的河西之战，公元前119年的漠北之战。公元前127年，即张骞回到长安的前一年，汉将卫青率兵击败匈奴白羊王和楼烦王的军队，收复了河套地区，并在此设置朔方郡和五原郡(今内蒙古达拉特旗、准格尔旗一带),巩固了这一前沿阵地。

汉武帝元狩二年(前121),汉王朝与匈奴展开河西走廊争夺战。青年将领霍去病奉命出陇西,在皋兰山与匈奴血战,数战数捷,杀匈奴二王,俘虏浑邪王子及相国、都尉等大小首领,缴获了休屠王祭天金人。霍去病进军的路线,是由陇西郡西北上,约在今兰州西渡河,再过乌逆水,从山麓西行,经过邀濮部落牧地,渡过谷水,到达焉支山而返。这条路基本上是汉代丝绸之路东段的一部分。霍去病这次出师河西,取得了较大的胜利,并熟悉了匈奴在河西的活动情况和地理环境。同年夏季,又从北地郡出击,逾居延,南下祁连山,孤军辗转二千余里,在䤚得(今甘肃张掖西北)一带大败匈奴,沉重地打击匈奴右部。同年秋,浑邪王杀休屠王,率四万余部众投降汉朝。从此,河西走廊正式归入汉朝的版图。前119年,霍去病与卫青又率领汉军两路向北出击,彻底把匈奴赶到漠北,漠南地区再无匈奴王庭。

河西之战的胜利具有很大意义,由于休屠王身死及浑邪王降汉,整个河西走廊全部控制在汉王朝势力范围之内。汉朝占领河西走廊本身,就是对匈奴势力的严重打击。因为祁连山、焉支山松柏茂密,水草丰盛,是匈奴夏季放牧的优良牧场之一,匈奴失河西,可谓痛心疾首。《史记正义》引《西河故事》云:"匈奴失祁连、焉支二山,乃歌曰:'亡我祁连山,使我六畜不蕃息;失我焉支山,使我妇女无颜色。'"

三、河西四郡的设置

河西四郡的设置年代,史籍记载相互抵牾,学界亦有所争议。较为公认的是,收复河西后,汉朝将匈奴浑邪王、休屠王故地划分为酒泉、武威二郡。此后,又将酒泉郡分为酒泉、敦煌二郡,武威郡分为武威、张掖二郡,总称河西四郡。置郡以后,汉王朝从关东地区迁徙数十万移民充实这一地区。不断向河西移民的结果是这里的户口数迅速上升,改变了人烟稀少的状况。至西汉末年,河西四郡的人口已达二十八万多人。屯垦是汉朝对河西地区开发的另一重要举措。徙民实边后,汉王朝给徙民和田卒提供必需的农具,带来了中原先进的农业生产技术。河西绿洲较稳定的水源、较充足的土地得到很好的发挥,农业生产发展较快。河西地区的安定,使中国古代西北地区的开发进入了新阶段,打通了中原文化与西域文化交往的道路。

武威郡为河西走廊最东部一郡。郡治姑臧,原为匈奴盖威城。地处石羊河绿洲腹地,系河西走廊东西交通干道与沟通蒙古高原的石羊河南北孔道的交点。在此立郡可以起到控制整个绿洲的作用。

张掖郡，得名于"张国臂掖，以威羌狄"。郡治䚲得，原为匈奴䚲得王所筑城，今张掖市西北黑水国遗址北城。䚲得故城位于河西走廊中部，地处交通要冲——丝路干道，横贯东西，向东南越祁连山扁都口可达湟水谷地、羌中地区，向北沿黑河而下直抵昭武、居延，并可伸向蒙古高原故地。䚲得故城的自然条件得天独厚，地处黑河中游平原，是河西走廊水源条件最好的绿洲。

酒泉郡，其范围大体在今黑河流域西部和疏勒河流域东部一带，领禄福、表是、乐涫、天陕、玉门、会水、沙头、乾齐等十县。郡治禄福，呼蚕水（即讨赖河，今北大河）流经其境，汇入羌谷水（今黑河），故禄福城地势平衍、水源充足，有发展农垦、置郡设县的优越条件。自禄福可沿讨赖河、黑河河谷北上直驱蒙古高原腹地，这条河谷水草地带也成为匈奴南下的天然孔径，军事位置相当重要。

敦煌郡为河西走廊最西一郡，领敦煌、冥安、效谷、渊泉、广至、龙勒六县。汉代敦煌郡辖区较大，其范围大体在今疏勒河流域中下游。敦煌故城位于党河中下游绿洲腹地。这块绿洲是祁连山北麓最西的一块绿洲，河渠纵横，自然条件优越。敦煌置郡与李广利伐大宛有密切关联。太初元年（前104）至太初四年，贰师将军李广利伐大宛，敦煌均为军队的出发地和后援基地。自此以后，敦煌即成为汉王朝经营西域的基地。

河西置郡的重要目的，是开通往西域的通道，同时断绝匈奴和西羌的联系。尤其是武威、张掖，地处匈奴与羌之间，地理位置十分重要。武威、张掖二郡的设置，使得匈奴与羌南北不得交关，削弱了匈奴势力。河西四郡的设置，形成了东西通西域、南北隔绝南羌匈奴的交通格局。

四、玉门关、阳关与东西交通

汉武帝在敦煌以西设置玉门、阳关，两关南北雄踞对峙，是古代河西深入西域之咽喉。玉门关、阳关位于敦煌郡龙勒县以西。龙勒是汉代直辖郡县最西端的一个县，地处今南湖绿洲。阿尔金山地东段山前洪积冲积扇北缘泉水出露，发育成南湖，即汉代"渥洼地"、唐代"寿昌海"。南湖绿洲是河西走廊最西部的一块绿洲，位于极端干旱的库穆塔格沙漠东缘，降水极为稀少。西出玉门、阳关，即是茫茫大漠。为了保障两关所起的交通作用，两关分别设置有都尉。

据《汉书·地理志》，元封四年（前107）酒泉列亭障至玉门。20世纪初，斯坦因通过小方盘城出土的简牍文书经常出现"玉门关"，认为西汉玉门关在今小方盘城,这一观点得到了学界的认同。小方盘城距今敦煌市区约 71 公里,其北面是东西向的长城主城墙,墙外是疏勒河。玉门关长城内外还保存着许多凸起的烽燧遗址。阳关亦设置于元封四年左右。据《括地志》《旧唐书·地理志》等史料记载,阳关故址在唐代寿昌县(汉龙勒县)以西。阳关故址在唐代时已经废坏,由于自然环境的影响,至今尚未明确阳关遗址。

根据《汉书·西域传》记载,"自玉门、阳关出西域有两道。从鄯善傍南山北,波河西行至莎车,为南道;南道西逾葱岭则出大月氏、安息。自车师前王廷随北山,波河西行至疏勒,为北道;北道西逾葱岭则出大宛、康居、奄蔡焉"。汉代丝绸之路分南北两道,楼兰是南北道的分叉点。南道出阳关,进入罗布泊的洼地、盐碱滩和沙丘,经过都护井、居卢仓、沙西井等有水源的地方,穿过白龙堆,至楼兰绿洲折向西南经鄯善、且末,再沿昆仑山脉北麓继续西南行至精绝(今新疆民丰尼雅遗址)、扜弥、于阗(今新疆和田)、皮山、莎车,至疏勒。北道由敦煌西北行,出玉门关,通过白龙堆,至楼兰绿洲西北行,沿天山山脉南麓的绿洲向西前进,经尉犁(今新疆库尔勒)、龟兹(今新疆库车)、姑墨(今新疆阿克苏)、疏勒(今新疆喀什),翻越葱岭,经大宛(今费尔干纳盆地),到达康居、奄蔡等国。这些道路就是狭义上的汉代丝绸之路。

历史上的丝绸之路也不是一成不变的,随着自然条件的变化与政治、经济、交通的需要,不断有新的道路开通,也有一些道路的走向有所变化甚至废弃。西出玉门、阳关首先需要途经白龙堆,这是一片经常使行旅迷失方向的雅丹地貌。至西汉后期,又以玉门关为起点、车师(今吐鲁番盆地)为终点,开辟了一条既可以避开白龙堆又可以减少距离的新道。东汉初年,中原王朝打败蒙古高原的北匈奴,迫使其西迁,并牢牢占领了伊吾(今新疆哈密),由敦煌北上伊吾的"伊吾路"逐渐发展起来。从伊吾经高昌、焉耆到龟兹,可以和原来的丝路北道会合。三国时期,这条新道愈加重要,史籍中将其称为"中道",与最初的北道并列记载。

道路的开辟和形势的变化,也使得玉门、阳关发生位置改变甚至废弃。西汉时期,由于玉门关近匈奴、多战争,不如阳关安全,故出阳关的南道更为畅通。阳关不仅和玉门关一同在国境上作为往来的"门户",并且在经济贸易、使者往来等方面所起的沟通作用甚至超过玉门关。东汉末期的阳关由于军事战争与环境变迁,逐渐没落,失去了西域门户的地位,而此时的玉门关又因伊吾路的开辟,地位更加突出。至北周时期,随着伊吾路的兴盛,敦煌以西的玉门关逐渐衰落。约至隋初,原来位于敦煌西面的玉门关、阳关已遭废弃,玉门关迁到敦煌以东。隋唐时期,阳关关址被流沙掩埋,然而经过阳关通往西域和吐谷浑的道路仍然在使用。唐朝的阳关,更多时候是作为诗歌意象而存在,如"弱水应无地,阳关已近天""绝域阳关道,胡沙与塞尘"。在诗歌的渲染下,阳关是人们心中从中原前往西域的起点。

参考文献:

1.向达:《唐代长安与西域文明》,河北教育出版社,2001。

2.李并成:《河西走廊历史地理》,甘肃人民出版社,1995。

3.钱云、金海龙等编著:《丝绸之路绿洲研究》,新疆人民出版社,2010。

4.刘进宝:《西北史地与丝路文明》,甘肃教育出版社,2023。

5.王子今:《汉代丝绸之路文化史》,甘肃教育出版社,2023。

(洪 英)

第二节 烽燧亭障与驿道交通

汉朝两关四郡的设立,旨在联结西域,隔绝羌胡。为维护中原至西域交通的畅通,确保河西成为经营西域的前沿和后援基地,汉朝建设长城烽燧等防御体系,开通驿道等交通设施。

一、汉长城与烽燧亭障

与设立河西四郡同时,汉朝又把秦始皇建造的长城向西延伸。公元前 127 年,汉朝收复"河南地"后,置朔方、五原郡,移民垦荒,并将秦时沿黄河的长城加以整修。这是汉武帝第一次大规模地整修长城防御线。公元前 121 年,收复河西,便修建从令居(金城郡,今兰州)到酒泉一段,然后又从酒泉修筑到敦煌以西的玉门关。随着匈奴势力不断向西北转移,汉朝相应地加强西北边防,到武帝天汉初(前 100—前 97),继续从玉门关向西修建长城和亭障,直到盐水(今罗布泊)。河西汉长城是西汉长城防御系统的西段,起于黄河西岸,沿河西走廊北侧东西延伸,贯穿河西,绵延千余公里。在河西走廊及其以西,长城的城墙基本与当时通往西域的大道并行。这些交通路线就是我们熟知的"丝绸之路",长城就像丝绸之路的一道屏障,保护道路安全。

汉朝除积极修整长城防御线外,还在长城沿线修筑烽燧亭障,并派官设署、驻守屯田。汉代将长城统称为"塞",塞墙内每隔一段都设有一个城堡并连有"亭燧"或"烽燧"。这些亭隧按其大小派驻几十名到一二百名戍卒,由候长或燧长管理。亭隧的上半部分为望楼,即汉简中所称的"堠""候楼"。隔若干个"燧"有一个较大的城,叫作"障",由候官统率。所谓烽燧,是长城亭障的耳目,用来报警,设在视野比较宽广的山巅或者草原上,沿线罗列,大小高低因地而异。值得注意的是,汉代烽燧沿长城一线设置,大多依山傍水而筑,从敦煌、酒泉至居延一千公里的边塞所见,长城烽燧多依疏勒河、北大河、额济纳河蜿蜒在丛山或大漠上,即便是无河可傍,也有泉井可饮。

从新疆的罗布泊、甘肃的敦煌至内蒙古额济纳河流域,已经发现的烽燧亭障遗迹达数百处之多,其中以内蒙古居延地区的发现最为重要。从东居延海沿额济纳河向南,至于金塔、淖尔附近,在长近 300 公里的地段上,至少分布着烽燧遗迹一百数十处。1930 年西北科学考查团曾在此做过调查,发现 1 万余枚汉代简牍;

1972年以来,甘肃省居延考古队等又进行多次调查发掘,出土汉简2万余枚。烽燧遗址发现的大量简牍,是研究古代丝绸之路的宝贵资料。

疏勒河流域,是河西走廊乃至全国汉塞遗址保存最完整的区域。其中敦煌境内的长城和烽燧遗址,东起瓜州县东碱墩,沿疏勒河南岸逶迤北上,向西蜿蜒,经东泉、大方盘、哈拉淖尔、玉门关、后坑子、天桥墩、湾腰墩一带,延绵150公里,约有烽燧80座。

汉宣帝以后,汉朝通过西域屯田巩固了对西域的控制,烽燧亭障遍及西域广大地区。1928年,黄文弼先生在罗布泊地区考察时,曾在土垠周围调查发掘了几处汉代的烽燧遗迹,获得一批漆器、纺织品及简牍文书。其中一枚简牍上面书写的内容是《论语》的片段。这表明,随着汉军的进驻,中原的传统文化也随之传入西域。从罗布泊往西,渠犁(今新疆尉犁县以西)是汉代西域的屯田区之一,现存11处烽燧遗址,即孔雀河烽燧群。渠犁以西的龟兹(今新疆库车),现存克孜尔尕哈烽燧,这是汉代丝绸之路北道上保存最好、位置最靠西的代表性烽燧。2014年6月,克孜尔尕哈烽燧作为"丝绸之路:长安—天山廊道的路网"其中的一处遗产点,被列入《世界遗产名录》。汉代丝绸之路南道上,也仍有烽燧留存,如若羌的小河南烽燧、墩里克烽燧、吾塔木烽燧、卡拉乌里干烽燧等。

总的来说,汉代烽燧亭障主要布局在玉门关以内,东起马邑、五原,经居延、酒泉,西至敦煌。虽然汉代也在西域屯戍,在罗布泊、库车、若羌等地置有烽燧,但侧重于在天山南麓、塔里木盆地北缘进行点线布局,数量远远少于玉门关内。

唐代是中国古代对西域经营的一个高峰时期,开创了前所未有的新局面。唐代承汉魏以来的烽燧制度,在西域的烽燧设置进一步规范化、合理化,设置烽燧的地域范围也更加广阔。在制度上,唐代演变出烽、铺两级基层军事组织。在烽燧亭障的分布范围上,唐代统治的西域范围较之扩展。唐代的烽燧在整个环塔里木地区及天山北麓呈面状布局:在安西、北庭都护府的辖区内镇戍烽铺夹天山南北构成防御体系,东起伊吾,西至碎叶,伊吾向东与河西瓜州玉门关五烽相接;碎叶东南经疏勒、于阗丝路南道烽堠与河西敦煌相接。王昌龄《从军行》描绘了以玉门关为中心的河西烽堠网,诗云"玉门山嶂几千重,山北山南总是烽。人依远戍须看火,马踏深山不见踪",可见河西烽堠设置之密。

此外,在交通要道还设置关城,稽查行旅,如河西地区的玉门关、阳关、肩水金关、居延悬索关等,这些设施,既有军事防御保障功能,还兼具管理交通运输的责任。

二、悬泉置的西域各国使臣

悬泉置位于敦煌市东北约 64 公里的戈壁滩上,是河西走廊上传递文书、命令,接待往来使节、官员的一处重要邮驿机构。2014 年 6 月 22 日,悬泉置遗址作为中国、哈萨克斯坦和吉尔吉斯斯坦三国联合申遗的"丝绸之路:长安—天山廊道的路网"中的一处遗址点列入《世界遗产名录》。

如今的悬泉置遗址,地处戈壁荒漠中,但在其南面不远的吊吊沟里,有一处泉水,即所谓"悬泉"。敦煌写本《沙州图经》记载,悬泉水"右在州东一百卅里,出于石崖腹中,其泉旁出,细流一里许即绝。人马多至,水即多;人马少至,水出即少……侧出悬崖,故曰悬泉"。在戈壁荒漠中,有一处会根据人马多少而出水的神奇泉眼,虽然是时人对荒漠水源的美化,也说明了悬泉置在丝路途中接济过往人群的重要性。

从考古发现来看,悬泉置功能齐全、规模可观。其主体建筑是带有对称角楼的坞堡院落,院内有不同规格的房舍,供不同等级的客使居住,院外建有大型马厩。悬泉置出土了数量可观的简牍,其中有文字的共计有 2.3 万余枚,至今尚未完全公布。从已经公布的情况来看,纪年简最早是武帝太始三年(前 94),最晚为和帝永元十三年(101)。

公元前 119 年,张骞第二次出使西域,其副使先后到达大宛、康居、大月氏、于阗等国,这些国家的使节随汉使来到长安,从此,中国与中亚、西亚、南亚的主要国家与地区建立了直接联系。中原与西域之间的联系持续不断。

位于中西交通咽喉之地敦煌的悬泉置,一大功能是接待东来西往的外交使节。根据已经公布的悬泉汉简,悬泉置接待的既有葱岭以西的大月氏、康居、大宛、乌弋山离的使者,也有天山南北乌孙、疏勒、姑墨、温宿(今新疆乌什)、龟兹、仓头(今新疆轮台)、乌垒、渠犁、危须、焉耆、狐胡、山国、车师、蒲犁、皮山、于阗、莎车、渠勒、精绝、扞弥、且末、楼兰的使者。其中一件简牍中记载:"今使王君将于阗王以下千七十四人,五月丙戌发禄福,度用庚寅到渊泉。"简牍说的是,某年使者王君引领于阗一千七十四人,从酒泉郡治所禄福出发,预计庚寅日到达敦煌郡渊泉。如此庞大的西域绿洲国家使团,可以见得中西交通的规模。

三、汉唐时期的驿道

与长城防御性质的亭障、烽燧相辅而设立的,是驿道驿站。汉王朝拓边西北,出于军事政治需要,将边防要地的驿道驿站相互联系,驿骑驰行,往来不绝。西汉时期已经有"边塞发奔命警备"的制度,边境有军事警报,"驿骑持赤白囊"驰报京师。这些驿站与汉朝全国网状的驿路相连,也使得从长安到玉门关的道路畅通无阻。

汉代驿道交通的复原得益于简牍的发现。1974 年,甘肃居延考古队在额济纳旗破城子遗址,挖掘到一枚王莽时期的木牍(74EPT59:582),上面记录了长安到张掖郡氏池的 20 个置和驿的里程。"置"即驿站,用以保障来往官吏的食宿与交通。

> 长安至茂陵七十里,茂陵至茯置卅五里,茯置至好止七十五里,好止至义置七十五里。

> 月氏至乌氏五十里,乌氏至泾阳五十里,泾阳至平林置六十里,平林置至高平八十里。

> 媪围至居延置九十里,居延置至觻里九十里,觻里至揟次九十里,揟次至小张掖六十里。

> 删丹至日勒八十七里,日勒至钧耆置五十里,钧耆置至屋兰五十里,屋兰至氏池五十里。

这枚木牍是王莽时期驿置里程簿册的残篇,前人根据上下文所记郡县地理考证,指出至少缺失两枚简。从现存文字看,大体上记录了从长安到氏池汉代官道的大致走向。这条驿道的情况是:从长安向北,经右扶风郡的茂陵、茯置、好畤,沿泾水到北地郡的义置,再经安定郡的月氏、乌氏、泾阳、平林、高平,到武威郡的媪围、觻里、揟次、小张掖,再经过删丹、日勒、钧耆、屋兰,到张掖郡氏池。

1990 年甘肃省文物考古研究所在汉代敦煌悬泉置遗址发掘一枚木牍(Ⅱ90DXT0214①:130),记录了武威郡仓松到敦煌郡渊泉 12 个置之间的里程。

> 仓松去鸾鸟六十五里,鸾鸟去小张掖六十里,小张掖去姑臧六十七里,姑臧去显美七十五里。

> 氏池去觻得五十四里,觻得去昭武六十二里府下,昭武去祁连置六十一里,祁连置去表是七十里。

> 玉门去沙头九十九里,沙头去乾齐八十五里,乾齐去渊泉五十八里。右酒泉郡县置十一,六百九十四里。

根据学者的研究,这里所记的是越过今乌鞘岭进入河西走廊后的主要驿道:

由苍松县、鸾鸟县转西北，经小张掖、姑臧县，再西行经显美、番和、日勒，沿弱水南岸到氐池。再渡过张掖河，转西北，经觻得、昭武过祁连置，到表是县。西北行，经酒泉郡治禄福县，到玉门县，渡过石油河，经沙头县、乾齐县到敦煌郡渊泉县。这两件木牍结合起来，可以复原出西汉时期长安到敦煌的驿道和驿站设置情况。

从敦煌向西，道路分为两条。一条路向西北，在长城内侧西行，经过仓亭隧，其北面有今大方盘城遗址，这其实是汉代敦煌西北长城线上的粮仓，再往西抵达玉门关。另一条路从敦煌向西南行，经龙勒，到阳关。这两条路在凌胡燧会合，再西行，经过广昌燧后西北行，进入西域范围。汉代烽燧亭障和驿站驿道相辅相成，既巩固了对东西交通要道河西走廊的控制，同时保障了汉代丝绸之路的安全与畅通。

唐朝建立后，丝绸之路重新畅通，继承了两汉以来驿站驿道的设置，并扩大了驿道交通网络的范围。随着唐朝灭掉东西突厥汗国，丝绸之路的交通馆驿体系和路政设施得到重建。传世典籍和出土文书表明，在658年到8世纪末唐朝统治西域期间，馆驿一类的交通设施一直存在。敦煌文书《沙州图经》记载了多个地处莫贺延碛道的馆驿，而驿站所经之地无疑是官方正式设置的通衢大道。这些具有唐朝法令意义的"官道"或"驿路"一旦确立，就有一套制度保证。唐朝在西域地区建立了大致三十里一所馆驿的路政设施，并配合镇、戍、守捉、烽、铺等一系列军事设施，以保证道路的安全和畅通，为官方使者往来提供食宿、马匹等交通运输保障。研究唐代交通的严耕望先生称：从长安经河西走廊越西州、焉耆到龟兹的道路，"即为唐代长安通西域中亚之大孔道也。全线行程皆置驿……使骑较急之文书，约一月可达"。随着安西、北庭两大都护府的设立，唐朝在天山南北设立了以都护府为中心的驿路系统；随着馆驿制度在西域地区的建立，唐朝军政人员、公文、物资往来得到强有力的保障。

与此同时，唐朝驿路也为丝绸之路上兴贩贸易的商人，提供了有安全保障的通畅道路，这在吐鲁番出土的一些过所类文书中有真切的反映。公验或过所，即通行证，行人在丝绸之路上行走，都要申请过所，并需要接受沿途各级军政机构的查验。过所、驿道、关津制度相互配合，既反映了唐朝对西域交通路线的掌控，也为丝绸之路上的行人提供了安全保障。

参考文献：

1.严耕望：《唐代交通图考》，上海古籍出版社，2007。

2.程喜霖:《汉唐烽堠制度研究》,三秦出版社,1990。

3.吴礽骧:《河西汉塞调查与研究》,文物出版社,2005。

4.冉万里编:《汉唐考古学讲稿》,三秦出版社,2008。

5.朱德军、王凤翔:《长安与西域之间丝绸之路走向研究》,三秦出版社,2015。

（洪　英）

第三节 羁縻府州与安西四镇

唐代是古代丝绸之路交通发展的鼎盛时期,在探究丝路交通的发展时,唐朝西北边疆羁縻府州的作用不可忽视。

一、隋唐丝路的走向

汉魏以降,众多中西交通的使者、僧侣、商旅跨越崇山峻岭,跋涉戈壁荒漠,进一步拓展了丝绸之路,形成了网络状的交通路线。《隋书·裴矩传》保存了裴矩撰写的《西域图记序》,记载了当时的丝绸之路走向:

> 发自敦煌,至于西海,凡为三道,各有襟带。北道从伊吾,经蒲类海铁勒部,突厥可汗庭,度北流河水,至拂菻国,达于西海。其中道从高昌,焉耆,龟兹,疏勒,度葱岭,又经钹汗,苏对沙那国,康国,曹国,何国,大、小安国,穆国,至波斯,达于西海。其南道从鄯善,于阗,朱俱波、喝槃陀,度葱岭,又经护密,吐火罗,挹怛,忛延,漕国,至北婆罗门,达于西海。其三道诸国,亦各自有路,南北交通。其东女国、南婆罗门国等,并随其所往,诸处得达。故知伊吾、高昌、鄯善,并西域之门户也。总凑敦煌,是其咽喉之地。

据此可知,隋代西域丝路大致可分为三条线路,即北道(又称新北道或北新路)、中道(即汉代北道)和南道。北道大致沿天山北麓、准噶尔盆地南缘绿洲向西,越过帕米尔高原可达中亚、西亚、欧洲。从伊吾(今新疆哈密)越过天山,经蒲类海(今巴里坤湖)、铁勒部(今新疆萨斯克湖、阿拉湖至乌鲁木齐一带)、渡锡尔河,经拂菻(今土耳其伊斯坦布尔)到达西海(地中海)。中道沿天山南麓、塔里木盆地北缘绿洲,经过葱岭直达西亚、欧洲,即从高昌(今新疆吐鲁番)西行,经焉耆、龟兹、疏勒翻过葱岭,经过瓦罕山谷,进入粟特地区,再到波斯,最后到达地中海沿岸。南道沿鄯善、于阗往西,不再经过古楼兰之地,经过昆仑山北麓、塔里木盆地南缘一线的绿洲,翻越葱岭。

这三条道路分别以伊吾、高昌、鄯善为门户,但"总凑敦煌,是其咽喉之地",可见敦煌在隋唐时期中西交往中的重要地位。值得说明的是,《隋书·西域传》所载的"西域"是广义的西域,不仅包括玉门关、阳关以西至葱岭之间,而且涵盖了葱岭以西至中亚、西亚以及欧洲部分。

唐代从凉州到西域之间的丝绸之路大都沿袭于隋,但又有很大的发展。在上述三条东西方向的交通路线中，又分出了诸多路段以及与此相连的中线与北线、南线与中线的分支路线，形成了紧密相连的交通路线网络。

二、羁縻府州的设置与分布

唐朝在西域设置具有民族自治性质的羁縻府州制度。羁縻府州一般分作羁縻都护府、都督府、州、县四个层级，由中央任命各族首领为都护、都督、刺史、县令，户籍一般不上报户部，也不承担赋税。这项制度早在贞观之际就在西北边疆施行了。唐朝从贞观九年(635)开始设置疏勒都督府，先后设置焉耆、龟兹、毗沙、瑶池都督府以及新黎州。不过从空间上来看，这些羁縻府州主要位于西域东部和天山以南。高宗显庆三年(658)，唐朝灭西突厥汗国，接管其势力范围，将羁縻府州全面推广至天山南北以及吐火罗、昭武九姓地区，跨越了葱岭这一天然障碍，真正实现地理空间上的跨越。

根据《旧唐书·地理志》《新唐书·地理志》，唐朝在西域设置的羁縻府州如下。

天山以北是西突厥诸部的驻牧地，北线丝路贯穿其间。以碎叶河(今楚河)为界，在其东部，唐朝析置嗢鹿州都督府、双河都督府(今温泉、博乐一带)、盐泊州都督府(今克拉玛依一带)、匐延都督府(今和布克赛尔县一带)、洁山都督府，以及游牧于天山中的鹰娑都督府(今开都河上游)。在葱岭以西的锡尔河中游，唐朝以"昭武九姓"各城郭为中心置立羁縻府州，如大宛都督府设于石国(今乌兹别克斯坦塔什干)，以其王为都督；休循州置于拔汗那国。乌浒河中游，则置康居都督府于康国萨末犍城、贵霜州置于何国王城、木鹿州置于东安国侯斥城、安息州设于安国阿滥谧城、南谧州在米国王城、伐沙州治史国王城。

唐朝在丝路中道经行地带置府州，有焉耆都督府、乌垒州、龟兹都督府、温肃州、蔚头州、疏勒都督府、遍城州。越过葱岭后，有至拔州都督府、天马都督府、高附都督府、王庭州都督府、姑墨州都督府、旅獒州都督府。

南线丝路出且末城后，相继有毗沙都督府、碛南州，进入吐火罗之境，羁縻府州比较稠密，多达16个。吐火罗地域主要在今阿富汗国境内，位于阿姆河上游，是唐朝丝路交通要冲。

天山南北的自然条件不同，羁縻府州的分布也不同。天山以南的塔里木盆地中央是塔克拉玛干沙漠，只有在天山南麓、昆仑山北麓星散分布着绿洲。在这些绿洲上，居住着西域大多数人口。唐朝在天山以南的绿洲设置军镇和羁縻府州，就足以控制天山以南的区域。天山以北的羁縻府州,主要以诸游牧部落设置。因为那里是强大的草原游牧部落活动地区,在天山以北的广阔地带,都是草原和沙漠,极少有人口定居的城镇。

葱岭以西的"昭武九姓"诸府州和吐火罗诸府州,主要是在击败西突厥后接管其领地和势力范围后设置的。正是由于羁縻府州体制的建立,羁縻州内的胡人也成为唐朝的百姓,获得合法的身份,可以在唐朝控制的范围内自由往来。唐朝丝路之所以能成为沟通东西方文明的桥梁和纽带,"昭武九姓"诸府州和吐火罗诸府州的中介作用显得尤为突出。由于该地商人们的长途贩运贸易,使中国与西亚、东欧实现了经济文化的交流,也促进了丝路交通的繁荣。

几乎在同一时期,中东的阿拉伯人也在迅速崛起。从阿拉伯半岛开始,阿拉伯人经过战争将其国家扩张成一个横跨欧亚非三大洲的大帝国,向西占领了整个北非和西班牙,向东则吞并了整个西亚和大半个中亚,控制了地中海南岸的整个地区。阿拉伯帝国成为唐朝之外影响中亚的另一力量。8世纪初,在中亚的吐火罗和索格底亚那,阿拉伯的势力逐渐推进到唐朝的羁縻府州范围之内。751年,唐朝安西都护府军队与大食军队在葱岭以北发生怛罗斯之战。尽管这场战役只是一场遭遇战,并没有影响唐朝在西域的统治以及与大食的关系,但是随之而来的安史之乱削弱了唐朝在西部的实力,大食逐渐占领葱岭以西。

三、安西四镇的设置与唐朝统治西域

唐太宗贞观十四年(640)灭吐鲁番的高昌国,设立西州,置安西都护府。同时赶走了与高昌国呼应的天山北可汗浮图城的西突厥部,设立庭州。高宗显庆三年(658),唐朝灭西突厥汗国,将西域都护府从西州交河故城迁至塔里木盆地北沿的龟兹王城,下辖安西(龟兹)、于阗、疏勒、焉耆四镇,龟兹(今新疆库车)成为唐朝统治西域地区的军政中心。安西都护府属下的四个军事重镇,负责西域地区军事防御和征收商税事务。黄文弼先生在焉耆、库车的考古过程中发现,安西四镇的唐朝守军,并不是驻在四国都城内,而是在旁边另筑军城,保护四个羁縻都督府。

安西四镇的设立,成功地将西域部分疆土纳入唐朝版图。"开通道路,列置馆驿"的工作也延续到这些地区。《新唐书·地理志》"安西入西域道"条保存了贞元年间(785—805)贾耽所撰《皇华四达记》的片段,记录了唐朝盛期西域地区的交通道路情况。从这一文献可知,安西入西域的道路上有传统的城、羁縻州,还有镇戍、守捉、烽铺等军事系统,还有馆等馆驿系统,说明唐朝在西域的驿道交通、军事

防御体系已成网状。这些系统的设立,直接保障了唐代丝绸之路的安全与畅通,推动了东西方文化的紧密交流。反观此前西域王国分立时,争夺商道以至兵戎相见的情况时有发生,对东西贸易十分不利。

龟兹(今新疆库车)本是汉唐时期西域的大国,北据天山,南临大漠,是沿塔里木盆地北缘东西往来的交通必经之地。由龟兹往北,可以越过天山的一些山口,通向天山北麓的草原游牧地区。唐朝将安西都护府移驻龟兹,为丝路畅通和贸易繁盛提供了重要保障。焉耆(今新疆焉耆)位于龟兹之东,也是丝绸之路上重要的"负水担粮"的中继站。疏勒(今新疆喀什)位于塔里木盆地西端喀什噶尔河冲击平原上的一大片绿洲,是丝绸之路葱岭以东的终点。于阗(今新疆和田)是昆仑山北麓丝绸之路南道上最大的一个绿洲王国,东邻鄯善,西接莎车。安西四镇的设立,说明唐朝的势力直接控制了塔里木盆地的西域诸国,成为天山南北、葱岭东西广大区域内各个绿洲城邦的宗主国。

安西都护府作为整个西域地区的最高军政机构,保障了其辖区内商人的往来和正当的贸易活动。吐鲁番出土文书记录了这样一个案件:乾封二年(667)曹炎延等粟特商人、汉族商人李绍谨一同从长安出发,经过龟兹到弓月城经商。670年初,汉族商人李绍谨举借曹炎延275匹生绢,随后一同从弓月城去往龟兹,途中恰好撞见了安西的使者四人。不过奇怪的是,曹炎延没有到达龟兹。671年,曹炎延的兄弟曹禄山由于找不到兄长,向高昌县状告李绍谨,请求官府联络安西都护府,找到四位途中相遇的使人,鉴定李绍谨口供的虚实,搞清楚兄弟曹炎延的下落。由于文书残破,我们不能知道这个案件的判决,但从文书内容可以知道安西都护府的办案范围很广,包括了寻找两年前的使者和胡汉商人的行踪,覆盖地域远至弓月城等地。

曹延禄案件中还提到一个情况,即咸亨元年(670)吐蕃入侵,在龟兹的胡汉商人退回到西州(吐鲁番)。670年以后,唐朝与吐蕃、西突厥余部在西域地区展开拉锯战,安西四镇曾几次易手,安西都护府撤回西州。武后长寿元年(692),唐朝再次收复安西四镇,唐廷征发汉兵三万人镇守西域。大量随军而来的家属、僧尼、大众等,在唐朝政府的有力支持下,徙居西域地区。为了保障西域镇戍,大量可以作为钱币的绢帛、军需物资,不断从凉州、秦州等地调运而来。唐朝的这一物资调运,也大大促进了丝绸之路上的贸易往来。

安史之乱爆发后,安史叛军陷长安,肃宗即位灵武,颁诏勤王,安西、北庭各派兵入关。此时,吐蕃乘机大入,很快吞并了陇右。此后,四镇虽与中原隔绝,仍坚守五十余年。关于 8 世纪下半叶吐蕃占领河陇、西域这一特殊时代背景下中印陆路交通状况,《悟空入竺记》是重要资料。悟空是迄今可考唐代最后一位入竺归国僧人,往来于中印时间间隔长达 40 年(751—790)。《悟空入竺记》记悟空东归,依次经行睹货罗国(包括骨咄国)、拘密支国、惹瑟知国、式匿国、疏勒、于阗、威戎城、据瑟德城、安西都护府龟兹、乌耆国、北庭,绕道回鹘路,终抵长安。从行记可知,此时安西境内未见战争,四镇建置仍存。四镇节度使、安西副大都护郭昕坐镇龟兹,于阗镇守使郑据、疏勒镇守使杨日祐、威戎镇守使苏岑、据瑟德城使窦诠各统重兵,分守要隘。疏勒王裴冷冷、龟兹王白环、于阗王尉迟曜、焉耆王玉如林等诸绿洲城邦国王仍然对唐忠贞不渝。但是,吐蕃应当已经牢牢占领了河西走廊,因此悟空只能绕道回鹘路。

总的来说,唐朝势力自太宗开始伸入西域地区,高宗时灭西突厥汗国,西域的宗主权归属唐朝,广设羁縻府州。此后虽然受到吐蕃和西突厥余部的骚扰,但唐朝持续统治西域一百多年。

参考文献:

1. 伯希和等著,冯承钧译:《史地丛考》,商务印书馆,1931。

2. 刘统:《唐代羁縻府州研究》,西北大学出版社,1998。

3. 薛宗正:《安西与北庭:唐代西陲边政研究》,黑龙江教育出版社,1998。

4. 程喜霖:《唐代过所研究》,中华书局,2000。

5. 聂静洁:《唐释悟空入竺、求法及归国路线考:〈悟空入竺记〉所见丝绸之路》,《欧亚学刊》第 9 辑,中华书局,2009。

6. 艾冲:《隋唐北疆史地新探》,陕西师范大学出版社,2020。

(洪 英)

第四节　天山廊道与高昌北庭

天山廊道是指以天山山脉为主体,包括天山南北两麓绿洲、内部河流、草甸等形成的沟通东西、贯穿南北的交通廊道。天山以南吐鲁番—哈密盆地北缘的绿洲,塔里木盆地北缘和南缘的绿洲,分布多个绿洲城邦王国。

一、天山廊道与唐朝西域治理

天山山脉横亘于欧亚大陆腹地,是亚洲中部最大的山系,东起中国新疆哈密星星峡戈壁,西至乌兹别克斯坦的克孜勒库姆沙漠,在地理上形成了东、中、西三大天山山系。生活在天山南麓的绿洲农耕群落以及天山腹地和北部的游牧部落通过天山峡谷、隘口实现物质交流、交通往来,并逐渐发展形成遍布天山内外、南北的交通路网。汉朝最初主要利用天山南部的廊道形成环塔里木盆地的南北两道。至唐朝,随着中原王朝对西域的进一步经营、东西方交通更加频繁,逐渐形成了以天山山脉为依托的三条东西向的交通路线,以及诸多沟通天山东西和南北的分支路线,形成了纵横交错的交通路线网络。

唐朝经营西域始于东天山,先后设立伊、西、庭三州,成为唐朝西进的保障基地。伊州是唐朝在东天山最早设置的行政建制。贞观四年(630)唐朝攻灭东突厥后,伊吾城主石万年归附,设伊州。贞观十四年(640)唐朝灭高昌国,设西州,置安西都护府。同时赶走了与高昌国呼应的天山北可汗浮图城的西突厥部,设立庭州。安西都护府统管伊、西、庭三州,并直接管理西州事务。伊、西、庭三州的设立,不仅稳定了东部天山的局势,也为唐朝经营西域奠定基础。

高宗显庆三年(658),唐朝灭西突厥汗国,将西域都护府从西州交河故城迁至塔里木盆地北沿的龟兹王城,并设置安西四镇,唐朝势力进一步西进。龟兹位于"西域之中",是中天山廊道的重要绿洲和控扼塔里木盆地北道的中心城镇。如前所述,安西都护府下辖安西四镇,在唐朝最强盛时期,其军事力量可以辐射葱岭东西。从贞观十四年开始,唐朝以屯田养兵为路径,从西州、庭州以至塔里木盆地,治理范围不断向西推进,至开元年间达到"安西二十屯"的局面。西域屯戍的做法,不仅稳定了西域地区的局势,为屯戍边境提供物质保障,同时也使得西域人口增多、地区得到开发,促进了丝路贸易的繁荣。

西天山主要包括伊犁河、楚河流域、费尔干纳盆地和昭武九姓之地,是唐代战略西向的重要通道。唐朝击败西突厥后,在楚河流域设置碎叶军镇。在碎叶以西的撒马尔罕、布哈拉等粟特地区,唐朝广设羁縻府州,既将其纳入统治,也作为防备大食东来的缓冲区域。此外,费尔干纳盆地是吐蕃北上侵犯西域的孔道。因此,西天山深入粟特地区,直接与大食、吐蕃等文明相接,是唐朝对外开放的前线,众多西方物质文化都由此进入丝绸之路,再由粟特等民族中转至中原王朝腹地。

二、高昌:胡汉交融的场所

高昌(今新疆吐鲁番)坐落于吐鲁番盆地,是天山东麓的一个山前绿洲,宜农牧。这里被称为"高昌",据说有多个来源。或说汉武帝派兵征战西域,有一支军队困在此处,后定居,"地势高敞,人庶昌盛",因此称为高昌;或说两汉时期在高昌一带开屯田,置戊己校尉,置高昌壁,故称;另一种说法是,敦煌高昌里人迁到此处,故名。无论哪种说法,都说明高昌有比较适宜居住和发展农牧业的自然条件。

在今天吐鲁番市,不仅有高昌故城遗址,还有交河故城遗址,两个故城相距50公里左右。交河城的建立较早,在张骞出使西域时就已经存在。车师人建立车师前国,选择了"交河水分流城下"的交河建立王城。高昌故城最早则是汉朝屯田军队驻扎的堡垒。东晋成帝咸和二年(327),前凉张骏在高昌置高昌郡,前秦、后凉、西凉、北凉时期,高昌一直是河西政权的一个郡。442年,北凉沮渠无讳和安周兄弟流亡高昌,建立"大凉"政权,高昌王国自此始。与此同时,以交河为中心的车师前国一直存在,直到450年被高昌王国所灭。至此,高昌王国控制整个吐鲁番盆地,先后有阚、张、马、麴氏轮流执政,直至640年为唐朝所灭。

高昌位于丝绸之路北道的要冲,地理位置非常重要。高昌东与河西走廊毗邻,从南疆、北疆进入中原,都需要经过高昌,是西域通往内地的门户。向东北可到蒙古高原的漠北游牧汗国中心;正北或西北行,越过天山,可以通向北方的各大游牧势力;向西南,越过天山,可以联结塔里木盆地北沿的丝路北道干线,由焉耆、龟兹、姑墨而到疏勒。东西、南北往来都十分便利。

高昌国时期,其丝路要冲的优势已经显现,成为东、西方文明汇聚的一个中心。这一时期,正是中亚粟特商人大量东来进行长途贩运的年代,是丝绸之路发展兴盛的关键时期。我们从吐鲁番出土文书中可以看到高昌国实行了一系列措施促进东西交通。首先是对外来客使的供应制度。高昌国官方主要接待的是来自北方突厥的各部落,因为与高昌国同时期,西突厥的势力不断扩张,逐渐控制了高昌以西中亚的大片土地。根据学者研究,高昌国建立了一整套供奉客使的制度,从迎接、安排客馆住宿、招待供奉事务,到送行,都有章可循。其次是对外来商胡的管理。中亚粟特商人东来贩卖,高昌是必经之地,高昌国为此提供自由买卖的市场,同时收取"称价钱"这一进出口贸易管理附加税,获得了丰厚的利益。最后是对西方移民的管理。粟特等胡人东来经商,随之而来的就是定居问题,他们先是居住在自治的聚落里,逐渐入籍为高昌人,与其他百姓一样获得田产、承担赋役。与粟特等胡人一同迁入高昌的还有宗教信仰,高昌国对外来宗教也保持包容态度。需要说明的是,高昌是一个移民社会,从西晋末年开始,关陇、凉州的居民迁入高昌躲避战乱,高昌国的建立者也是来自河陇地区的汉族移民。然而因为高昌地区四通八达,天山南麓的绿洲民族、天山北麓的游牧民族以及东来西往的粟特民族等,他们都在这里停留或者定居。高昌逐渐成为一个以汉族为主体,多个民族共同生活、相互交融的地区。

从 640 年平高昌、设西州开始,唐朝的势力进入西域,到高宗时成为西域的宗主国。天山南北、葱岭东西都在唐朝的掌控之下,打破了绿洲小国分立、占据商道的局面。唐朝时,经过西州的交通线真正构成了网络,敦煌写本《西州图经》详尽地记载了以西州为中心的十一条丝路通道,现移录相关文字如下。

道十一达

赤亭道:右道出蒲⋯⋯碛㴚杂沙⋯⋯

新开道:右道出蒲⋯⋯(贞)观十六年⋯⋯有泉井⋯⋯之陁,今且阻贼不通。

花谷道:右道出蒲昌县界,西合柳中向庭州七百卅里,丰水草,通人马。

移摩道:右道出蒲昌县界移摩谷,西北合柳谷,向庭州七百卅里,足水草,通人马、车牛。

萨捍道:右道出蒲昌县界萨捍谷,西北合柳谷,向庭州七百卅里,足水草,通人马、车牛。

突波道:右道出蒲昌县界突波谷,西北合柳谷,向庭州七百卅里,足水草,通人马、车牛。

乌骨道:右道出高昌县界北乌骨山,向庭州四百里,足水草,峻崄石粗,唯通人径,马行多损。

他地道:右道出交河县界至,西北向柳谷,通庭州四百五十里,足水草,通人马。

白水涧道：右道出交河县界，西北向处月巳西诸蕃，足水草，通车马。

银山道：右道出天山县界，西南向焉耆国七百里，多沙碛滷，唯近烽足水草，通人马行。

根据学者研究，花谷、移摩、萨捍、突波、他地、乌骨、白水涧七道均属南北走向、贯通西域丝路中—北线的重要道路。从上引文字可以看出，南北走向的交通路线主要集中在西州和北庭之间。这些沟通南北的交通孔道多是天然形成的，西州所在的东天山具有许多天然孔道可供来往交通。天山东段的山势较低，在4000 到 5000 米之间，低凹的地方海拔降至 2500 米，这些断裂垭口可以作为沟通南北的天然孔道，交通十分畅达。

银山道是西州通往安西四镇之一焉耆的要道。我们知道，安西都护府是唐朝治理西域的重要军政机构，其府治先后置于西州与龟兹。从长安经西州、龟兹的丝绸之路是唐代重要的商贸通道，两地物流方便、交通频繁。西州成为龟兹重要的商品供给地和战略后方，而作为西域军事力量辐射范围最广的龟兹，成为拱卫西州局势安全的战略中枢。西州与龟兹、北庭一南一北两个军事要地交通紧密，使其成为天山廊道交通最安全、贸易最集中的地方。

唐朝在西域的统治崩溃后，回鹘收复北庭，并逐步统一了天山地区的回鹘各部，以西州为中心，创建西州回鹘王国。根据敦煌出土的 925 年前后的于阗语行记，当时西州回鹘的统辖范围东起伊州，西至龟兹，北面包括北庭等天山北道城镇。10 世纪的西州回鹘与沙州归义军、甘州回鹘、于阗等周边政权基本保持良好的关系，还与东北的辽朝、中原的宋朝维持朝贡关系。西州回鹘进贡中原的主要有于阗的玉团、安西地区的白氎、草原地区的貂鼠皮，可见西州回鹘时期丝路中转贸易的繁荣昌盛。从吐鲁番出土的胡语文书，我们可以知道，西州回鹘与粟特地区、西部天山突厥部落、葱岭以西伊斯兰世界等都有着不间断的贸易往来。

三、北庭：游牧地带的重镇

唐朝的北庭都护府位于今天山北麓吉木萨尔县北，雄伟的城池迄今还有部分城墙耸立在那里。这里是草原丝绸之路与绿洲丝绸之路的交汇处。在汉代以前，吉木萨尔所处的天山东段地区是乌孙人活动的区域，乌孙人在此不田作，逐水草而居。两汉时期建有金满城，是当时车师后国王庭所在地。此后，这里相继被柔然、高车、突厥等游牧部落控制。

西突厥统叶护可汗在此建可汗浮图城，城中有其最高首领可汗所立浮图（即佛塔)。作为西突厥汗国的一个重要城镇,这里的主流文化当然是突厥人的游牧文化。即使到了贞观十四年(640)唐置庭州,甚至显庆三年(658)天山南北的宗主权从西突厥转归唐朝以后,这里仍然生活着大批突厥系的部族,如处月、处蜜、沙陀、哥逻禄。因此,北庭是多民族聚集地,尤其以天山北麓的游牧部落为主。

我们在上文已经说过,庭州和西州之间有多条南北贯通的道路,两地互相呼应。在 640 年唐朝平高昌时,同时赶走了与高昌国呼应的可汗浮图城的西突厥部,设立西州与庭州。640 年以后,受到突厥势力的影响,庭州不断遭受战争。直到 702 年设置北庭都护府,天山北部的军事实力加强,与天山南部的安西四镇相对应。从此唐朝对丝绸之路的管理进入稳定发展阶段。

北庭都护府南枕天山,北望草原,具有天然的地理优势。这里向西沿草原丝绸之路,经沙钵城守捉、冯洛守捉、耶勒城守捉、俱六城守捉、轮台县、张堡城守捉、乌宰守捉、清镇军城、弓月城,直到葱岭西的碎叶;南面越过天山各个谷道可与西州、伊吾相连,并由这些地方到达塔里木盆地的焉耆、龟兹,或进入河西走廊,甚至远到巴蜀地区;向正北方是游牧民族的中心之一金山(今阿尔泰山)地区,有道路可行;东北则有"回鹘路"直通蒙古高原的游牧汗国核心地带回鹘可汗牙帐。这样四通八达的道路网,使北庭成为北疆地区的一个交通枢纽和贸易中转站,也汇聚了多种丝绸之路的文化要素。

吐蕃占领陇右后,原先由河西走廊前往西域的道路不通,但由北庭至漠北回鹘牙帐的大路仍然可以通行直至长安。这条道路即回鹘路,是安史之乱后西北连接中原的重要通道。正因如此,唐代中后期,北庭的地位不但没有衰落,反而在丝绸之路上的重要性更加突显。

9 世纪中叶,回鹘西迁,北庭成为西州回鹘的夏季驻地,称为别失八里。作为草原丝绸之路一部分的回鹘路也更加发达。这条道路是从蒙古高原西部可敦城至伊赛克湖西岸的八剌沙衮城最便捷的路线。而从草原丝绸之路进入天山北麓通道的交会点就是北庭。元朝在别失八里仍设北庭都护府,建立一系列军政管理机构,同时移民屯田,确保北庭军政人员的用粮。明初以来,北庭城逐渐荒废,但在乾隆二十四年(1759)设置了济木萨巡检。

参考文献:

1.孟凡人:《北庭史地研究》,新疆人民出版社,1985。

2.宋晓梅:《高昌国:公元五至七世纪丝绸之路上的一个移民小社会》,中国社会科学出版社,2003。

　　3.荣新江:《丝绸之路与东西文化交流》,北京大学出版社,2015。

　　4.芮乐伟·韩森著,张湛译:《丝绸之路新史》,北京联合出版公司,2015。

　　5.张安福:《天山廊道军镇遗存与唐代西域边防》,社会科学文献出版社,2021。

（洪　英）

第五节　泽拉夫善—卡拉库姆廊道与粟特诸城

2023 年 9 月 17 日,由塔吉克斯坦、土库曼斯坦、乌兹别克斯坦联合申报的"丝绸之路:泽拉夫善—卡拉库姆的廊道"项目成功列入《世界遗产名录》。这是继 2014 年中国、哈萨克斯坦、吉尔吉斯斯坦三国联合申报"丝绸之路:长安—天山廊道的路网"世界遗产的第二次尝试,对丝绸之路文化遗产保护、管理、研究及申报具有重要意义。

一、泽拉夫善—卡拉库姆廊道的历史

泽拉夫善—卡拉库姆廊道全长 866 公里,起点位于塔吉克斯坦共和国粟特州的基索拉克(Khisorak),终点是土库曼斯坦马雷州的库什梅罕(Kushmeihan)。廊道自东向西沿泽拉夫善河(Zeravshan River)延伸,再向西南沿着穿越卡拉库姆沙漠(Karakum Desert)的古代商队道路到达绿洲城市梅尔夫(Merv,今土库曼斯坦马雷州),穿过高原、山麓、平原,人工灌溉区、绿洲、草原和沙漠等地理区域。泽拉夫善—卡拉库姆廊道与中亚地区的其他廊道连接起来,从不同方向连接了多种文明地带,是丝绸之路"十字路口"交通体系中,连接中亚核心地带与西南区域的主要路线。它与中亚地区北部的天山廊道、东部的费尔干纳山谷廊道、南部的阿姆河廊道相连,经过咸海南部连接西边的里海南道,经过梅尔夫连接呼罗珊廊道。

泽拉夫善河流域位于中亚锡尔河和阿姆河之间,即西方古典文献所说的粟特地区(Sogdiana,音译作"索格底亚那"),也称为河中地区(Transoxiana)。粟特绿洲地区自然条件较好,从考古发现来看,这里在公元前 1 千纪前半叶就开始有居民定居。历史上,粟特地区长期受到周边强大外族势力的控制。公元前 6—前 4 世纪,波斯阿契美尼德王朝的居鲁士二世征服粟特地区,并建立索格底亚那行省。前 334 年,马其顿国王亚历山大大帝东征,于前 327 年占领粟特地区。其后,塞琉古王朝、大夏、康居行国相继统治此地。公元前 2 世纪,大月氏被匈奴击败并从河西走廊一带西迁至伊犁河,而后进一步西迁至阿姆河流域,成为粟特地区的新势力。前 130 年左右,大月氏征服大夏,驱逐塞人,统治整个阿姆河、锡尔河流域。公元 1 世纪中叶,中亚大月氏五翕侯之一的贵霜翕侯丘就却崛起,建立了贵霜帝国。此后百余年间,贵霜帝国逐渐囊括阿姆河流域、印度河流域和恒河流域的大部分土地,与东汉、帕提亚、罗马并列为当时的四大强国。

贵霜商人积极参与到当时的国际贸易中,开辟了向西到达西印度洋和波斯湾的西洋航线,向南到达南中国海的南洋航线,以及向北到达中亚和中国的陆地线路。中国境内考古发现和征集的六十余枚贵霜钱币,反映了 1 世纪末至 2 世纪贵霜商人已经参与了东西贸易。3—4 世纪,贵霜商人与粟特商人曾一起活跃于印度—中亚—中国内地一线。目前所见最早的有关粟特商人在中国的记录,是斯坦因在敦煌西北长城烽燧下面发现的粟特文信札,经过学者的解读,我们得知这是 4 世纪初写成的。这组信件由住在武威、敦煌的粟特商人写给家乡撒马尔罕或者西域楼兰等地的粟特商人,主要内容是报告粟特商人以凉州武威为大本营,派出商人前往洛阳、邺城、金城、敦煌等地从事贸易,但因为中原动乱,贸易遭到打击的情况。

4 世纪末,嚈哒在中亚兴起,占领索格底亚那地,逐渐成为中亚强国。直到 558 年,突厥与萨珊波斯联盟,攻灭嚈哒,以阿姆河为界瓜分嚈哒领土,粟特成为西突厥汗国的附属。7 世纪中叶,唐灭西突厥,在粟特地区设立羁縻府州。7 世纪下半叶至 9 世纪,阿拉伯征服呼罗珊和河中地区,粟特文化中断。10—11 世纪,粟特地区的传统文化逐渐消亡,直至完成伊斯兰化。

以上对粟特地区历史的简要回顾,可以看到粟特地区长期受到周边强大外族势力的控制。这里成为东西方多种文明交汇的场所。值得说明的是,从阿契美尼德王朝到唐朝,这些势力对粟特地区的管辖比较松散,粟特各部落具有较大的自主权。粟特人在各个异族的统治下,非但没有灭绝,还保存了独立的王统世系。从贵霜衰落到唐朝势力退出粟特地区,即 4—7 世纪,索格底亚那区域的粟特政权进入全盛时期,这一时期大体相当于中国的汉唐之际,由于商业利益的驱使,以及嚈哒、突厥于东西方贸易的发展,粟特人沿着丝绸之路大批东进,成为控制陆上丝绸之路的商业民族。

二、粟特诸城

粟特人在中国史籍中又被称为"昭武九姓""九姓胡""杂种胡""粟特胡"等,他们使用的粟特语是东伊朗语的一支,使用的文字是由阿拉美字母发展而来的,目前在中国、蒙古国等地发现有多处粟特文突厥碑铭。

粟特地区地处锡尔河和阿姆河之间的肥沃地带,很早便出现了聚落和城镇。从公元前 5 世纪中叶开始,这里相继出现了马拉干达(Maracanda)、阿弗拉西阿卜(Afrāsiāb)、瓦拉赫沙(Varakhsha)、阿滥谧(Ramitan)等城镇,这些城镇大多沿用到粟特时期。

公元 3—8 世纪是粟特人在陆上丝绸之路上活跃的时期,这一时期在粟特地区主要有以下绿洲城邦国家。

康国,都城在今乌兹别克斯坦撒马尔罕(Samarkand),古称马拉干达(Maracanda),都城在阿弗拉西阿卜(Afrāsiāb)。康国在粟特诸国中最大,往往是各城邦国家的代表。撒马尔罕作为粟特第一大城,其原因首先在于它的地理位置,适当印度—巴里黑、波斯—马鲁,以及来自突厥地区的几条商路干线相会之处。撒马尔罕位于泽拉夫善上游河谷的绿洲之地,是中亚著名的土地肥沃的城市。谢弗(E. Schafer)教授用"撒马尔罕的金桃"涵盖唐朝所有舶来品,极好地概括了撒马尔罕在东西方物质文化交流中的地位。粟特人是丝绸之路上的商业民族,他们把东西方物质文化中的精粹,转运到相互需要的一方。中古时期中国许多舶来品,大到皇家狩猎队伍中的猎豹、擅长胡旋舞的胡姬,小到银币、"胡锦",其实都是粟特人从西方各国转运过来的。

阿弗拉西阿卜是粟特地区著名的古代城市之一,从公元前 6 世纪至公元 1220 年,这里一直延续着中亚古代城市文明的辉煌,直至被蒙古人毁灭。粟特时期,这里被认为是康国的都城。对阿弗拉西阿卜古城遗址的考古发掘和研究成果很多。1965—1971 年,在 V. A. 锡斯金(V. A. Shishkin)和 L. I. 阿尔鲍姆(L. I. Al'baum)的主持下,考古队于阿弗拉西阿卜 23 号发掘地点发现康国宫廷遗址。1965—1968 年,已发现居址 30 多间,其中壁画保存较好的 1 号建筑,为 11 米×11 米的正方形房间,墙上残存多重主题的华丽壁画,该建筑即著名的大使厅(Hall of Ambassadors)。大使厅出土了数量众多的壁画,主题包括狩猎出行、接见外交使节、朝觐等,还出现了典型唐代人物风格的游猎内容壁画。

米国,又叫弭秣贺(Māymurgh),位于康国东南。有的学者认为其都城钵息德位于今撒马尔罕东约 70 公里处的片吉肯特(Panjikent),不过主持片吉肯特古城考古发掘的俄罗斯学者并不认同。可以肯定的是,片吉肯特是典型的粟特古城遗址。考古发掘工作表明,片吉肯特古城遗址始建于公元 5 世纪,繁荣于 7、8 世纪之交,在阿拉伯人入侵后迅速衰落。城内由纵横交错的街道划分成一个个街坊,包括广场、祆教神庙、贵族宅邸、作坊等建筑遗迹。在已经发掘的百余个古代粟特人住宅遗址中,发现了规模可观的壁画和雕塑,其艺术风格与中国、伊朗、印度等地的相互影响和融合。城中兴建的大量驿站反映出该地区的城市发展与丝路贸易的紧密联系。

曹国，都城劫布呾那（Kapūtānā）、伽不单（Kaboudhan），在今撒马尔罕一带。

东曹国，又称率都沙那（Sutrūshana），位于锡尔河以南，费尔干纳盆地西部出口。考古发现的卡拉卡哈（Kalai Kahkakha）古城遗址被认为是东曹国的首都，该城址由结构复杂的城堡、具有防御性的城墙和角楼共同组成，东北部是统治者居住的宫殿，南部有一座被自然壕沟隔开的城堡，两者之间是居民和手工业区。

西曹国，又称瑟底痕（Ishitikhan），隋代时的曹国，在今撒马尔罕西北百里的伊什特汗。

石国，都城在今乌兹别克斯坦塔什干（Tashkent）东南 15 公里处的阿克·特帕（Ak-Tepa）。塔什干在锡尔河东面，原本不属于粟特的领地，随着粟特人的殖民扩张，这里成为粟特地区，并成为一个重要的绿洲城市。

史国，又称羯霜那（Kashana）、乞史（Kish），在今乌兹别克斯坦沙赫里夏勃兹，位于撒马尔罕南 75 公里，是康国南下吐火罗的必经之地。

何国，又称屈霜你伽、贵霜匿（Kushānika），在撒马尔罕西北约 75 公里。

安国，又称忸蜜（Numijkat），都城阿滥谧（Ramitan），在今乌兹别克斯坦布哈拉（Bukhara）城郊，是仅次于康国的粟特王国。布哈拉也是土地肥沃、商业发达的地方，不仅有丝路穿行，还有南北交错的岔道，是粟特地区的又一个商业重镇。瓦拉赫沙（Varakhsha）是布哈拉地区的粟特古城遗址，瓦拉赫沙宫殿建筑发掘出著名的"红厅"壁画，其主要内容包括接见使臣、骑兵战阵、狩猎图。这些壁画将粟特本地文化与巴米扬佛教艺术、中国艺术风格结合起来，如在象背上铺垫有中国风格的花纹织物和伊朗风格的鸟纹织物，有很高的艺术价值。

毕国，在今布哈拉西 55 公里处的拜坎德（Baikand）。

戊地国，又称伐地（Vardanze），在今乌兹别克斯坦西面。

火寻国，又称货利习弥（Khwrāizmik），今称花剌子模，在今阿姆河下游一带。

穆国，又称木鹿、末禄（Merv），在今土库曼斯坦马雷州。

一般认为，由于隋唐中西交通大开，前往中国的粟特人甚众，来到中国的粟特人为了不忘故国，同时又符合中国姓氏的习惯，遂以城邦小国的名称为姓，形成九姓，遂称"昭武九姓"。汉唐时期，粟特人以商队的形式东来贩易，其首领为萨保，为了方便贸易，他们逐渐在丝绸之路上留居下来，形成了粟特人聚落。根据学者的研究，从十六国到北朝时期，粟特人聚落在塔里木盆地、河西走廊、中原北方、蒙古高原等地区都有存在，散布十分广泛。唐朝建立后，大多数唐朝直辖州县区域内的粟特聚落演变成乡里。这些进入乡里的粟特人逐渐汉化，但仍有比较鲜明的粟特特征,他们移居中国,一去不复返。

参考文献:

1.许序雅:《唐代丝绸之路与中亚历史地理研究》,西北大学出版社,2000。

2.李特文斯基主编:《中亚文明史(第3卷)》,中国对外翻译出版公司,2003。

3.荣新江:《中古中国与粟特文明》,生活·读书·新知三联书店,2014。

4.习通源:《塔吉克斯坦、乌兹别克斯坦考古调查:粟特时期》,《文物》2019年第1期。

5.王静、沈睿文:《大使厅壁画研究》,文物出版社,2022。

（洪　英）

第六节　兴都库什廊道与呼罗珊四镇

一、兴都库什廊道与丝绸之路西段

我们知道,古代丝绸之路西段由葱岭至罗马,大体有南、中、北三道。南道:由葱岭西行,沿兴都库什山脉南麓至喀布尔后分两路,一条西行至赫拉特,西至巴格达,另一线从白沙瓦南下至印度。中道:越过葱岭,沿兴都库什山脉北麓至蓝氏城,一条与南道会合,另一条西行至德黑兰与南道会合。北道:一条分支经泽拉夫善—卡拉库姆的粟特诸城至木鹿,与中道会合;一条往西北行,至怛罗斯,沿锡尔河西北行,绕过咸海、里海北岸,至亚速海东岸再由水路抵达君士坦丁堡。

不难发现,丝绸之路西段经过的地区多是广阔无垠的高原和高耸山脉,兴都库什山脉即是必经之路。兴都库什山脉是亚洲中部高大的山脉之一,它由数条东北—西南走向的褶皱山脉组成,东起帕米尔高原南缘,向西南延伸至阿富汗的赫拉特附近。瓦罕走廊夹在兴都库什山脉的最东部和帕米尔高原之间,这是喀什与撒马尔罕之间的重要丝路通道。兴都库什山脉的北麓,从东到西相继有吐火罗盆地、穆尔加布三角洲、哈里河等绿洲。兴都库什山脉南麓,又可通往印度。

根据考古发现和前人研究,位于欧亚内陆的丝绸之路西段很早就出现了打通的迹象。尤其是"青金石贸易之路",中外学者认为,公元前4000—前3500年前后,自帕米尔西麓的巴达尔山,经过伊朗高原南北至两河流域的交通已开。公元前4世纪,亚历山大大帝东征,沿着伊朗高原、兴都库什山脉向北征服泽拉夫善流域,向南征服印度河流域。亚历山大大帝大举东拓的进程中,建立了诸多希腊化城市,为其后丝绸之路的拓展奠定了基础。

张骞第一次出使西域时,在大夏居留一年余。大夏即巴克特里亚王国,于公元前256年脱离塞琉古王朝建立希腊化国家,核心地域在阿姆河以南、兴都库什山脉以北。都城蓝氏城(今阿富汗马扎里沙里夫市),地处发源于兴都库什山脉的巴尔赫河冲积平原。张骞到达大夏时,曾在其都城蓝氏城看到过从印度转运过去的四川土产"邛竹杖、蜀布",可见我国巴蜀地区、印度、中亚之间早已出现物质文化上的沟通。

安息即帕提亚,于公元前249年摆脱希腊人的统治建立王朝。到公元前2世纪后半叶张骞两次出使西域时,帕提亚已经是"最为大国",其疆域西至幼发拉底河,东北与粟特地区相交,东南远抵印度,北至里海,南濒波斯湾。通过汉文史籍我们知道,安息与西汉王朝保持着友好关系,丝绸之路上最主要的两个大国确立了直接的外交关系,打通了丝绸之路的东段与西段。

公元 2 世纪,在丝绸之路西段称霸一时的帕提亚王朝日渐衰落,并于 224 年灭亡。萨珊人取而代之,并建立萨珊波斯王朝(224—651)。萨珊波斯继承了安息帝国的版图,是地处西亚的强大帝国。北朝隋唐时期,萨珊波斯与丝绸之路东端的中国有过密切的交往。从中国的文献记载来看,萨珊波斯曾派遣使者朝献北魏、西魏、南朝。这一时期的考古文物,也发现了若干萨珊式的长曲银杯、银碗等器皿。565 年,萨珊波斯与突厥汗国联合攻灭中亚强国嚈哒,突厥成为粟特地区的统治者。不久,突厥又通过粟特商人为首的使团与拜占庭结盟,夹攻萨珊波斯。隋炀帝时期,中原王朝再度派遣使者出使波斯,波斯也遣使入隋,进贡方物。裴矩在其《西域图记》中记载了通往波斯的丝绸之路"中道"。

651 年,萨珊国王伊嗣俟(Yazdgard Ⅲ)被来自阿拉伯半岛的大食击败,逃到伊朗东部呼罗珊地区的首府木鹿城。至此,萨珊帝国实际上已经灭亡。随着萨珊波斯的灭亡和大食帝国的扩张,大食帝国逐渐取代波斯人成为伊朗高原、兴都库什廊道的统治者。

9 世纪中期开始,阿拉伯帝国度过了它的百年"黄金时代",逐渐走向衰败和瓦解。这一时期,兴都库什山脉、伊朗高原一带动乱不断,丝绸之路东端的中原王朝也失去了对河西走廊和西域的控制,东西交通一度中断。蒙元时期的西征再次打通了亚欧陆海通道,经过中亚、伊朗到地中海的绿洲丝绸之路再次畅通。

二、呼罗珊四镇

呼罗珊(Khorāsān)是古波斯语 Khor 和 asa 的合成词,意思是太阳升起的地方,后来被引申为东方的土地。地理意义上的呼罗珊,大体以伊朗东北部至阿富汗西北部一带为核心区域,其边界具有延展性。这个地方历史上是波斯帝国、阿拉伯帝国以及蒙古帝国的统治区域,地理范围也处在动态变化中。直到今天,伊朗最东边还有一个省份叫呼罗珊省(今译"霍拉桑省")。呼罗珊地区地处中亚、西亚交界处,是中亚抵达地中海的重要孔道。

大约在帕提亚王朝时期,出现了呼罗珊地区的地理概念。呼罗珊地区古称帕提亚或马尔吉亚纳(Margiana),是帕提亚王朝的发源地。萨珊王朝国王库思老(531—579 年在位)时,把全国分为四个省,最东边的省叫作"呼罗珊",呼罗珊省内部又分为四个郡（Rub）：尼沙普尔（Nishapur，今伊朗东北尼沙卜儿）、木鹿（Merv，呼罗珊省的首府，今土库曼斯坦马雷）、赫拉特（Herat，今阿富汗赫拉特）和巴里黑（Balkh，今阿富汗巴尔赫省首府马扎里沙里夫以西 40 公里）。狭义的呼罗珊地区即是以这四个城市为中心的区域。

巴里黑，又译作巴尔赫（Balkh，今阿富汗马扎里沙里夫市），是阿富汗最古老的遗址之一。学者认为巴里黑即是汉文文献记载的大夏都城蓝氏城。

木鹿城遗址南靠兴都库什山脉，北靠卡拉库姆沙漠。发源于南部科比特山脉的穆尔加布河流向北奔腾而去，直至消失在卡拉库姆沙漠。穆尔加布三角洲是一块位于干旱的卡拉库姆沙漠、险峻的兴都库什山群山和高寒的帕米尔高原中间的广阔而水源丰富的绿洲，是从伊朗西北部去往中亚的天然休息站。木鹿刚好坐落在穆尔加布三角洲内陆，是西北—东南向去往赫拉特和巴里黑，西南—东北向连接图斯、尼沙普尔和布哈拉、撒马尔罕的两条交叉的十字路口上的城市。

尼沙普尔是中世纪最著名的城市之一，是多种族和多宗教团体的聚居地，是从中国、河中到伊拉克、埃及的商贸路线上的贸易城市。该城据说是由萨珊王朝的沙普尔二世所建，因此得名。尼沙普尔是唐朝和阿拉伯阿拔斯王朝进行贸易的重要节点，在此地出土了大量唐朝的商品，如美国纽约大都会艺术博物馆于 1936年、1937 年、1939 年在此考古发掘出土的唐朝越窑青瓷盘、邢窑白瓷壶、长沙窑壶上部以及广州窑白瓷盘、德化窑白瓷盘等。这里是伊斯兰教什叶派中心，到 10 世纪时，已经成为人口稠密、商业繁荣的城市。

赫拉特位于今阿富汗西部的高原上，哈里河流经该城。亚历山大东征时在此地建立"亚历山大·阿里安"，即后来的赫拉特。15 世纪初，帖木儿死后，其子沙哈鲁作为帝国继承人曾建都于此。赫拉特历来是丝路西段重镇，东北可通巴里黑，西北连接尼沙普尔，北上可达木鹿，最关键的是南下锡斯坦与南道相通，是连接伊朗南北道的锁钥。

呼罗珊四镇尼沙普尔、木鹿、赫拉特和巴里黑之间的商路是网络状的，这四个城市一直是欧亚内陆交通要道的中心城市，直到蒙古西征遭到破坏走向衰落。

呼罗珊原为波斯帝国东部的一大区域，随着萨珊波斯的扩张，呼罗珊的范围北抵阿姆河，南靠锡斯坦，西接沙漠，东邻中国与印度。萨珊波斯管辖下的呼罗珊，东边连接着中亚的河中地区，西边连接着中东重镇巴格达，是近代以前西亚和南亚进入中国的重要交通枢纽。这一地理概念为此后的阿拉伯帝国所沿用。

705 年屈底波出任呼罗珊总督，继续向中亚扩张，征服撒马尔罕、布哈拉等地,势力伸入河中地区。阿拉伯古典地理学家伊本·胡尔达兹比赫(Ibn Khordadbeh,约820—912)根据阿拉伯邮驿档案编纂的地理名著《道里邦国志》中的记载,认为沟通中国与阿拉伯世界的干道是著名的"呼罗珊大道"。这条大道从巴格达向东北延伸,经哈马丹、赖伊、尼沙普尔、木鹿、布哈拉、撒马尔罕、锡尔河流域诸城镇到达中国边境,与中国境内的交通路线相连结。这条"呼罗珊大道"的路线,就是古代丝绸之路在葱岭以西最主要的一大段路线。邮路驿站达900多处,每个驿站备驿马多匹。通过呼罗珊大道,大批阿拉伯、波斯商人来到中国从事贸易。

13世纪初,蒙古人对呼罗珊地区进行了武力征服,尼沙普尔、巴里黑、木鹿、赫拉特等中心城市遭到严重破坏。不过,蒙元时期在此建立驿站交通,又使得呼罗珊沿线地区再次发展。我们熟知的马可·波罗、伊本·白图泰等旅行家都经此东来中国。

参考文献:

1.伊本·胡尔达兹比赫著,宋岘译注:《道里邦国志》,中华书局,1991。

2.张星烺:《中国交通史料汇编》,中华书局,2003。

3.赵汝清:《从亚洲腹地到欧洲:丝路西段历史研究》,甘肃人民出版社,2006。

4.佚名著,王治来译注:《世界境域志》,上海古籍出版社,2010。

5.马瑞琼:《8—10世纪丝绸之路中段呼罗珊大道考述》,《中国历史地理论丛》2016年第3期。

6.G.勒·斯特朗格著,韩中义译:《大食东部历史地理研究:从阿拉伯帝国兴起到帖木儿朝时期的美索不达米亚、波斯和中亚诸地》,社会科学文献出版社,2018。

(洪　英)

第三章　草原丝绸之路

欧亚草原是世界上面积最大的草原地带。自欧洲多瑙河下游起，呈连续带状往东延伸，经东欧平原、西西伯利亚平原、哈萨克丘陵、蒙古高原，直达中国东北松辽平原，东西绵延近 110 个经度，构成了地球上最宽广的草原区。欧亚草原具备典型的温带大陆性气候：夏季炎热，冬季严寒，气温年、日温差大，全年降水稀少且集中于夏、秋两季。

著名历史学家张广达先生指出："从蒙古高原逾阿尔泰山脉或准噶尔盆地进入哈萨克斯坦，再经里海北岸、黑海北岸到达多瑙河流域，中经许多大河、戈壁、草原，这是古代游牧民族藉以立国的地区，也是游牧民族经常迁徙往来，并在世界历史上几度引起民族大迁徙浪潮的通道。人们通常称之为'草原之路'。"

生活于欧亚草原的游牧民族对我国历史产生了巨大的影响，我国历史上曾出现数个游牧民族入主中原后建立的王朝。游牧民多逐水草而居，以游牧、狩猎、采集和粗糙的农作为生。同时，受生态环境的影响，游牧民常常通过贸易与掠夺补充畜类和所需的生活用品。因而，草原之路不仅是民族大迁徙浪潮的通道，也是连通欧亚大陆的重要贸易和文化交流通道，是丝绸之路的重要组成部分。2014年 6 月，由中国、哈萨克斯坦、吉尔吉斯斯坦三国联合申报的"丝绸之路：长安—天山廊道的路网"成功列入《世界遗产名录》，经由欧亚草原的连通东西的草原丝绸之路正是这一道路网的重要组成部分。

第一节　隋唐以前的草原丝绸之路

早在文献史料记载以前，中原王朝同欧亚草原上的游牧民就已经有了物质、文化交流。文献中首次明确记载经由天山以北草原地带前往西域的道路，是鱼豢《魏略·西戎传》中的"北新道"。不过，学界对该条史料的真实性及价值仍存在一定的争议。北朝时期,平城通往漠北的主要道路有长川、牛川、白道三条,南朝则借道吐谷浑通往北方的柔然。

一、汉代草原丝绸之路

日本学者松田寿男的研究对草原丝绸之路概念的提出起到了重要的作用,这一概念的提出大致在 20 世纪 30 年代以后。森安孝夫在梳理丝绸之路学术史时指出:"在这一过程中,松田寿男博士的研究起到了决定性的作用。松田博士首先从史籍中发掘出了以下史实:在和平时期,匈奴、鲜卑、突厥、回鹘等,这些建立在蒙古高原与天山山脉的草原地带游牧国家与中国王朝的贸易,主要是围绕草原上的马与中原的绢而展开的,松田博士将此命名为'绢马交易',并且还弄清楚了下述问题:对于中央欧亚游牧国家的发展来说,商业乃是必不可少的要素,尤其究明了绢既作为商品又作为货币这一事实。他也论证了作为远距离交易的'草原之路'的重要性等问题。"松田寿男关注到北方游牧民族重视天山北麓的山中河谷,指出作为游牧经济的补充,游牧民族需要同其他地区进行交换来提高生活。因而,天山北路也是游牧民族交易往来的商品贸易之路。

早在西汉张骞凿空西域以前,中原王朝与欧亚草原就已经有了一定程度的物质文化交流,这也是草原丝绸之路的雏形。位于俄罗斯戈尔诺阿尔泰省的巴泽雷克盆地的巴泽雷克墓地属于公元前 5—前 3 世纪的斯基泰人,于 1929 年被发掘。在巴泽雷克第 3 号墓中,出土了一块有花纹的丝织物。第 5 号墓出土了带有凤鸟栖树刺绣的丝绸和四马驾的马车,丝绸上的图案被认为源自楚地。考古学家在第6 号墓中还发现了一面山字纹白色金属制中国镜。不仅如此,蒙古和我国北部发掘的很多工艺品同南西伯利亚、中亚考古发掘的同类制品亦有渊源。这些考古材料均表明在张骞凿空西域以前,中原农耕民与欧亚草原上的游牧民就已经有了物质、文化上的交流。

隋唐以前中原王朝与游牧民族的交往史事被记录在《史记》《汉书》《后汉书》等文献中。早期草原丝绸之路主要以中原王朝与北方游牧部族通过战争、贸易、和亲等物质、文化交流方式体现。如匈奴和汉朝皇帝相互交换礼品,《汉书·匈奴传》记载匈奴单于"好汉缯絮食物",汉朝皇帝与匈奴多次互赠礼品。汉文帝六年(前 174),曾赠予匈奴单于"服绣袷绮衣、长襦、锦袍各一,比疏一,黄金饬具带一,黄金犀毗一,绣十匹,锦二十匹,赤绨、绿缯各四十匹"。汉武帝即位后,"明和亲约束,厚遇关市,饶给之。匈奴自单于以下皆亲汉,往来长城下"。

　　传世文献中,经由天山北麓绿洲、草原地带通往西域道路的记载首见于《三国志·魏书》裴松之注引《魏略·西戎传》,"从敦煌玉门关入西域,前有二道,今有三道",其中"从玉门关西北出,经横坑,辟三陇沙及龙堆,出五船北,到车师界戊己校尉所治高昌,转西与中道合龟兹,为新道"。《魏略·西戎传》还记载有北新道:"北新道西行,至东且弥国、西且弥国、单桓国、毕陆国、蒲陆国、乌贪国,皆并属车师后部王。"其中毕陆国即前代所见卑陆国,蒲陆国则是蒲类国,乌贪国应为乌贪訾离国,后者三国均见于《汉书·西域传》。松田寿男考证东西且弥两国位于天山中部的裕勒都斯河谷及向东蔓延到阿拉葵河谷地区。毕陆国位于吉木萨尔以西28公里,乌鲁木齐以东55公里处的紫泥泉(白杨驿)地方;蒲陆国位于巴里坤盆地;乌贪訾离国位于玛纳斯地区,三国均为天山北道的绿洲国家。余太山认为北新道应为新道之延伸:"取'新道'到达高昌、交河城后,复自交河城抵车师后王廷;从后王廷西行,可赴天山以北诸国。"松田氏则认为鱼豢《魏略·西戎传》的取材主要来自《汉书》,对六国名称的记载也并非按从西向东依次排列,无法作为天山北路的依凭。

　　综合传世文献的记载,松田寿男考证并归纳了汉代天山地区的道路。其中与天山北麓相关、属于草原丝绸之路组成部分的道路有以下数条:①从吉木萨尔绿洲,经天山山脉北麓向东去的道路,通过大石头绿洲,到达蒲类海地区。还有从敦煌直接北经哈密越过巴里坤岭即库舍图岭(天山)的捷径,与从吉木萨尔的道路连接。②从吉木萨尔经博格达山北侧西行的道路,依次连接位于那拉特河末端的三台、位于察罕乌苏河口的紫泥泉和位于特讷格尔河畔的阜康,从乌鲁木齐经过呼图壁、玛纳斯,进入乌孙领域。③从吐鲁番盆地西北行,越过达坂城与上述道路相连接的捷径。④从吐鲁番盆地西行,进入阿拉葵河谷,经由小裕勒都斯河谷去往伊犁河上游和特斯勒河谷。⑤天山山北的游牧民与伊犁河上游地方的联系除越过塔勒奇外,还有从乌鲁木齐通过小裕勒都斯、从玛纳斯通过小裕勒都斯两条道路。

二、南北朝时期的草原丝绸之路

　　永嘉之乱后,西晋分裂,中国北方也因此陷入战乱,政权林立且各政权间战争频繁,最终于太延五年(439)由北魏统一北方。北魏统治者出身于鲜卑这一游牧部族,入主中原后不仅与北方草原的游牧部族往来密切,自身亦携带着浓厚的北族风气。今本《魏书·西域传》为后人所补,北魏一朝与西域的交往情况除《魏书》

外,主要通过《北史》《洛阳伽蓝记》等文献进行了解。

北魏定都平城(今大同)时,同漠北交往密切,北魏早期君主曾多次巡幸阴山和位于平城至漠北交通要道上的犲山宫。前田正名的研究指出北魏时期自平城赴漠北的交通路线共有长川、牛川、白道三条。长川位于延水上游,即今桑干河支流东洋河上游;牛川位于平城西北方向,可能是位于白道岭、善无之间的一条河流或大黑河上游;白道指白道川登上白道岭继续北行的一条山路。

以上三道中,以白道最为重要。成书于宋代的《太平寰宇记》卷49《河东道·云州》记载云中县有阴山道,该条引《冀州图》记载了白道川、白道的地理条件及该道的重要地位:"云中周回六十里,北去阴山八十里,南去通漠长城百里,即白道川也,南北远处三百里,近处百里,东西五百里,至良沃沙土而黑,省功多获,每至七月乃热。白道川当原阳镇北,欲至山上,当路有千余步地,土白如石灰色,遥去百里即见之,即是阴山路也。从此以西,及紫河以东,当阴山北者,唯此道通方轨。自外道皆小而失次者多。"《冀州图》当为见载于《隋书·经籍志》的《冀州图经》一卷,不知著者何人,其所记载的冀州地理情况的具体年代应在隋代及以前。

前田正名还考证出北魏时代平城至漠北的交通路线有以下数条:①自于延水以东向张北或张北东北方向进发,由此前往漠北。②自长川出发,翻越张北台地西部后继续北上。③自平城出发,基本沿着一条直线朝正北方向前进,经过今丰镇县、集宁县等地,自东部翻越阴山山脉,继续北上。④自平城西北行,经善无至云中,通过白道前往漠北。

北魏迁都洛阳后,亦同草原游牧部族有着密切的往来。《洛阳伽蓝记》记载洛阳城南设有燕然馆,用以暂时安置"北夷来附者",来洛阳的游牧民在燕然馆住满三年后,朝廷将赐宅归德里。正光元年(520)柔然可汗阿那瓌来朝时就被安置在燕然馆,并赐宅归德里。其时北魏国力强盛,北方游牧部族酋长往往遣子入侍,这些质子为避中原夏季的炎热,常常在春季返回漠北,秋季又来到洛阳,时人把他们称为"雁臣"。

《太平寰宇记》所引《入塞图》《冀州图》中均有从晋阳、太原等地通往北方草原的具体路线。如《太平寰宇记》引《入塞图》云:"从晋阳西北行百八十里至新兴,又西行二百五十里至马邑,又东北行二百五十里至平城,又直东行二百二十里至高柳城,又东行一百八十里至代郡城,又东北行一百七十里至大宁城,当涿郡怀戎县北三百里也。从大宁西北行百里至怀荒镇,又北行七百里至榆关,又北行二百里至松林,又北行千里方至瀚海。又一道从平城西北行五百里至云中,又西北五十里至五原,又西北行二百五十里至沃野镇,又西北行二百五十里至高阙,又西北行二百五十里至郎君戍,又直北三千里至燕然山,又北行千里至瀚海。自晋阳至瀚海有此路。"

又如《太平寰宇记》引用《冀州图》中关于周、秦、汉、魏以来有关入塞三道的记载:"其中道正北发太原,经雁门、马邑、云中,出五原塞,直向龙城,即匈奴单于十月大会祭天之所也;一道东北发向中山,经北平、渔阳向白檀、辽西,历平冈,出卢龙塞,直向匈奴左地,即左贤王所理之处;一道西北发自陇西,经武威、张掖、酒泉、敦煌,历伊吾塞,匈奴右地,即右贤王所理之处。"

《冀州图》的成书时间已如前所述在隋代及以前。《入塞图》虽不见于《隋书·经籍志》,但据引文路线中出现的晋阳、平城、怀荒镇、沃野镇等地名可知该路线在北朝时期已经形成。

东晋南朝诸王朝偏安一隅,与欧亚草原上的游牧政权交往十分有限。但通过传世文献和出土文献,仍然可以证明这一时期南朝政权和北方游牧政权有一定的交流。由于北方长期为北朝诸政权所控制,通往欧亚草原及西域的道路常常被阻断,南朝使者多借道河南国(吐谷浑)前往西域。柔然作为当时欧亚草原上较强大的游牧政权,与南朝交往密切,南朝史书均有其较为稳定的朝贡记录。《宋书》记载柔然使"岁时遣使诣京师,与中国亢礼",《南齐书》记载其"常由河南道而抵益州"。《梁书》记载柔然于天监十四年(515)二月、天监十五年(516)八月、普通元年(520)、大通二年(528)正月、中大通元年(529)二月、大同四年(538)三月、大同七年(541)九月共向梁朝遣使献方物七次。《梁书·诸夷传》记载柔然来朝时间较《梁书·武帝纪》简略,仅用"是后(普通元年)数岁一至焉"省略数次朝贡。从刘宋起,南朝就在军事外交战略上联结柔然对抗北朝,"常南击索虏,世为仇雠,故朝廷每羁縻之"。南朝与柔然的交往亦有考古材料证明,书道博物馆藏25号《佛说金刚般若波罗蜜经》就由萧梁使者散骑常侍淳于某在出使柔然时所写。

参考文献:

1.松田寿男著,陈俊谋译:《古代天山历史地理学研究》,中央民族学院出版社,1987。

2.张广达:《古代欧亚的内陆交通》,《西域史地丛稿初编》,上海古籍出版社,1995。

3.余太山:《两汉魏晋南北朝正史西域传要注》,中华书局,2005。

4. 石云涛:《3—6 世纪的草原丝绸之路》,《社会科学战线》2011 年第 9 期。

5. 前田正名著,李凭、孙耀、孙蕾译:《平城历史地理学研究》,上海古籍出版社,2012。

6. 森安孝夫著,石晓军译:《丝绸之路与唐帝国》,北京日报出版社,2020。

（戚雅荧）

第二节 隋唐时期的草原丝绸之路

北朝末期,突厥兴起并成为北方草原上最强大的部族。隋文帝即位后采用长孙晟的建议离间突厥,突厥的实力被大大削弱。炀帝派裴矩在敦煌掌管诸蕃互市,裴矩在所撰《西域图记》序中明确记载了由敦煌出发经由天山北道通往西域的道路。唐代草原丝绸之路网络更加繁荣,北庭都护府的设置使得天山北道成为有明确道里、路线和驻军设施的阳关大道。

一、突厥的兴起

北朝末期,北周、北齐二政权都试图吞并对方,北方的突厥借此契机强大起来,成为草原丝绸之路的统治者。传世文献对突厥的起源众说纷纭,《周书》中对突厥的起源有两种说法:一说突厥为匈奴之别种,一说突厥之先出于匈奴之北的索国。《隋书》则认为突厥本为平凉杂胡,在北魏灭亡北凉后投奔柔然,世居金山。

突厥至阿史那土门担任首领时部落稍稍强盛,史籍记载其"始至塞上市缯絮,愿通中国"。西魏大统十二年(546)阿史那土门率所部击破铁勒,"尽降其众五万余落";废帝元年(552)土门又发兵击败柔然,柔然主阿那瓌自杀。土门遂自号伊利可汗,成为北方草原新的统治者。《周书·异域传》记载突厥自木杆可汗俟斤以来,"其国富强,有凌轹中夏志。朝廷既与和亲,岁给缯絮锦彩十万段。突厥在京师者,又待以优礼,衣锦食肉者,常以千数。齐人惧其寇掠,亦倾府藏以给之"。北齐、北周都怕对方与突厥交好,使自身政权受到威胁,纷纷倾尽国力向其纳贡。俟斤的弟弟他钵可汗曾放言:"但使我在南两个儿孝顺,何忧无物耶。"他钵可汗口中在南方的两个儿子正是北齐、北周。

二、隋朝的漠北经略与裴矩《西域图记》

隋文帝即位后积极处理同漠北突厥的关系,于开皇三年(583)多次战胜前来寇边的突厥。在此前后,隋文帝采用长孙晟的建议,多次离间突厥,致使突厥阿波可汗西奔达头可汗,又从达头可汗处借兵大败沙钵略可汗。突厥汗国由此分裂为东、西两部,他钵可汗之侄摄图(沙钵略可汗)所领为东突厥,由达头可汗和木杆可汗之子、他钵可汗之侄大逻便(阿波可汗)所领为西突厥。突厥分裂后,沙钵略势力受到重创,于开皇五年(585)七月向文帝上表称臣。沙钵略死后,继任者叶护可汗处罗侯同样臣服于隋朝。沙钵略可汗去世,其弟处罗侯(莫何可汗)即位后,以隋所赐旗鼓西征阿波，最后获得胜利并生擒阿波。高颖在阿波可汗为处罗侯所擒后向文帝上寿，赞颂其功绩："自轩辕以来，獯粥多为边患。今远穷北海，皆为臣妾，此之盛事，振古未闻。"

隋于开皇九年（589）平陈，结束了南北朝分裂的局面，其国力随着隋文帝的经营亦逐步强盛。隋文帝逝世后，其子炀帝热心经营西域。隋代草原丝绸之路的大体路线被记载于裴矩所作《西域图记》中。《隋书·裴矩传》记载隋炀帝时期"西域诸蕃，多至张掖，与中国交市"，裴矩则被炀帝任命在张掖掌管诸蕃交市。裴矩深知其经略西域的意图，在工作中有意诱导各地胡商说出本国的风俗及山川险易，撰成《西域图记》三卷。由《西域图记》的序言部分可知，裴矩所作《图记》的内容至少包括了西域诸国人口、国人的服饰仪行、物产风俗、山川地形和由中原通往西域的交通要道。裴矩在《西域图记》序指出以敦煌为起点，西至地中海的三条道路："发自敦煌，至于西海，凡为三道，各有襟带。"三条道路中的北道形象地记录了当时草原丝绸之路的情况："从伊吾，经蒲类海铁勒部，突厥可汗庭，度北流河水，至拂菻国，达于西海。"蒲类海即巴里坤湖，北流河水为额尔齐斯河，拂菻国则是拜占庭帝国。

除《西域图记》外，《隋书·经籍志》中所载《北荒风俗记》《突厥所出风俗事》《诸蕃风俗记》等书也显示出时人对域外，尤其是北方草原游牧部族风俗的留意。

三、唐代草原丝绸之路的路线

唐初草原丝绸之路最有名的路线莫过于回纥请求设置的"参天可汗道"。据《旧唐书》记载，回纥先祖为匈奴的后裔，在北魏时期号铁勒部落。回纥早期部落规模较小，依托于高车，臣属于突厥。突厥颉利可汗为唐所擒后，漠北最强大的游牧部族当属回纥和薛延陀。《唐会要》记载贞观二十一年（647）正月九日，唐朝因为铁勒回纥等十三部内附，设瀚海、燕然、金微、幽陵、龟林、庐山六都督府和皋兰州、高阙州、鸡鹿州、鸡田州、榆溪州、蹛林州、寘颜州七州："并各以其酋帅为都督刺史。给玄金鱼。黄金为字，以为符信。于是回纥等请于回纥以南，突厥以北，置邮驿，总六十六所，以通北荒，号为参天可汗道。俾通贡焉，以貂皮充赋税。"

唐德宗时期，宰相贾耽归纳出七条与周边少数部族政权交通的道路。《新唐书·地理志》记载："贞元宰相贾耽考方域道里之数最详，从边州入四夷，通译于鸿胪者，莫不毕纪。其入四夷之路与关戍走集最要者七：一曰营州入安东道，二曰登州海行入高丽渤海道，三曰夏州塞外通大同云中道，四曰中受降城入回鹘道，五曰安西入西域道,六曰安南通天竺道,七曰广州通海夷道。"《旧唐书·贾耽传》记载贾耽擅长地理学,"凡四夷之使及使四夷还者,必与之从容,讯其山川土地之终始。是以九州之夷险,百蛮之土俗,区分指画,备究源流"。丰富的实践知识使得贾耽对周边政权的风俗、地理非常熟悉,并于贞元十七年(801)撰成《海内华夷图》及《古今郡国县道四夷述》40 卷。

在上文所述七道中,营州入安东道、夏州塞外通大同云中道、中受降城入回鹘道均为唐代草原丝绸之路的重要组成部分。

"营州入安东道",由营州出发至燕郡城,又经汝罗守捉,渡辽水至安东都护府,又从都护府东北行经盖牟、新城、渤海长岭府到渤海王城。

"夏州塞外通大同云中道",由夏州出发,北渡乌水,经过贺麟泽、拔利干泽等地至可朱浑水源,又经故阳城泽、贺兰驿、步拙泉故城、十贲故城、宁远镇等地抵达古大同城,又经过北魏沃野镇城、帝割达城、古可汗城、乌咄谷等地到达古云中城。

刘迎胜指出"中受降城入回鹘道"应当就是唐太宗时期的"参天可汗道",其大致路线为"从中受降城(今包头西昆独仑河入黄河处)启程,向北经呼延谷、归唐栅、鸊鹈泉后进入戈壁,再经鹿耳山、错甲山等地,行八百里至山燕子井,再西北行经密粟山、达旦泊、野马泊、可汗泉、横岭、绵泉、镜泊,七百里至回鹘牙帐,即于都斤山麓鄂尔浑河流域。从鸊鹈泉还有另一可至漠北,即经公主城、眉间城、悒罗思山、赤崖等地,向北至回鹘牙帐"。

同时,"安西入西域道"亦与唐代草原丝绸之路有关。该道从安西西出柘厥关(今新疆新和县夏合吐尔古城),取道天山以南的绿洲之道,度拔达岭,抵达乌孙所治赤山城,通往欧亚草原:

> 又四十里度拔达岭(今别迭里山口)。又五十里至顿多城,乌孙所治赤山城(今吉尔吉斯斯坦伊塞克湖州的伊什特克)也。又三十里渡真珠河,又西北度乏驿岭,五十里渡雪海,又三十里至碎卜戍,傍碎卜水五十里至热海(今吉尔吉斯斯坦伊塞克湖)。又四十里至冻城,又百一十里至贺猎城,又三十里至叶支城,出谷至碎叶川口,八十里至裴罗将军城(今位于吉尔吉斯斯坦北部托克马克西南的布拉纳古城)。又西二十里至碎叶城(今位于吉尔吉斯斯坦托克马克城西南 8 公里处的阿克·贝希姆),城北有碎叶水(今吉尔吉斯斯坦北部与哈萨克斯坦交界处的楚河),水北四十里有羯丹山,十姓可汗每立君长于此。自碎叶西十里至米国城,又三十里至新城,又六十里至顿建城,又五十里

至阿史不来城,又七十里至俱兰城,又十里至税建城,又五十里至怛罗斯城(今哈萨克斯坦临近吉尔吉斯斯坦的塔拉兹地区)。

除此之外,敦煌文书 P.2009《西州图经》记载了从西州出发的十一条道路,其中有六条道路通往天山以北的庭州,亦是唐代草原丝路网络的重要组成部分。《旧唐书·太宗纪》记载贞观十四年(640)八月平高昌,以其地置西州,次月于西州设置安西都护府。《新唐书·地理志》记载庭州及北庭都护府的历史沿革:"北庭大都护府,本庭州,贞观十四年平高昌,以西突厥泥伏沙钵罗叶护阿史那贺鲁部落置,并置蒲昌县,寻废,显庆三年(658)复置,长安二年(702)为北庭都护府。"

在这六条道路中有四条从蒲昌县(今新疆鄯善)出发:①花谷道,"出蒲昌县界,西合柳中(今新疆鄯善西南鲁克沁),向庭州七百卅里,丰水草,通人马";②移摩道,"出蒲昌县界,移摩谷,西北合柳谷,向庭州七百卅里,足水草,通人马车牛";③萨捍道,"出蒲昌县界萨捍谷,西北合柳谷,向庭州七百卅里,足水草,通人马车牛";④突波道,"出蒲昌县界突波谷,西北合柳谷,向庭州七百卅里,足水草,通人马车牛"。乌骨道从高昌县(今新疆吐鲁番东南阿斯塔那高昌故城)出发,"右道出高昌县界北乌骨山,向庭州四百里,足水草,峻险石粗,唯通人径,马行多损"。他地道从交河县(今新疆吐鲁番西雅尔和屯)出发,"右道出交河县界,至西北向柳谷,通庭州四百五十里,足水草,唯通人"。

如前所述,武周长安二年于庭州设置北庭都护府,该遗址位于今新疆昌吉回族自治州吉木萨尔县北偏东 12 公里处。《新唐书·地理志》详细记载了唐朝在北庭西延城以西至碎叶城的道路上设置的城镇及驻军机构,天山北道的具体路线至此固定下来:

> 自庭州西延城西六十里有沙钵城守捉,又有冯洛守捉,又八十里有耶勒城守捉,又八十里有俱六城守捉,又百里至轮台县,又百五十里有张堡城守捉,又渡里移得建河,七十里有乌宰守捉,又渡白杨河,七十里有清镇军城,又渡叶叶河,七十里有叶河守捉,又渡黑水,七十里有黑水守捉,又七十里有东林守捉,又七十里有西林守捉。又经黄草泊、大漠、小碛,渡石漆河,逾车岭,至弓月城。过思浑川、蛰失蜜城,渡伊丽河,一名帝帝河,至碎叶界。又西行千里至碎叶城,水皆北流入碛及入夷播海。

付马指出天山北道"逐渐从一条几乎无迹可寻的草原之路蜕变成一条有着明确道里、完善的路政设施和严密的驻防体系的'阳关大道'"。

唐朝对天山北道的控制持续到贞元六年（790）北庭都护府为吐蕃攻陷，此后北庭又被回鹘占领，并在回鹘人的经营下历三百余年。回鹘即回纥，元和四年（809）改名，"义取回旋轻捷如鹘也"。付马《丝绸之路上的西州回鹘王朝：9～13世纪中亚东部历史研究》一书在结合前贤研究的基础上，按照前文所引唐代天山北道路线对回鹘时代天山北道的历史面貌进行了论述：

> 唐代沙钵守捉遗址为今昌吉回族自治州吉木萨尔县庆阳湖乡双河村东北古城，最初应为粟特商人所建，后因纳置西突厥泥伏沙钵罗叶护而改名。凭洛遗址被认为在今昌吉吉木萨尔县三台镇冯洛村古城遗址。耶勒被认为位于昌吉回族自治州阜康市滋泥泉子镇北庄子村的北庄子古城，其名应源自突厥语，意为"有崖之地"。俱六为位于昌吉回族自治州阜康市九运街镇六运村的六运古城。轮台城遗址为乌鲁木齐市南郊乌拉泊古城，轮台之得名源于突厥语"白色"与"镇"的结合，直至西州回鹘时代仍是天山北道的重镇。张堡城遗址被认为是今昌吉市附近的花园古城，在元代汉文史料中作"彰八里"或"昌八里"，该城自唐代起已称为天山北道的大型城市。乌宰守捉位于昌吉市呼图壁县，在元代史料中被称作"古塔巴"。清镇军城当在塔西河东岸某处。弓月城址位于今新疆霍城北，在元代被称作阿力麻里城，是进入伊犁河谷地的第一站。同时，西州回鹘时代天山北路的重要地标还有建国之初出现于天山北道的大城市仰吉八里和位于回鹘王朝西北边界的裕勒都斯。

四、唐代草原丝绸之路上的民族交流

唐太宗时期，唐朝国力繁荣。在天下稳定后，太宗本人对周边民族关系十分重视，《新唐书·魏徵传》形容其"本以兵定天下，虽已治，不忘经略四夷也"。贞观四年（630）三月突厥颉利可汗被张宝相生擒，东突厥随之灭亡。《旧唐书·太宗纪》记载同年"夏四月丁酉，御顺天门，军吏执颉利以献捷。自是西北诸蕃咸请上尊号为'天可汗'，于是降玺书册命其君长，则兼称之"。受西域、北荒君长"天可汗"尊号的唐太宗理应享有对漠北草原的统治。唐太宗昭陵位于陕西省咸阳市礼泉县九嵕山，昭陵司马门内列置了十四位蕃君石刻像，其中出身草原地带者有来自东突厥的颉利可汗（阿史那咄苾）、突利可汗（阿史那什钵苾）、阿史那社尔、阿史那思摩和薛延陀真珠毗伽可汗，除此之外，同属游牧部族的还有吐谷浑乌地也拔勒豆可汗（慕容诺曷钵）。这些来自北方游牧部族的蕃酋像被矗立于昭陵，无不彰显出唐朝初年对漠北草原的统治。李丹婕通过梳理其中十二位君长的经历，指出昭陵蕃君像的树立是唐太宗所构建的"天可汗体系"国际秩序的体现。

唐章怀太子李贤墓道东西两壁各绘有壁画《客使图》,生动地展现了当时鸿胪寺官员接待外国使者的场景。东西《客使图》中除三位鸿胪寺官员外,均有三名外国使臣。东《客使图》中的第六人头戴皮帽,无须髯,身穿圆领灰大氅,皮毛裤,黄皮靴,系黑色腰带,被学者认为是来自东北地区游牧部族室韦或靺鞨的使者。

唐代草原丝绸之路上的商品交流在出土文物中亦有体现。具有代表性的文物是西安何家村出土唐代窖藏文物中的舞马衔杯纹皮囊式银壶,银壶通高 14.8 厘米,口径 2.3 厘米,重 549 克,壶身呈扁圆形,两面各压模出一衔杯拜伏的舞马形象,马身鎏金,与史料中唐代"遇作'饮酒乐'者,以口衔杯,卧而复起"的舞马表演相符合。银壶独特的造型被认为是模仿北方契丹族使用的皮囊壶制作而成。学者指出该银壶的制作工艺与唐代其他银壶的制作工艺明显不同,结合玄宗朝与东北游牧民族契丹、奚的密切关系,推测其为见过舞马表演的契丹或奚族酋长在千秋节的进贡品。

参考文献:

1. 王仲荦:《敦煌石室出〈西州图经〉残卷考释》,《文史哲》1991 年第 6 期。

2. 王维坤:《唐章怀太子墓壁画"客使图"辨析》,《考古》1996 年第 1 期。

3. 刘迎胜:《丝绸之路》,江苏人民出版社,2014。

4. 李丹婕:《太宗昭陵与贞观时代的君权形塑》,《中华文史论丛》2019 年第 1 期。

5. 付马:《丝绸之路上的西州回鹘王朝:9～13 世纪中亚东部历史研究》,社会科学文献出版社,2019。

6. 荣新江:《汉唐文献对"丝绸之路"的记载》,《丝路文明》第 5 辑,上海古籍出版社,2020。

(戚雅荧)

第三节　蒙元时代的草原丝绸之路

1206 年,铁木真统一漠北诸部,迅速崛起的蒙古也成为漠北草原新的统治者。大蒙古国成立后对周边政权进行了一系列的征服战争,战争最远波及欧洲,蒙古强大的军事力量使得欧洲各国纷纷派遣使者前来调查,里海—黑海北岸的通道成为欧洲使者前往东方的主要通道。哈剌和林是大蒙古国的首都,也是蒙元时代草原丝绸之路上最重要的城市,其城市形象多见于往来使者的游记,与周边草原环境不同的是,该城市在设计之初就具有浓厚的汉地风格。

一、蒙元时代欧洲通往东方的道路

蒙元时代是草原丝绸之路的极盛时期。铁木真于 1206 年在斡难河源被推举为汗,号成吉思汗,建立大蒙古国。在大蒙古国成立前后,成吉思汗先后对西夏、金朝、西辽、花剌子模等政权发动征服战争,获得了一系列胜利并灭亡了西辽。成吉思汗逝世后不久,蒙古于 1227 年、1231 年、1234 年先后灭亡了西夏、花剌子模和金朝。

1235 年,蒙古第二任大汗窝阔台发动第二次西征以征讨钦察、斡罗思等国。此次征讨以成吉思汗之孙、术赤次子拔都为统帅,窝阔台长子贵由、拖雷长子蒙哥及各支宗室长子均参与其中。蒙古第二次西征不仅攻灭钦察,连灭烈赞、莫斯科、罗斯托夫、乞瓦等十余城,基本征服俄罗斯、乌克兰平原。1241 年春,蒙古兵分两路进攻欧洲诸国,北路由成吉思汗之孙、察合台次子拜答儿和兀良合台率领,进攻孛烈儿(今波兰),在里格尼茨击溃孛烈儿和涅迷思(德意志)联军后,攻入莫剌维亚,南下同南路军会合。南路军由拔都、速不台率领,进攻马扎儿(今匈牙利),攻占其都城佩斯并追击马扎儿王别剌四世。直至 1242 年窝阔台死讯传来,蒙古军才东还。

蒙古的第二次西征给欧洲人带来了极大的震慑,欧洲多次派遣使者前往蒙古帝国,以了解蒙古的情况。通过这些旅行家所撰写的游记,从欧洲经由欧亚草原前往东方的路线得以明确。其中具有代表性者有柏朗嘉宾和鲁布鲁克二人。约翰·柏朗嘉宾是意大利人,奉英诺森四世教皇派遣出使蒙古并撰写《柏朗嘉宾蒙古行纪》。在行纪序言中,柏朗嘉宾叙述其出使缘由,"因为我们奉教廷之命即将出使鞑靼人和东方诸民族……于是便选择首先出使鞑靼人,因为我们害怕即将有一种来自这一方向的危险威胁上帝的教会。"柏朗嘉宾在所撰行纪中较为详细地记录了蒙古人的生活环境、风俗习惯、军事、历史等方面的情况。

柏朗嘉宾于 1245 年 4 月 16 日从里昂启程,经过布雷斯劳(波兰境内)、乞瓦(基辅)等地,到达伏尔加河畔拔都的幕帐,接着穿越里海、咸海以北的草原,溯锡尔河而上,经西辽、乃蛮故地进入蒙古高原,最后抵达哈剌和林。鲁布鲁克是法国佛兰德斯鲁布鲁克村人,奉法兰西国王路易九世之命赴蒙古传教。他从 1253 年 5 月 7 日离开康士坦丁堡,依此抵达索尔对亚(苏达克)、斯克台的营地、比列科普地峡的营地、塔赖思河(顿河)岸、撒里答的营地、也的里(伏尔加)河岸、拔都的营地、札牙黑(乌拉尔)河、金察特(塔拉斯河谷)、海押立(今哈萨克斯坦塔尔迪库尔干)、阿拉湖源头等地,前往哈剌和林。

柏朗嘉宾、鲁布鲁克前往东方都经过了里海—黑海北岸的通道。《鲁布鲁克东行纪》对鲁布鲁克一行人的沿途经历记载较为详细。鲁布鲁克等人于圣玛利·抹大拉节(6 月 22 日)前抵达顿河:"我们来到塔赖思河,它把亚洲和欧洲分开来,一如埃及的河流把亚洲和非洲分开……这条河是罗斯的东界,发源于北接于海的梅阿泰德沼泽(土拉伊万湖一带)。不过河向南流,在流抵滂沱斯海(黑海)前形成一个七百英里的海。"鲁布鲁克记载从顿河至伏尔加河相距十天的路程:"这样我们来到也的里河,它是条最大的河流,因为它比塞纳河大四倍,很深,来自北方的大不里阿耳,流向南方,注入一个湖或海,现在叫作失儿珊海(即里海)。"

除柏朗嘉宾、鲁布鲁克二人,蒙元时期往来东西的旅行家还有耶律楚材、丘处机、女真使臣乌古孙仲端、小亚美尼亚海屯一世国王、常德、列班·扫马、马儿忽思、马可·波罗、马黎诺里等人。

二、丝路首都哈剌和林

在大蒙古国早期及以前,蒙古人的游牧生活状态在南宋人彭大雅所撰《黑鞑事略》中有详细的记载:

> 其居穹庐(即毡帐),无城壁栋宇,迁就水草无常。鞑主日徙帐,以从校猎,凡伪官属从行日起营,牛马橐驼以挽其车,车上室可坐可卧,谓之帐舆。舆之四角,或植以杖,或交以板,用表敬天,谓之饭食车。派而五之如蚁阵,萦纡延袤十五里,左右横距,及其直之半,得水则止,谓之定营。主帐南向独居前列,妾妇次之,伪扈卫及伪官署又次之。凡鞑主猎帐所主,皆日窝里陀。其金帐(柱以金制,故名),凡伪嫔妃与聚落群起,独日大窝里陀者。其地卷阿负

坡阜,以杀风势,犹汉移跸之所,亦无定止,或一月或一季迁耳。

　　蒙古贵族由"无城壁栋宇,迁就水草无常"的游牧生活到建立城市的过程中,哈刺和林万安宫的建设是最具代表性的时间节点。哈刺和林是大蒙古国时期的首都,位于今蒙古国境内前杭爱省西北角,成吉思汗于1220年定都于此,是蒙古帝国的政治、经济和文化中心。哈刺和林城始建于太宗七年(1235),由汉人工匠刘敏主持,《元史·地理志》记载:"和宁路,上。始名和林,以西有哈刺和林河,因以名城。太祖十五年,定河北诸郡,建都于此。初立元昌路,后改转运和林使司,前后五朝都焉。太宗乙未年,城和林,作万安宫。"《元史·太宗纪》记载哈刺和林万安宫的建设耗时一年:"七年乙未春,城和林,作万安宫……八年丙申春正月,诸王各治具来会宴。万安宫落成。"邱轶皓认为哈刺和林取代三河之源成为蒙古帝国的首都,源于窝阔台和拖雷在汗位传承之际的紧张与冲突导致的蒙古帝国政治中心的西移。耶律铸《侍宴万安阁》描写了万安宫盛大的宴会场面:"六龙捧日上层霄,人海妖氛暗自消。五彩凤声喧鸟道,九光芝色焕兰苕。宴酣兜率黄金殿,吹裂昆仑紫玉箫。更觉钧天佳气合,万枝华烛动虹桥。"窝阔台号万安宫为莲宫,也就是耶律铸诗中的"兰苕"。莲花是汉地尤其是江南的代表植物,万安宫的别号亦代表着其建筑采纳了汉地的建筑风格。

　　哈刺和林在蒙元时期众多游记中均有记载。鲁布鲁克记载蒙哥位于哈刺和林城墙左边的宫殿:"宫殿像一座教堂,有中心部分,两侧是两排柱子,南面是三道门,那株树立在中门内。汗坐在北面的高处,让大家都能看到……宫殿是(南)北面。在南面,右侧的柱子旁,有一排排像看台的座位,他的儿子和兄弟在那里就座,左侧的情况相同,那里坐着他的妻妾和女儿。只有一个妃子坐在他身旁,尽管没有他那样高。"通过考古发掘可知万安宫的形制完全是汉式建筑。

　　邱轶皓讨论了叙利亚历史学家尤你尼所著编年体史书《时间之镜补遗》中描绘的哈刺和林景观,并比对了其他史书中对哈刺和林城市规划的记载,可知哈刺和林有坊市、花园(皇室与私人的园林,其中包括以耶律铸"西园"为代表的汉式园林)等景观,且和林城内建筑以中国风格的木结构四合院居多。以下对哈刺和林的汉式景观略作补充。

　　拉施特在所撰《史集》中记载了数十条太宗窝阔台慷慨好施的轶事,其中一条与哈刺和林城的建筑规划有关:

　　　　合罕在哈拉和林附近,在距其二程处建了一亭,并名之为"秃里忽八里"。

有个人[在那里]种了些柳树和杏树苗,可是在那些地方,树由于严寒而不能生长。但突然它们开始发绿了。[合罕]便命令按照树的数目,每棵给他一个金巴里失。

北宋建筑家李诫通过引用《说文》《释名》等书,对"亭"的概念进行了总结:"《说文》:'亭,民所安定也,有楼从高省,从丁声也。'《释名》:'亭,停也,人所停集也。'《风俗通义》:'谨按:《春秋国语》:有寓望,谓今亭也。汉家因秦大率十里一亭,亭,留也。今语有亭留,亭待,盖行旅宿食之所馆也。亭亦平也,民有讼诤,吏留辨处,勿失其正也。'"由此可见,亭作为中原传统建筑有着非常悠久的历史,窝阔台在哈刺和林附近筑亭,正好反映出在修建哈刺和林城时对汉地文化的吸纳。众所周知,杨柳是唐宋词中与长亭密切相关的意象,杏树也是生长于汉地的常见植物。有人在亭附近种植与亭相配却因严寒而不能生长的杏树、柳树而非其他耐寒的常见北地植物,也侧面反映出"秃里忽八里"亭所具有的汉地建筑特征。柳树、杏树突然开始发绿,窝阔台按照树的数目对植树者加以赏赐,反映出窝阔台对在哈刺和林营建汉地建筑景观的态度。

元世祖忽必烈中统元年(1260),迁都大兴。哈刺和林虽然不再作为蒙元帝国的首都,但仍然是漠北草原地区规模最大、最重要的城市。元朝在设立行省时,以哈刺和林为岭北行省治所。从元大都(今北京市)通往哈刺和林的驿路主要有帖里干道、木邻道两条。据林幹考证:"帖里干"是蒙古语"车"的意思,该驿道共设置五十七站,分为两段。第一段是从大都至上都,第二段是从上都北行经鱼儿泊(今内蒙古克什克腾旗达里诺尔),再西北行至翕陆连河(今克鲁伦河)后西行至和林。"木邻"是蒙古语"马"的意思,该条驿道的第一段从上都西行至李陵台(今正蓝旗黑城子),经兴和路(治所在今河北省张北县);第二段通过兴和路后,经大同路转西北至丰州(今内蒙古呼和浩特市东白塔村古城),接着由丰州站西北行,通过甸城山古道(今呼和浩特市北坝口子村沿山谷之地)而出天山(今内蒙古阴山),出砂井总管府,穿过沙漠,经岭北行省驿道至和林。除此之外,元代通往漠北哈刺和林的道路还有纳邻道。"纳邻"是蒙古语"小"的意思,该道全程设四十七站,为传递军事机密的军机要道。该道从东胜州出发(治所在今内蒙古托克托县)向西南行,经宁夏路(治所在今宁夏银川市),西经"甘肃纳邻驿"而至亦集乃路(治所在今内蒙古额济纳旗东南),再北行经由岭北行省驿道前往和林。这三条道路亦是元代草原丝绸之路的重要组成部分。

参考文献：

1.拉施特主编,余大钧、周建奇译:《史集》第二卷,商务印书馆,1983。

2.林幹:《中国古代北方民族史新论》,内蒙古人民出版社,2007。

3.刘迎胜:《丝绸之路》,江苏人民出版社,2014。

4.柏朗嘉宾、鲁布鲁克著,耿昇、何高济译:《柏朗嘉宾蒙古行纪 鲁布鲁克东行纪》,商务印书馆,2018。

5.邱轶皓:《蒙古帝国视野下的元史与东西文化交流》,上海古籍出版社,2019。

（戚雅荧）

第四章　高原丝绸之路与南亚廊道

在 20 世纪 90 年代,学者首次将吐蕃时期青海丝绸之路和西藏境内的一些古代交通路线统称为"吐蕃丝路",认为其同样具有丝绸之路的一般特点,是古代沟通东方与西方、中国文化与世界文化的丝绸之路的一个组成部分。同时,学者们也提出了"唐蕃古道""香料之路""食盐之路""麝香之路""茶马古道""蜀身毒道""川滇缅印道"等概念。青藏高原、西南地区上的这些交通路线并非仅仅局限在高原内部的局部或片段式的通道,而是向外辐射延伸的跨地域、跨文明的系统性联系网络,它们将唐朝、吐蕃、尼泊尔、印度、中亚乃至西亚连接在一起,应该站在更广的亚欧大陆的视角来审视它们的价值与功能。

近年来,随着我国青藏地区、西南地区考古工作的推进,大批汉晋隋唐时期丝绸等各类文物遗存相继出土,显示了这些地区与新疆、中亚以及南亚次大陆之间存在着广泛的联系。这些发现促使我们重新思考人类对于跨越青藏高原、南亚廊道与其他文明沟通交往的能力、动力、途径及模式,有必要将其作为一个整体来进行审视和观察。在此基础上,2014 年,英国学者提姆·威廉姆斯(Tim Williams)教授首先提出了"丝绸之路南亚廊道"的新概念,再一次丰富了"丝绸之路"概念的内涵。与此同时,国内的霍巍、仝涛等学者也提出并论证了"高原丝绸之路"的概念。这些概念是随着在相关地区考古新材料的不断扩充和对其古代文化认知的逐渐增加而形成的,是对东西方"丝绸之路"交通与文化交流网络的进一步补充和延伸。

第一节　热水墓群与吐谷浑遗宝

热水墓群是吐蕃统治时期吐谷浑邦国最重要的一处文化遗存,也是青藏高原北部吐蕃墓葬最为集中的地区。它位于青海省海西州都兰县热水乡,分布于察汗乌苏河两岸,北岸有 160 余座墓葬,以热水一号大墓(又名血渭一号大墓)为中心沿山麓向两翼呈长条状分布,自西到东延伸约 3 公里。南岸墓地与热水一号大墓隔河相对,有墓葬 30 余座,1999 年发掘了其中较大的 4 座。热水一号大墓是该墓地乃至整个青海地区规模最大的吐蕃时期墓葬,也是整个墓地的制高点和分布中心。1982—1985 年青海省文物考古研究所对该墓及其附属遗迹进行了发掘,根据对墓葬结构和出土遗物的分析,发掘者初步认定它是一座 8 世纪中期或稍晚的大型吐蕃墓葬,并将其比定为吐蕃统治下的吐谷浑邦国的遗存,属于吐蕃文化的一个区域类型,墓主人应该是吐谷浑邦国的国王。也有人认为是吐蕃派驻吐谷浑地区的高级军政官员,有的学者则持更谨慎态度,认为它属于吐蕃贵族墓葬。

一、热水墓群出土文物遗珍

热水一号墓曾出土一件十二曲玛瑙长杯,器壁厚重,透光性好,琢磨光滑。玛瑙杯通常为唐代高级贵族珍藏之宝,文献记载中均出自西域。与此件十二曲玛瑙长杯器形最接近的,应属西安何家村所出八曲水晶长杯和陕西耀县(今陕西省铜川市耀州区)柳林背阴村出土的十二曲银长杯,均有横向的曲瓣,年代分别为 8 世纪末和 9 世纪中期。北朝至唐代的多曲长杯与伊朗萨珊器物有密切关系,这类器物被认为是萨珊人在古罗马的贝壳式银器启发下的创新器物。唐代金银多曲长杯多为仿制萨珊器,而水晶、玻璃、玛瑙多曲杯则因为原材料和制作工艺的限制,可能多数为外来物品。

都兰热水墓地出土的一件丝织品上有大象图像,背上搭着方形坐垫,与狮子图像并列。热水墓地还出有一件方形金饰片,上面镂刻大象,周围环绕忍冬纹,大象背部的圆形鞍垫上饰莲瓣纹和联珠纹图案,形制和图案与唐代敦煌壁画和吐蕃时期榆林窟壁画所见的大象鞍鞴非常相似。

2018 血渭一号墓残存的遗物包括金银器、铜器、铁器、漆木器、陶器、纺织物、玉石器、玻璃器等。其中出土的金银器数量较多,种类有印章、容器、饰品、马具、覆面、带饰和棺饰等。出土的银金合金印章阴刻的印文由双峰骆驼和藏文组成,藏文可译为"外甥阿柴王之印"。

墓中出土的金银器中有大量拓捶成箔片状的装饰性器物,这些金银饰片上面以捶拓、压印、錾刻等不同方法得到忍冬、莲花、团花、缠枝花草以及立鸟、翼兽、狮、狼等动物纹样,可从中窥见其制作工艺与纹饰风格等。

纺织品种类十分丰富,包括纱、绮、罗、绫、绢、织锦。其中,绮、织锦约占纺织品种类的 90%；图案多为团窠状，即以中线为轴、左右对称的环状构图结构，一圈或多圈联珠围绕形成圆环，其中的纹样可分为植物、动物、几何形三类，可见狮子、飞鸟、腾龙、葡萄、卷草等，部分带有浓重的粟特风格。

发掘出土的还有马具、铠甲、铁甲、漆甲、大量动物骨骼、少量人骨，还有葡萄籽等也是重要收获，出土的木器中有包金彩绘木棍、彩绘人头像木板、墨绘胡人侧面像木板、马鞍等等，出土的桦树皮、核桃、葡萄籽，则反映了该地区与邻近地区乃至新疆阿尔泰地区的往来。

在血渭一号大墓出土文物中，金银器是非常具有代表性的，在此择要予以介绍。

方形象纹金饰片，饰片方框上有八个小孔，用于将此饰片固定在丝织品或器物上，作为装饰。大象并非青藏高原的本土动物，象纹在吐蕃艺术中的流行与佛教艺术在吐蕃的传播有直接关系。大象在之后的藏传佛教中作为七珍宝之一，被视作王权的象征。

人身鱼尾金饰片，是祆教传统以及古代希腊罗马艺术影响吐蕃王廷艺术和装饰的典型例证。这种半神半兽的混合图像与希腊神话中的半人鱼马海妖非常类似，即一个带有双翼的人，前足似马腿，下半身像鱼尾。在这件吐蕃人身鱼尾金饰片的设计上，希腊原始的图像概念已经丢失或被修改，狮子的前腿取代了马的前腿。这样的海妖形象还可追溯到帕加马祭坛基座的装饰条带，以及公元前 2 世纪希腊—巴克特里亚王国和印度—伊朗地区的其他类似的马赛克装饰和象牙雕刻中的图像。

人物纹鎏金银盘，尺寸较大，可能原有三足，现佚失，右侧弯折，锈蚀严重。从目前可辨别的纹饰可以看出，盘中央为一棵树，两侧各有希腊人物。此盘人物形象与宁夏固原李贤墓出土的希腊巴克特里亚风格的古希腊神话特洛伊场景鎏金银胡瓶的图像风格相似，时代应早于吐蕃时期，为一件舶来品，也是沿丝绸之路传入吐蕃王室的。

胡瓶，器身大小从右到左依次递减，器型修长轻薄，皆为素面，侈口、细长颈、鼓腰、矮圈足，锤鍱而成，颈腹部和圈足，有套焊痕迹。

二、热水墓群文物所见东西文化交流

都兰热水墓群出土文物数量较多，蕴含着非常丰富多元的文化内涵。以金银器为例，学界对其文化属性进行了深入的探讨。都兰热水墓金属成型的主要手段是铸造和锤鍱，大量使用忍冬植物纹饰。吐蕃金银器形成独具特色的金银器系统的原因主要在于其运用写实的手法表现人物及生活场景，借鉴并吸收多种文化因素，如唐、粟特、波斯等。

将粟特金银器与都兰出土的金银器进行对比，可总结出都兰金银器的四个特点：一是都兰金银器镀金银饰片均由整个银片（常用锤鍱技法）制成；二是锤鍱和阴线浅刻并用，大多数以镂空来表现出纹饰的浮雕效果；三是底部饰以鱼子纹；四是大量使用忍冬纹饰，并将其组合成多种环状桃形图案。包铁立凤身上的羽饰与粟特的有翼骆驼非常近似，所以这类金银器同中亚粟特的纹样风格极为相似。据此，可将都兰出土的这类金银器归属于粟特系统。亦有学者认为，从制作工艺技术上看，吐蕃金银器制作工艺技术可分为捶揲、鎏金与镀金、掐丝焊缀与镶嵌、雕刻与錾刻、错金、包金与贴金等，热水墓群2018血渭一号墓出土的金银器亦具备上述特点。

但从新出土的文物来看，或许可以有更新的认识。骑射形金饰片，饰面人物形象威武，策马飞奔，满弓拉弦，头戴山形冠饰，两根辫子垂于脑后，八字须，大耳坠，着窄袖对襟翻领联珠纹的服饰，与该时期突厥、波斯、柔然、鲜卑等人物装饰差异较大。骑射形金饰片有着目前发现的都兰金饰牌中唯一的嚈哒形象，就当时的礼仪制度分析，应是吐谷浑王族人物身上的装饰，或为嚈哒与吐谷浑外交互换的赠品或国礼，是国家级别的重要饰牌，它表达了吐谷浑王朝和中亚当时比较强盛的嚈哒帝国有外交上的交往，对于研究吐谷浑时期嚈哒的相关历史、迁徙路线及发展流向提供了重要依据。

通过对出土文物的细致观察，我们可以看出，都兰出土的金器不仅受粟特文化的影响，还有草原游牧文化的影响，以及中原文化的影响。骑射形金饰片或为当时吐谷浑与嚈哒往来的物证，当时嚈哒强盛，几乎控制了波斯以东直到于阗，自于阗以东，且末、鄯善并属吐谷浑，二者交往顺理成章。团窠纹贴金盘口银瓶，反映了粟特人在此地的活跃。这种多元混杂的文化因素，离不开丝绸之路"吐谷浑道"的特殊位置。

位于"青海道"腹地的都兰一直是多元文化汇集的区域，为畅通和繁荣东西文化交流做出了重要贡献。例如都兰墓葬中的部分葬具为梯形木棺，应是源于鲜卑的丧葬习俗，与慕容鲜卑西迁至此有紧密的关系；出土的"开元通宝"等铜钱币、彩绘棺木、漆器、铜镜、核桃、唐代谨封铜印、青瓷莲花尊及大部分来自蜀地的丝绸等文物，是典型中原文化的实物载体，尤其是一份丝绸书写的与商业市场活动有密切关系的符箓锦,其上有"上天太阳神光明,诸神佑护市易,大吉必来,急急如太上律令"的字样,是中原道教文化的实物资料;在藏文化方面,出土了藏文简牍、刻有古藏文经咒的动物骸骨及壁画残片等,都兰的部分墓葬形制与吐蕃时期墓葬形制基本一致,深受吐蕃文化影响;都兰出土携带西方文化元素的文物遗存丰富,例如东罗马金币,波斯的蚀花肉红石髓珠与波斯锦,大食织锦,粟特的金银器、金银饰片、织锦、玛瑙珠等,其数量诸多、质量上乘,印证了东西方文化在此地的深度交融。

三、热水墓群是"青海道"上的一颗明珠

都兰热水墓地是青藏高原北部地区所见最大最集中的吐蕃墓地,热水一号大墓是该墓群乃至整个青海地区规模最大、等级最高的接近王陵级别的墓葬。根据墓葬中出土的金银器、丝织物与其他地区有明确纪年的器物的比对,我们可以大致将该墓葬的年代确定为七、八世纪。这种将青藏高原与其他地区的出土物进行比对而断代的基础,是这一时期通过唐蕃古道和青海丝绸之路的汉藏文化的广泛交流。交通的开拓以及唐文化的强大辐射力,促进了汉地器物制度和思想观念的输入。

都兰热水墓地应该是以吐谷浑王室和贵族为主体,并有吐蕃中央政府派驻吐谷浑地区的高级官员陪葬的吐蕃时期墓地,其呈现的也主要是吐蕃文化的特征。从热水一号大墓封土和墓室的结构和规模来看,都与吐蕃赞普王陵比较接近,而高于吐蕃大论和其他高级贵族的墓葬,这与文献记载中吐谷浑邦国小王在吐蕃官僚体系中的地位也是相符的。吐谷浑小王是吐蕃王室姻亲,同时在吐蕃的对内管理和对外战争中扮演着重要角色。从汉藏文献记载来看,吐蕃中央政府派驻东线战场的最高军政首领,都不太可能埋葬在吐谷浑境内,或者即便埋葬在该地,墓地规模也会小于吐谷浑王陵。不论是热水一号大墓还是文献记载,都反映出吐谷浑邦国在吐蕃王国中的地位,这不仅体现了吐谷浑在被征服前自身的强大,同时也可能反映了7世纪末期,吐蕃在向唐朝和西域扩张的过程中日益倚重吐谷浑王室的政治策略。

2018血渭一号墓追回被盗金银器646件并出土1207件,近两千件金银器,反映出多元的文化因素。通过"外甥阿柴王之印"及墓葬测年数据可判断,墓主应为自称外甥的阿柴王,也许就是赤德祖赞时期的吐谷浑王——莫贺吐浑可汗。即使不能确定墓主人是不是莫贺吐浑可汗,但至少有一点能确定的是墓主人就是吐

谷浑人。

热水墓群盗掘古墓案收缴追回的涉案文物蕴含大量西方文化因素,可见处于"青海道"腹地的都兰,在古代丝路上占据着极其重要的地理位置,是政治、经济、文化往来的重要桥梁。伴随着考古挖掘及科学研究的不断深入,民众保护意识的不断提升,将会有更多携带文化符号的文物展现在世人面前,为这条曾经在东西方文化交流方面做出过重要贡献的"青海道"正名,讲述古道上出现过的繁盛景象。

参考文献:

1. 中国社会科学院考古研究所、青海省文物考古研究所主编:《热水考古四十年》,科学出版社,2021。

2. 仝涛:《青藏高原丝绸之路的考古学研究》,文物出版社,2021。

3. 赵丰主编:《西海长云:6—8 世纪的丝绸之路青海道》,浙江大学出版社,2023。

4. 霍巍:《吐蕃系统金银器研究》,《考古学报》2009 年第 1 期。

5. 韩建华:《青海都兰县热水墓群 2018 血渭一号墓墓主考》,《中原文物》2022 年第 1 期。

（李生平）

第二节　青海道

青海道是丝绸之路主干道东段经过青海地区的通道。青海处于世界屋脊青藏高原的东北隅,有众多被昆仑山、阿尔金山、祁连山、唐古拉山、巴颜喀拉山、积石山等各条山脉分割形成的宽谷和峡谷地带,又有若干条由西向东倾斜的地势分割形成的从西北向东南方向延伸的自然通道,被形象地称为"冰原之道""河谷之道""水草之道"和"绿洲之道"。

"青海道"一名,古已有之。《新唐书·高宗本纪》记载,龙朔三年(663)六月"吐蕃攻吐谷浑,凉州都督郑仁泰为青海道行军大总管以救之",是史书记载"青海道"的明确文字。李贺《塞下曲》也写道"天含青海道,城头月千里",表明到唐朝中期,"青海道"已然成为诗歌中代表交通要道的一个文化符号。青海道是丝绸之路的重要组成部分,无论是古代文献记载,还是近代以来青海道沿线出土的大量艺术文化遗产,都表明青海道在中西文明交流中起到了重要作用,展示了古代青海是不同宗教、民族、文化交流、交融的重要通道和枢纽。

一、青海道的历史变迁

远古时期,青海地区主要是我国古代羌人的聚居地。秦汉以前,青海的羌人,北与蒙古草原的匈奴,东与中原地区的汉族,就已经有着密切的往来。秦汉之际,青海地区向北横切河西走廊至蒙古草原,向东经湟水流域至中原,向东南经岷江至四川,形成了三条主要的交通路线,是《史记》《汉书》等历史典籍记述的"羌中道"。有学者指出,《穆天子传》中讲述周穆王由东而西的西巡之路就是这条"羌中道"。虽然汉朝政权对丝绸之路东段主干线——河西走廊的维护和重视,使得"羌中道"一度并未发挥重要的交通作用,但是"羌中道"为后来丝绸之路青海道的进一步发展和兴盛奠定了重要基础。

青海道在南北朝至唐朝时期逐渐兴盛并进入鼎盛时期。据史料记载,刘宋建立初期,北凉政权与柔然遣使至刘宋,他们所经的道路就是"青海道"。南北朝时期,游牧王国吐谷浑统治了青海原有的羌、氐等部落,立国350年,疆域北与河西走廊相连,西与西域诸国接壤,既与南朝各政权保持朝贡关系,又与北朝各政权建立良好的外交关系,在丝绸之路青海道兴盛时期扮演了促进各方联系的纽带角色,并一度代替了河西走廊的交通作用。《魏书》记载,北魏大将军高凉王拓跋那征吐谷浑慕利延和宋云、惠生西行求法等行走的路线,都经由青海道。南朝梁时期,青海道是西域的嚈哒、高昌、龟兹、于阗、波斯等不断向梁"遣使朝贡"的必由之路。另外,《续高僧传》记述,犍陀罗高僧阇那崛多经由于阗"又达吐谷浑国,便至鄯州",鄯州(今青海乐都)是"东通五郡的西陲要地"。青海道因横贯吐谷浑王国,并多由吐谷浑王国掌管,故又被史学家称为"吐谷浑道"。此道沿线遗存的众多古城、烽火台、古渡口,以及出土的大量丝织品和西域货币等文物,印证了"吐谷浑道"兴盛的历史事实。

唐代,"唐蕃古道"进一步丰富了丝绸之路青海道的内容,不仅在汉藏交往中起到了举足轻重的作用,而且还是中原地区经西藏前往尼泊尔、印度等地国际通道的南亚走廊。

"青唐道"是宋代丝绸之路青海道的别称,得名于北宋时期,河湟地区吐蕃人建立的地方性唃厮啰政权的都城——"青唐"(今青海西宁)。11世纪前半叶,中西贡使和商人们为避开由西夏控制下的盘查苛刻、税负严重的丝绸之路河西走廊段,改行"青唐道",于是丝绸之路青海道又经历了一段繁盛时期。

二、青海道考古发现举要

近年来,青海湖周边的考古发现有力地证明,早在汉晋时期,青藏高原就与域外世界进行着广泛的物质文化交流。及至吐蕃进入青海湖周边地区后,青海道成为吐蕃融入丝绸之路的主要通道。

柴达木盆地自远古以来就是人类迁徙流动的通道,也是丝绸之路的重要支线,魏晋南北朝期间曾一度成为丝绸之路的主干道。位于柴达木盆地的青海都兰,分布着为数众多的唐代吐蕃墓葬群,具有代表性的是热水乡血渭草场墓地和夏日哈乡大什角沟墓地。1982—1985年,青海省文物考古研究所在都兰县对一批唐代墓葬进行了考古发掘,出土了大量的丝织品,"其数量之多,品种之全,图案之美,技艺之精,时间跨度之大,均属罕见",主要有红地簇五云珠吉昌太阳神锦、黄地卷云太阳神锦、红地瓣窠含绶鸟锦、黄地瓣窠灵鹫纹锦、红地团窠联珠对含绶鸟纹小孩上衣、婆罗钵文字锦等。

2002年8月初,青海省考古研究所对海西州德令哈市巴音河南岸郭里木乡的两座古墓进行了抢救性发掘。两座墓葬均为竖穴土坑形制,其中一座为男女合葬木椁墓;另一座为迁葬墓,迁葬墓是先将逝者骨架装于一小棺内,而后将小棺装入大棺中;两座墓内的金银器等随葬品已被盗掘一空,仅剩一些丝绸残片、木鸟、木马鞍和漆矢服等。三具木棺四面均有彩绘,其中木棺前后档板绘有四神及花鸟图,棺侧板则绘有贵族射猎、宴饮、丧葬图。

2001 年下半年和 2002 年上半年,青海省文物考古研究所在西宁征集到一批都兰吐蕃墓葬的盗掘文物,共 35 件。其中动物造型的银器 20 件,例如卷毛狮俑、翼马俑、立鹿俑、卧鹿俑等。

都兰考肖图遗址石狮的造型特征,与西藏吐蕃时期墓地中发现的石狮如出一辙,例如琼结藏王陵、拉孜查木钦墓地等。都兰热水墓葬中出土的大量金带饰和鞍饰上的狮形纹也属于此类造型。石狮在吐蕃墓地的出现,应该是受到唐朝的影响。唐朝陵墓中发现有大量的石狮雕刻,如惠庄太子墓和昭陵的李勣将军墓。狮子并非中国本土所有,但随着佛教的传入,狮子题材在 5 世纪开始流行,一直延续到隋唐时期。虽然东汉时期墓地的神道上也有狮形的镇墓兽,但可以清楚辨识的石狮更多地出现在唐朝高级别墓葬中。

三、青海道文物所见东西文化交流与互鉴

考古学家裴文中先生在《史前时期之东西交通》一文中推断"中西交通要道"是由祁连山南,沿湟水至青海湖,再经柴达木盆地而至新疆的一条道路,其依据是青海湟水流域出土的大量新石器时代遗物。这条道路穿过盛产美玉的昆仑山,曾把大量昆仑玉输送到中国内地和西亚乃至欧洲,是沟通中西的"玉石之路"。丝绸之路青海道具体是指先秦以来自东段起点,西行经湟水流域、青海湖、柴达木盆地,与丝绸之路主干道西段相衔接的道路,亦称为"丝绸之路南线(道)",它与丝绸之路主干道的其他线路组合,共同构成沟通中国与域外的国际通道,为中西经济、文化交流搭建了平台。其中,具有代表性的有以下几种。

异域货币。在青海多地发现了东晋初至唐朝前期的域外货币,表明这一时期统治青海地区的吐谷浑与外界有着非常频繁的经贸交流与往来。1956 年,西宁市出土波斯萨珊王朝卑路斯王朝时期的银币 76 枚;20 世纪 70 年代,青海大通县上孙家寨出土 1 件西亚安息人制作的单耳银壶;1999 年,乌兰县铜普大南湾遗址出土 1 枚查士丁尼一世时期东罗马金币及 6 枚波斯萨珊王朝不同时期的银币;2000 年,又在都兰县香日德镇牧草村的吐谷浑墓地中发现 1 枚东罗马帝国狄奥多西斯时期的索里德斯金币。青海地区陆续发现的外来金银货币,是"青海道"上贸易圈的重要反映。

纺织品。都兰吐蕃墓群出土的纺织品囊括了从粟特到汉地作坊里的众多品

种,其数量之多、种类之全、图案之美、技艺之精、时间跨度之大,都是前所未有的。其中有百分之八十左右为中原汉地织造,剩下的则来自西域中亚或西亚。西域织锦以粟特锦和波斯锦数量为多,其中一件织有中古波斯人使用的 8 世纪婆罗钵文字的金锦,是目前世界上仅有的波斯文字锦。现收藏于瑞士阿贝格基金会纺织品研究中心的一件织锦成衣,是极其罕见的吐蕃时代成衣。这件绣狮、鹿、牛、山羊纹及藏文的带假袖披风来自 7 世纪上半叶的波斯地区。这种披风从中亚到"青海道"的棺板嵌片和壁画上都有表现,从肩部垂下的装饰性假袖(或为飘带),两条带扎缚住敞开的前襟,既便于肩部运动,又显得非常潇洒。披风门襟处有墨书藏文铭文,应是未裁剪衣幅前写上去的,可能是入库时留下登记文字。另有一件 50 厘米长的幼儿锦袍,类似唐装对襟直领样式裙衣,锦袍上有精美的联珠纹大团窠对鸭纹,还有小孩绛红色 20 厘米套袜一双,也有联珠纹团窠缠枝花鸟纹等。这套衣衫采用粟特锦,样式却为唐装,又出现在吐蕃统治下的吐谷浑贵族墓葬中,体现出多元文化在此地的交融互通。

金银器物。海西都兰热水墓群发现了诸多吐蕃统治时期吐谷浑邦国金银器。2018 血渭一号大墓中的人物纹鎏金银盘、人物图案贴金锡盘和卷草纹贴金铜盘,都是极具代表性的器物。出土金银器当中,还有成组的金胡瓶和团窠纹贴金锡瓶。作为重要的赏赐和馈赠礼物,胡瓶在北朝隋唐时期颇为常见。热水墓群出土的贴金锡瓶为整体铸造而成,表面贴金,腹部有四个花形团窠,内有身饰联珠纹的立鸟。美国芝加哥普利兹克收藏的花鸟纹神兽纹银瓶和都兰墓葬出土的丝绸上也可见到类似图像,具有典型的萨珊式立鸟纹特征,而这种立鸟纹是萨珊宫殿建筑上常用的浮雕花纹。阿勒萨尼基金会收藏有嵌绿松石凤鸟纹金胡瓶、双角石兽鸭纹金盘、金瓶等吐蕃金银器,其中有被西方学者认为是最具吐蕃文化色彩的银瓶。但溯其源流,它们应当是受到粟特文化的影响,才以联珠圈内饰成对奇兽异禽为主体纹饰。这些瑰宝出土于隋唐时期"青海道"的中继点上,使得分处欧亚大陆遥远两地的青海湖和地中海,通过丝绸之路发生了神奇的文明连接。

金银饰片。用黄金捶拓、剪切而成的各类金银(含鎏金)饰片,是"青海道"出土文物的一个重要特色。金饰片一般用于服饰或马具上,作为人物服饰上的装饰品,结合了草原游牧民族和中亚民族的服饰特征,生动反映了吐谷浑贵族的形象,和东西方文化的交流与互动。在许多动物金银饰片图案中,有肩部装饰以粗短的双层或多层羽翼形象,成为传说中的翼马、翼羊等"有翼神兽",一度流行于欧亚草原,"青海道"金银器中的有翼神兽可能就是受其影响。

宗教用品。在与北魏和南北朝的文明交流中,吐谷浑的宗教信仰逐渐从萨满教转变至佛教。吐蕃征服吐谷浑后,在宗教仪式中使用连续的迦陵频迦鸟金银饰片。出土的饰片上残留有小孔和丝线的残段,可能是缝缀在"金帐"之上的饰物。一个"金帐"最多能容纳上百人,在帐篷内部用精美丝绸和金银饰片连缀装饰出一个富丽堂皇的空间,既是王权和财富的象征,也是宗教广布的显示。

参考文献:

1.陈良伟:《丝绸之路河南道》,中国社会科学出版社,2002。

2.北京大学考古文博学院、青海省文物考古研究所编著:《都兰吐蕃墓》,科学出版社,2005。

3.许新国:《西陲之地与东西方文明》,北京燕山出版社,2006。

4.赵艳:《交流与互鉴:丝绸之路青海道艺术研究综述》,《青海社会科学》2022年第 3 期。

(李生平)

第三节　唐蕃古道

唐蕃古道是唐王朝和吐蕃王朝之间政治、经济、文化交流的主要通道，也是中印文化交流的干线之一。这条道路从长安出发，经过甘肃、青海，直通到吐蕃的国都逻些，再一直向西南方向延伸通往尼波罗（今尼泊尔）和印度。在漫长的历史长河中，这条通道扮演了重要的角色，它不仅是汉藏人民友谊的见证，也是一条文化传播长廊。

一、唐蕃古道主要线路

唐蕃古道是中古时期中原唐王朝与西藏高原吐蕃王朝的交通路线，其线路的组成与变迁，深刻反映了唐、吐蕃之间的政治、军事、文化交流。唐蕃古道与丝绸之路多有重合，唐蕃古道主干道东段与丝绸之路中国段南线基本重合，唐蕃古道主干道西段向西南延伸，与丝绸之路南亚段相接。唐蕃古道北干线主要沿祁连山北麓地带铺开，与丝绸之路中国段北线重叠。张掖以东的武威天梯山 17 窟还发现吐蕃供养人像，再次证明了唐蕃古道北干线与丝绸之路中国段北线重叠、交叉的关系。唐蕃古道南干线与"西南丝绸之路""茶马古道"也多有重叠。唐蕃古道主要路线有以下两条。

第一，唐蕃段。唐蕃古道可以分为东段和西段两部分，它的东起点是长安，东段的大体走向是：长安—凤翔—陇州—秦州—渭州—临州—河州（或到兰州）—鄯州。西段就是从鄯州到吐蕃牙帐一段，这一段是唐蕃古道的主体部分，与唐蕃古道的其他部分相比较，这段道路相对独立，传统意义上的唐蕃古道就指的是这一段。关于吐蕃交通的最早记载，出自唐代僧人道宣《释迦方志》："自汉至唐往印度者，其道众多，未可言尽。如后所纪，且依大唐往年使者，则有三道。依道所经，具睹遗迹，即而序之。"

第二，蕃尼段。这一段道路是唐蕃古道的重要组成部分，它为唐朝通往天竺找到了一条捷径。但从文献的记载来看，唐朝俗人、使者走吐蕃—尼波罗自丝绸之路到达新疆和田，再从和田借道达吐蕃，再往尼波罗或印度。由于尼波罗与吐蕃地缘密切，两国之间保持着良好的交往关系，在文化方面也有很多相似之处。吐蕃与尼波罗的交往是由来已久的，而且很多时候尼波罗充当了吐蕃赞普的行宫。吐蕃到尼波罗的道路应当是一条很便捷的通道，这条路对于吐蕃的意义是非同寻常的,吐蕃就是通过这条道路来控制尼波罗的。蕃尼段主要肩负了中印、中尼文化交流的使命。客观而言,由于吐蕃与尼波罗地缘上的密切关系,它们的文化有更多相似性,这条道路对吐蕃的意义要远甚于其他国家和地区。

二、唐蕃古道的历史演变

唐蕃古道大部分位于高原地带,地势险峻恶劣,气候寒冷多变,氧气严重不足,使臣商贾往来受到严重挑战。公元 641 年,为促进唐蕃友好关系的发展,应吐蕃赞普松赞干布之请,唐太宗将文成公主嫁给松赞干布,文成公主远赴西藏,唐蕃联姻,和同一家,成为中华民族历史上的重要事件。后人把文成公主走过的这条道路称为唐蕃古道。1300 多年来,朝代更迭,风云变幻,唐蕃古道在不同历史时期发挥着不同的独特作用。

自贞观八年(634)吐蕃首次遣使入唐,至 9 世纪中叶吐蕃王朝崩溃,据史料统计,200 多年间唐蕃双方往来使臣多达 200 多次。其中唐使入蕃 66 次,吐蕃使臣入唐 125 次。文成公主和亲,唐陪送妆奁极其丰厚,除了珍宝器物、锦衣服饰、饮食器皿、佛像佛经、大量书籍等等,多种生产技术和历算、医药等科学知识也随之传至吐蕃。特别值得一提的是,随文成公主入蕃的一尊释迦牟尼 12 岁身量的铜佛像,是名贵的三座释迦牟尼佛化身像之一。从松赞干布开始,吐蕃便"遣酋豪子弟,请入(唐朝)国学以习诗、书。又请中国识文之人典其表疏",有许多吐蕃人对汉族诗文十分精通。吐蕃原先"以毡帐而居",文成公主入藏后,有不少人"释毡裘,袭纨绮,渐慕华风"。伴随着唐蕃古道上经济贸易的繁荣,汉藏两族间的文化交流不断深入,唐诗中有"自从公主入蕃后,一代胡风似汉家"的诗句,就是这种情况的真实写照。8 世纪以后,两地间的文化交流更为频繁,汉人在吐蕃地方机构中担任官职已为常见之事。传说文成公主入藏时以车载运释迦牟尼佛像至吐蕃,吐蕃的佛教由此和汉族地区的佛教关系十分密切。赤德松赞时佛教在蕃区进一步得到发展,并逐渐本土化,成为吐蕃人民的共同信仰。另外,在历法方面,吐蕃也基本上采用了汉族地区天干和地支配合的纪年方法。

宋王朝继承唐代与吐蕃的外交方式,经济文化交流不断。作为河湟吐蕃地区最有影响力的政治实体,唃厮啰政权在青唐(今西宁)的崛起,进一步加强了与宋朝君臣关系的确立,使藏汉民族间的友好往来得到延续和加强。从宋真宗大中祥符元年(1008)至哲宗元符元年(1098)的 90 年间,唃厮啰向宋朝贡达 80 次之多。在唃厮啰统治时期,青海东部的经济、文化有了进一步发展。宋朝在政治上大力扶持唃厮啰政权,在经济上也给予特殊的关照,唃厮啰以进贡的形式,运送马匹、珍珠、象牙、玉石、乳香等给北宋;宋也以回赐的方式,给唃厮啰以略超过等价的茶、丝绸、金银等,如元祐元年(1086),宋对唃厮啰进贡的物资,按其值增二分回赐。这一时期,藏族文学和史学有了很大的发展,"伏藏"和《格萨尔王传》产生,并成为这一时期的代表作。

元朝统一中国后,将全国划为 11 个行省,并把藏区作为一个行省对待。为使信息通达,道路畅通,元朝在全国建立驿站,在藏区开辟驿道,驿道从青海汉藏交界处开始,止于乌思藏的萨迦,遍布整个藏区。唐蕃古道的作用进一步加强,由此加强了汉藏之间的联系。1270 年,八思巴创制新蒙文有功,被忽必烈委任为"帝师",并封为"大宝法王",他上奉皇帝圣旨,下达帝师法旨。同时,八思巴从内地召请汉族制瓷工匠、造船工匠,引进了刻板印刷术等,还将元朝的《皇历》和《唐书》等书中有关吐蕃历史的记载等译成藏文,推动了汉藏文化的交流。这时期,藏区涌现出一批文学和历史名著,如著名的《萨迦格言》《红史》《雅隆教法史》《西藏王统记》等。这时期,大批藏传佛教僧人往来于中原王朝与藏区之间,将以藏传佛教为主的藏族文化传播到元朝皇室,并进而流传到民间。同时,这一时期音乐、历史学、天文历算、医学上都出现了专门的著作。

明朝在建立的第二年(1369)就派官员通过唐蕃古道入藏诏谕藏族僧俗首领,要其归顺朝廷,藏区相继归于明统辖之下。1372 年,明朝派官员进藏实行了"多封众建"的政策。这时期汉藏文化交流也更加频繁。明成祖时藏文《大藏经》在北京刻版印刷;大慈法王释迦也失在山西五台山建造了五座黄教寺庙;据《明史》记载,14 世纪,在岷州、松州等地已开设儒学;天全六番招讨司高敬让曾在朝贡永乐皇帝时,请求派遣子弟入国学读书;其他官员还请求以《周易》《尚书》《毛诗》等典籍译成藏文,汉籍史书中有关藏区历史记载和历代王朝的简况被译成藏文《藏族简史》。藏族学者研究编撰历史的风气盛行,这时期主要的史书有《汉藏史集》《青史》《新红史》《洛扎教法史》《萨迦世系史》等。

清朝建立后,接受中原文化,效法汉族法制进行统治,对西藏实行"崇黄教以安蒙藏"的方针。1652 年清朝邀请早已与清政权建立政治联系的哲蚌寺法台五世达赖觐见顺治皇帝,给予崇高礼遇,册封为"西天大善自在佛所领天下释教普通瓦赤喇怛喇达赖喇嘛",赐金册金印。康熙五十二年(1713),又册封五世班禅为"班禅额尔德尼",也赐予金册金印。表明清朝对藏传佛教的扶持,并通过达赖、班禅来管理西藏,沿袭并加强了对西藏政教合一的管理方式。这一时期,西藏的建筑、文学、历史、历算、医学等领域有了新的发展,许多藏族工匠、学者学习汉族文化,推介儒学、道教,为丰富藏学作出了卓越的贡献;清初,颁行的"时宪历"传入藏区,甘青藏区一些藏族僧人还著书加以传播;在北京雕刻的藏文《大藏经》《西域通文志》《辽、金、元三史语解》和满、汉、蒙、藏四体《清文鉴》的出版,为促进各民族的文化交流,为丰富各民族的文化宝库做出了巨大贡献;布达拉宫和罗布林卡,既体现西藏卓越的建筑水平,也是藏汉族工匠协作的结晶;许多重要著作如《西藏王臣记》《白琉璃》《四部医典》《颇罗鼐传》等就是文化交流发展的见证,尤其是18世纪青海佑宁寺第二辈活佛土观洛桑却吉尼玛所著的《土观宗派源流》,将中原地方的王朝历史和儒学道教等列专章叙述,介绍到藏区,汉译本也将藏传佛教和苯教的源流介绍到内地。

三、唐蕃古道的历史意义

唐蕃古道是唐王朝和吐蕃王朝之间政治、经济、文化交流的主要通道,也是中印文化交流的干线之一。在历史长河中,这条通道扮演了重要的角色。

唐蕃古道在交通史上有重要的意义,这条道路与吐蕃王朝相始终,并且在吐蕃王朝灭亡后都还留有余响。唐蕃古道的形成是唐蕃双方在政治、经济、文化等方面相互渗透、彼此影响的结果,对汉藏关系的影响极大。唐蕃双方使臣是这条道路上的主体人群,他们的活动也从侧面反映了唐蕃二者政治势力的沉浮。文成公主由唐蕃古道带去了《毛诗》《左传》《论语》等书,也带去了唐王朝的物产以及其他东西。同时这条路本身就是一条民族融合之路,这些民族在长期的历史交往中相互交融,逐渐形成了独具特色的"民族走廊"。唐蕃之间使臣的频繁往来,带动了唐蕃之间文化、经济的往来。吐蕃派遣贵族子弟来长安留学,学习《诗》《书》和诗文写作,如吐蕃使臣仲琮、吐蕃舍人明悉腊就是当时颇有影响的诗人。吐蕃用十二地支配以五行的纪年法,也是受汉历的影响产生的。

吐蕃佛教与汉地佛教的关系也十分紧密,吐蕃早期的佛像据说就是由文成公主带到其国的,而在两国宗教交往方面影响最大的,要数由吐蕃赤松德赞主持的汉地顿悟派与蕃地渐悟派的争论。当然,吐蕃的一些文化也影响到了内地,如在唐代宫廷流行一时的马球运动,就是吐蕃文化对唐文化影响的一个例证。

唐蕃双方经济的交往也值得注意。唐蕃古道沿线的农业经营方法受汉地影响;吐蕃的酿酒、冶金、建筑、制纸等手工业,也与松赞干布时唐派往蕃地的工匠有关;吐蕃精美的氍毹,据今天藏地的传说,就是文成公主把中原的纺织技术传到蕃地才产生的；吐蕃的麦酒、绸子、锁子、镜子、梳子胶等一些日常用品大部分是通过贸易从汉地得到的。

同样，蕃尼段在中尼、中印、尼蕃的文化交流方面起到了积极的作用，把传统意义上的唐蕃古道与蕃尼段结合起来，我们就可以看到某一时期唐、吐蕃以及尼波罗和印度之间的关系。

参考文献：

1. 陈小平：《唐蕃古道》，三秦出版社，1989。

2. 崔明德：《汉唐和亲研究》，青岛海洋大学出版社，1990。

3. 林冠群：《唐代吐蕃史论集》，中国藏学出版社，2006。

4. 崔永红：《文成公主与唐蕃古道》，青海人民出版社，2008。

（李生平）

第四节　蕃尼古道

蕃尼古道是从我国西藏拉萨通往尼泊尔、印度的重要干线之一,也是丝绸之路的重要组成部分之一。该道自开通以来,一直是我国西藏和内地通往尼波罗的干道,至清代形成了一张线路清晰、站点密布、主辅路交错的复杂路网。它不仅对西藏的政治、经济、社会和文化产生了重要的影响,而且对元以来历代中央政府对西藏的治理、国家的统一和汉藏文化交流等方面发挥了重要的作用,同时对中国与尼泊尔、印度和南亚诸国的交流也发挥了积极的作用。

一、蕃尼古道的开通及路线

蕃尼古道是唐代对吐蕃(西藏)通往尼波罗(尼泊尔)古道的简称,始于西藏拉萨,止于尼泊尔加德满都,东连拉萨通往西安的唐蕃古道,西接加德满都通往印度的古道,是我国西藏、内地从拉萨通往尼泊尔、印度和中亚的重要干线之一,也是丝绸之路的重要组成部分之一。

吐蕃与尼波罗之交通,一般认为始于松赞干布时期。其中最为重要的事件,是松赞干布迎请尼波罗公主赤尊进藏。在藏文史书中,以《汉藏史集》对此事记载较详,称当时松赞干布派遣以大臣噶尔和吞米为首的骑士百名,携带一百枚金币、七个金盘、一只以黄金璎珞和天界珍宝装饰的大象、半升金沙等物,前去尼波罗国迎请公主。尼波罗国王提出要求,言只有吐蕃制定出与尼波罗同样的以佛教立国之国律,才有可能将公主嫁往吐蕃。吐蕃大臣表示出将以佛教作为立国之本的决心,说服了尼波罗国王同意公主嫁往吐蕃。

可能在贞观十七年(643),唐使王玄策第一次采取吐蕃—尼波罗道出使北印度。约前十年左右,这条道路业已成为蕃尼之间比较正式的官方通道。

目前所见对唐尼古道的最早记载,出自唐代著名僧人道宣的《释迦方志》,书中将此道称为汉唐以来中国通往印度的三条道路中的“东道”,并对其走向和线路进行了记载,尤其是西段较为详细,“吐蕃国,又西南至小羊同国。又西南度呾仓法关,吐蕃南界也。又东少南度末上加三鼻关,东南入谷,经十三飞梯、十九栈道。又东南或西南,缘葛攀藤,野行四十余日,至北印度尼波罗国”,并注明尼波罗国“去吐蕃约为九千里”。

这条路线大致从拉萨出发,西行经今后藏地区至吉隆县,再南下至尼泊尔。

1990年,吉隆县唐高宗显庆三年(658)镌刻的《大唐天竺使出铭》汉文碑刻的发现,证实了这条古道的存在。唐朝使节王玄策不仅由此经尼泊尔前往印度,而且吐蕃军队也由此经尼泊尔帮助王玄策完成了使命。

从宋代开始,蕃尼古道的线路和站点在文献中才日益清晰。例如,后弘期初期西藏著名翻译家和佛学家热译师多吉扎(1016—?)曾四次前往尼泊尔求法,第二次沿蕃尼古道返回的路线是从吉隆入藏,后经定日、协嘎尔、萨迦、拉孜等,到日喀则、山南、拉萨和康区等地。与唐代碑刻相比,文献对蕃尼古道线路的记载显然更为翔实。1042年应邀到古格传法的印度著名佛学大师阿底峡(982—1054)由印度沿蕃尼古道经尼泊尔从吉隆入藏后,先西北行至普兰,而后前往札达。3年后又从札达原路返回吉隆。随后在噶当派著名大师仲敦巴(1005—1064)的陪同下,从吉隆经拉堆绛(昂仁县一带)、日喀则的夏鲁寺、宁措、山南桑耶寺,最后抵达拉萨传法。从吉隆至拉萨的路线不仅与热译师的路线大致吻合,而且还记载了经蕃尼古道吉隆段前往阿里古道的走向和大致站点。

宋代的蕃尼古道经吉隆入关后,大致沿聂拉木、定日、协嘎尔、萨迦、拉孜、日喀则一线前往山南和拉萨。元明时期的蕃尼古道也大致沿袭了这一路线。到清代,得益于汉藏文献的翔实记载,蕃尼古道完全清晰地呈现在世人面前。《多仁班智达传》《郭扎教法史》《次旺诺布传》等藏文文献和《卫藏通志》《西藏志》《西招图略》《西藏图考》等汉文文献都对这条古道的线路、站点、里程进行了比较详细的记载。根据这些记载,清代的蕃尼古道主辅线并存,错综复杂,实际上是一条辐射性的路网。自拉萨向西、向南至吉隆县热索桥出关,大致形成了北、中、南三条平行的主线,其中从拉萨开始至仁布县的大竹卡,有一主一辅两条线路;中路和北路从白朗县开始,向西、向南陆续从白朗、定结、定日和聂拉木又分出绒霞、樟木等多条出境线路。每条平行主线之间,又形成无数条支线,支线犬牙交错,错综复杂,共同构成了拉萨至吉隆之间的蕃尼古道路网。

二、唐尼古道的历史变迁

(一)唐代的蕃尼古道

蕃尼古道在唐代西藏的政治、经济、宗教、文化、艺术和对外交往等各方面都发挥了十分重要的作用,因赤尊公主沿蕃尼古道入蕃与松赞干布成亲,该道被后人誉为通婚之道;又因商贾络绎不绝于途,而被誉为贸易之道;又因西藏的高僧由此前往尼泊尔和印度求法而被称为求法之道,或因印度、尼泊尔的高僧由此到西藏传法而被誉为传法之道,不一而足。蕃尼古道在唐代的西藏所产生的作用虽是全方位的,但求法和传法功能特别突显,是唐代蕃尼古道的主要作用之一。

7世纪初松赞干布建立吐蕃王朝,开始引入佛教后,佛教于是从东面的长安和西面的尼泊尔进入西藏,其中的印度佛教主要经尼泊尔沿蕃尼古道传入拉萨,然后再传入西藏各地。由此,往来于蕃尼古道的高僧不绝于途。据《韦协》和《贤者喜宴》等文献,蕃尼古道与佛教文化相关的最早记载,是尼泊尔赤尊公主与松赞干布联姻时请入西藏的释迦牟尼佛像,该像入藏经历曲折,三度往来于蕃尼古道西藏段。

到8世纪的赤松德赞时期,蕃尼古道掀起了求法和传法的第一个高潮。印度佛教传入西藏的两位关键人物寂护和莲花生大师及前来迎请的使者,往来都途经此道。据《韦协》记载,在赤松德赞的派遣下,韦·囊赛先从西藏腹地抵达芒域后,取道尼泊尔抵达印度求法,后经尼泊尔从芒域返回西藏,向赞普力荐迎请印度高僧寂护大师入藏传法,获准后,他再次经芒域前往尼泊尔迎请在此寓居的寂护大师。

吐蕃王朝在迎请印度、尼泊尔等高僧入藏传法的同时,也从内地先后迎请了金和尚和摩诃衍等禅宗大师入藏传法,仅《五部遗教》记载的禅师就多达15人。他们从长安沿唐蕃古道抵达拉萨后,在西藏境内传法时也部分取道蕃尼古道。

蕃尼古道自吉隆至拉萨沿线至今仍保存着不少吐蕃时期的佛教文化遗存,吉隆县的帕巴拉康、强准祖拉康、玛尼拉康、三怙主摩崖造像、冲堆佛塔、莲花生修行洞,拉萨的大昭寺、小昭寺、噶迥寺、温江岛寺、查耶巴寺,山南的昌珠寺和桑耶寺等都是当时佛教沿蕃尼古道传入西藏的重要遗存。不少佛教建筑的布局、外形及其供奉的塑像都保存着印度、尼泊尔和汉地比较显著的特点。这些遗迹的布局、建筑风格和塑像特点都与文献记载吻合,充分证实了吐蕃时期佛教经蕃尼古道和唐蕃古道传入西藏的史实。

(二)宋代的蕃尼古道

求法和传法仍是宋代蕃尼古道的重要作用之一,并且迎来了第二个高潮,来自印度、尼泊尔的僧人,西藏与中原内地前往印度求法的僧人来往于这条古道。他们所传的教法为藏传佛教宁玛派、噶当派、萨迦派、噶举派和希解派等,为这些教派在此时期的形成奠定了坚实的基础。

这一时期,西藏各个新兴的封建割据势力纷纷派遣贵族弟子和译师前往印度和尼泊尔学法。藏传佛教后弘期初期的不少著名译师都曾沿蕃尼古道经吉隆到尼泊尔、印度学法，学成后，大量译入显密经典。宋代是西藏后弘期译师到尼泊尔、印度学法的高峰期，译师来往蕃尼古道的身影见载于各种藏文史籍。据《青史》记载，除前述译师外，前往尼泊尔、印度学法的著名译师还有桑噶译师宣努楚臣、热译师多吉扎和绰普译师强巴贝等人，不胜枚举，其中一些译师学法的次数多达 7 次。

与此同时，印度、尼泊尔的大批高僧应邀沿蕃尼古道前往西藏各地传法。印度此时期因伊斯兰化的不断深入，不少高僧云集尼泊尔，然后经蕃尼古道到西藏传法。不仅如此，宋代内地的高僧到印度求法，除取道传统的陆上和海上丝绸之路外，也取道蕃尼古道前往。南宋诗人范成大在其著作《吴船录》中就留下了北宋时期汉地僧人从印度经尼泊尔，取道蕃尼古道回归的珍贵记载。

蕃尼古道沿线吉隆县、定日县、拉孜县、萨迦县、日喀则市、江孜县和拉萨市沿线都保存有此时期佛教文化交流的大量遗迹，这些遗迹的显著特点是在传统藏族文化的基础上大量吸收印度、尼泊尔和内地的文化艺术。例如，吉隆卓玛拉康和定日朗果寺主殿一层的狮子、大象等出檐木雕就体现出明显的尼泊尔风格；拉孜曲德寺现存五方佛石窟和石塔仍保存着印度样式；曲水卓玛拉康现存斗拱是宋代汉式建筑在西藏早期的遗珍。

（三）元明清时期的蕃尼古道

元代时期，随着中央政府一统西藏，在西藏建立萨迦地方政权，划分十三万户，驻扎军队，建立驿站等系列措施，蕃尼古道发挥着更加重要的作用。从元代开始，蕃尼古道官道的作用日益突出。元代在西藏设置的萨迦地方政府和管理纳里速古鲁孙（意为阿里三围，含今我国西藏阿里、日喀则部分地区和境外的拉达克等地）的宣慰使司都元帅府就分别位于蕃尼古道沿线的萨迦和吉隆县境内。元朝中央政府和西藏地方萨迦政权的诏令、命令和使者、官员往来都通过蕃尼古道，蕃尼古道于是由此成为元代中央政府治理西藏和通往尼泊尔的官道。从蕃尼古道沿线现存元代遗迹来看，元代蕃尼古道的文化交流体现出两大突出特点：一是在传统藏族文化的基础上大量吸收印度、尼泊尔和内地的文化艺术。其中，内地文化艺术的大量融入，充分反映出元代中央政府对西藏的有效治理。二是阿尼哥等人经蕃尼古道带入的尼泊尔艺术，不仅再次影响到西藏地区的佛教艺术，而且从拉萨沿唐蕃古道传入元朝的首都大都，对以北京为首的内地藏传佛教艺术也产生了重要的影响。

明朝中央政府继续加强对蕃尼古道的统治。1373年,明朝在蕃尼古道西段的贡塘王朝境内(以今吉隆县为中心一带地区)设立了俄力思军民元帅府,管理阿里三围地区,1413年又将贡塘王朝思达藏地方的萨迦派僧人南渴烈思巴封为辅教王。与前朝相比,明代的蕃尼古道具有一些显著的特点:首先,蕃尼古道的官道性质日益突出。其次,作为唐代以来蕃尼古道的重要功能之一的求法,在明代仍然发挥着作用。

清代,蕃尼古道的作用更加多元和全面,并且,除继续承担传统作用以外,还在稳固国防、维系中尼关系等方面发挥了突出的作用。首先,传统的求法功能发生了显著的变化。从元代开始,藏族僧人前往尼泊尔、印度的目的并非求法,而是朝圣和传法,这一转变至清代尤为明显。其次,此前文献缺乏翔实记载的传统贸易功能在此时也日益凸显。最为重要的是,清代的蕃尼古道是清军平定廓尔喀人入侵的主干道,在维护国家的统一、领土的完整,巩固国防和强化中央政府对西藏的治理,以及内地与西藏之间的交流等方面都发挥了极为重要的作用。

三、蕃尼古道的历史意义

蕃尼道的开通,使古代中印、中尼文化交流出现了一个前所未有的新气象。过去中印间的陆路交通主要是"天山道"或"云南道",蕃尼道开通之后,很快成为当时最重要的国际通道。义净《大唐西域求法高僧传》中载录唐时僧人经过吐蕃与尼波罗者有玄照、道希、玄太、道方、道生、末底僧诃与师鞭、玄会等人,书中还记载道:"复有二人在泥波罗国,是吐蕃公主奶母之息也。初并出家,后一归俗,住天寺。……年三十五、二十五矣。"此二人则有可能系吐蕃人在尼波罗出家者。季羡林先生等校注《大唐西域记校注》中对此评论道:"在短时间内这样多的人走尼波罗道,是空前的,也是绝后的。"

作为北印度的主要国家,尼波罗成为印度与吐蕃经济交流的桥梁。尼波罗商人活跃于吐蕃各地,建立起跨喜马拉雅山脉的贸易网络。尼波罗商人在吐蕃南向贸易中近乎垄断的地位一直延续到近代。蕃尼古道是高原丝绸之路的重要一环,吐蕃经由尼泊罗与印度次大陆产生深层次的物质文化交流,进而参与到中古时期的印度洋海上贸易网络。蕃尼古道与唐蕃古道南北相连,逾越了青藏高原这一令人生畏的天堑,连接起了陆上丝绸之路与海上丝绸之路,使吐蕃成为海陆贸易交汇之地。同时,这条贯穿南北的文化走廊也将印度与汉地文化引入吐蕃,为西藏文化的发展奠定了基调。

　　蕃尼古道沿线大量遗迹和藏汉文记载表明，该道自唐代以来一直是中尼两国交流的重要通道。其线路和站点从宋代以来变得越来越清晰，并在清代形成一个主辅路并存、错综复杂的网络；其功能涉及交通、求法、传法、贸易、朝贡等多方面，但自元代以降，承担起中央政府治理西藏地方和中尼两国官方交流的重任，为中央政府有效治理西藏，国家的统一，西藏地方社会、经济的发展及其与内地政治、经济、文化等方面的双向交流和融合，中尼两国关系的发展，联系南亚、中亚诸国都发挥了十分重要的作用。在新时期国家"一带一路"倡议下，这条古道的进一步开发和建设，对于西藏经济的腾飞和社会的稳定，以及中国与南亚诸国的合作，必将产生积极而又重要的作用。

参考文献：

1. 宿白：《藏传佛教寺院考古》，文物出版社，1996。

2. 黄盛璋：《关于古代中国与尼泊尔的文化交流》，《历史研究》1996 年第 2 期。

3. 霍巍：《吉隆文物古迹与蕃尼道上古代中尼文化交流的若干问题》，《西藏研究》2000 年第 1 期。

4. 熊文彬：《蕃尼古道及其历史作用》，《中国藏学》2020 年第 1 期。

（李生平）

第五节　滇缅古道

我国各民族在古代较早就和缅甸、印度各民族保持着交流,互相促进经济文化的发展。欧洲的希腊、罗马,非洲的埃及,亚洲的两河流域、印度、中国,都是世界古代文明的发源地。这些文明地最早通过丝绸、琉璃、黄金、宝石等贸易联结,而丝绸很早就是由四川经云南通过缅甸、印度而到达中亚、非洲和欧洲的,这条道路是南方的陆上丝绸之路。欧洲和阿拉伯商人在来到我国南方海岸之前,也曾经在缅甸登陆,由陆路经云南、四川到达陕西、河南,这条道路在沟通中西关系上也起过作用。滇缅古道也是我国西南的一条重要国际交通线,它与北方丝绸之路和南方海路相同,二千多年以来,在我国对外政治、经济交流上有过重要的作用。

一、滇缅古道的历史变迁

(一)先秦秦汉时期

我国西南的四川、云南同缅甸、印度,很早就有了交往。"蜀身毒道"是古蜀地区的丝绸输往印度、中亚乃至欧洲的最早路线之一。作为文明交流的孔道,早在商王朝中晚期,这条沟通亚欧的路线就已经初步开通。滇缅道首次见载于《史记》已在公元前2世纪,其实,早在官方记载之前,中印两国通过滇缅道就已有了文化交往。

公元前4世纪前后,我国西南和缅甸、印度的经济就有很大发展,为经济交流、贸易往来创造了条件。在印度,孔雀王朝时期(约前324—前185),印度同东方的缅甸、中国,西方的伊朗、西亚诸国,以及埃及都有贸易往来。中国丝绸不仅运销到印度,而且转销到西亚、非洲和欧洲。

在缅甸,伊洛瓦底江流域是缅甸文化的摇篮,农业已种植水稻、木棉等农作物,手工业已有制陶、纺织,还驯养象和饲养耕牛。由于农业的发展,已有了城市,产生了许多小的早期的国家。印度商人来到缅甸,带来了印度文化的影响。中国不仅和缅甸有了经济和文化的交往,而且通过缅甸开通了到印度的商道。

我国史书对缅甸的记载,最早为《汉书·地理志》中的谌离国和夫甘都卢国。东汉时期中国和缅甸境内的几个"国家"有了外交往来。《后汉书·明帝纪》载:"永平十七年(74)……西南夷哀牢、儋耳、僬侥……前后慕义贡献。"《后汉书·南蛮西南夷列传》亦载:"永元六年(94),郡徼外敦忍乙王莫延慕义,遣使译献犀牛、大象。九年,徼外蛮及掸国王雍由调遣重译奉国珍宝,和帝赐金印紫绶,小君长皆加印绶、钱帛。"从《汉书》和《后汉书》的记载中,可知僬侥、敦忍乙、掸国,当时已和汉朝建立了关系。

交通和经济的发展,也带来了文化的交流。据史书记载,约在公元 4 世纪时,我国内地僧人就通过这条路到印度学习佛经。慧皎《高僧传》卷 7 记述慧叡"常游方而学,经行蜀之西界,为人所抄掠。……游历诸国,乃至南天竺界"。这里说的蜀之西界等,应该就是四川、云南通缅甸、印度的商道。

(二)唐宋时期

唐、宋时期,云南以大理为中心的南诏、大理地方政权兴起。在唐王朝的扶持下,738 年,皮罗阁统一六诏,建都城于大和城,同年九月唐玄宗册封南诏皮罗阁为云南王。到 1253 年元世祖灭大理国止,云南地方政权的统治先后共达五百余年。唐王朝虽然和南诏地方政权长期是和好的,但也发生过多次战争,宋朝和大理则是友好相处的。因此,唐、宋时期仍然通过南诏和大理地方政权和缅甸、印度有着政治、经济和文化的往来,发展了友好关系;同时南诏、大理与缅甸、印度的政治、经济和文化关系也有进一步的发展。

3 世纪,我国晋朝时已知"骠人"之名,到唐时"骠国"已十分强大,《新唐书·骠国传》记其疆域:"东陆真腊(今老挝),西接东天竺(今孟加拉国),西南堕和罗(今泰国中南部),南属海,北南诏。地长三千里,广五千里。"骠国曾多次派遣使者到唐朝,如《唐会要》载:"骠国乐,贞元十八年正月,骠国王来献。"《新唐书·骠国传》载:"贞元中,王雍羌闻南诏归唐,有内附心。异牟寻遣使杨加明诣剑南西川节度使韦皋请献夷中歌曲,且令骠国进乐人。于是皋作《南诏奉圣乐》。"

唐宋时代,四川、云南经缅甸到印度的道路上,既有佛教文化的交流,又有商业往来。永昌仍然是一个对外通商的城市,故唐人张柬之和宋人吴曾都论及永昌西通大多出异物,《旧唐书·张柬之传》载张柬之上书说永昌:"其国西通大秦,南通交趾,奇珍异宝,进贡岁时不阙。"唐宋时也有外国人经缅甸、云南到成都做珠宝生意。

(三)元明清时期

1253 年,元世祖灭大理国,云南统一于元朝中央政权的统辖之下。元和缅甸曾经发生过几次战争,但中缅两国却进一步加强了联系,在七十多年中,缅甸曾13 次派遣使者到元朝,元朝也 6 次派使者到缅甸。元代至缅甸的主要交通路线仍由大理经永昌、腾冲、南甸、干崖，沿太平江到缅甸八莫，或由腾冲经陇川到缅甸八莫，然后沿伊洛瓦底江到缅都蒲甘。

明代，我国封建经济发展到更高的水平，手工业工场的出现，使商品生产效率大大提高了，对外贸易也随之而发展。在缅甸则有莽瑞体建立的东吁王朝的兴起，使缅甸的经济和国内外贸易获得了很大发展，因而中缅之间的贸易取得了新的发展。

大约在蒲甘王朝时代，缅甸已有用中国生丝作原料织成的缅甸纱笼。据哈威《缅甸史》载，1474年，缅王梯诃都罗以中国丝织成的纱笼赠送给锡兰国王。缅甸的玉石、宝石和琥珀大量输入中国，明朝廷曾派官员到缅甸东北掸族地区的猛密宝井采购。缅甸的玉石进口，使腾冲成为著名的玉石手工业产地。

1765年，清朝与缅甸因边境纠纷发生战争。1769年，两国边将议和罢兵。1788年，缅王孟云派使者到清廷，以后互有使者往来，经济上的往来也日益发展。随着两国经济的发展，贸易的品种和规模都扩大了。

二、滇缅古道的路线及出土文物

中、印之间通过云南及缅甸的道路，即从四川出发，经过云南西部的湄公河（澜沧江）和萨尔温江（怒江）的峡谷，前往缅甸的伊洛瓦底江河谷，然后再前往孟加拉湾沿岸，在冬季风时期向西进发，走向印度东部海岸的得楞伽那和羯陵伽地区。

《史记·大宛列传》记载张骞出使西域后，在回到长安给汉武帝的报告中谈道："臣在大夏时，见邛竹杖、蜀布"，"今身毒国又居大夏东南数千里，有蜀物，此其去蜀不远矣"。大夏，即今天的阿富汗，张骞在大夏发现了蜀地出产的物品，当同两地之间的商品贸易有关。《史记·西南夷列传》则进一步指出，蜀地同大夏的贸易路线是由北向南：四川—云南—缅甸—印度—阿富汗。《史记·西南夷列传》载："及元狩元年，博望侯张骞使大夏来，言居大夏时见蜀布、邛竹杖，使问所从来，曰'从东南身毒国，可数千里，得蜀贾人市'。或闻邛西可二千里有身毒国。""从东南身毒国"即《史记·大宛列传》中"往市之身毒"的大夏商人，他们在印度购买到来自蜀地的竹杖和布。蜀地商贾贩卖的货物出现在大夏，无论这种交易是直接贸易还是转手买卖，都需要有具体的道路连接。

汉晋以来，永昌郡（今云南省保山地区）是四川、云南通缅甸、印度的交通要道，也是我国西南一个重要的陆路对外通商的城市。三国魏时期京兆人鱼豢《魏略》载:"大秦道既从海北陆通,又循海而南,与交趾七郡外夷比,又有水道通益州、永昌,故永昌出异物。"随着永昌成为对外通商的城市,缅甸和印度的商人也随之而来。《华阳国志·南中志》载:"永昌郡,属县八,户六万,去洛六千九百里,宁州之极西南也,有闽濮、鸠獠、僄越、躶濮、身毒之民。"其中的身毒之民就是印度人,僄人当是缅甸僄国人。汉代以来,在我国西南没有发现过僄人居住过的历史记载和遗迹,因此,这里所说的僄人和身毒之民应是当时经商而来的缅印侨民。

永昌郡这条路线建于公元 69 年,一直使用到 3 世纪初汉朝灭亡以后,永昌郡则在 342 年才被撤销。被撤销的主要原因之一,是汉晋时期哀牢人大批地从当地迁往中南半岛地区。虽然永昌郡被废有可能表明西南丝绸之路在经历了两汉时期的繁荣之后,暂时进入低潮阶段,但哀牢人大量迁入中南半岛,则为西南丝绸之路注入了新的活力,为这条古道的再度昌盛创造了前提。此外,中国的商人从四川、云南经缅甸到达孟加拉湾沿岸和印度东部海岸,实际上已与罗马商人沿着北方丝绸之路从大夏到印度,然后由恒河下游码头沿海路返回的地方重合在一起。也就是说,从北方丝绸之路或从西南丝绸之路,都可以到达孟加拉湾沿岸和印度东部沿岸等地,从而进一步表明,当时中国对外交通贸易的三条著名的丝绸之路之间是相互连通的。

从川滇古道沿线地区出土的文化遗存,可以生动真实地了解到这条商路的源远流长,及其在促进各地经济文化交流方面所起到的重要作用。近年,在三星堆发现了商代大型祭祀坑两座,在出土的青铜器中有不同类型的一批海贝,学界认为其可能并非来自蜀或滇,可能是西亚、印度的货品经缅甸传入,或者由海上交通经中南半岛入蜀。这些海贝在云南的墓葬中更多,古滇国青铜器中之代表文物便是贮贝器。

在中印滇缅道沿线,分布着相似的新石器时代文化,并与稻作农业有关。有研究者指出,在印度阿萨姆邦有一种与印度型及日本型都有些相似的稻,阿萨姆邦很可能就是稻的原产地。稻就是在那儿向西、向东、向南面辐射状广泛传播。其中向东传播的一支经我国云南省,沿长江顺流东去。可以看出,中印早期文化的相似性和时代的延续性、中印文化传播的流向以及滇缅自然通道早期形成过程。到了汉代,尤其是东汉滇缅官道开通后,沿线商业贸易非常发达,出土的大量汉代钱币就是实物例证。一般认为,西南地区贝币由印度输入。

滇缅道上出土的汉代钱币具有三个特点。其一,如果将汉代钱币的出土地点串联起来,就形成了完整的由中国西南通往印度的滇缅道路线,与《新唐书·地理志》记载的滇缅道路线大致吻合。其二,在古道沿线地区出土的历代钱币中,以汉代钱币数量最多,其他时期的较少,显示出汉代滇缅道沿线地区经济的繁荣,也证明了滇缅道开通于汉代这一基本事实。其三,距滇缅道越近,出土的汉代钱币就越多,反之较少。这就说明,在汉代,滇缅道已经成为一条重要的国际商道,并就在这条商道途经地区,业已进行了频繁的商业贸易活动。

三、滇缅古道的历史意义

川、缅、滇、印陆路古代交通路线,在公元前 4 世纪就已形成,二千多年以来都是我国西南的一条重要国际交通线,虽然历史上没有特别大的发展,但却从未长期间断过,北方丝绸之路于公元前 2 世纪形成,公元 7 世纪以后达到繁盛的时期,14 世纪以后逐渐衰落下来。南方的海路于公元前 1 世纪前后开始形成,公元 5 世纪前后中国海船已航行到西亚、非洲,14 世纪以后中国航海和造船技术大为提高,随着封建经济的发展,中国瓷器、茶叶和工艺品也大量出口,成为中西交通的主要路线。其延绵不断的发展历史,体现了这条古道路线的生命力。

川、缅、滇、印的陆路交通线是我国与东南亚、南亚国家加强友好合作,互相促进经济文化交流的一条渠道,是我国西南与西欧、非洲等的交通路线中最短的一条道路。随着我国四个现代化的发展和国际交往的增加,这条道路是应该引起重视的,也可预见它光明的发展前途。

参考文献:

1.汪宁生:《云南考古》,云南人民出版社,1992。

2.陈茜:《川滇缅印古道初考》,《中国社会科学》1981 年第 1 期。

3.申旭:《汉唐时期川滇缅印之间的交往》,《云南社会科学》1996 年第 1 期。

(李生平)

第六节　茶马古道

茶马古道是我国古代纵贯西南地区,外延至南亚、东南亚的国际商贸要道。在多民族文化交流和碰撞的历史进程中,茶马古道对我国古代民族关系产生了深远影响,促进了我国边疆地区的发展与繁荣,是我国宝贵的廊道遗产。茶马古道是以茶叶和马匹为主要交易内容,以背夫和马帮为主要运输方式的商贸通道。茶马古道不仅是一条商贸通道,更是一条文化交流通道,这条古道见证了我国多民族交往、交流、交融的历史,对中华民族共同体意识的形成与发展具有极其重要的推动作用,尤其是对藏族同胞以及西南各民族融入中华民族大家庭作出了不可磨灭的历史性贡献。

一、茶马古道的历史变迁

茶马古道是中国历史上最早的古道之一,主要是指连接川、滇、藏之间以茶叶贸易为主的交通线。早在《史记》《汉书》等史籍中出现的"五尺道""旄牛道""灵关道""蜀身毒道""滇越麋冷交趾道""蜀布之路"等概念,即被认为是茶马古道的早期记载。唐代以来,这种贸易关系主要是以内地之茶与藏区之马进行交换的形式进行,故历史上称之为"茶马互市"或"茶马贸易",伴随这一贸易而开通的商道,被称为"茶马古道"。

汉代,茶马古道线路即已出现。四川古称"天府",是中国茶的原产地。早在两千多年前的西汉时期四川已将茶作为商品进行贸易。当时蜀郡的商人们常以本地特产与大渡河外的牦(旄)牛夷、邛、笮等部交换牦牛、笮马等物,茶作为蜀之特产应也在交换物之中。这一时期进行商贸交换的道路古称"牦(旄)牛道",它可算是最早的"茶马古道"。邛崃由于是当时蜀郡的商贸中心和茶、铜铁器的主要产地,故成为汉代茶马古道的起点。这条最早的茶马古道实际上即"南方丝绸之路"的第一段,只不过"南丝路"由成都、邛崃至旄牛县后不是向西进入康、泸地区,而是转向南进入邛部(西昌地区),然后进入云南再通往印缅。

唐宋时,茶马古道正式成型。唐代伴随文成、金城公主下嫁而兴起的唐蕃政治、经济、文化大交流使吐蕃出现"渐慕华风"的社会风气。唐人饮茶之习也被传入吐蕃逐渐成为社会风习。宋时中央政府正式与藏区建立起了"以茶易马"的互市制度,随着茶马贸易的加强,茶马古道亦随之有了较大的展拓。这一时期的茶马大道主要为"青藏道",即通常所说的"唐蕃古道"。唐蕃古道在前期主要是一条政治交往之路,后期则成为汉藏贸易的主要通道。这条道路东起关中地区,经过青海,从四川西北角的邓玛,过金沙江经昌都地区、那曲地区至拉萨(逻些)。这一时期虽在四川的黎(汉源)、雅(雅安)亦设立茶马互市口岸,专门供应康区茶叶,但由于当时所易之马主要产自青海一带,故大量的川茶是从川西的邛崃、名山、雅安和乐山等地经成都、灌县(都江堰)、松州(松潘)过甘南输入青海东南部然后分运至西藏、青海各地。这条茶道一直延续至今,经由这路输往藏区的川茶被称为"西路茶"。

元代,西藏正式纳入版图,为发展西藏与内地之间的交通,元政府在藏区大兴驿站,于朵甘思境内建立 19 处驿站,从而使四川西部与西藏间的茶马大道大大延伸。明朝特别重视茶在安定藏区、促进国家统一中的作用,政府制定了关于藏区用茶的生产、销售、贩运、税收、价格、质量、监察的一系列法规和制度。开辟了自碉门经昂州逾大渡河至长河西(康定)的"碉门路"茶道,并于岩州设卫驻军以保护茶道畅通。成化六年(1470)规定乌思藏、朵甘思各部朝贡必须从"四川路"来京,于是四川不仅是边茶的主要生产地,而且成为"茶马互市"的最主要贸易区。

明代,川藏茶道分为"南路"(黎碉道)和"西路"(松茂道)两条。"南路"茶道中,由邛崃、雅州至打箭炉段又分为两路:一路由雅安经荥经,逾大相岭至黎州,经泸定沈村、磨西,越雅加埂至打箭炉,因其是自秦汉以来就已存在的大道,故名为"大路";另一条是自雅安经天全两河口,溯昂州河,越马鞍山(二郎山),经岩州,过大渡河,至烹坝,到打箭炉,因系山间小道,故又称为"小路"。由这两条路上运输的茶,分别被称为"大路茶"与"小路茶"。自打箭炉至西藏的茶道路线,所经大部分地区为草原,适合大群驮队行住,故自明至清一直是川藏茶商驮队喜走之路。"西路"茶道,由灌县沿岷江上行过茂县、松潘、若尔盖,经甘南至河州、岷州转输入青海。

清代,四川在治藏中的作用大大提高,四川与西藏的密切关系,进一步推动了川藏"茶马贸易"。康熙四十一年(1702),在打箭炉(康定)设立茶关。之后,又于大渡河上建泸定桥,开辟直达打箭炉的"瓦斯沟路"。原由碉门(天全)经两河口、昂州河、岚安、烹坝、打箭炉的茶道,改为天全—两路口—门坎山—马鞍山—泸定桥—打箭炉一线。岚安口岸由此衰败。打箭炉成为川茶输藏的集散地和川藏大道的交通枢纽。清代打箭炉至昌都的南、北两条茶马大道是南路大道和北路大道。南路大道由打箭炉经里塘、巴塘、江卡(芒康)、察雅至昌都,由于这条路主要供驻藏官兵和输藏粮饷来往使用,故习惯上称之为"川藏官道",但实际上此道也经常是茶商驮队行经之路。北路大道由打箭炉经道孚、甘孜、德格、江达至昌都,此道原为明代川藏茶马古道的大道,是运茶驮队主要行经的道路,故习惯上被称为"川藏商道"。两道汇合于昌都后又分为"草地路"和"硕达洛松大道"两路至拉萨汇合。

二、茶马古道上的民族往来与文化传播

明朝建立后,出于自身所产战马无法满足军需以及"以茶治藏"的考量,明朝中央政府极为重视茶马贸易,在其支持和推动下,茶马古道迅速繁荣起来,并为各民族间的互动往来创造了良好条件。明朝中央政府大力支持茶马贸易,在靠近藏区的地方新建驿站,设立军卫,并开辟了许多新的茶马道,极大地方便了藏族与其他民族的贸易往来。这一时期,藏人向中原地区的流动,比之元代,不仅流向中原地区的地域范围进一步扩大,成分进一步复杂,数量和规模也进一步扩大,这对民族间的交往、交流、交融起到了促进作用。西北地区本为多民族聚居的地区,随着明朝中央政府主导的茶马贸易的繁荣,西北成为茶马古道的重要地带,其重镇如西宁,自洪武三十年(1397)"改设秦州茶马司于西宁",掌管茶马贸易后,藏族、汉族以及其他民族的人民常聚于此从事茶马及其他贸易活动。西宁城内还有许多汉族商人、工匠,如木工、铁工、石工、油漆彩绘工、雕塑工等,许多人直接定居于此,开设店铺,娶妻生子,且其妻子也常有其他民族之人。汉藏通婚不时有之,许多汉族人为了更好地与藏族人做生意,还自学藏语以便直接与其沟通交流。与此同时,大量的汉族居民沿着"茶马古道"移居到了康藏高原,并带去了先进的生产技术,他们和藏族人民一道从事各种生产,促进了康藏地区的经济发展、市场繁荣、民族团结和社会进步。

从茶马古道到西藏,外延至尼泊尔的"蕃尼古道",是古代中外佛教僧侣往来的重要路线。早在唐代,无论是去天竺求法,或者是从天竺入华,很多僧人都经由此路线。唐代道宣《释迦方志·遗迹篇》所记载的当时僧侣往来的"东道",就是指的这条路线。唐代义净《大唐西域求法高僧传》记载了中国僧人玄照、道方、道生、玄会,以及来自朝鲜半岛的新罗僧人玄太、玄恪等人的事迹,他们都是经过蕃尼古道到南亚的。而唐代由尼泊尔到西藏传播佛教的高僧大德,也大多由此路线而来。在宋代,中国和南亚之间的政治交往和宗教文化交往更加频繁。乾德二年(964),"诏沙门三百人入天竺,求舍利及贝多叶书……至开宝九年(976)始归",此

行的佛教僧侣使团出发时是绕道西域的丝绸之路,之后再南下天竺;返程时则是行经西南地区的茶马古道,南宋范成大《吴船录》记载道:"至泥波罗国(今尼泊尔),又至磨逾里(今西藏日喀则吉隆县),过雪岭,至三耶寺(桑耶寺),由故道自此入阶州(今甘肃陇南市)。"

至元二年(1265),藏传佛教高僧八思巴的弟子、尼泊尔的建筑大师阿尼哥沿西南茶马古道进入中国,出仕元朝四十余年,主持建造了大都妙应寺白塔、五台山大白塔等许多珍贵的遗迹。元末自印度来华的具生吉祥也是经西域的丝绸之路进入中国,明朝建立后又曾在南京弘法,并且遇到了弟子智光;后来智光奉诏出使南亚,则是走西南的茶马古道,再由蕃尼古道进入尼泊尔。这些史籍记载生动说明了当时茶马古道上中外佛教文化交流的情况。此外,道教也是沿着茶马古道,经过云南,再外延传播到东南亚诸国。例如,据《旧唐书·真腊国传》记载,真腊国(今柬埔寨)"尚佛、道及天神,天神为大,佛、道次之",其道教文化就是从云南传入的。

茶马古道上宗教文化的融合,是历史、文化、地理等多重因素共同作用下的结果。当时为了更好地进行通商,避免因为宗教文化不同而带来不稳定因素,因此在不同宗教文化之间进行了整合、调适,并由此形成不同文化之间相互了解、相互尊重、相互包容、相互学习的特色。正是这样的文化氛围,推动了茶马古道沿线宗教文化的变化、发展,并呈现出以包容、借鉴、吸收、共存为核心的文化内涵。茶马古道既是经济发展之路,也是文化交流之路。千百年来,茶马古道上不同民族、不同文化彼此沟通融合、协同发展,形成了独具特色的文化景观,其多样性、独特性在全世界都极具代表性,生动展现了中华文化的包容性特色。宗教文化不但是茶马古道独特文化景观的重要组成部分,而且在社会生活中不断传承,对于研究茶马古道文化具有重要意义,值得深入探索。

三、茶马古道的历史意义

20 世纪 90 年代初,木霁弘等云南学者提出"茶马古道"一词后,这个概念逐渐得到学界的认可,成为热点研究课题,引发社会各界广泛关注。茶马古道也成为丝绸之路研究中的重要组成部分之一。

茶马古道连接了内地和西南等地区,不仅使茶叶在两地间流通贸易,更使各民族跨越茶马古道进行交往。在一定的历史时期内,可以说是茶马古道促进内地和西南地区的交往、交流、交融,是茶叶使得各民族跨越高原的险峻互联互通。

茶马古道最早出现在川、滇、藏三地,后来涵盖区域逐渐扩大,最终发展成为由滇藏线、川藏线两条主干线以及若干支线组成的庞大商贸网络,其支线在我国境内向东延伸至桂、黔等地,向北延伸至陕、甘、青等地,而境外则延伸至南亚的印度、尼泊尔等国家,东南亚的缅甸、老挝、越南等国家。茶马古道拓展了我国的对外商贸道路,促进了我国与其他国家的文化交流。西南地区的茶马古道沿线居住着汉族、藏族、白族、傣族、彝族、基诺族等 20 多个民族,茶马贸易的发展促进了各民族的交往、交流、交融,推动了各民族经济文化的发展,造就了我国西南地区独特的民俗风情。各民族文化在这条古道上不断进行碰撞与融合,使茶马古道成为一条多元文化交汇的文明长廊。

茶马古道是青藏高原与周边乃至中原地区在"以茶易马"的经济交往中形成的商品贸易通道。这些通道织成一张繁密的大网,将青藏高原与中国其他地区连在一起,展示了各民族共同开拓中国疆域、共同书写中国历史、共同创造中华文化、共同培育民族精神的生动画卷。

参考文献:

1.伍加伦、江玉祥主编:《古代西南丝绸之路研究》,四川大学出版社,1990。

2.蓝勇:《南方丝绸之路》,重庆大学出版社,1992。

3.凌文锋、罗招武、木霁弘:《茶马古道研究综述》,《云南社会科学》2018 年第 3 期。

(李生平)

第五章　海上丝绸之路

"丝绸之路"一词的出现，与前来中国进行考察的西方学者有关。一般以为，其首先由晚清来华的德国地质学家李希霍芬于 1877 年在《中国》一书中提出，用以称呼中西方之间的陆上通道。此后这一概念在西方汉学界获得认可，逐渐亦为中国学者所接受和运用。中西陆上贸易之路在国内外尚有不同称谓，如"麝香之路""玉石之路"等，但以"丝绸之路"通称则为学界普遍接受。

相较之下，海上贸易之路则存在诸多称谓，中外学界各自根据古代海上贸易中占主导地位的商品加以命名。自唐宋以来中国海上贸易输出以陶瓷为大宗，故有学者以"陶瓷之路"相称；至清初，海上输出商品以茶叶为主，又有称之为"茶叶之路"者；一些学者则依据海上输入东方之主要物品——香料、白银，而称之为"香料之路"或"白银之路"。但不少学者以为，古代丝绸不仅经由陆路，也通过海上航路运往西方，故以"丝绸之路"称谓古代东西方海上贸易之路，亦渐已成为中外学界的共识。法国汉学家沙畹在其所著《西突厥史料》中即提出"丝路有陆、海两道"。之后日本学者三杉隆敏以此为名，于 1967 年出版了《探索海上的丝绸之路》一书，著名学者饶宗颐先生亦以"海上丝绸之路"之名进行相关学术研究，学界遂相沿成习，多用此称。

第一节　东南沿海对外港埠的兴起与发展

中国地处亚欧大陆东端，不仅幅员辽阔，而且面向广袤的大洋，拥有漫长的海岸线。沿海及海岛先民很早就开始探索海洋，以海为生。众多考古发现表明，新石器时代的中国古代居民已经学会制作简易船只，具备一定的海上活动能力。我国海上贸易历史悠久，先秦时就已经由海路与域外国家有交往。约战国时期，岭南地区与南海诸地已有贸易活动。自秦汉至清代，中国东南沿海地区先后出现诸多重要港口,在古代中国对外交流中发挥了重大作用。

一、秦汉魏晋南北朝时期的对外港口

秦始皇灭六国后,先后遣屠睢、任嚣、赵佗等将领平定岭南,并于此设立南海、桂林、象郡三郡,秦朝统辖地域扩展至南海沿岸。秦末楚汉相争,天下大乱,镇守岭南的赵佗割据自立,以番禺(今广州)为都建立南越国。番禺为岭南地区政治、经济中心,也是秦汉时期中外贸易的重要港口。司马迁《史记》曰"番禺亦其一都会也,珠玑、犀、玳瑁、果、布之凑",来自东南亚、印度次大陆等地的各类商品云集番禺。位于广州的南越文王墓经考古发现出土了波斯银盒、金饰品、玻璃器等中东器物,表明其时岭南与西亚之间已有了以南海、印度为中转地的海上贸易。

汉朝建立后,经数十年休养生息,国力日盛。汉武帝时大规模用兵岭南。元鼎五年(前112),发兵攻灭南越国,遂设南海、苍梧、郁林、合浦、日南、九真、交趾七郡。汉朝自此得以由岭南出海,通过徐闻、合浦、日南(今越南中部)、交趾(今越南北部)等地港口与域外各国建立起海上联系。亦即几乎在张骞通西域开辟陆上丝绸之路的同时,汉朝也在海上形成一条对外贸易的官方通道。这一时期通过以上港口,汉朝与东南亚、印度、阿拉伯半岛乃至罗马帝国的部分海外领地有了不同程度的、直接或间接的贸易联系。

合浦郡下辖的徐闻和合浦在当时的海上交往与中外贸易中扮演了重要角色。得天独厚的地理条件使之成为汉代海上丝绸之路的始发港,南海诸国使臣与商人来华,也多在此登陆。汉武帝曾遣使自徐闻、合浦出海,"市明珠、璧流离、奇石、异物,赍黄金、杂缯而往"。这些汉使携带大量贵重的黄金和丝织品,远涉重洋到海外购买奇珍异宝,足迹遍布都元(在今马来半岛)、邑卢没(在今缅甸沿岸)、谌离(在今缅甸沿岸)、夫甘都卢、黄支(在印度)、皮宗、已程不(今斯里兰卡)等国。其间上述国家亦遣使来华,即文献所谓"自武帝以来皆献见"。东汉时又有"叶调国、掸国遣使奉献"。这些分布于东南亚和印度洋东岸的国家,与汉朝多有往来,贸易频繁。

徐闻位于雷州半岛南端,面向琼州海峡,从秦汉以来就是南疆重镇、陆路驿站、海道要津和滨海县治。因其得天独厚的地理位置,故成为汉代我国对外贸易的重要港口,直至东晋南朝,这里的对外贸易都颇为发达。徐闻还是南海丝绸之路的货物集散地和中转港,既是中国商船出洋之地,也是海外大秦(罗马)、天竺(印度)、波斯(伊朗)等国商人登陆中国的重要港口。因此,汉代徐闻不仅聚集了

大量海外舶来品,还有众多中外船舶于此靠岸停泊。

合浦位于中国大陆西南北部湾的北岸,海岸线曲折,天然港湾较多,不仅是合浦郡的郡治所在,也是南海丝绸之路最重要的始发港。在岭南沿海贸易大背景下,南海沿岸诸多港口中以合浦最具优势。考古发掘显示,合浦汉墓群是迄今为止国内发现的规模最大、连片保存、最为完整的古汉墓群,仅地面有封土的汉墓就达六千多座。其中出土的文物相当丰富,有琉璃、琥珀、玛瑙、香料等,多与海外贸易有关。这些货物来自海上丝绸之路沿途的国家,说明合浦在汉代海外贸易中占有非常重要的地位。

地处岭南的港口尚有揭阳,该地是岭南东部潮汕地区最早的港口。汉武帝征南越时,东越王余善“请以卒八千人从楼船击吕嘉等,兵至揭阳,以海风波为解,不行”。显然,揭阳亦是南海丝绸之路上一个重要的停泊港。

三国两晋南北朝时期,中国对外贸易港口在前代基础上有了进一步的发展。孙吴政权据有东南地区,积极利用有利条件开展海上活动。吴国黄武五年(226),汉末以来统治交州(辖地含今广东、广西及越南北部)的士燮病逝,孙权趁机铲除岭南地方势力,实际控制了交州,随之以合浦为界将其一分为二,北为广州,南为交州。广州治番禺。

西晋短暂统一后,中国又陷入长时间南北分裂状态。南方先后经历东晋、宋、齐、梁、陈五朝。交州与广州在这一时期的海上交通与中外交流中占据重要地位。史载交州“外接岛夷,宝货所出,山珍海怪,莫与为比”,广州“包山带海,珍异所出,一箧之宝,可资数世”。广州海外贸易兴盛带来了源源不断的财富,梁武帝曾感慨曰:“朝廷便是更有广州。”这时东南沿海的梁安、会稽、建康等地亦逐步发展为海外交通的港口。建康作为六朝都城,不仅是南朝政治中心,同时也是海外商品的集散地。

由此可见,汉代沿海地区已经出现以徐闻、合浦为代表的多个重要港口;进入魏晋南北朝后,对外港口呈现为“交、广并称”的局面。

二、隋唐时期东南沿海港口的兴盛

隋朝终结南北朝长期分裂对峙的局面,完成统一大业后,积极致力于西域和南海的开拓,使陆、海丝绸之路均得到较大发展。继隋朝而起统一中国的唐朝两度开创盛世,经济繁荣,国力富强,开启了海上丝绸之路发展史上极为重要的阶段。

　　唐朝于东南沿海拥有众多港口城市，商贾辐辏，蜚声海内外。活跃于 9 世纪的阿拉伯地理学家伊本·胡尔达兹比赫在其著作《道里邦国志》中记载了西方船舶进入中国之后所抵达的四个港口，分别为鲁金、汉府、汉久、刚突，并说汉府是中国最大的港口。一般以为鲁金指唐代的交州（今越南境内），汉久指福州或泉州，刚突则为扬州，汉府则是广州。

　　广州是唐代最繁荣的对外港口城市，每年有大量来自东南亚、印度、波斯、阿拉伯等地的商船于此进行贸易。时有所谓"南海有市舶之利，岁贡珠玑""南海以宝产畜天下""南海郡利兼水陆，瑰宝山积"，以及"南海有蛮舶之利，珍货辐辏"等语，反映了广州蕃舶众多、贸易繁盛的景象。随着海上商贸的不断拓展，加之唐朝开放包容的风气，许多来华外国商人留居广州生活，出现了"广人与夷人杂处"的场景。"蕃商"聚居的社区，被称为"蕃坊"，由政府任命的"蕃长"负责管理。

　　隋唐时的交州依然是南海航线上的重要节点，唐代初期设有交州总管府，后又改称安南总管府。交州的比景港是唐代南海航行的必经之地，由海路赴印度求取佛法的高僧多取道比景。法振"整帆比景之前，鼓浪诃陵之北"，慧命回国时"适马援之铜柱，息比景而归唐"。《唐国史补》记载："南海舶，外国船也，每岁至安南、广州。"

　　扬州自隋代开凿大运河后成为沟通南北的交通枢纽，迅速发展为南方最大的商业都市。唐代扬州因地接长江入海口，已成为一个繁华的港口城市。中唐以来许多外国商船驶往扬州，这里已是国外输入香药和珍宝的重要集散地。大量"蕃客"居留扬州，其数量仅次于广州。《太平广记》记载扬州城内有"波斯胡店"。《旧唐书·田神功传》亦载，唐上元元年（760），宋州刺史刘展叛乱，青齐节度使邓景山引平卢副大使田神功兵马征讨。田神功军至扬州，大肆劫掠百姓、商人财产，致使城里"商胡波斯被杀者数千人"。唐代扬州也是中国与东亚海域国家交往的重要港口，鉴真和尚东渡日本弘扬佛法，即由扬州启航出海。

　　福州地处闽江入海口，海外交通便利，在唐代也已是东西方海上交通的重要港口。按《福州府志》载，其时福州钟门海口蕃商频至，呈"船舶之都会"也。《唐会要》载天祐元年（904）佛齐国使者蒲诃粟乘舟至福州通贡。鉴真和尚第 4 次尝试东渡日本时，曾遣人"往福州买船，具办粮用"，而日本遣唐使船舶也曾于福州登岸，可见福州在唐代海外交通中颇具地位。

　　泉州东南濒临大海，海阔港深。自唐中期海上交通得到迅速发展，外商船舶云集此地，泉州因此出现了"云山百越路，市井十洲人"的繁荣景象。至晚唐时，泉州在海外交通中的地位日渐重要,唐文宗在太和八年(834)专门下令保护广东、福建等地外商,其时居留泉州的外商人数不少。唐代泉州造船业也获得发展,其时福建海舶一艘可容纳货物数千石。泉州遂与交州、广州、扬州并称为东南四大海上贸易港。

唐代尚有明州、海州、登州等港埠,它们在南海、东海中外交通中亦各自发挥着重要的作用。

唐朝在沿海港口设立市舶使,管理当地的海外贸易。"市舶"原指从事贸易的海船,后来泛指海外贸易活动。一般以为,唐代市舶使与市舶管理制度最早设置于广州。自唐初以来,南海、印度、波斯海上商贾多由广州登岸,广州市舶使之设,源于此时频繁来华的蕃商。《唐六典》卷22《少府监》载:少府所属中尚署制造御用物品所需之物资,"具紫檀、桐木、檀香、象牙、翡翠毛、黄婴毛、青虫真珠、紫矿、水银出广州及安南"。天宝二载(743),鉴真到广州,称"江中有婆罗门、波斯、昆仑等舶,不知其数;并载香药、珍宝,积载如山。其舶深六、七丈"。太宗贞观十七年(643),朝廷曾"诏三路市舶使,蕃商贩到龙脑、沉香、丁香、白豆蔻四色,并抽解一分"。三路市舶使,除广州之外,由唐文宗太和八年(834)发布的诏令"其岭南、福建及扬州蕃客,宜委节度观察使常加存问"可知,其余二路指福州和扬州。其时广州都督府驻节广州,福州都督府驻节福州,扬州都督府驻节扬州,故而此三地应当是唐代三路市舶使所在地。学界就此颇有疑义,以为此说肇于明代学者顾炎武。桑原骘藏指出顾氏误将《宋会要》绍兴十七年之记事张冠李戴为贞观十七年事,《宋会要辑稿·职官四四》记载:"十七年十一月四日,诏三路市舶司,今后蕃商贩到龙脑、沉香、丁香、白荳蔻四色并依旧抽解一分。"但南宋罗濬《宝庆四明志》卷6《叙赋下·市舶》云:"汉扬州、交州之域,东南际海,海外杂国,时候风潮,贾舶交至,唐有市舶使总其征。皇朝因之,置务于浙、于闽、于广。"由此看来,唐代于福州、扬州设以市舶使或许是有可能的。

黎虎先生《唐代的市舶使与市舶管理》认为,唐代市舶使应始置于开元二年(714)。按《旧唐书》卷8《玄宗纪上》载:开元二年"右威卫中郎将周庆立为安南市舶使,与波斯僧广造奇巧,将以进内。监选使殿中侍御史柳泽上书谏,上嘉纳之"。此为文献首见市舶使之记载。

市舶使由朝廷派遣专员担任,其职责有四:对来华船舶征收关税;代表朝廷选购舶来品;代表朝廷管理海外各国朝贡事务;总管海路通商事务。这是当时新制定的一套海外贸易管理制度,市舶使及市舶管理制度的创立在中外贸易发展史上具有重大意义，自此，中国海上贸易开始走向规范化管理。

三、宋元时期东南沿海港口的繁荣

五代十国时期在南方立国的闽、南汉、南唐、吴越等政权都通过海上与域外国家有着频繁的商业往来，广州、杭州在这一时期的港口贸易中表现突出。北宋统一后，承袭前朝的海上活动，大力发展与南海、印度洋地区国家的经济交往，使海外贸易空前繁荣，也与中西交通形势的变化及时局有关。

北宋时期，中央王朝通过河西走廊沟通西方的线路被西夏阻隔，在陆上交通被遮蔽的情况下，宋朝积极经营海上丝路。至南宋时，宋朝仅有半壁江山，但却掌控着东南沿海重要的港口城市。在北方政权的军事压力与经济负担影响下，南宋对海外贸易的依赖程度进一步加深。

宋朝在唐代市舶使和市舶管理制度的基础上，于重要港口城市设立市舶司，对进出口的船只、人员和货物等进行管理。北宋初始设市舶司于广州、明州、杭州。后泉州外贸日渐发达，宋又增置泉州市舶司。此后，为广泛吸引蕃商船舶来华，又在东南沿海各港口增辟设置市舶机构。市舶司本来由地方官员兼管，到北宋后期，朝廷因市舶之利在社会经济中地位日益重要，将广州、泉州、两浙市舶司改为专职。

广州是宋代最早设置市舶司的港口之一。宋太祖开宝四年（971）攻灭南汉后，随即命广州知州兼任市舶使，通判兼任市舶判官。宋代广州在对外贸易中仍然具有特殊地位，各市舶司中，"三方唯广最盛"。熙宁九年（1076）三司与广州始议市舶管理条例，元丰三年（1080）朝廷正式修订《广州市舶条》，并向全国各口岸市舶司推行。条文涉及海舶出入港口管理（公凭）、征税比例（抽分）、专买、博买等规定。这是中国历史上第一部海外贸易管理条例，后成为宋代市舶贸易管理的制度范本。由于当时广州是外国商旅频繁出入的港口，遂以此为据，将条例推广到沿海各地。南宋时任广南东路提举市舶司的官员称"广州自祖宗以来，兴置市舶，收课入倍于他路"。其时广州的"蕃坊"聚集了大量外国人，广州城外有专门的蕃人冢，方信孺《南海百咏》载其"在城西十里，累累数千，皆南首西向"。

泉州在宋朝时发展迅速，成为对外贸易的重要港口。这里既有面向东南亚各国便利的航行，又离高丽、日本海域不远，故其南北兼顾，多面辐射。宋哲宗元祐二年（1087），朝廷设泉州市舶司。史载"泉之地并海，蛮胡贾人，舶交其中，故货通而民富"。南宋时蕃商蒲寿庚家族长期执掌泉州市舶司。蒲寿庚先祖为大食商人,初居广州,其父蒲开宗时迁住泉州。宋理宗淳祐年间(1241—1252),蒲寿庚因助宋剿灭海寇有功,得任"提举泉州舶司,擅蕃舶利三十年"。后升任福建安抚使兼沿海都制置使,仍兼提举市舶,集对外贸易与福建军政大权于一身。

明州即今宁波,宋代两浙市舶司一度设在明州,后移往他处,但仍于明州设市舶务。明州港位于东海之滨,东有舟山群岛为天然屏障,北濒杭州湾,港域辽阔。明州在宋代东亚海域贸易中的地位日益凸显。《宣和奉使高丽图经》、宝庆《四明志》及《宋史·高丽传》等记载表明,这时来华高丽海船多至明州登岸。其时发往日本、高丽的海舶,亦多由明州定海出港。故明州港专设有高丽馆,用以接待远道而来的高丽使臣与商旅。宋神宗元丰三年(1080)敕文:"诸非广州市船司,辄发过南蕃纲舶船;非明州市舶司,而发过日本、高丽者,以违制论。"南宋编修的《四明续志》载,时明州尚有"波斯团",说明这里亦有不少波斯商人居留。

元朝高度重视对海外的经略,并极力开拓东西海上交通。忽必烈攻克江南后即于庆元(即宁波)、泉州等地设立市舶机构。元代沿海对外港埠中,以泉州、广州、庆元最为发达。

泉州在元代诸海港中地位突出,超越广州成为第一大港。元人吴澄云:"泉,七闽之都会也,番货远物,奇珍异玩之渊薮,殊方别域富商巨贾之窟宅,号为天下最。"其时到过泉州的国外旅行家马可·波罗和伊本·白图泰盛赞泉州商舶众多、海贸繁荣。元代海外贸易的政策法令,多依照泉州商贸而定,之后推广到其他港口。如市舶法则的制定便以泉州为据。至元十七年(1280),元朝设立泉府司,至元二十四年(1287)又设立行泉府司,由江浙行省左丞沙不丁、乌马儿负责行司事务。两人又先后任职泉州市舶司,可推断元朝行泉府司应设在泉州。泉府司机构依照条例,掌管斡脱、海运、市舶贸易等,以有效管理商人们出海贸易。此外,官本船制度作为元代官营海外贸易的重要手段,不仅为泉州海外贸易提供了充足的资本,也促进了泉州港的发展。官本船即由政府投入资金、建造海船为"官本",交由商人从事海外贸易,收入七分归国库。

广州在宋元鼎革之际曾是双方反复拉锯的战场,商贸一时顿挫。元一统后,广州对外贸易很快恢复。至元二十三年(1286),元廷于广州设置市舶司。元代中期,随着国内外市场扩大、航海技术进步等因素的共同作用,广州外贸规模很快达到甚至超过宋代水平。这里成为"蕃舶凑集之所,宝货丛聚","海外大蛮夷岁时蕃舶金珠、犀象、香药、杂产之富,充溢耳目。抽赋帑藏,盖不下巨万计"。伊本·白图泰言其"是一大城市,街市美观,最大的街市是瓷器市,由此运往中国各地和印度、也门"。

南宋庆元元年(1195)改明州为庆元府,元代置庆元路。庆元不仅与南海诸国有贸易联系,还是元朝与日本海上贸易和人员往来的枢纽港口。有元一代,日本来华僧人多从庆元登岸。此外,元与高丽虽有陆地接壤,往来通使亦多经陆路,但庆元与高丽间的海上贸易依然兴盛。

四、明清时期海禁政策下的对外港口

明清时期是中国海外贸易发展的转型时期,也是沿海社会经济充满新旧交替冲动的时期。明初以后,官方海洋性活动退却,朝廷长期实行海禁,海外贸易发展受阻。由于这一闭关锁国政策与东南沿海社会经济发展不适应,乃催生了民间走私贸易和沿海居民移居海外的现象,孕育和发展了民间海洋经济。

这一时期对外贸易港口发生了较大的变化。明朝建立,一改宋元时期开放的海外贸易政策,屡颁出海禁令,停罢市舶司。海外诸国持明朝颁发"勘合文册"方能入华朝贡。至朱棣登基,则实行积极的对外政策,扩大与海外国家的交往。郑和七下西洋,船队先后到访东南亚、南亚、西亚和非洲东海岸的 30 多个国家和地区。政府恢复浙江、福建和广东三处市舶司,分设于宁波、泉州(后迁福州)和广州。三处市舶港口,各自负责管理不同地区的朝贡贸易,即"宁波通日本,泉州通琉球,广州通占城、暹罗、西洋诸国"。

永乐之后,明朝海禁政策时紧时松,各处市舶司也时兴时废。隆庆元年(1567),明朝开放漳州月港,允准民间商人参与海外贸易。月港地处漳州城东,其附近海域处于国际航道要冲,"隆庆开关"前即是民间走私交易的港口。月港贸易一度十分繁盛,每年由此出海贸易的商船达上百艘。

正德年间,葡萄牙人从满剌加(在今马来西亚马六甲)乘海舶来广州寻求贸易,而后获明朝许可留居澳门,澳门因此兴起成为"番夷市舶交易之所"。自此,葡萄牙人以澳门为基地,频繁与广州开展贸易活动。与此同时,广州港也发生新的变化。万历年间,广州出现官营三十六行代替市舶司主持对外贸易事务的现象,亦即由官方指定三十六个铺行负责专营进出口货物。每年夏、冬两季广州定期举行市集贸易,称"定期市",每次持续数天或数个星期,与葡萄牙等国商人开展贸易。

明清易代,清初为切断沿海地区与郑成功集团的联系,规定"无许片帆入海,违者立置重典",并推行严厉的"迁海令",强迫东南沿海居民向内陆迁移。康熙二

十二年(1683)清廷平定台湾,开放海禁,恢复海上贸易活动。政府于东南沿海设置粤(广州)、闽(漳州)、浙(宁波)、江(镇江)四海关,负责对外贸易和关税征收等事宜,四地遂成为清初对外贸易的重要港口。其时,荷兰曾因助清攻打郑成功捷足先登,最早获准与广州贸易;英、法、丹麦、瑞典等国接踵而至,也于广州设立商馆;美国独立后第二年(1784),遣商船"中国皇后号"到达广州,其他西方国家随之也纷纷前来广州贸易。

清朝出于海防顾虑,对外国来华商船严加防范。乾隆二十二年(1757),清廷不再允许外国商船开往漳州、宁波、镇江,仅以广州作为海上贸易的港口。其时广州对外贸易由政府委托"十三行"具体负责,它成为清朝对外贸易的主要形式。十三行行商的主要职责为包销外商运来的商品;代缴关税和各种现租;代替外国购买各种出口物资;对外商一切活动负保障监督之责;代替政府向外商传达政令,办理一切交涉事宜。此后 80 多年间,广州是中国沿海地区官方唯一允许与西方进行贸易的港口,这一局面直至鸦片战争后才被打破。1842 年,清廷与英国签订《南京条约》,开放广州、厦门、福州、宁波、上海五个通商口岸,中外海上贸易集于广州的时代即告终结。

参考文献:

1.黎虎:《唐代的市舶使与市舶管理》,《历史研究》1998 年第 3 期。

2.陈高华、陈尚胜:《中国海外交通史》,中国社会科学出版社,2017。

3.杨国桢:《海天寥廓:明清中国沿海社会与海外移民》,江西高校出版社,2019。

4.周永卫、钟炜:《秦汉魏晋南北朝海上丝绸之路史》,世界图书出版有限公司,2020。

5.周永卫、冯小莉、张立鹏编:《广东海上丝绸之路史料汇编(秦汉至五代卷)》,广东经济出版社,2017。

(马建春、黄雄彪)

第二节　汉唐东西航路的开拓与贯通

汉代岭南已通过徐闻、合浦及越南中北部港口与东南亚、印度次大陆建立了海上联系。其时岭南与中东间经中转地南海、印度的海上贸易航道已经开通。马来人在此时的东南亚航运中颇为活跃，他们的船舶向北驶达汉朝辖属诸港口，向西或已进至印度西岸。东晋以来，印度人已向东航行至中南半岛和广东沿海；其西向船舶则已达红海港口和东非海岸。这时他们控制着东西方航道，并发挥着中介作用。此前及同时，西方的埃及、叙利亚、希腊、罗马、波斯在地中海、红海及印度洋西岸水域已有规模性航海活动。

一、两汉六朝时期的南海交通

汉初赵佗以南越王割据岭南，时已有自越南中北部港口或广东至印度的海上联系。《史记·货殖列传》即云："番禺亦其一都会也，珠玑、犀、玳瑁、果、布之凑。"东汉番禺人杨孚所著《南裔异物志》，是已知中国最早的异物志，亦是国内最早记载海外风物的志书。从其辑佚条目中，可寻得汉代岭南与海外交往乃至对海外异国记载的蛛丝马迹。

《汉书·地理志》载录由汉境至南海、印度洋路线。"自日南障塞、徐闻、合浦船行可五月，有都元国；又船行可四月，有邑卢没国；又船行可二十余日，有谌离国；步行可十余日，有夫甘都卢国。自夫甘都卢国穿行二月余，有黄支国（今印度东海岸马德拉斯一带），民俗略与珠崖相类。其州广大，户口多，多异物，自武帝以来皆献见。有译长，属黄门，与应募者俱入海市明珠、璧流离、奇石异物，赍黄金杂缯而往。所至国皆禀食为耦，蛮夷贾船，转送致之。亦利交易，剽杀人。又苦逢风波溺死，不者数年来还。大珠至围二寸以下。平帝元始中，王莽辅政，欲耀威德，厚遗黄支王，令遣使献生犀牛。自黄支船行可二月，到皮宗；船行可八月，到日南、象林界云。黄支之南，有已程不国（今斯里兰卡），汉之译使自此还矣。"

由此可见，汉时由雷州半岛或汉朝控制下的日南出发，经马六甲海峡到印度东海岸及斯里兰卡，往来一次需费时 20 余月。

2 世纪中叶托勒密《地理志》记载自中国都城秦尼，有一西南行的道路可通海港喀底格拉，李希霍芬以为该港即汉属的交趾。罗马还曾直接遣使交趾与中国通好，"桓帝延熹九年（166），大秦王安敦遣使自日南徼外献象牙、犀角、瑇瑁，始乃一通焉"。

三国时东吴遣朱应、康泰由广州出使扶南(今柬埔寨),并到中南半岛诸国。康泰撰《吴时外国传》、朱应著《扶南异物志》,记述了南海诸国情况。

东晋隆安三年(399)高僧法显由陆上丝绸之路前往印度取经,后自海上丝绸之路回国。所著《佛国记》(亦名《法显传》或《历游天竺记传》)记载了当时由南亚印度恒河口的师子国(斯里兰卡)到耶婆提(印尼爪哇),再到广州的海上路线。此著是研究当时海上航路的重要资料,由此可知此段海上航程所需时日。商船一般"赍五十日粮",因"常行时正五十日便到广州"。

南朝刘宋时竺芝曾至南海各国,其航线应与朱应、康泰所行同。《梁书》记载了婆利国(今印尼巴厘岛,或今加里曼丹岛的婆罗洲)曾于梁武帝天监十六年(517)和普通三年(522)两次遣使来南朝通好,并称其地"去广州二月日行",可见,其与广州的海上航程约60天。

至隋大业三年(607),炀帝遣常骏、王君政出使赤土国(今马来半岛西岸的吉打及其北部地区)。常骏等"自南海郡(广州)乘舟",入东京湾沿今越南海岸航行至暹罗湾,行经马来半岛北部东岸,望狼牙修国(今泰国南部马来半岛北大年及附近一带)山,"南达鸡笼岛,至于赤土之界。其王遣婆罗门鸠摩罗以舶三十艘来迎","月余,至其都"。

隋末唐初,萨珊王朝对印度洋贸易的重视,使得由波斯湾及红海诸港口出发的船舶,停泊之地到达南印度的泰帕洛班等港口。波斯商人随印度人于东南亚建立商业据点,船舶辗转已达交趾与广州。《大唐西域求法高僧传》即云唐高僧义净于高宗咸亨二年(671)由广州乘波斯商船前往印度。僧人慧超《往五天竺国传》亦载:"波斯常于四海泛舶……亦泛舶汉地,直至广州。"当时许多僧侣前往海外求法,即乘坐波斯舶。

东北亚海域在秦汉时期也已有了从渤海湾周边出航,前往朝鲜半岛和日本列岛的航路。秦始皇即曾派徐福由此东渡,探寻传说中的海上仙山以求取"不死之药"。汉朝多由山东半岛沿岸的琅邪、不其、东莱等港口渡海,沿渤海海峡中一些小岛屿,航行至辽东半岛沿岸。再沿朝鲜半岛西部海岸行驶,由此可达朝鲜半岛南部。继而渡对马海峡,即可驶向日本的九州、四国等地。这是中国与朝鲜半岛及日本间重要的海上通道。东汉建武中元二年(57),日本"东夷倭奴国王遣使奉献",光武帝赐其"汉委奴国王"印。此次日本使臣就沿此航路来华"奉献"。直至明清时期,东北亚海域航路,基本经由这一沿朝鲜半岛海岸的传统航线。

总之，从秦汉到南北朝，中外海上交往领域广阔，大致可分为南海、东海两条航线，尤以南海航线为重。中国已就从岭南出发的航线、途经国家、航行时间和距离等有了较为清晰的认知，反映了这一时期海外交通发展已初具规模。

二、阿拉伯文献所记 8 世纪以来波斯湾至南海航路

唐初，东西方商人已通过海路频繁交往。但由于航海经验的限制和各海域势力的影响，东西航路由沿线不同国家、不同群体所控制，东西方海上经济交往以中转贸易和短途航行为主。唐代中期，地处欧洲与东方之间的阿拔斯王朝建立，大食人承继印度人的海上遗产，与被征服的波斯人共同垄断、控制了整个印度洋海上通道，使得自红海、波斯湾直航唐朝的交通航线彻底贯通。此后，波斯舶、大食舶、西域舶频繁进出珠江口，打破了之前以昆仑舶（多属东南亚、印度商舶）为主的交通格局，他们因此亦成为东西方海上航路的主角。阿拔斯王朝第二任哈里发曼苏尔（Mansur）在公元 762 年为新首都巴格达奠基时，踌躇满志地说："我们有底格里斯河，使我们接触到像中国那样遥远的土地。"

在阿拉伯文献中，十分确凿地记载了阿拉伯人通过海上航路来华的事迹。8 世纪中叶，有一名叫艾布·阿比德（Abu Ubaida）的阿曼人航行到中国，并留下了最早的有关海湾地区与中国之间海上航线的记录。成书于 851 年的《苏莱曼游记》（又称《历史的锁链》或《中国印度见闻录》），是一部珍贵的阿拉伯文献，苏莱曼是阿拔斯王朝时期的一位旅行家，曾于 9 世纪前期沿阿拉伯海经印度洋来到中国。其记述了自阿曼到中国所经海洋与岛屿的情况，内容颇为详尽，是当时东西方海上交通航路的清晰记录。法国学者吉恩·索瓦杰（J. Sauvaget）称"较为普遍的看法是，《中国印度见闻录》所提供的史学价值，就目前看，是任何别种著作也不能比拟的，这部著作比马可·波罗早四个半世纪，给我们留下了一部现存最古的中国游记"。

《苏莱曼游记》为我们提供了阿拉伯商人由波斯湾海岸诸港口至中国广州的详尽海上航路行驶图。即首先把货物从巴士拉、阿曼等地运到尸罗夫（今伊朗南部海港）集中上船，然后自尸罗夫前往阿曼北部的马斯喀特，其间里程大约有二百法尔萨赫（即法尔桑 farsangs，古波斯的"里"）。再由马斯喀特航行到印度的故临（奎隆），中等风力下航行需时约一月。船只在那里补充淡水后，驶往海尔肯德海（或为孟加拉湾）。其间经锡兰岛（斯里兰卡）、安达曼岛、烺迦婆鲁斯岛（尼科巴群岛）、南巫里岛（苏门答腊西北端），到达个罗国（马来半岛西岸的吉打），航行需时亦为一月。船舶加足淡水然后驶向潮满岛（马来半岛东岸），这段里程需时十日。

随之再航行至奔陀浪山(藩朗,占城南部),也需十日航程。船只接着行驶十日,即到达占婆。在此取得淡水后,又航行十日即至占不牢山(占婆岛)。之后向着涨海(即南中国海)前进,这里暗礁林立,中间被一条通道隔开,船只可以由此通过,此地被称为"中国之门"。"由于要按七天一段,分期穿过层层暗礁,船只通过中国之门后,便进入一个江口,在中国地方登岸取水,并在该地抛锚,此处即中国城市(广州)",从占不牢山航行至广州,亦需一月时间。

9世纪时,阿拉伯地理学家伊本·胡尔达兹比赫更加详细地记载了从阿拉伯到中国的航路。胡尔达兹比赫为阿拔斯王朝哈里发麦塔密德(Mutammid)在位时笈巴尔省的邮务长官,其著作《道里邦国志》(又称《省道记》)叙述了阿拉伯人自波斯湾的巴士拉航行到东方通商港口的航路、里程和时间,行程道里与《苏莱曼游记》记述基本相同。其中由南海到中国的航程为:

> 由桑甫(即占城,或称占婆,今越南中南部)至中国第一港口阿尔瓦京(属交州,今越南河内地区),或航海,或行陆程,皆一百法尔桑。阿尔瓦京有中国锻炼之精铁、瓷器及米,此为大埠。由阿尔瓦京航海四日,可至康府(广州),陆行则须二十日始能达。康府产各类水果、蔬菜、小麦、大麦、米及甘蔗。由康府行八日至蒋府(泉州),出产与康府相同。由蒋府行六日至康图(扬州),出产亦同前。中国各港皆有一大河,可以航船。河受潮汐影响。

显然,这一航路直接贯通东西,长达上万公里,沿途经过百余国,是阿拉伯地区与东方海上交往的主要通道。往来于这一航道上的船舶多为阿拉伯人和波斯人商舶。

三、《新唐书·地理志》所载"广州通海夷道"

无独有偶,汉文文献也有这一海上航路的记载。《新唐书·地理志》中收录有曾担任唐朝鸿胪卿的贾耽所记"广州通海夷道",这是一条由广州出港,过南海,经中南半岛至印度洋,再到波斯湾的航线。

> 广州东南海行,二百里至屯门山(大屿山、香港二岛之北),乃帆风西行,二日至九州石(海南岛东北七州列岛)。又南二日至象石(海南岛独珠山)。又西南三日行,至占不劳山(占婆岛),山在环王国(即占婆,今越南中南部)东二百里海中。又南二日行至陵山(越南归仁以北的燕子岬)。又一日行,至门毒国(越南归仁)。又一日行,至古笪国(越南芽庄)。又半日行,至奔陀浪洲

（越南藩朗）。又两日行，到军突弄山（越南昆仑岛）。又五日行至海硖（马六甲海峡），蕃人谓之"质"，南北百里，北岸则罗越国（马来半岛南部），南岸则佛逝国（苏门答腊巨港）。佛逝国东水行四五日，至诃陵国（爪哇），南中洲之最大者。又西出硖，三日至葛葛僧祇国（苏门答腊诸岛），在佛逝西北隅之别岛，国人多钞暴，乘舶者畏惮之。其北岸则个罗国（马来半岛西岸的吉打）。个罗西则哥谷罗国（马来半岛董里地区）。又从葛葛僧祇四五日行，至胜邓洲（苏门答腊北部东海岸日里附近）。又西五日行，至婆露国（苏门答腊班达亚齐地区）。又六日行，至婆国伽蓝洲（尼科巴群岛）。又北四日行，至师子国（斯里兰卡），其北海岸距南天竺（南印度）大岸百里。又西四日行，经没来国（印度西南部的奎隆），南天竺之最南境。又西北经十余小国，至婆罗门（在今印度）西境。又西北二日行，至拔颮国（坎贝湾的布罗奇）。又十日行，经天竺西境小国五，至提颮国（印度第乌尔），其国有弥兰太河（印度河），一曰新头河，自北渤昆国来，西流至提颮国北，入于海（指阿拉伯海）。又自提颮国西二十日行，经小国二十余，至提罗卢和国（波斯湾阿巴丹附近），一曰罗和异国，国人于海中立华表，夜则置炬其上，使舶人夜行不迷。又西一日行，至乌剌国（俄波拉），乃大食国之弗利剌河（幼发拉底河），南入于海。小舟溯流，二日至末罗国（巴士拉），大食重镇也。又西北陆行千里，至茂门王（阿拔斯王朝哈里发马蒙）所都缚达城（巴格达）。

自婆罗门南境，从没来国至乌剌国，皆缘海东岸行；其西岸之西，皆大食国，其西最南谓之三兰国（约在桑给巴尔海峡附近）。自三兰国正北二十日行，经小国十余，至设国（也门的席赫尔）。又十日行，经小国六七，至萨伊瞿和竭国（阿曼的哈德角），当海西岸。又西六七日行，经小国六七，至没巽国（阿曼的苏哈尔）。又西北十日行，经小国十余，至拔离謌磨难国（巴林岛的麦纳麦）。又一日行，至乌剌国，与东岸路合。

"广州通海夷道"约分为三段。首段从广州出发，沿南海中南半岛东岸航行，越暹罗湾，顺马来半岛东岸南下，到苏门答腊岛东南部，再至爪哇岛；次段由新加坡海域折向西北行，穿过马六甲海峡，以尼科巴群岛为中介，穿越孟加拉湾到印度半岛南端，经斯里兰卡，再沿印度半岛西岸向北，通过霍尔木兹海峡进入波斯湾，之后换小舟上溯阿拉伯河（幼发拉底河和底格里斯河交汇形成的河流），经底格里斯河到达大食首都巴格达；尾段复出霍尔木兹海峡，沿阿拉伯半岛南岸向西，经巴林、阿曼、也门等港口,前往东非,或穿过曼德海峡航行至红海沿岸。

贾耽所记"广州通海夷道"是唐代重要的海上交通资料,其能清晰记录这一航路,应得益于本人鸿胪卿的身份。亦即贾耽关于这条航路的记载或来自他所接待的前来入贡的大食贡使。因其所描述的由广州到波斯湾的路线,可与阿拉伯文献由波斯湾到广州的记载相互印证,航程大体一致,所不同的只是行程起航地、目的地相反,贾耽言自东向西之航线,苏莱曼所云则是自西向东之海道。此外,东西文献许多地名发音也相同,如南洋地区个罗、奔陀浪、占不劳等,经语言考证,均源于阿拉伯语。马来半岛中部的哥谷罗,即阿拉伯语 Kakula 的对音;印度洋沿岸的拔颶,为阿拉伯语 Barwas 的对音;弥兰太河,乃阿拉伯语 Nahr Mihran 的对音。由此可见阿拉伯人于这一航线上的重要影响。

值得一提的是,唐代以前虽有不少中国人由海路前往印度洋,但不见有进一步西向航行至波斯湾及非洲沿岸者。而自唐中期以后,在大食、波斯人大量来华的同时,中国人亦多有乘舶驶往波斯湾及红海者。据西安出土《杨良瑶神道碑》载,唐德宗时,宦官杨良瑶即奉诏由广州出海,经南海、印度洋出使至阿拔斯王朝首都巴格达。阿拉伯史学家艾布·赛德·哈桑在增补《苏莱曼游记》时言到,唐代来自中国的船曾抵达红海的吉达港,并由此驶向埃及。

(一)苏哈尔

苏哈尔(Sohar),或即贾耽所曰"没巽国"、宋人所称"勿巡"。位于今阿曼北部海岸,是古代阿拉伯半岛与东方贸易的重要港口。这里优越的地理位置、优良的海港以及扼守波斯湾的门户之便,使之成为阿拉伯帝国与东方贸易的重要始发港,也是当时印度洋西岸一个兴旺发达的国际海港。《世界境域志》记载:"阿曼是一个海岸上的大城镇,此地商人很多,是全世界的商业中心。城内的商人是世界上最富有的,东西南北各方的商品皆运到该城,然后从这里再运往各地。"苏哈尔更被誉为是"通向中国的走廊",输往阿拉伯帝国的中国货物常在此地存放,而前往中国贸易的商人也多于此装货上船。20世纪80年代以来,在苏哈尔老城堡及阿曼其他地方的考古发掘中,出土有大量晚唐、宋、元、明、清时期的瓷器、陶罐碎片及各种中国钱币,反映了这一千年古港在海上丝绸之路中的地位。

(二)巴士拉

巴士拉(Basra),即《新唐书》中的"末罗国",贾耽称其为"大食重镇"。位于今伊拉克东南部,底格里斯河下游,是连接波斯湾和西亚内河水系的枢纽城市。建于7

世纪,至9世纪巴士拉商业地位日益上升,中世纪阿拉伯学者贾希兹(Al—jahiz)誉其为伊斯兰世界的"商业之城"。各类奇珍异宝、精美棉织品和来自东方的丝绸充斥于巴士拉市场。唐朝商旅也时常造访此地,不过由于巴士拉地处内河河畔,大型远洋船舶不能直抵港口,需停泊于乌剌(Ubolla),再由小船驳运货物到巴士拉。

(三)尸罗夫

尸罗夫(Siraf),又译撒那威、西拉夫等,宋代《桯史》作"尸罗围",《诸蕃志》称"施那帏"。即今伊朗的布什尔省,位于波斯湾东岸,早在萨珊波斯时期已发展为重要的港口。9到10世纪时,尸罗夫成为中东地区主要的转口港,汇集了来自中国、印度、东南亚、东非和红海等地的船只和商品。阿拔斯王朝鼎盛时期,由尸罗夫沿海出发有三条重要的航线:一是通往巴士拉的海路;二是到东方的航路;三是跨波斯湾至阿曼、也门、吉达、东非沿岸的航道。《苏莱曼游记》作者即从尸罗夫出港航行至中国,他曾言广州聚集有许多来自尸罗夫的商人,并曰"货物从巴士拉、阿曼以及其他地方运到尸罗夫,大部分中国船只在此处装货"。尸罗夫既是当时西方商人东来中国的门户,也是中国商舶西行中的重要中转港。经考古发掘,这里出土有大量唐宋时期钱币和瓷器碎片。

四、黑石号:唐代航行东西海域的大食商舶

唐代自东方至印度洋西岸的海上航路贯通后,航道上满载货物的船只西去东来,络绎不绝。时中国将进入沿海各港口的外国商船,通称为市舶,或互市舶。晋代吕忱编撰《字林》曰:"舶,大船也,今江南泛海船谓之舶。"《唐国史补》云:"南海舶,外国船也。"在诸多来华商船中,大食之"波斯舶""西域舶"出入广州最多,频次也最高。上世纪末水下考古发掘之"黑石号"沉船,即为一艘航行于"广州通海夷道"上的阿拉伯商舶。

1998年,德国人沃尔特法恩(Tilman Walterfang)在印度尼西亚勿里洞岛附近海域发现一艘唐代古沉船,沉船地点接近贾耽所述"诃陵国"(即爪哇),此地乃是唐朝与南亚及西亚海上交通的要冲。这里暗礁丛生,沉船旁即为一块黑色大礁岩,"黑石号"由此得名。"黑石号"装载有6万多件来自中国的商品,其中一件出自长沙窑的瓷碗底部刻有"宝历二年七月十六日"字样。宝历二年,即公元826年,为唐敬宗在位年号,据此可知这是一艘唐代后期发自中国的商船。

"黑石号"沉船的打捞,使一大批唐代宝藏浮出水面。在这些中国商品中数量最多的是瓷器,它们出自长沙窑、邢窑、越窑、巩义窑等窑口。其中以湖南长沙窑

瓷器为最,数量多达5万余件。瓷器表面多有异域风格的独特花纹,如桫椤树、椰枣和胡人图案,甚至出现阿拉伯文字,显然是为域外国家量身定制的产品。瓷器之外,"黑石号"上还有22件银盘、银杯,7件金盘、金杯和大量铜镜,这些物品工艺精湛,式样花纹,十分精美。

尽管"黑石号"在海底沉睡了上千年,但其船体结构基本完整,残存长度达15.3米。船板表面留有清晰的捆绑痕迹,既无木楔也无铁钉,由其船舶制造工艺看,是典型的阿拉伯缝合式木船。唐代任职广州司马的刘恂在《岭表录异》言及大食蕃商的船舶时,称其"不用铁钉,只使桃榔须系缚,以橄榄糖泥之。糖干甚坚,入水如漆也"。法国学者索瓦杰在《中国印度见闻录》序言中云:"(阿拉伯人)擅于航海的传统一直保留到伊斯兰时代,因此到7世纪中叶,在赫贾兹还可看见人们用柚木作造船及建筑用的常用木料,而到757年,在吉达还可以买到缝船用的椰索。"元代航海家汪大渊《岛夷志略》也曾描述他在波斯湾的甘埋里(有学者以为即今忽尔模斯岛)看到的一种阿拉伯商船,"其地船名为马船,大于商舶,不使钉灰,用椰索板成片"。比照文献与考古信息,不难发现"黑石号"无疑是一艘来自阿拉伯的船舶。

"黑石号"的发掘意义重大,反映了这一时期东西方之间海上航路的通达,展现了唐朝与中东地区海上丝绸之路贸易的繁荣。

参考文献:

1.孙光圻:《中国古代航海史》,海洋出版社,2005。

2.齐东方:《"黑石号"沉船出水器物杂考》,《故宫博物院院刊》2017年第3期。

3.韩香:《唐代来华波斯商贾与海上丝绸之路》,《西北民族论丛》2018年第1期。

4.韩中义、飞龙、韩紫芸:《海上丝绸之路与前现代贸易体系:波斯湾沿岸典型城发展与中古中国交往研究》,《丝绸之路研究集刊》第10辑,社会科学文献出版社,2023。

5.杨斌:《"无钉之船":考古和文献中最早往返于西亚与中国之间的海舶》,《海交史研究》2022年第1期。

(马建春、黄雄彪)

第三节　宋代东西航路的拓展

北宋平定南方后，积极拓展海外交通。雍熙四年（987），宋太宗遣使者携敕书、黄金、丝帛等前往南海，招徕南海诸国通好，并大量购买香药、犀牙、珍珠等物品。此后朝廷于沿海港口设立市舶司，颁布市舶条例，招徕蕃商来华贸易。宋代海外贸易繁盛一时。靖康之难后，南宋更为重视市舶收入，以资国用，并竭力推动海上贸易，海外交通因此亦有了更大的拓展。

一、宋代往来海上航路的诸国商旅

宋代远洋贸易大为活跃，航路较前代进一步扩展。商舶大多从广州或泉州出海，前往东南亚诸国，已辟有直航三佛齐和阇婆的航路。前往印度洋西岸港口的商舶，再西行经蓝里到麻罗拔等港埠。由此北上波斯湾、南下东非沿岸，入红海至埃及。这时由东非层檀国到宋朝广州，辽阔的大洋上，无数船舶西去东来，不绝如缕。

宋代来华贸易的海外商人数量迅速扩大，海洋贸易规模远超前代。宋人著述《岭外代答》《云麓漫钞》《诸蕃志》等记载，时与宋朝有贸易往来的国家，至少在60个以上。曾任泉州市舶使的赵汝适在《诸蕃志》中记述了与中国有贸易交往的东南亚、印度、阿拉伯半岛、东非等地50多个国家和地区，内含诸国风情、物产、贸易、距离远近和航路等介绍。与此同时，中国商船也向阿拉伯海西岸及更广范围的港口航行，与红海沿岸及非洲东海岸开展直接贸易。英国历史学者巴兹尔·戴维逊（Basil Davidson）认为"十二世纪前后，中国船就技术上来讲，已经能够航行到任何船只所能到达的地方去了"。

丝绸在宋代仍是大宗出口商品，但其地位已逊于瓷器。此外，铜钱、书籍等物品的出口也大大增加。进口商品的名目较之前代亦大为丰富，仅见于《宋会要辑稿》的物品就达400种左右，包括各种珍宝、香料、药材、日用品和军事用品。宋代，海商的贩运规模、朝贡往来数量、政府抽买数额等都有了显著增加。如前来泉州的"大食蕃客啰辛贩乳香直三十万缗，纲首蔡景芳招诱舶货，收息钱九十八万缗"。绍熙元年（1190）大食商人蒲亚里运至广州的货物抽买部分的价值就达5万贯，而抽买只是其货物总额的十分之三左右。学者黄纯艳以南宋绍兴二十九年（1159）的贸易数据进行推算，认为宋代当年的进出口总额应超过二千万贯。这一贸易数据对于以自然经济为主体的古代中国来说是非常可观的。

宋代民间海商贸易较之前代增长显著。北宋时赴日本贸易的宋商有确切记载者多达70次,南宋时则更多。而据《高丽史》记载,从宋崇宁元年(1102)至宋绍熙三年(1192)的90年间,宋朝海商前往高丽进行贸易者达117次,其中确知其人数者有77次,共计4548人。宋朝与南海、印度洋沿岸各国贸易是其海外贸易的重要领域,驶往这些海域的宋商数量应更加庞大。

有宋一代,是中国与大食间关系最为密切的时期。当时与中国有外交往来的国家约五六十个,而在诸多国家中,大食及其属国是宋朝与南海、印度洋贸易交往中最主要的地区。《岭外代答》称"诸蕃国之富盛多宝货者,莫若大食国"。来华的大食商人大多拥有雄厚的资本,其中"富者费累巨万"。有"蕃商辛押陀罗者,居于州数十年矣,家赀数百万缗",熙宁年间(1068—1077)其曾请"进助修广州城钱粮"。泉州大食蕃商佛莲"其家富甚,凡发海舶八十艘",逝后家中仅珍珠就达一百三十石。这些大食商人"服饰皆金珠罗绮,用皆金器皿";所建屋宇"宏丽奇伟,益张而大,富盛甲一时";修建之伊斯兰教塔寺"高入云表"。南宋时蒲寿庚家族更是长期执掌泉州市舶司,势力庞大。总之,宋代时来华大食商旅资本雄厚,是其时海上贸易的重要力量。陈垣先生撰于民国时期的《回回教入中国史略》曰:"大食在唐宋间与中国之关系,殆如今日之英美,明时之葡萄牙。"

宋代来华的东南亚蕃商数量也颇众。史籍可稽考者有三佛齐、阇婆、渤泥、真里富等地商人。真里富(今泰国湾沿岸)商人"欲至中国者,自其面放洋,五日抵波斯兰,经真腊、占城等国可到钦廉州"。乾道四年(1168),有一"囊资巨万"的真里富大商逝于明州,说明其时东南亚商人北上参与明州贸易者也大有人在。

二、宋代东西航线之节点与港埠

宋代远洋航线上,由南海、印度洋沿岸到非洲东海岸,参与多方贸易的国家和地区众多,并形成这一时期东西方海上贸易的一个个重要节点港口,它们在海上交通中的地位举足轻重。

(一)三佛齐

三佛齐位于今苏门答腊岛,原都城在巨港,国名室利佛逝,后迁至占卑,改称三佛齐。《宋史》称其"盖南蛮之别种,与占城为邻,居真腊、阇婆之间,所管十五州"。这里盛产红藤、紫矿、沉香、槟榔、椰子等货物,不用钱币,以金银交易商品。其地理位置在南洋乃至整个东西方交通中都十分重要,周去非《岭外代答》云:"三佛齐国,在南海之中,诸蕃水道之要冲也。东自阇婆诸国,西自大食、故临诸国,无不由其境而入中国者。"由三佛齐驶往中国的船只,顺季风 20 日可达广州,到泉州则需一月有余。

三佛齐曾多次遣使入宋,与宋朝交好,民间贸易往来更是络绎不绝。该地也是宋代东西商舶于南海的主要贸易口岸和中转地。华人于此经商者很多,南宋泉州巨商朱纺曾乘船赴三佛齐,"往返曾不期年,获利百倍"。本地商人来华贸易也有见诸史籍者,太平兴国五年(980),"三佛齐国蕃商李甫诲乘舶船载香药、犀角、象牙至海口,会风势不便,飘船六十日至潮州,其香药悉送广州"。

由于地处马六甲海峡沿岸,三佛齐控扼着通往印度洋的海上通道,因而成为东西往来商舶的必经之路,中外船只在此"修船转易货物"。自阿拉伯地区前往东方的大食商人,也以此为贸易中转点,"本国所产多运与三佛齐贸易,贾转贩以至中国"。三佛齐也是中国与东非航线上的节点港口,熙宁四年(1071),地处东非桑给巴尔的层檀国(也称层拔)遣使来宋朝,蕃舶入南海停泊于三佛齐。

(二)阇婆

宋代阇婆,在今印度尼西亚境内,地处南海交通要道。《宋史》称"阇婆国在南海中。其国东至海一月,泛海半月至昆仑国;西至海四十五日,南至海三日,泛海五日至大食国;北至海四日,西北泛海十五日至勃泥国,又十五日至三佛齐国,又七日至古逻国,又七日至柴历亭,抵交趾,达广州"。阇婆地理位置优越,物产丰富,《岭外代答》称其为东南诸国之都会。该地近香料产地马鲁古群岛,盛产胡椒、檀香、丁香、白豆蔻、肉豆蔻、沉香等货,在南海贸易中占据资源优势。阇婆也是海上丝绸之路航线中的重要交通节点,与三佛齐存在激烈的竞争关系。赵汝适《诸蕃志》言阇婆"与三佛齐有仇,互相攻击"。淳化三年(992),三佛齐曾遣使宋朝,状告遭阇婆入侵。

阇婆积极发展与宋朝的关系,淳化年间,"其王穆罗茶遣使陀湛、副使蒲亚里、判官李陀那假澄等来朝贡"。宋朝与阇婆的民间贸易往来也颇为兴盛,闽商毛旭曾多次远航南洋,到阇婆开展贸易。阇婆也正是经由毛旭为向导顺利与宋朝建立朝贡关系。

(三)蓝里

蓝里,也称兰里,位于今苏门答腊岛西北班达亚齐,盛产苏木、白锡、象牙等物。由此往东即为马六甲海峡,向西则进入孟加拉湾,地理位置十分重要,是其时东西方船舶往来印度洋与南海的必经地,港口贸易甚为繁荣。据传蓝里有一名"帽山"的高大山峰,于海平面上十分显眼,"西来洋船俱望此山为准",可谓一座天然灯塔。因其物产丰饶,又扼守马六甲海峡西北部通道,西去东来的商舶多于此停泊休整。

(四)故临

故临,宋人亦称古林,即今印度奎隆。濒临阿拉伯海,《诸蕃志》称"自南毗舟行,顺风五日可到,泉舶四十余日到蓝里住冬,至次年再发,一月始达"。物产有椰子、苏木,以及由蜜糖和椰子花汁所酿美酒。《岭外代答》云"中国舶商欲往大食必自故临易小舟而往","大食国之来也,以小舟运,而南行至故临国,易大舟而东行"。中国远洋商舶载重量大,吃水深,进入印度洋后多选择在故临更换小船至波斯湾河岸港口;大食商人由印度洋西岸来中国,也同样于故临换乘大型海舶东航。可见故临是这时东西海商船舶、货物的重要转换港,其在远洋航线上具有独特的地位。

(五)大食诸港

宋乾德四年(966),太祖遣僧人行勤等 157 人出使西域,并颁赐诏书于大食国。自此宋朝与大食及其属国通贡不绝。其时阿拔斯王朝内部政权分治,所谓"大食者,诸国之总名也。有国千余所,知名者特数国耳"。宋代文献记述的大食包括勿巡、陀婆离、俞卢和地、麻罗拔、麻嘉、吉兹尼、眉路骨悖、勿斯离、陀曷、奴发、哑四包闲、罗施美、木俱兰、伽力吉、毗喏耶、伊禄、白达、思莲、白莲、积吉、甘眉、蒲花罗、弼琶罗、层拔(也称层檀)、瓮蓠、记施、弼斯罗等国。北宋有史记载的大食使臣入贡达 48 次,平均每 3 年 1 次,比唐朝入贡频率高。前来入华朝贡的大食属国主要有层檀国(今东非桑给巴尔)、麻罗拔国(即勿拔,今阿曼境内米尔巴特)、勿巡(阿曼苏哈尔港及马斯喀特地方)、俞卢和地(即今波斯湾西岸巴林之卡提夫)、陀婆离(又作陀婆离慈,明代称讨来思、帖必力思,今伊朗大不里士)等国,其中麻罗拔和层檀是这一时期印度洋西岸航线中的重要港口。

麻罗拔,也称勿拔、麻啰跋、麻罗抹,一说其地处阿拉伯半岛南部的卡马尔湾头;也有学者称其在今阿曼境内米尔巴特地方。亚丁兴起前,麻罗拔是印度洋西岸最大的港口之一,其地不仅"产乳香、龙涎、真珠、琉璃、犀角、象牙、珊瑚、木香、没药、血竭、阿魏、苏合油、没石子、蔷薇水等货",而且水陆交通几乎畅达整个阿拉伯地区,东非、北非、西亚"大食诸国至此博易",商舶云集。遂成为大食诸国与各国商旅汇聚交易的重要港口。

层檀，也称层拔，即今东非坦桑尼亚桑给巴尔。该地气候温暖，物产丰饶，《文献通考》载其"谷有稻、粟、麦，食有鱼，畜有胡羊、山羊、沙牛、水牛、橐驼、马、象，药有木香、血竭、没药、鹏砂、阿魏、熏陆。产珍珠、玻璃、密沙华三酒"。有官铸货币，商人用以交易，贸易繁盛。北宋熙宁四年(1071)，层檀国遣使入贡，自此常与宋朝贸易往来。

勿巡，该国所在具体地域，史料载记不详。日本学者藤田丰八以为，勿巡"是'Mezoen'的对音，Oman 首府 Sohar 的别名"。Oman 即《诸蕃志》中之瓮蛮国，其地在今阿拉伯半岛之阿曼境内苏哈尔港(Sohar)和马斯喀特(Masqat)一带。藤田丰八关于勿巡为阿曼的认识是合理的，亦多为学界所认可。亦即勿巡，即Mezoen，其对音则为 Omazon，转音而为 Oman，即瓮蛮。《诸蕃志》不记勿巡，却以此前他书不载之瓮蛮代之，可见南宋时勿巡已因转音载记为瓮蛮。后之文献遂往往不载勿巡，而有瓮蛮之名。或曰南宋以来，已知勿巡即瓮蛮。元《大德南海志》言及西洋诸国，内无勿巡，却有瓮蛮。赵汝适称"瓮蛮国人物如勿拔国"("勿拔"在今阿曼境内米尔巴特)，由其所记"食烧面饼、羊肉，并乳、鱼、菜"，及"沿海出真珠，山畜牧马，极蕃庶。他国贸贩惟买马与真珠及千年枣，用丁香、豆蔻、脑子(龙脑)等为货"看，它应指阿曼境内苏哈尔港及马斯喀特地方。史籍载有蕃商辛押陀啰者，乃勿巡国进奉使，于北宋年间入贡方物，获宋廷所封"归德将军"，后以蕃长居广州番坊数十年，其间书请助修广州城、出资捐助郡学等。

三、宋朝与东非航线的拓展

唐代中国已知有阿拉伯地区至东非的海上航路，贾耽据大食商贾所言而记述的"广州通海夷道"，已言及非洲东海岸的航路。宋代中国与东非地区有了实质性的海上交往，时人对非洲诸国交通、风物有了进一步的认识，文献记载亦更加丰富。《宋史》称层檀国"海道便风行百六十日，经勿巡、古林、三佛齐国乃至广州"，"元丰六年(1083)，使保顺郎将层伽尼再至，神宗念其绝远，诏颁赉如故事，仍加赐白金二千两"。这一记载说明宋人将层檀国视为"绝远"之地，并明确记述其使者入贡宋朝的航路为：自其国入海，经勿巡、古林(印度西海岸之古里)、三佛齐等海上节点港口，抵达广州。亦即其时来自东非的层檀国是沿印度洋西海岸由东非经阿拉伯半岛、波斯湾、印度半岛西海岸至南海苏门答腊，再北上航行至中国。这应是当时中非之间使节、商旅航行的主航道。这条航路拓展了宋代前往印度洋西海岸船舶前行的目的地。

宋朝与东非诸地之间的贸易联系,已有考古资料证实。东非沿岸先后出土中国古代钱币 330 枚,其中宋钱高达 206 枚,足见当时两地之间贸易的兴盛。中国向东非输出商品以瓷器为主,此外尚有锦缎、铅锡等,从非洲进口的商品则有金银、香药、犀角、象牙等。瓷器是宋朝与东非贸易最重要的商品,M. 埃尔·法西(M. El Fasi)主编《非洲通史(第三卷)》称 11 世纪前后非洲数量最大的进口货品是来自中国的青绿釉陶器,以及黄黑、青蓝和白色的瓷器。这些远涉重洋来到"绝远"之地的瓷器遍布东非沿岸的商道和港口城市,在今曼达岛北部的曼达城、坦桑尼亚的基尔瓦等地均出土有宋朝瓷器,以至东非被称为"中国古瓷的储仓"。出土瓷器大多出自 10 至 12 世纪的中国产品,囊括了龙泉青瓷、耀州窑瓷等多种。基尔瓦"大清真寺"遗址出土的青瓷莲纹碗残片即为宋代龙泉窑烧制。

层檀国之外,宋代史籍涉及非洲地区的国家还有木兰皮国(柏柏尔人建立的穆拉比特王朝)、默伽猎国(马格里布)、勿斯里国(又称蜜徐篱,即埃及)、遏根陀国和陀盘地国(均在今非洲北部)等。宋朝与这些国家似应有海上交通联系。一些学者以为,为了发展与以上非洲国家的交往,宋时已拓展了横跨阿拉伯海的航线。周去非《岭外代答》记载从东南亚蓝里到阿拉伯半岛南部的麻罗拔国,顺风西行需 60 天。孙光圻先生考证计算,如果沿海岸行驶,从蓝里到麻罗拔大约要 116.5 天;而如果横跨孟加拉湾和阿拉伯海,时间则可缩短到 62.5 天,从而与周去非"需 60 天"的说法相一致。由此推测,宋代由于东西方航海技术的进步,海上往来中的一些船舶已实现了由印度西海岸横跨阿拉伯海至半岛南部的航行,缩短了航程。再者,宋代商舶到达东非"非洲之角"后,或可能穿越曼德海峡,沿红海直抵勿斯里、木兰皮等北非国家。其时陆上丝绸之路被阻隔,这就为埃及一带出土的宋朝瓷器提供了一种解释,即可推测宋代中国与北非埃及、马格里布等地或已存在海上贸易往来。

四、南海Ⅰ号:航行于南海的宋代船舶

近半个世纪以来,在我国领海和东南亚海域内发现多艘两宋时期的中外沉船。1974 年在泉州后渚港发现一艘归航的宋代海船,1989 年苏门答腊东南林加群岛附近打捞出一艘同时期的沉船,1996 年西沙群岛西侧永乐群岛又发现一艘被命名为"华光礁Ⅰ号"的宋代沉船。在已发掘的宋代沉船中,以广东阳江海域的"南海Ⅰ号"最为著名。它是已发现宋代沉船中船体最大,也是我国开展水下考古

工作以来所见保存最完整的远洋贸易商船。随着考古工作的推进，船上越来越多珍贵的文物得以重见天日，为我们提供了大量有关宋代海外贸易的信息。

1987 年 8 月，中英两国联合在广东南海川山群岛搜寻一艘外国沉船时，意外地发现一艘在海底沉睡了 800 多年的宋代沉船，随后将其命名为"南海Ⅰ号"。由于沉船海域风浪大，水下能见度差，发掘难度较高。历经多年的调查勘探和方案设计，考古人员至 2007 年终于将"南海Ⅰ号"整体打捞出水，安放在位于阳江市的广东海上丝绸之路博物馆。经过出水清理，发现"南海Ⅰ号"载有瓷器、金器、银器、铜器、锡器、漆木器、朱砂、钱币等物品。目前已出水钱币中年代最晚的是南宋高宗时期的"绍兴元宝"，部分瓷器工艺亦符合南宋中晚期瓷器特点，因此推断这是一艘南宋中晚期的远洋贸易商船。

"南海Ⅰ号"船舱内主要保存有置放整齐的瓷器，其种类、形制非常丰富，大部分瓷器产自江西、福建和浙江，几乎囊括了宋代南方的主要窑口。出水的完整瓷器中，有福建德化窑的白釉瓷，江西景德镇的青白釉瓷，浙江龙泉窑、福建闽清义窑的青釉瓷，福建晋江磁灶窑的酱釉瓷、绿釉瓷、黑釉瓷等。这些精美的瓷器体现了宋朝外销瓷工艺的高超和种类的丰富。船上各舱几乎都装载了瓷器，数量非常庞大。北宋朱彧《萍洲可谈》曾记道："海舶大者数百人，小者百余人……舶船深阔各数十丈，商人分占贮货，人得数尺许，下以贮货，夜卧其上。货多陶器，大小相套，无少隙地。"可以说"南海Ⅰ号"瓷器放置场景生动再现了宋代的文献记载。

瓷器之外，值得注意的是船上发现有大量铜币，这或可反映宋钱已是当时南洋货物交易中的流通币。"南海Ⅰ号"沉船历次探察发掘都发现有钱币，年代最早为东汉的"货泉"，其次为隋唐时期的"五铢"钱和"开元通宝"，少部分为五代十国的钱币，如后周"周元通宝"、后唐"唐国通宝"。绝大部分为北宋铜钱，仅"绍兴元宝"就出水 6000 多枚，其中钱文清晰的有 4000 多枚。由此看来，中国钱币或在东南亚、印度洋一些国家和地区已具有国际通用货币的功能。当然，并非所有流入东南亚的铜钱都被当作货币，有不少可能会被作为贵重金属材料，熔铸制作成其他器具。宋人曾曰："蕃夷得中国钱，分库藏储，以为镇国之宝；故入蕃者非铜钱不往，而蕃货非铜钱不售。"直到 14 世纪，居于马六甲的印度、波斯、亚齐、暹罗、阿拉伯商人及本土商人，均大量收购中国铜钱，用以熔化制作各种厨房用具，如锅、罐、盘、碗和装饰品等。

"南海Ⅰ号"船体较为完整，船形宽而扁，船首平头微翘，两侧船舷略有弧度，船的头部和尾部均带有一定弧度的收缩。从已发掘的船体判断，"南海Ⅰ号"沉船属于我国古代三大船型之一的"福船"。这艘船全长 30.4 米,宽 9.8 米,船身(不包括桅杆)高约 4 米,排水量估计可达 600 吨,载重近 800 吨。由考古出水材料看来,"南海Ⅰ号"是一艘适合于南海、印度洋广阔洋面上行驶的"大舟"。

"南海Ⅰ号"沉船是宋代海上交通兴盛的直接物证,这艘商船从中国出发,乘风破浪驶往南海,满载中国商品与域外各国开展贸易,可以说是当时东西方海洋交通线上千千万万海舶的缩影。

参考文献:

1.关履权:《宋代广州的海外贸易》,广东人民出版社,2013。

2.黄纯艳:《宋代海外贸易》,社会科学文献出版社,2003。

3.李庆新:《南宋海外贸易中的外销瓷、钱币、金属制品及其他问题:基于"南海Ⅰ号"沉船出水遗物的初步考察》,《学术月刊》2012 年第 9 期。

4.曹家齐:《宋代的交通形势与制度》,《中国社会科学》2022 年第 7 期。

5.武婷婷:《宋代中国与非洲贸易图景研究》,《非洲研究》2022 年第 1 卷。

(马建春、黄雄彪)

第四节 元代印度洋港埠与新航线的开辟

自唐代东西方航路贯通后,这一航线不断向印度洋西海岸延伸,阿拉伯半岛南部诸港、东非海岸的索马里、肯尼亚港埠也逐渐被纳入该航路中。印度洋各港口作为东西方之间贸易节点的重要性不断凸显,在海上丝绸之路上发挥着重要作用。元朝疆域空前广阔,朝廷不仅积极发展陆上丝路,也高度重视对海外的经略,极力开拓东西海上交通。唐宋王朝与印度洋贸易的中途节点常以东南亚的苏门答腊、爪哇诸岛屿为中心,元朝时则显然已延展至马八儿,并经马里八儿国之海上捷径,使得中国船舶更多、更频繁地进入印度洋西线沿岸,汉文史籍中也因此有了东、西洋之分。

"西洋"一词,元初已见文献,指印度洋及其周围广大地区。周致中《异域志》有"西洋国"条,称"在西南海中"。陈大震、吕桂孙撰《大德南海志》,分述东洋、西洋,且细分为小东洋、大东洋、小西洋、大西洋。大抵以冓他海峡(位于今苏门答腊岛和爪哇岛之间)为东、西洋之分界。加里曼丹岛北部至菲律宾为小东洋,其南诸地为大东洋;马来半岛、苏门答腊一带为小西洋,印度洋为大西洋。元朝与西洋各国之间往来频繁,其通往西方的海上通道,在继承了唐宋以来的中西海上交通基础之上,较以往有了更大的拓展。

元朝在灭南宋后,积极与南海各国建立联系,多次遣使诏谕各国前来朝贡。至元十五年(1278),元世祖忽必烈颁布诏书:"诸蕃国列居东南岛屿者,皆有慕义之心,可因蕃舶诸人宣布朕意。诚能来朝,朕将宠礼之。其往来互市,各从所欲。"次年,又下令"诏谕海内海外诸番国主"。元朝开放的外交政策吸引了众多南洋国家,马来半岛、印尼群岛及菲律宾诸岛国纷纷入贡。

元朝在与南海诸国通好的同时,把目光投向遥远的"大西洋"。时蒙古贵族海都叛据中亚地区,阻塞了中国和波斯之间的陆上通道,将元朝与伊利汗国(忽必烈胞弟旭烈兀统治区)分隔开。因此,忽必烈迫切需要通过海上交通加强与远在波斯的伊利汗国的联系。出于经济与政治上多重因素的考量,元朝加强与印度洋国家的往来,与印度洋诸港口联系密切。在此期间,一条经由马八儿、马尔代夫、索科特拉岛和亚丁等地的新交通航线日渐活跃,成为其时印度洋东西两岸交往的海上捷径。

一、马八儿

马八儿又称马八、麻八而,为阿拉伯语 Mabar 的音译。地处南印度东海岸一带,王府在今印度马杜赖。即元人所称"西洋国",实指潘地亚王朝(Pandya)。元朝和马八儿国于政治、经济等方面有多重联系,其交往甚密,原因主要是马八儿地处西洋航行的要冲,在当时印度洋交通贸易中占有非常重要的地位。

中国与马八儿的联系,见于元初。忽必烈两次派遣西域人亦黑迷失出使南印度,可称是元朝开拓印度洋海上交通的前奏。至元九年(1272),亦黑迷失出使印度洋的八罗字国(又称马拉巴国,在印度西岸科泽科特一带),返回时偕其国人"以珍宝奉表来朝",深受忽必烈褒奖。至元十三年(1276),中书省又遣使往印度洋,引来南印度东部马八儿国与元朝通好。《元史》记载马八儿国"比余国最大","足以纲领诸国",其统治下的马杜赖和加异勒等城市均为印度洋沿岸重要的贸易港。马八儿地理位置优越,与西亚、非洲诸地有着繁荣的贸易往来,自此可经由印度西南海岸至波斯湾,也可经马尔代夫至亚丁湾及东非海岸,在当时东西海上交通中占据极为重要的地位。元代马八儿与中国交往十分密切,频繁通使,仅《元史》之《本纪》所载双方往来就多达 23 次。马八儿王子孛哈里曾两次来华,并最终落居中国。

马八儿给许多中外旅行家留下了深刻印象。在马可·波罗笔下,这里被称为马八儿大州,是怯失(波斯湾的基什岛)、忽鲁谟斯(霍尔木兹海峡附近的一座滨海小城)、祖法儿(阿拉伯半岛南部哈德拉毛)、琐哈儿(阿曼湾西部的苏哈尔)、阿丹(亦称"亚丁",在亚丁湾西北岸)等地商人会聚之所在。他称赞马八儿"是为印度之良土而属大陆"。13 世纪来华的意大利旅行家鄂多立克(Odorico da Pordenone)写道:"从此邦经十日旅程就到了另一个叫马八儿的国家。它很大,下有很多城市村镇","该岛或该省份的国王富有金银珠宝。此岛出产大量美珠,一如世上任何地方之所产"。汪大渊在《岛夷志略》中也介绍说:"马八儿屿,控西北之隅,居加将门之右,濒山而居……次曰拔忽,曰里达那,曰骨里傍,曰安其,曰迦忽,皆属此国之节制焉。"体现了马八儿在印度洋的巨大影响力。元代编撰的《大德南海志》更是专门以"南毗马八儿国"为题,于此条下罗列西洋诸国名,可见马八儿在当时印度洋海域交通与贸易中占有重要地位。

元代阿拉伯商贾依然活跃于印度洋至远东的航路上,他们中不少人侨居马八儿国,并进入该国统治阶层。有不阿里者,本名撒亦的(Sayyid),随父迁居马八儿国。其父为当地统治者所赏识，父死，不阿里"克绍其业，主益宠，凡召命惟以父名，故其名不行，而但以父名称焉"。后官至马八儿国宰相，曾数次以使臣入贡元朝。以不阿里为代表的阿拉伯侨商与元朝的友好交往，影响了中国与印度洋国家的商业走向。而马八儿在印度洋商贸航线中的独特地位，也使元朝不断与之加强联系，以便在频繁的印度洋贸易中占据主动权。

显然，马八儿之所以受到元朝重视，是因其地处印度洋要冲，不仅为西洋海上交通的中途补给站，亦是当时通往印度洋西岸之两条海道的分航点。从马八儿向西北行，经俱蓝（今印度奎隆）、科泽科德，即可到达旭烈兀控制下的忽鲁谟斯，通达伊利汗国；而由马八儿西南行，则可抵达海上岛国马尔代夫，这里是马八儿至亚丁航线上的重要节点。元朝驶往印度洋西岸的船舶在穿过马六甲海峡进入印度洋后，一些船舶已不再选择沿传统海岸线路行驶，而是由马八儿直接驶往马尔代夫，经此往亚丁湾，或进入红海驶向北非，或至东非沿岸。

二、马尔代夫与索科特拉岛

马尔代夫群岛（Maldive）位于印度洋中部，印度半岛西南方。早期中外文献对此地记载寥寥，6世纪时航海家科斯马斯（Cosmas）首次提到马尔代夫群岛，9世纪的《苏莱曼游记》则称马尔代夫岛是海尔肯德海和拉尔海之间的分界线，大约有1900个岛屿。11世纪后，马尔代夫群岛已常见于西方航海者的记述中。元以前，汉文史料对马尔代夫群岛的记述仅见于唐代高僧玄奘所著《大唐西域记》，称其为"那罗稽罗州"。至元代这一海上岛国则频见于汉文史籍。《大德南海志》有"条坧"一词，学者考证以为"坧"乃"培"之伪，"条培"即阿拉伯语dvipa，指马尔代夫。汪大渊《岛夷志略》则称马尔代夫群岛为"北溜"，其记道：

> 地势居下，千峛万岛。舶往西洋，过僧伽剌傍，潮流迅急，更值风逆，辄漂此国。候次年夏东南风，舶仍上溜之北。水中有石槎中牙，利如锋刃，盖已不完舟矣。
>
> 地产椰子索、贝子、鱼干、大手巾布。海商每将一舶贝子下乌爹、朋加剌，必互易米一船有余。盖彼番以贝子权钱用，亦久远之食法也。

由此可见，该地礁石密布，行船风险较大。后明人称"古传弱水三千，即此处也"。

《伊本·白图泰游记》是元代记载马尔代夫最为详细的文献。这位摩洛哥旅行家称其为"兹贝·埋赫里"，他曾于当地生活了一年半，并担任过法官。他言马尔代夫拥有 2000 多个岛屿。岛上居民以鱼为主食,擅长制作鱼干、棕绳,这些货物远销印度、中国和也门。此外这里还盛产椰子、布巾、贝壳等,当地人以贝壳为货币,并以此与孟加拉国、也门、苏丹等国商人进行贸易。

马尔代夫在印度洋贸易中地位的提升主要得益于这一时期"马八儿—亚丁"新航线的开拓。新航线使得往来东西的商舶更多、更频繁地通过马尔代夫进入印度洋东、西沿岸,而东西方商旅均十分重视利用此地的转运、集散作用,乃使马尔代夫在这一新航线贸易中扮演了极为重要的角色。这里成为东西方贸易的荟萃之地,各类货物运往印度、中国和阿拉伯半岛南部,东来西往的商舶于此停泊交易。

由马尔代夫驶向亚丁,中途一般停靠索科特拉(Socotra)岛。该岛名称源自梵语,意为"幸运的"或"最快乐的"岛屿。该岛长约 137 千米,宽约 40 千米,控扼着印度洋通向红海和东部非洲的海上交通要冲。该岛距离亚丁 800 千米,距非洲顶端瓜达富伊角约 192 千米,出入红海亚丁湾的船舶多需经此。古希腊地理学家阿加塔尔齐德斯(Agatharchides)描述索科特拉岛:"人们能够看见众多邻国抛锚停泊的商船,在那里相遇的多数商船来自由亚历山大沿印度河建造的港口(帕特拉),此外也有不少商船来自波斯和卡尔马尼亚(位于伊朗南部)及整个周边地区。"

马可·波罗也记道:"速可亦剌岛(Scoira,即今之速可脱剌 Socotora),彼等多收龙涎香,饶有棉布,并有其他货物,尤多大而良之咸鱼……岛中商业茂盛,盖各处船舶运载种种货物,来此售于岛民","凡船舶之赴阿丹(即亚丁)者皆泊此岛"。马可·波罗还谈到该岛有世界最优秀的巫师,他们能够咒起逆风,让晴朗的天气骤起风暴,以此来阻止登岛的船舶,同时此岛周围多有海盗活动。巫师咒起逆风之说,固然不可信,但却反映了该岛附近海域多有风浪。从希腊时期直到 13 世纪末,该岛一直以中转贸易保持着商业的繁荣,足见索科特拉岛在印度洋西南岸贸易航线中的重要地位。

三、亚丁

亚丁(Aden),也称阿丹,地处阿拉伯半岛南部,为天然良港,是控扼红海通向印度洋的门户。随着 10 世纪后埃及法蒂玛王朝的建立,阿拉伯海域沿线贸易重心移往红海,亚非海岸贸易联系日益紧密,亚丁于海上贸易中的地位日益凸显。来自东非、阿拉伯的香料,北非的物产,阿拉伯海域的珍珠咸集于此,亚丁始逐步取代苏哈尔、马斯喀特，成为阿拉伯半岛南部最重要的港口和货物集散地。阿拉伯地理学家穆哈达昔（Al-Maqdisi）描述亚丁："四面八方的旅行者蜂拥而至的中心，防备森严、人口众多、蓬勃发展的宜人城镇。它是通往中国的门户，也门的海港，马格里布的粮仓，以及各类商品的存储地。亚丁有许多宫殿式建筑……只有一道狭窄的海路通向山脉，要想进入此城，必须涉过这条水路。"随着其时"马八儿—亚丁"航线的通行，亚丁在东西方贸易中的地位更加凸显。

中国史籍有关亚丁港的记载，学界颇有争议。有学者以为唐代贾耽"广州通海夷道"中所言地处大食西南部的三兰国即是亚丁。宋代文献未见亚丁之载记。至元代，亚丁始频繁见诸汉文史籍，《大德南海志》以"哑靼"称亚丁，汪大渊《岛夷志略》中的"哩迦塔"一地，指的就是亚丁。

与此同时，亚丁亦多出现于国外旅行者著述中。伊本·白图泰在其游记中记道："亚丁城，这是也门地区在大海沿岸的港口，群山环绕，进港只有一条道路，是一座无田禾，无树木，亦无淡水的大城……亚丁居民或经商，或作脚伕，或捕鱼，当地商人颇有资财，有时一个商人就拥有一整船的财物，其中并无别人的股份，他们常常以此夸耀自豪。"马可·波罗亦言："阿丹有海港，多有船舶自印度装载货物而抵于此。商人由此港用小船运载货物，航行七日，起货登岸，用骆驼运载，陆行三十日，抵尼罗河，复由河运至亚历山大。由是亚历山大之回教徒用此阿丹一道输入胡椒及其他香料，盖供给亚历山大物品之道途，别无便利稳妥于此者也。"不难看出，亚丁与这时的印度贸易往来密切，是当时"印度商人"巨型船舶的停泊港，亦是东方商旅前往埃及的重要中转港，除此之外，"别无便利稳妥"之道。

马可·波罗还讲："阿丹算端（苏丹）对于运输种种货物往来印度之船舶，征收赋税甚巨。对于输出货物亦征赋税，盖从阿丹运往印度之战马、常马及配以双鞍之巨马，为数甚众也。印度马价甚贵，贩马而往者获利甚厚，缘印度不养一马……每一战马在印度售价可值银百马克有余。由是此阿丹算端对于其海港运输之一切货物征取一种重大收入，人谓为世界最富君主之一。"显然，阿拉伯良马输出亦是亚丁贸易的重要内容，而这些马匹多通过"亚丁—马八儿"航线输往印度各地，其时由亚丁至马八儿海上长途运马，沿此路线乃是最便利之途径。需要说明的是，伊本·白图泰和马可·波罗所说的印度商人，或指由马八儿等印度地界经马尔代夫至亚丁的中东地区的海商与舶主，而非仅指印度的商贾，他们中还应包括由马八儿至亚丁的元朝色目商旅。作为亚丁湾和红海的重要贸易口岸，亚丁作为当时亚非海上贸易中转港，吸引了大量来自东方的商人。

四、"马八儿—马尔代夫—索科特拉岛—亚丁"航线的开辟

迄今为止,中外文献尚未有元代以前由马八儿经马尔代夫、索科特拉岛至亚丁航线的记载。而诸多资料显示,至元代这一海上交通航道已开辟,并在东西方海上交往中发挥了显著作用。尽管该航线最初的形成时间难以确定,但它在元代确实成为印度洋新兴而起的一条重要贸易通道。这一航线的开辟,拉近了东西方航路的距离,推动了北非、东非诸地与东方地区的密切联系。

元朝四海一统、内外一体的政治格局,促使海上贸易更加繁荣,东西交往频仍。随着海上商旅航海经验的日渐丰富,造船、航海技术的不断提升以及人们对季风、洋流知识的进一步掌握,远洋船只不再紧沿海岸线航行,开辟省时便捷的新航线成为可能。时处茫茫大海中的马尔代夫作为东西洋航路上贸易中转和航行补给点的地位日益突出,东西方海商尝试寻求捷径的愿望得以实现,从红海口的亚丁经索科特拉岛到马尔代夫,再到印度南部港口马八儿乃至东南亚、中国的航线随之开通。

元代许多东西方商船基本熟悉这条航线,他们凭着对印度洋海上季风、洋流的认识,利用丰富的航海经验和对海洋气象知识的掌握,顺利完成该航路的航行。此航线最为困难的航段,即是索科特拉岛与马尔代夫之间远离大陆的海路,但其时已有很多商舶行驶于这一航段。伊本·白图泰就记道,也门人从阿拉伯半岛运来沉重的沙子在马尔代夫群岛换取海贝。按旧有航线,沿海岸线从也门到马尔代夫的距离十分辽远;他们应是直接进入远海,经索科特拉岛,顺洋流季风航行至马尔代夫的。

1325 年左右,波斯人迪马斯基(Dimashqi)曾记录马尔代夫群岛上有阿拉伯人居住。"这里是驶向记施、忽里模子、印度、也门、僧祇人的摩加迪沙和阿比西尼亚等地的一个停泊地。"记施、忽里模子位于马尔代夫西北部,也门、摩加迪沙和阿比西尼亚则是从马尔代夫西行所至地区。由此推断,其时这一航线已经成为自东非海岸、亚丁湾至东方国家商舶的重要通道,该航线不仅大大缩短了东西间的海上距离,且航路行驶便捷。

至明初,由南海经马尔代夫至亚丁、东非的航线获得拓展。时人开辟了从印尼韦岛沿斯里兰卡南部海域,直达马尔代夫的航线,乃使得由印度东南部的马八儿经马尔代夫前往阿拉伯半岛西南部、东非海岸的航线东延至南海印尼海域。郑和下西洋时,其第四、五、六次航行,均沿此航线至溜山国(马尔代夫群岛)及阿丹

（亚丁）。

元代由东西方商旅控制的海上商业贸易，将亚丁、索科特拉岛、马尔代夫群岛、马八儿等地作为转运贸易点纳入印度洋海上新的交通体系。相比沿海岸线行驶的传统航路，"马八儿—亚丁"航线不仅因航程缩短、停靠点减少节省了船舶海上航行的时间，也使得新的贸易转运点之物产，如马尔代夫的椰子、棕绳、贝币，亚丁地区的香料、良马成为其时海上贸易的重要商品，航线内国家和地区人们的经济联系亦日益紧密。

五、红海至地中海沿岸航路的繁荣

元代新航路的开拓也打通了东方国家通过印度洋，经红海与地中海沿岸国家的贸易联系。宋元以前，汉文载籍虽有言及罗马及非洲者，但所涉多局限于罗马帝国东部行省和后之拜占庭帝国。宋代大量阿拉伯商人来华，中国已对北非的埃及有所认识。史籍称埃及为勿斯里，其时法蒂玛王朝和阿尤布王朝先后统治埃及，勿斯里成为地中海的商业中心和货物集散地之一，与东方地区有着频繁的海上贸易。赵汝适《诸蕃志》言其"有州名憩野，傍近此江（尼罗河）"。"憩野"即开罗的阿拉伯语音译，意为"凯旋城"，为法蒂玛王朝的新都。赵汝适还记述了亚历山大港，称其为"遏根陀国"，言它为"勿斯里之属地也"。《诸蕃志》讲述大食国时云其"国都号蜜徐篱"，此"蜜徐篱"，非巴格达，实为下埃及方言 Masri 的音译，指法蒂玛王朝新都开罗。至元代，即以埃及为米昔儿，又作密昔儿、米西儿。刘郁《西使记》所云"密乞儿国"和"密昔尔"，是其不同的汉文译名。《元史》则称之为"密昔儿"。

按《元史》及波斯人拉施特《史集》载，1260 年初，旭烈兀攻陷巴格达后，西进占领叙利亚，兵锋直指埃及。埃及马木鲁克王朝军队与蒙古军在艾因·扎卢特（Ain Jalut）对决，蒙古寡不敌众，统帅怯的不花阵亡，此战遏止了蒙古帝国的扩张势头。1262 年，旭烈兀于波斯建伊利汗国，米昔儿遂与伊利汗国及元朝发生联系。元时埃及米昔刀常以贡品输入到元廷。元末伊本·白图泰来华，在杭州见到"当地的穆斯林要人——埃及人士欧斯曼·伊本·安法尼的儿子们，都出城迎接，他们打着白色旗帜，携带鼓号"。安法尼是留居杭州的埃及巨商，他在当地修建了清真寺，捐赠给该寺和苏菲道堂大量慈善基金，伊本·白图泰在杭期间就寄宿于其子孙家中。这些东来的埃及商人，他们均借助其时便捷的航路，乘舶泛海来华。

元代经南海至印度洋，沿海岸航行或横跨印度洋到阿拉伯半岛，由此越过曼德海峡沿红海北行,即可进入地中海。马可·波罗描述由阿拉伯半岛到地中海的贸易路线时云:"阿丹有海港,多有船舶自印度装载货物而抵于此。商人由此港用小船运载货物,航行 7 日,起货登岸,用骆驼运载,陆行 30 日,抵尼罗河,复由河运至亚历山大。"时中国船舶航行至阿拉伯半岛后,即穿过红海循此路线至埃及。《伊本·白图泰游记》记述米素尔城(即开罗)"地区辽阔,物产丰饶,商旅辐辏,房舍栉比,而且极其富丽"。时开罗在阿拉伯世界中的地位和名望已然胜于巴格达,成为亚非欧三大洲的贸易都会。中国的丝绸、瓷器等贩运至埃及后,一部分在当地销售,大部分则通过开罗和亚历山大港转运销售到地中海沿岸的北非和欧洲诸国。

元时地处地中海西海岸的摩洛哥也频频出现在中国史籍。该国位于地中海南岸的最西端,扼守地中海通往大西洋的航道。南宋周去非《岭外代答》曾记述其国:"大食国西有巨海,海之西有国不可胜计,大食巨舰所可至者,木兰皮国尔。盖自大食之陁盘地国发舟,正西涉海一百日而至之","又大食国更越西海,至木兰皮国"。"木兰皮国",学者以为即指 11 至 12 世纪间统治摩洛哥的穆拉比特王朝,该王朝时亦控制西班牙南部地区。穆拉比特王朝时期摩洛哥商业发达,在沟通欧亚非海上贸易中发挥了重要作用。规模巨大的"木兰皮舟",满载东西方各国商品,活跃于地中海沿岸,遂亦使得木兰皮国成为"极西诸国之都会"。

13 世纪中叶,摩洛哥由新兴而起的马林王朝所统治。《元史》载,元朝已与马林王朝发生直接交往。大德四年(1300)三月"吊吉而、爪哇、暹国、蘸八等国二十二人来朝,赐衣遣之"。吊吉而,也称刁吉儿,即今摩洛哥丹吉尔,旅行家伊本·白图泰就为丹吉尔人。该地是联通南欧与北非的重要港埠,出产豹皮,也是西非黄金的输出港,由此到中国往返需要三年。在马林王朝使臣远道来华的同时,元朝也遣使到访丹吉尔。《经世大典》载,大德五年(1301)十一月,元朝遣"爱祖丁等使四起,正从三十五名,前往刁吉儿地取豹子希奇之物,往回应付三年分例"。朝廷派遣爱祖丁等前往遥远的刁吉儿以获取"希奇之物",说明元代对北非的物产和通往地中海西端的航路已很熟悉。亦即通过红海,至埃及亚历山大,再沿地中海由东到西的航路也已为来自中国船舶所掌握。

元代东西商旅对海上航路的探索,使海上丝绸之路通道得到进一步的拓展,大大促进了这一时期"世界贸易圈"的形成和发展。

六、新安沉船:元代东亚海域航路繁荣的物证

元朝初建,因蒙古两次东征日本,使得宋以来频繁的中日海上贸易暂时中断,

但两地间的交通往来很快得到恢复,并不因双方政治关系的瞬时恶化而终止。元代中日之间的海上往来,不仅承继了宋代的贸易景象,甚至超越了前代而更加繁荣。日本学者村井章介把元代中日贸易称作"寺社造营料唐船的时代","新安沉船"就是这样一艘具有时代特征的贸易船舶。

"新安沉船"发现于 1975 年,沉船位于朝鲜半岛韩国新安外方海域。该船约长 34 米、宽 11 米,属中国式尖底船。船内载有 20000 多件瓷器,2000 多件金属制品,1000 多根紫檀木,800 万枚重达 28 吨的宋代铜钱,以及 364 件木简。

根据船上所载瓷器、出水木牌保留的"至治叁年"(1323)墨迹、铜制秤砣所刻"庆元路"、41 个木简所写"东福寺",以及写有"道阿弥""随忍""卫门次郎"等日本或中国僧俗名字、"钓寂庵""筥崎宫"等日本博多寺社名称的木简,学界基本以为这是一艘 14 世纪初期,约 1323 年由元朝庆元路(今浙江宁波)出航前往日本的贸易商舶。途中或遭遇风浪,漂流至朝鲜半岛南部新安外方海域沉没。

自秦汉以来形成的中国、朝鲜半岛和日本之间的海上贸易航路,宋元时期多自宁波出港,政府亦专门于此设有市舶司。船舶常于夏季乘东南风过黄海,直接驶往朝鲜半岛西南端的 Huksam 岛,再由此向北驶往高丽海岸,或往南穿越朝鲜海峡驶向日本九州北部的博多港。"新安沉船"发掘出水遗物甚多,中、韩、日等国考古与历史学界对此长期给予探究,学术成果展现了元朝、高丽、日本于东亚海域航路上的频繁互动。

参考文献:

1.陈得芝:《元代海外交通的发展与明初郑和下西洋》,《郑和下西洋文选研究》,海洋出版社,2005。

2.沈福伟:《中国与非洲:3000 年交往史》,山西教育出版社,2021。

3.周运中:《元明时期中国与马八儿、琐里交通史新考》,《南亚研究》2012 年第 2 期。

4.村井章介:《寺社造营料唐船を見直す:貿易・文化交流・沈船》,《日本中世の異文化接觸》,东京大学出版会,2013。

5.马建春、王霸:《元代马八儿—亚丁新航线疏证》,《国家航海》2018 年第 2 期。

(马建春、黄雄彪)

第五节　大航海时代多向航线的开辟与联通

永乐三年(1405),明成祖朱棣派遣郑和率领庞大的船队出使海外,这是中国古代规模最大、船舶和人员最多、历时最久的海上航行。郑和先后七次下西洋,远达东南亚、南海、印度洋、波斯湾、东非海岸诸国。但之后明朝停止了官方大型远洋航海活动,"郑和下西洋"成为中国古代远洋航海的绝唱。半个多世纪后,世界航海史进入一个波澜壮阔的时代。西方航海者在全球范围内进行了数次大规模的洲际航海活动,这些远洋航程不仅开辟了许多新航路,同时也联通了印度洋、大西洋、太平洋之间的海上交通航线。迪亚士、达·伽马、哥伦布、麦哲伦等人相继劈波斩浪,在新航线开辟与洋际联通中厥功至伟。16 世纪初,葡萄牙人首次来华,通过海洋将欧亚大陆东、西两端连为一个整体。此后,西方各国接踵而至,欧美国家与地处远东的中国有了密切的海上联系。

一、15 世纪葡萄牙、西班牙的航海探险

欧洲最早进行东方新航路探索的是地处伊比利亚半岛的葡萄牙和西班牙。15 世纪,两国驱逐了半岛上的阿拉伯统治者,建立起强大的王权国家。出于对东方财富的渴望和势力扩张,葡、西两国以极大的热情投身于航海活动,他们分别向东和向西对海洋世界进行探索,并先后开辟了到达东方的新航路。

葡萄牙是第一个完成民族统一的欧洲国家,在与穆斯林的长期作战中,葡萄牙人建立起一支强有力的海军,藉此成为海上扩张的急先锋。在开发大西洋群岛和发展西非贸易网络的同时,他们不忘富饶而神秘的东方,把开辟前往东方的新航路作为重要目标。1415 年,恩里克王子(Infante D. Henrique)率葡军攻占了摩洛哥的休达港,开始积极筹划和组织远洋探险。尽管他本人从未亲身远航,但他奠定了葡萄牙航海的基础,因此被冠以"航海家"的绰号。1487 年,巴托罗·缪·迪亚士(Bartolomeu Dias)奉国王若昂二世(João Ⅱ de Portugal)之命,率领船队从葡萄牙首都里斯本出发,沿着西非海岸向南航行。半年后,迪亚士的船队突然遭遇了连续多天的罕见大风,风暴一直持续了 13 天才停息。迪亚士指挥船队向北航行,等到船只靠岸时,他发现海岸线变成了东北走向,这说明船队已经抵达了非洲的最南端。为纪念这次死里逃生的经历,迪亚士把此地命名为"风暴角",但若昂二世却郑重其事地将其更名为"好望角",因为它蕴藏着成功前往东方的巨大

希望。

1497 年,另一位葡萄牙航海家瓦斯科·达·伽马(Vasco da Gama)率领一支由 4 艘帆船和 168 名船员组成的船队扬帆起航。这支船队装备精良,配置有当时最新的航海图、星盘和指南针,并携带了葡萄牙国王致印度卡利库特国王和祭司王约翰(Prester John,传说中统治一个东方基督教国家的君主)的信件。经过 4 个多月的艰难航行,达·伽马成功绕过好望角,于 1498 年 3 月 2 日到达东非的莫桑比克港,并继续北上至蒙巴萨和马林迪。之后,在阿拉伯航海家马吉德引领下,船队乘西南季风顺利横渡印度洋,5 月 28 日到达印度的马拉巴尔海岸,在当时印度洋最重要的贸易港口卡利库特停泊。逗留了 3 个多月后,达·伽马采购了一些香料踏上归途,于 1499 年 9 月回到里斯本。达·伽马的远航往返 3 万多公里,发现了从非洲南端到莫桑比克近 2000 公里的海岸线,开辟了从葡萄牙到印度,从西欧经大西洋、印度洋到东方的新航路,是 15 世纪葡萄牙人历时最久、意义最重大的一次航行。

1502 年达·伽马再次前往印度,并凭借武力在卡利库特南部的科钦建立商业据点,收购香料等各种商品。因葡萄牙人对印度洋商业港口的进攻和海上掠夺行为严重损害了原有的贸易秩序,利益受损的穆斯林港湾国家组成联合舰队力图将葡萄牙人逐出印度洋。1509 年双方爆发第乌海战,葡萄牙取得此次战役的决定性胜利,由此获得印度洋的制海权。1510 年,葡萄牙人占领印度西海岸的果阿,以此作为控制印度洋贸易的海军基地和东方殖民地的大本营。随后东进占领了当时亚洲最重要的商业据点马六甲,并在科伦坡、苏门答腊、爪哇、加里曼丹、苏拉威西和摩鹿加群岛(今马鲁古群岛)等地建立商站,控制南海贸易。

明正德十二年(1517),葡萄牙使者托梅·皮雷斯(Tomé Pires)从马六甲北航到广州屯门,会见中国官员,要求觐见皇帝,递交国书,由此开启了由欧洲西端葡萄牙到亚洲东端中国的航道。葡萄牙商船给各国市场运去中国的生丝、丝织品、陶瓷等,给中国则带来了香料、药材等外国产品和大量白银。1553 年,在澳门附近活动的葡萄牙人买通广东海道副使汪柏,借口临时上岸停歇、晾晒货物,正式获准租住澳门。此后,葡萄牙人不断扩充势力,逐渐垄断澳门贸易。澳门开埠后,拓展了与全球各地的贸易,开辟了澳门—果阿—里斯本、澳门—长崎、澳门—马尼拉—阿卡普尔科、澳门—东南亚各港的国际新航线,成为这一时期中国对外交流的门户与东西方海洋贸易的重要枢纽。葡萄牙人采取国家资本主义贸易形式,王室垄断了印度洋、南海港埠果阿、马六甲、澳门等亚洲主要商业据点的绝大部分贸易。

当葡萄牙极力拓展东方航线时,西班牙也加快了海外探索的步伐。1492 年,西班牙女王伊莎贝拉一世(Isabel Ⅰ la Católica)资助热那亚人克里斯托弗·哥伦布(Cristoforo Colombo)寻找通往印度航路的计划,任命其为发现地的统帅。受当时已经广为流传的"地圆说"影响,哥伦布坚定地相信向西航行也能到达东方。他率领 3 艘帆船从帕洛斯出发,首先航行到加那利群岛装载补给,然后乘信风向西航行。1492 年 10 月 12 日,在茫茫大海航行了两个月后,哥伦布的船队终于见到了陆地,此地即中美洲的巴哈马群岛,但哥伦布却以为这是东印度群岛,船队继续驶往古巴、海地等地后返回西班牙。1493 年、1498 年、1502 年哥伦布又先后进行了 3 次航海探险,发现了大片美洲陆地。由于哥伦布误认为自己到达印度,遂称当地土著居民为"印第安人"。这一阴差阳错使得欧洲人发现了美洲大陆,远隔重洋的东西半球因而得以相连。到 16 世纪中叶,西班牙已在拉丁美洲大部分地区建立起了殖民统治。

1513 年,西班牙探险家巴尔沃亚(Vasco Núñez de Balboa)穿越巴拿马地峡后,发现美洲西部仍然是汪洋大海(即太平洋)。于是 1518 年西班牙国王卡洛斯一世(Carlos Ⅰ)又资助葡萄牙航海家麦哲伦(Fernando de Magallanes)开辟从欧洲西行绕过美洲,再横渡太平洋到达东方香料之国——摩鹿加群岛的远洋航线。1519 年 9 月,麦哲伦率领由 5 艘帆船组成的船队穿过大西洋来到美洲,然后沿南美洲南行,来到南部的一处海峡(后被命名为麦哲伦海峡),从这里向西进入太平洋。1521 年 3 月船队到达菲律宾群岛,但随后麦哲伦在马坦岛与土著居民发生冲突,受伤身亡。余下的两艘船到达马鲁古群岛,在获得了香料后开始返航,其中一艘准备从太平洋返航的船只因逆风折返。另一艘船"维多利亚号"则继续向西,穿过望加锡海峡,横渡印度洋,绕过好望角,沿非洲西岸北上,终于在 1522 年 9 月 3 日回到西班牙的塞维利亚港。麦哲伦船队完成了第一次环球航行,这不仅证实了地球是圆的,还极大地刺激了西班牙由海洋向东方的扩张。

明万历三年(1575),西班牙开辟了以马尼拉为中心的中国—菲律宾—墨西哥贸易航线。由于西班牙始终无法在中国获得一个固定的贸易据点,遂转而吸引中国商人到马尼拉开展贸易。西班牙购买中国出产的丝绸、瓷器等商品后,以马尼拉为中转地运往美洲,用来换取当地的白银。转口贸易不仅给欧洲人带来了巨大的财富,也使白银源源不断流入中国,对中国的商品经济发展起到了推动作用。明朝末年,西班牙人以武力占领中国台湾北部,直到 1641 年被荷兰人所取代。

二、荷兰与英国船舶的东航

16 世纪中叶，荷兰逐渐发展成为欧洲的重要金融中心，工商业发达。16 世纪末，荷兰通过独立战争摆脱了西班牙的统治，而后建立起荷兰联省共和国，这是一个赋予商人充分政治权利的国家。出于对商业利益的渴求，荷兰很快也踏上了前往东方的航路。为避开西班牙和葡萄牙的阻挠，荷兰曾试图取道北冰洋，寻找通往中国和日本的道路，但未能成功。因此荷兰还是选择沿着非洲的旧航路，绕过好望角，穿越印度洋，从巽他海峡来到印度尼西亚。

1601 年，荷兰人范·内克(Van Neck)的船队到达广东，但没能获准与明朝通商。1602 年，荷兰东印度公司成立，该公司旨在为荷兰人在东方争取最大的贸易自由和商业利益，它并不是一个单纯的经济机构，也拥有全权经营东印度军政事务的权力。在无法与明朝直接开展贸易的情况下，荷兰只好于东南亚的北大年、万丹、锦石和马鲁古等地同中国商人进行交易。1619 年，荷兰人占领雅加达，在此建立巴达维亚城，将其作为荷兰在东方的殖民帝国总部和亚洲贸易中心。这个城市拥有优越的地理位置，处于印度到中国、日本贸易航道的节点，几乎所有航行欧洲与中国之间的船只都会在巴达维亚停靠。17 世纪上半叶荷兰东印度公司从葡萄牙人手中夺取了大部分香料贸易，占有印度纺织品市场的大量份额，荷兰的影响范围扩大到亚洲许多海上贸易区，逐步建立起全球海上商业霸权，这时超过一万艘悬挂荷兰三色旗的商船游弋在五大洋上。在此期间，来自福建前往巴达维亚的中国商船也日益增多。而聚居于巴达维亚数量众多的华侨，则充当了中荷贸易的中间人。

1624 年，荷兰入侵中国台湾，在今天的台南安平建立热兰遮城作为总督驻地。1642 年，荷兰赶走盘踞在淡水和基隆的西班牙人，扩大对台湾的殖民统治，并以台湾为据点一面进行海上劫掠，一面招引中国商船进行贸易。直到 1662 年郑成功将荷兰殖民者驱逐出台湾。

16 世纪下半叶，英国也日渐强盛起来。这个地处欧洲西部的边陲岛国在伊丽莎白一世(Elizabeth I)统治时期对内积极发展工商业，鼓励海上贸易与航海探险；对外则推行独立自主外交政策，放弃了对欧洲大陆领地的觊觎，与法国修好，摆脱西班牙控制。1588 年英西海战中，英国海军打败不可一世的西班牙"无敌舰队"，鼓舞了英国人的士气，从此大西洋海上霸权逐渐转向英国。英国积极发展与欧洲各国的贸易，同时把建立与印度、南洋和中国的直接商业联系作为重要目标。

1573 年,威廉·布尔(William Bourne)发表了《论海上霸权》,指出了英国通向东方的五条航路:一是取道好望角,此为葡萄牙人专有的航道;二是取道麦哲伦海峡,它是西班牙人专有的通道;三是通过北美的西北航道;四是通过俄罗斯的东北航道;五是越过北极的北极航路。1576 年,英国航海家马丁·费罗比舍(Martin Frobisher)宣称发现了通往中国的"西北航线",实际他只到达了加拿大北部的巴芬岛,并没有穿越美洲北端进入亚洲。

1600 年,英国东印度公司成立,标志着英国向东方的扩张进入新阶段。17 世纪初,英国人在印度洋和太平洋沿岸建立起多个商业据点,并不断扩大对印度的殖民。明末清初,英国东印度公司数次派船舶来澳门贸易,遭到葡萄牙人和中国官方的阻拦。康熙平定台湾开放海禁后,英国人积极在粤、闽、浙沿海开展贸易活动,1715 年于广州正式设立商馆。18 世纪英国对华贸易日趋扩大,逐渐成为中国的最大贸易国,几乎垄断了中国茶叶在欧洲的市场,并大量进口中国生丝。18 世纪末到 19 世纪初,英国先后派遣马戛尔尼使团(Macartney Embassy)和阿美士德使团(Amherst Embassy)访华,向清朝提出扩大通商规模、开放更多口岸等要求,但均无功而返。此后,中国深受英商主导下的鸦片贸易之害,1839 年林则徐虎门销烟,英国遂通过武力强行叩开清朝大门。

三、欧美地区与华多向航线的开辟

(一)美国

1783 年,美国取得独立战争的胜利,由此摆脱了英国的殖民统治。英国随之对美国施以经济制裁,禁止其商船驶入加拿大和西印度群岛进行贸易。在严峻的贸易危机下,新生的合众国把目光投向了东方的中国。1783 年 11 月,大陆会议最高财政监督官罗伯特·摩里斯(Robert Morris)写信给美国邦联政府外交部长约翰·杰伊(John Jay)说:"我要派一些船到中国去,以鼓励其他人大胆寻求贸易的发展。"1784 年 2 月,一艘名为"中国皇后号"的木帆船从纽约启程,开始了中美之间的第一次直接通航。这艘载重为 360 吨的帆船,由纽约经佛得角群岛,往南航行,绕过好望角,然后沿东北方向跨过印度洋。五个月后来到爪哇岛,停泊于巽他海峡。"中国皇后号"在此与两艘前往广州的法国船只相遇,随之一同前往广州。8 月 28 日,该船在航行 188 天后到达广州黄埔港。"中国皇后号"顺利卖出了船载的西洋参、棉花、皮毛等货物,买到了大量茶叶、瓷器和丝织品。这次远航收益利润率达 25％,在美国社会引起轰动,一时商界对中美贸易充满热情,史学家休斯(A. D. Hewes)因而说:"在美国每一条小河上的每一个小村庄,连只可乘 5 人的帆船都在准备出发到中国装运茶叶。"

1789 年,美国商人又开辟了美国至广州的太平洋航线,即从纽约港出发,沿南美洲最南端的合恩角,取道太平洋直达广州,该航线的开辟源于"北皮南运"。1787 年 9 月,美国船只"哥伦比亚号"和"华盛顿女士号"从波士顿启航,两个月后到达位于大西洋的威德角群岛,这是美国商船首次前往西北海岸。该航线漫长,航行缓慢。两艘美船遂向西南绕过合恩角,到达诺特加湾的友谊海岬。1789 年 7 月驶离西北海岸,途经夏威夷群岛,前往广州。在广州卖掉毛皮后,装载中国货物回国。回程时横越印度洋,绕行好望角,1790 年 8 月回到波士顿,这是美国船只首次环球航行开辟的航线。由于航线迂回且受季风影响,完成这一航程需依次经过美国—美洲西北海岸—中国广东—美国,形成一个闭环的贸易线路,一趟航行至少需花费 3 年时间。

在优厚利润的吸引下,越来越多的美国商船追随"中国皇后号"的足迹扬帆远航,前往广州,掀起了美国历史上的第一次"中国热"。据统计,在 1786 到 1833 年的 48 年中,美国来华的船只达 1104 艘,已达到英国来华总船数的 44％,超过其他欧洲国家来华船只总数的 4 倍。以此为开端,18 世纪九十年代以后美国对华贸易已超过荷兰、丹麦、法国等国而跃居第二位,仅次于英国。

(二)瑞典

地处北欧的瑞典原来仅为欧洲一个弱小的边缘国家,17 世纪后因推行重商主义,积极发展远东贸易,乃逐渐改变了其封闭的局面。1731 年 6 月,瑞典东印度公司成立,第二年即派商船"腓特烈国王号"前往广州。这艘商船从哥德堡启航,经西班牙加的斯港,绕过非洲好望角,于 1732 年 9 月到达广州。瑞典在广州设立商馆,采购大批茶叶、丝织品和其他杂货后,商船随之于 1733 年 9 月回到瑞典。

瑞典对华贸易中最具传奇色彩的商船是"哥德堡号"。这艘船排水量达 833吨,搭载船员 140 人,可储备充足的物资保证船只从西班牙直接航行到印度尼西亚的爪哇岛,中间无需靠岸补给。"哥德堡号"分别于 1739 年 1 月至 1740 年 6月,1741 年 2 月至 1742 年 7 月成功完成了两次从瑞典到广州的航行。1743 年 3月 4 日,"哥德堡号"开始了第三次中国之旅。两年后的 1 月 11 日,"哥德堡号"从广州启程回国,船上满载 370 吨茶叶、100 吨瓷器和丝绸、藤器、香料等共约 700 吨货物,价值达 200 万至 250 万瑞典银币。经过 30 多个月的艰辛旅程后,1745 年 9 月 12 日,"哥德堡号"在离故乡仅 900 米的艾尔夫堡附近撞上一块水下暗礁,船首被击穿,整艘船很快沉没,所幸无人员伤亡。尽管事后人们抢救起部分货物,但仍有三分之二的货物随"哥德堡号"长眠海底。1984 年海洋考古打捞队重新发现这艘沉船,瑞典政府开始对其进行发掘。截至 1997 年,共发掘出约 9 吨重陶瓷碎片和 400 件左右完整的瓷器,船上部分设备,一些船员财物,大批包装尚好的茶叶、香料、珍珠母及其他货物也被打捞出水。

从 18 世纪到 19 世纪初,瑞典东印度公司共组织了 132 次亚洲航行,其中只有 3 次是到印度,其余航行的目的地都是广州。这些商船往返于瑞典与中国之间,运回了大量的中国瓷器、茶叶、丝绸和香料等货品,对瑞典的资金积累和经济发展做出了不可磨灭的贡献。2005 年,为纪念中瑞友好交往的历史,瑞典政府仿照"哥德堡号"重造的"哥德堡三号"再次启程来往广州,再现了当年中瑞远航贸易的景象。

(三)俄罗斯

从 16 世纪中叶沙皇伊凡四世(Иван Ⅳ)时期,俄国不断向东方扩张,逐步吞并了西伯利亚与远东大片土地,将疆域扩展到东北亚地区。雅克萨之战后,清朝遏制了俄国向黑龙江流域扩张的企图,康熙二十八年(1689)中俄签订《尼布楚条约》,俄国比其他欧洲国家更早取得了与清朝贸易的权利。雍正六年(1728)中俄《恰克图条约》签订,清朝开辟边境城市恰克图为中俄互市地。但仍难满足俄国对华贸易的需求,于是沙俄企图通过探索海路加强与中国的贸易往来。

1803 年 5 月,沙皇亚历山大一世(Александр Ⅰ)组织一个"环球探险队",任命克鲁森施滕(Крузенштерн Иван Фёдорович)为指挥官,率"希望号"和"涅瓦号"军舰,意在打通由俄国到远东的海上交通航路。两艘舰船由俄国克隆斯达港拔锚,横越大西洋,绕过南美洲南端,经过合恩角,进入太平洋,之后沿西北方向航行,抵达夏威夷群岛,再横渡太平洋,于 1803 年 11 月抵达澳门,随后进入广州。克鲁森施滕在广州售出价值 19 万西班牙银元的毛皮,买进 11 万西班牙银元的茶叶等中国货物,于 1806 年 2 月 7 日离开黄埔港返航。

俄罗斯到广州航线打通后,俄国商船开始经由海路来到中国。嘉庆十年(1805)粤海关监督延丰上奏称:"本年十月初八日,据澳门委员报称,有路臣国夷商噜臣嚪巡船一只来至澳门……十七日复据委员报称,又有路臣国夷船一只商名你赞时,船上载有皮张、银子来广贸易。"此"路臣国",即为俄罗斯。但俄国船舶由海上来华并不顺畅,直到1858年俄国通过中俄《天津条约》方取得对华海上贸易权。

四、19 世纪中期以来海上诸航线的联通

两次鸦片战争后,清朝被迫在沿海陆续开放多个通商口岸。西方列强遂将上海、广州、香港、厦门、汕头、天津等地作为他们扩大海洋贸易的东方港埠,中国与世界各地的海上航路乃不断获得扩展。

上海、香港两埠在晚清时期全国洋货进口额中所占比重极大,上海所占比重在50%左右,香港则占30%左右。大宗洋货均先通过远洋航线运抵两个口岸,再转口国内其他商埠。以上海为起点,有数条航线呈放射状延伸至世界主要港埠。有上海—印度线、上海—中东线、上海—英国线、上海—欧洲大陆(马赛、安特卫普、热那亚、不来梅)线、上海—澳大利亚线、上海—黑海港口线、上海—苏伊士—美洲东海岸(纽约)线、上海—日本(经太平洋)—美洲西海岸(旧金山、温哥华)线、上海—日本(横滨、神户、长崎)线等。

以香港为途经站的远洋航线也很密集,怡和轮船公司辟有加尔各答—香港—日本线、香港—新加坡—三宝垄—苏拉巴亚线、香港—库达特—山打根线、香港—马尼拉线、仰光—马六甲海峡—香港线等。英国太古轮船公司则在上海、日本、香港、澳大利亚及香港与菲律宾间辟有航线。此外,尚有多条国际航线驶经香港。如北德意志轮船公司辟有不来梅(或汉堡)经地中海、印度洋、香港至日本的航线,以及日本—香港—新几内亚—澳洲航线;加拿大太平洋铁路公司和太平洋邮船公司均辟有香港—上海—日本(长崎、横滨)—温哥华或旧金山线;日本邮船会社辟有香港—上海—日本线及汕头—香港—曼谷线。正是借助这些繁密的远洋航线,大批药品、日用消费品、粮食、能源、机械、军火等洋货得以销往中国,中国的茶叶、生丝、糖等农副产品也通过这些线路源源不断输往海外。大批华工与移民亦通过这些远洋航路,漂洋过海到国外谋生。

至此,中国与世界各地的远洋航线,已被完全纳入全球海上交通体系中。这些海上航路如同毛细血管一样遍布全球各个角落,将整个世界陆地连成一体。

五、"耆英号":首航大西洋的广船

"耆英号",19世纪中期中国广船。船舶命名来自清廷驻广州的钦差大臣耆

英。该船长近 50 米,宽约 10 米,深 5 米,载重 750 吨;柚木材质,由 15 个水密隔舱组成;设三桅,主桅高 27 米,头尾桅分别高 23 米和 15 米;主帆重达 9 吨,悬吊式尾舵。清道光二十六年(1846)12 月 6 日,该船乘载 30 名中国水手和 12 名英国船员由香港出航,经南海、印度洋,绕过好望角,到达圣赫勒拿岛。原拟前往伦敦,但中途遇上逆风和海流,偏离航线,朝美洲方向驶去。先后驶至纽约、波士顿停泊。1847 年 2 月 17 日,"耆英号"由波士顿起航驶往伦敦,并于 3 月 15 日抵达泽西岛的圣奥宾海湾,用时 21 天即跨越大西洋,比美国定期邮轮跨越大西洋的时间还短。该船停泊伦敦时,英国维多利亚女皇等各方人士上船参观。英国政府为纪念"耆英号"远航抵达伦敦,特意制作发行了银质纪念章。"耆英号"的环球航行,创下了中国帆船航海最远的纪录,充分显示中国古代木帆船构造和性能的优良。

参考文献:

1.蔡鸿生:《广州海洋与文明》,中山大学出版社,1997。

2.梁碧莹:《美国商船"中国皇后"号首航广州的历史背景及其影响》,《学术研究》1985 年第 2 期。

3.廖大珂:《中国传统海外贸易》,海天出版社,2019。

4.毛立坤:《晚清时期东南沿海通商口岸对外航线与港势地位的变迁》,《史学月刊》2005 年第 12 期。

5.衷海燕:《明代海上丝绸之路史》,世界图书出版公司,2020。

(马建春、黄雄彪)

中编

丝绸之路上的物质流通

>>>>>>>

第六章　丝绸之路上的商人

第一节　贵霜商人

贵霜王朝是一个古老而陌生的国度。不过,人们耳熟能详的一些历史事件,比如张骞凿空、丝路贸易、佛教东来,都同它有着密切联系。贵霜与东汉、帕提亚帝国(汉文史籍称安息)、罗马帝国(大秦)大致处于同一时期,并为纪元初欧亚大陆四强国。它的地理位置十分优越,控扼丝绸之路要冲,被称为"欧亚衢地"。

一、贵霜王朝的建立

据《史记·大宛列传》记载,月氏人"本居敦煌、祁连间"。约公元前 176 年为匈奴所败而西迁伊犁河谷,约前 130 年复败于乌孙而南迁巴克特里亚,成为阿姆河中上游地区的统治力量,分五部翕侯而治之。公元 1 世纪上半叶,贵霜翕侯丘就却(约公元 30—85 年在位)崛起,统一五翕侯,建立贵霜王朝。丘就却及其继任者发动系列扩张战争,在著名的迦腻色迦王(约公元 124—149 年在位)时期,贵霜疆域达到鼎盛,囊括了阿姆河、印度河、恒河流域的广阔土地。公元 230 年前后,贵霜王朝遭到新兴的波斯萨珊王朝的侵袭而瓦解,余部退守西北印度,一直延续到 4 世纪下半叶。在同时期的汉朝人看来,贵霜王朝与大月氏是一脉相承的,因此在明知诸国皆称之为贵霜的情况下,仍坚持名其为大月氏。

月氏人的语言尚无定论,但可以肯定的是,他们初到中亚时没有自己的文字。要想稳固在中亚的统治秩序,他们必须借用当地既有文字来建立文书制度,通达政令。贵霜的官方语言文字在钱币中有明显体现。贵霜前三王,即丘就却、维马·塔克图(约公元 85—110 年在位)和阎膏珍(约公元 110—124 年在位),发行双语钱币,钱币正面采用希腊文,背面用佉卢文。希腊文的使用者是中亚的希腊化遗民,佉卢文则代表西北印度的土著居民。迦腻色迦以后,贵霜钱币只使用巴克特里亚文。这是因为贵霜国势在迦腻色迦时期达到鼎盛,迦腻色迦采取多项措施来增强政权的统一性,其一便是用巴克特里亚语取代希腊语,成为贵霜官方语言。巴克特里亚语是东伊朗语的一支,代表阿姆河中上游地区的土著族群,利用希腊字母来书写这种语言的文字被称为巴克特里亚文。巴克特里亚语地位的上升,表明月氏人受中亚土著影响既深,趋于同化。

二、贵霜商人的长途贸易网络

公元前后几个世纪,罗马帝国盛极一时,帝国东部生活着希腊人、埃及人等善于航海经商的民族。为了绕开帕提亚对陆上丝绸之路的垄断,这些商业民族从埃及行省的红海港口出发,积极开展罗马—印度海上贸易。罗马商人在印度海岸的大规模贸易活动,诱导了贵霜商人参与到远洋贸易中,刺激了贵霜王朝在公元1世纪末至2世纪的全面贸易扩张。

这一时期,贵霜商人扮演着欧亚海陆贸易网络里的中介者角色,他们同西印度洋、东南亚以及葱岭以东地区均保持着相当规模的长途贸易。贵霜商业活动的关键地区在西北印度至印度西北海岸一带,以犍陀罗—婆卢羯车一线为轴心,由此引出三条长途贸易路线:向西到达西印度洋地区的西洋航线,向东南到达东南亚的南洋航线,以及向东北到达塔里木盆地乃至中原的陆地路线。其中,犍陀罗是贵霜的都城和陆路交通枢纽,婆卢羯车是印度西北海岸的重要港口。西印度洋地区是贵霜贸易体系的下游东方物产出口市场,东南亚和葱岭以东是其上游货源市场。

21世纪初,考古人员在也门索科特拉岛的一处溶洞中发现了250多处铭文和刻画图案。该岛位于亚丁湾与印度洋的交界处,是古代印度洋海上交通的枢纽,红海、波斯湾、东非、印度以及阿拉伯半岛之间的多条航线交汇于此。这些铭刻所涉语言既有来自西方的南阿拉伯文、阿克苏姆文、希腊文和帕尔米拉文,亦有来自东方的婆罗迷文、佉卢文和巴克特里亚文,其中印度的婆罗迷文占绝大多数。它们是公元最初几个世纪阿拉伯半岛、非洲东北、地中海世界和印度西北海岸的商旅在该岛逗留时创作的。这些铭刻勾勒出一张庞大的贸易网络,其中东方商人的身影尤为活跃,他们来自印度西北海岸的婆卢羯车等港口,包括刹帝利和吠舍种姓印度人,以及塞种人、耶婆那人和贵霜人。这批重要的考古发现表明,贵霜商人曾从婆卢羯车港出发,前往西印度洋地区从事远洋贸易。

1944 年，考古学家发掘了越南湄公河三角洲南端的澳高（Oc Eo）遗址，其中发现有大量来自印度、罗马和中国的文物。该遗址是古代扶南国的一处贸易港口，第一期文化遗存（公元 1—4 世纪）中出土了多枚贵霜王维马·塔克图和阎膏珍发行的铜币，以及一尊犍陀罗式印度女神雕像。这尊雕像来自犍陀罗地区，表现的可能是布色羯逻伐底女神，应该是在公元 1 世纪中后期由贵霜商人携带至此。澳高遗址第一期文化遗存还出土了一些小饰件，包括锡质印章、垂饰以及金叶，有的上面带有婆罗迷文，其语言为印度俗语，年代为公元 2—4 世纪。它们可能是贵霜商人和工匠在东南亚的作坊里制造的。孙权黄武五年（226），康泰以中郎奉命出使扶南等国，归国后撰成《外国传》，书中记载："加营国王好马，月氏贾人常以舶载马到加营国。国王悉为售之。若于路失羁绊，但将头皮示王，王亦售其半价。"加营国，在今马来半岛以南的爪哇岛或苏门答腊岛。月氏贾人，显然指贵霜商人。这条文献表明，贵霜商人循海路前往东南亚加营国从事马匹贸易。

19 世纪末 20 世纪初，英国的赫恩雷和斯坦因、日本的大谷探险队、法国的吕推探险队等等，在我国新疆和田等地收集到 41 枚贵霜铜币；新中国成立后，我国西北各地又陆续发现 22 枚。在这 63 枚贵霜钱币中，可鉴别出来属于丘就却的有 7 枚，维马·塔克图的 2 枚，阎膏珍的 4 枚，迦腻色迦的 31 枚，波调或其后继者的 1 枚。丝绸之路沿线出土的这些贵霜钱币，地域上多数出自古代于阗，时间上绝大部分属于迦腻色迦时期。贵霜王朝主要发行金、铜两种钱币，但我国境内出土的只有铜币。可见，贵霜商人在对外贸易中很可能只使用铜币。这些钱币反映了贵霜王朝在公元 1—2 世纪向葱岭以东的贸易扩张，是贵霜商人参与东方陆路贸易的结果。

贵霜人经营的庞大贸易网络是公元最初几个世纪丝绸之路贸易的重要组成部分。到公元 4 世纪初，贵霜王朝的国际贸易开始衰落，由三个因素共同造成：贵霜本土自身的衰落，特别是公元 4 世纪寄多罗人的入侵；公元 3 世纪以后，罗马帝国日益衰败，导致贵霜下游市场的萧条；公元 4 世纪初，中国中原陷入战乱，贵霜人和粟特人在中国内地的贸易网络崩溃。

三、贵霜商人对丝绸之路商业知识传播的贡献

公元 2—4 世纪，贵霜商人和粟特商人处于一种互惠的合作关系，形成贵霜—粟特商人共同体。在这样的背景下，印度和地中海世界的商业知识经贵霜商人的中介，最终被粟特商人习得，从而成就了后者在中古时期丝路贸易方面的赫赫声名。

（一）商业术语

在粟特语商业术语中，那些借自巴克特里亚语和西北印度俗语的词汇特别重要。例如，商队首领（s'rtp'w），由梵语 sārthavāha 经巴克特里亚语的中介而借入；prstk（一种数量单位）、mwδy（价格）和 δykh（信件），分别借自犍陀罗语 prastha、mūlya 和 lekha。它们不仅反映了贵霜和粟特商人之间的密切关系，还暗示了商业知识从前者向后者的传播。

（二）贸易组织

在印度与中亚，大规模长途贸易始于公元 1 世纪初期，其基本动力是罗马—印度海上贸易的兴起。罗马帝国建立后，地中海远程商业文化走向成熟，无论在商队组织还是商业法则方面都形成一套完善的体系。公元 1—2 世纪，罗马商人在环印度洋地区建立了广泛的贸易网络。在东方，他们不仅在印度沿海岸的婆卢羯车（Barygaza）、穆吉里斯（Muziris）和阿里卡梅度等港口形成商业聚落，而且沿商道将贸易据点延伸至西北印度和中亚腹地，最远的商站是位于兴都库什山南麓的贝格拉姆（Begram）遗址。随后，贵霜商人学会了这种链式商业聚落组织方式。他们在西印度洋地区建立了多处商业聚落。例如，索科特拉岛无疑存在一处这样的聚落；波斯湾与红海沿岸也存在印度人或贵霜人的贸易据点。公元 2—4 世纪，贵霜商人在塔里木盆地南缘的于阗至楼兰一线，也建立了一批贸易据点。贸易网络和链式商业聚落正是粟特人长途贸易的基本组织形式，粟特商人在与贵霜人的接触中，了解并习得这些贸易组织形式。

长途贸易的另一重要组织形式是家族财团与商业代理。家族财团的雄厚经济实力使他们有能力承担长途贸易中的各种风险与资金压力，不过，财阀们并不亲自参与到这种艰辛的旅途中，而是提供资金和交通工具，雇佣小商人组成代理商队并派遣他们来具体执行长途贸易。埃及出土的"尼卡诺档案"和穆吉里斯草纸文书等材料表明，在公元 1—2 世纪，地中海世界的贸易存在罗马家族财团及其商业代理，而罗马与印度的远洋贸易也主要是通过家族财团—商业代理的组织形式来实现的。公元 2 世纪托勒密《地理志》所载马其顿梅斯商团的事迹，暗示了罗马家族财团派遣的代理商队也曾由陆路到达过中亚甚至中国。在罗马人的东方商业实践中，这种长途贸易组织形式逐渐传播到印度和中亚。不过，到目前为止，尚无材料表明在贵霜人中间存在财团—代理商的贸易方式。但可以肯定的是，根据粟特文 2 号古信札，这种长途贸易形式至迟在公元 4 世纪初，已被粟特商人应用到前往中国内地的贸易中。这封信札由一位河西走廊的粟特代理商书写,内容是向撒马尔罕的家族财团管理人汇报东方的商业信息。

（三）商业法则

除了长途贸易的组织形式,罗马的商业法则也影响了贵霜人、粟特人等东方民族。最突出的方面是契约法与合同格式的传播。目前,西域发现的最早契约为塔里木盆地的佉卢文契约,年代为公元 3—4 世纪;其次是阿富汗北部的巴克特里亚文契约,年代为 4—8 世纪;穆格山和吐鲁番的粟特文契约比较晚,年代为 7—8世纪。这几种文字的契约在基本格式和要素方面具有一致性。在已发现的希腊文契约中,有两件跟罗马—印度海上贸易密切相关:一件为公元 93 年签订于红海港口米奥斯·霍尔莫斯的借款契约;另一件为公元 2 世纪中期的穆吉里斯草纸文书,也是一件借贷契约。中亚的几种契约的基本体例,都已体现在这两件年代更早的希腊文契约中。这说明,中古早期欧亚大陆各地的契约法则及商业文化存在着传播关系,从而形成了一种通用范式。

由此看来,粟特人的一些重要长途贸易组织形式和商业法则,包括贸易聚落、商业代理、契约法等等,都受到地中海世界的影响。贵霜人在这一传播过程中,扮演着中介者的角色。罗马的东方商业网络虽然在公元 2 世纪之后衰落了,但其长途商业文化已经在跨印度洋贸易中由贵霜人习得。其后,公元 2—4 世纪,在特定环境下形成了贵霜—粟特商人共同体。正是在这种共同体之下,粟特商人从贵霜商人那里习得长途商业技能。这些长途贸易知识,最初都是罗马—印度贸易背景下地中海商业文化东渐印度沿海和内陆贵霜的结果。

参考文献:

1. H. Falk(eds.), *Kushan Histories*, Bremen, 2015.

2. 余太山:《贵霜史研究》,商务印书馆,2015。

3. 罗帅:《贵霜帝国的贸易扩张及其三系国际贸易网络》,《北京大学学报》2016 年第 1 期。

4. 罗帅:《贵霜—粟特商人共同体》,《丝路文明》第 8 辑,上海古籍出版社,2023。

（罗　帅）

第二节　粟特商人

在中世纪的历史上,最有名的商人团体莫过于索格底亚那(Sogdiana)地区的粟特人,他们的足迹遍布亚欧大陆及其周缘海域,构建了庞大完善的丝绸之路商业网络。魏义天(É. de la Vaissière)为此专门撰写了一本《粟特商人史》。粟特人不仅活跃于商业领域,而且移民四方,定居各地,甚至渗透到政治、社会、文化等领域,产生了极为深远的影响。

一、索格底亚那:丝路文明的十字路口

"索格底亚那"一名最早出现在公元前五、六世纪波斯帝国的铭文中,贝希斯敦铭文、波斯波利斯铭文、纳克希·鲁斯坦姆铭文都提到了 Suguda,希罗多德《历史》中也提到 Sogdi、Sogdians,指的是中亚阿姆河、锡尔河之间的河中地区。在汉文史籍中,《后汉书·西域传》中最早出现"栗弋国",学界多认为即是"粟特",从其地属康居及以葡萄酒闻名来看,或可从。"粟特"一名真正出现是在前秦建元三年(367)的《邓太尉祠碑》中,是从索格底亚那东迁到关中冯翊郡的中亚粟特人。到南北朝时期,中亚的粟特国与北魏交流频繁,同时与刘宋也有交往。《魏书》中共12次出现"粟特",甚至在《西域传》中为粟特国列传:"粟特国,在葱岭之西,古之奄蔡,一名温那沙。居于大泽,在康居西北,去代一万六千里。先是,匈奴杀其王而有其国,至王忽倪已三世矣。其国商人先多诣凉土贩货,及克姑臧,悉见虏。高宗初,粟特王遣使请赎之,诏听焉。自后无使朝献。"粟特国所居大泽,当即咸海,位于康居国的西北。从这一地理位置来看,比隋唐昭武九姓城邦诸国要偏北,主体位于今哈萨克斯坦。《宋书》中两次出现"粟特",另外还有一处"肃特",当为索格底亚那之别译。正史中还有《周书·异域传》《北史·西域传》也为粟特国列传,最后一次关于粟特国的记载是北周保定四年(564)的朝贡。

学界通常把隋唐时代的昭武九姓勘同于粟特人,事实上其与十六国、南北朝时代的粟特并不相同,但《魏书·西域传》所记粟特国人擅长经商,以及粟特商人向东到河西走廊上的北凉国都姑臧,却与昭武九姓人颇相类似。《隋书·西域传》列有 10 个以昭武为氏的国家,分别为康国、安国、钹汗、米国、史国、曹国、何国、乌那曷、穆国、漕国。从这些昭武诸姓国的分布来看,主要居住在阿姆河流域,这与

十六国、南北朝时代粟特国的范围并不完全相合。因此，粟特与昭武九姓并不能完全等同，在时空上均有所区别，但是这一区别并不相差太大，中外学界为方便起见也将粟特与昭武九姓等同起来。

在历史上，粟特地区经常被周围的强大政权征服，如波斯阿契美尼德王朝、希腊马其顿王朝、贵霜帝国、嚈哒、西突厥、中国唐朝、阿拉伯帝国等。即便在嚈哒衰亡以后，以撒马尔罕为中心的康国强大起来，周围有安、曹、石、米、何、史、火寻、伐地等小国，均役属于康国，但也只是出现昭武九姓城邦联合体，粟特地区并未形成为一个统一的国家。粟特地区主要范围在今乌兹别克斯坦，部分在塔吉克斯坦、吉尔吉斯斯坦。粟特地区东接中国，南邻印度，西通波斯、罗马，北达高加索地区，是丝绸之路诸方文明的十字路口。

二、丝绸之路上的粟特商人

康国作为粟特地区的宗主国，"异方宝货，多聚此国"，是中亚地区的商业中心。不过，学者们一直想要找寻粟特本土的商业证据，可惜几无所获，魏义天在《粟特商人史》中也只能慨叹："在中亚诸商业民族中，粟特人无疑是最不发达的。"然而令人注目的是，粟特人在外部的世界却打开了商业的通道，他们接连不断走向四方，东与中国、南与印度、西与拜占庭、北与高加索地区广泛地开展商业贸易，形成了遍布亚欧大陆及海洋的庞大的商业网络。

据中国史籍描述，康国人生子以后，必将石蜜置于口中，明胶置于掌内，希望孩子长大后口常甘言，手持钱币，而且经商讲究锱铢必较，年满二十就去邻国，甚至远至中国，利之所在，无所不到。敦煌西北长城烽燧遗址出土的八封粟特文信札，就是粟特人到中国各地开展丝路贸易的珍贵记录。4 世纪初，撒马尔罕商人拔槎迦（Varzakk）派遣代理商那你樊陀（Nanai-vandak）等人沿着丝绸之路向东，到中国各地开展商业贸易。用粟特文记载此事的 2 号信札及另外 7 封信札一同遗失在敦煌，没有能够成功地送达撒马尔罕等地。但从这封信的收件人为拔槎迦来看，原本是要直接送至撒马尔罕的，反映了中国与撒马尔罕之间的丝路贸易。信札中提到撒马尔罕、龟兹、敦煌、酒泉、居延、姑臧、金城、长安、洛阳、邺、南阳等地名，以及在洛阳的印度人、粟特人，展现了西起撒马尔罕、东到中国各地的广域范围内的商贸活动。粟特商人被称作"兴生胡"，吐鲁番文书《唐咸亨四年（673）西州前庭府杜队正买驼契》记载，西州前庭府队正杜某用 14 匹练"于康国兴生胡康乌破延边买取黄敦驼壹头"。敦煌西北通往故玉门关的路上还有一个"兴胡泊"，就是因为供往来的粟特商人居停饮用而命名。唐代最著名的粟特商人叛乱,是东北地区的范阳节度使安禄山与西北地区的武威九姓商胡安门物,后者攻杀了河西节度使周佖,足见具有相当大的武装实力。

在通往丝路西段方面,粟特人也同样出色地充当了这一商人的角色。据弥南德《希腊史》记述,6 世纪后期,粟特人请求西突厥可汗室点密派遣一个使团到波斯,要求波斯人准许粟特人在波斯境内通行,将生丝卖给米底人;可汗派出以马尼亚克为首的粟特使团前往波斯,但波斯王库思老一世不准许粟特人在其境内自由贩卖生丝,烧掉生丝。室点密可汗又向波斯派出第二个使团,大多遭到波斯王毒死,波斯和突厥之间交恶。粟特首领马尼亚克趁机向室点密可汗进言,建议他为突厥利益计而与罗马人建立友好关系,将生丝售给他们,并亲自随突厥使者一同前往东罗马帝国,以促成东罗马人和突厥人建立友好关系。室点密赞同这一建议,派遣马尼亚克等人作为使者,携带生丝并国书前往东罗马帝国,经由草原丝路到达拜占庭,拜见查士丁尼二世(Justinian II)皇帝。翌年,东罗马派遣蔡马库斯率领使团随马尼亚克回访西突厥,在返归拜占庭时又有突厥人从草原丝路一同西往。此后,东罗马帝国共派出六批使者出使西突厥汗国,双方之间达成了友好同盟关系,东罗马甚至因此中断了与波斯之间的和平条约,交战长达数十年。

粟特人向南渡过阿姆河,进入巴克特里亚及印度,在那里发展起了商业。印度河上游吉尔吉特岩刻有千余处婆罗钵文、佉卢文、粟特文题记,其中以粟特文题记最多,达 650 处。当时,从粟特南部经巴克特里亚地区,东可与中国相通,南则与印度相接。康僧会家族很早就移居天竺,他本人在 3 世纪跟着父亲通过海上丝绸之路的贸易而来到吴国统治下的交趾,而吴国派遣康泰出使海上丝路。及至唐代,南天竺将军米准那也从海路来到中国。以康、米二氏为代表的粟特人活跃于天竺与中国之间的海上丝绸之路。

粟特人往北进入七河流域与高加索地区,他们首先渡过锡尔河,进而进入草原地带。石国在隋代不属于昭武系统,更多的是受到西突厥的控制和影响,但即便是在西突厥时代,石国、怛逻斯、碎叶等地在玄奘看来都是"诸国商胡杂居"之地。随着西突厥的衰落,石国迅速被纳入昭武九姓系统。亚美尼亚地理学家、希拉克的亚拿尼亚在《地理志》中说"粟特人都是富裕、勤劳的商人,他们居住在突厥斯坦和阿里安那之间的土地上",也反映出粟特人是以商业的形式向北推进到突厥地带的。

三、粟特商人的组织

粟特人经营着远距离的跨区商业贸易,没有严密的商业组织是难以想象的。从目前所见的各种资料来看,这种组织的顶端是 s'rtp'w(萨保/萨宝/萨甫/萨簿)。隋开皇五年(585)立于定州的《七帝寺碑》记载"前萨甫下司录商人何永康",可知萨保是商队的首领。凉州萨保史君(Wirkak)石堂西壁北侧下方有一幅商旅出行图,雕有四位商人、三匹马、两头骆驼、三头骡子、一头驴组成的商队,骆驼与骡子背上均驮载货物,骑驴男子右手举着望筒,侦察远方;北壁西侧下方有三位商人、两头骆驼、两头骡子,也是一个商队,短发男子右肩搭着背囊,伸出右手食指,可能正与对面戴帽男子商谈买卖。

粟特本土有本国萨保,外迁经商时以商队或聚落首领为萨保,进入中国的萨保甚至还被纳入官僚体系,成为唯一一个外来的官名。京师萨保设二人,视从七品;诸州萨保设一人,视从九品,隶属于鸿胪寺典客署。按规定,诸州每 200 户可设萨保,以一户五人计,设立萨保的州至少有 1000 名胡人。萨保之下,既设有文官系统的长史、司录、祆正、祆祝、府史、萨保判事曹主,又设有武官系统的车骑、果毅、率,相当完备。

商队出行需要武装保卫,故萨保体制与军事颇有关联。南北朝后期,康拔达被萧梁任命为凉州萨保、使持节、骠骑大将军、开府仪同三司、凉甘瓜三州诸军事,带有军事衔,掌管整个河西走廊的胡人聚落。北周时,萨保与地方乡兵密切相关,虞弘领并、代、介三州乡团,检校萨保府。隋代,凉州安兴贵为大都督,领本乡兵,当即其父祖辈世袭萨保所领的胡人武装,这些胡兵在扶持或擒捉河西大凉皇帝李轨时发挥了关键作用。粟特人信仰祆教,据《长安志》记载,唐初雍州萨保府之一就设在布政坊西南隅的胡祆祠内,主祠祆神。在突厥,粟特人形成了势力较大的"胡部"。6 世纪,吐谷浑可汗夸吕派遣一支商队前往北齐,途中遭到西魏凉州刺史史宁的袭击,"获其仆射乞伏触扳、将军翟潘密、商胡二百四十人,驼、骡六百头,杂彩、丝绢以万计",荣新江推测翟潘密就是商队首领萨保,也带有将军衔,商队规模多达 240 人以上。

由于粟特商人有自身严密的军事武装,又与所在地政权相合作,利用国家力量保护其开展商业贸易活动,大大增强了在丝绸之路上的安全系数。另外,粟特人还充分利用所在国的官职身份、驿站设施,来保障丝路贸易的顺利进行。

参考文献:

1. H. 裕尔撰,H. 考迪埃修订,张绪山译:《弥南德〈希腊史残卷〉所记突厥汗和拜占庭皇帝间的交往》,《东域纪程录丛》附录Ⅷ,云南人民出版社,2002。

2. É. de la Vaissière, *Histoire des Marchands Sogdiens*, Collège de France, Institut des Hautes Études Chinoises, 2002.

3. 森安孝夫:《シルクロードと唐帝国》,讲谈社,2007。

4. 荒川正晴:《ユーラシアの交通・交易と唐帝国》,名古屋大学出版会,2010。

5. 陈海涛、刘惠琴:《来自文明十字路口的民族:唐代入华粟特人研究》,商务印书馆,2006。

(冯培红)

第三节　斡脱商人

斡脱商人是元代的特殊商人，从蒙古大汗、诸王、公主、后妃等王室贵族处获取本银，进行商业贸易活动。同时他们也是蒙元时期中国重要的商人群体，在丝绸之路上的贸易往来中扮演着重要角色。

一、斡脱商人及其活动

一般认为，斡脱是突厥语 Ortaq（或 Ortak）的音译，是"伙伴"的意思，因此，斡脱商人也被称为蒙古大汗、诸王的商业伙伴。有学者提出，斡脱也对应蒙古语 Ordu，意为行帐、营阵、宫殿，元代多音译为斡耳朵、斡儿朵、兀鲁朵或兀里朵斡脱。经营斡脱的商人绝大部分来自西域，多是回回商人。但是，在蒙元时期，并非所有的回回商人都从事斡脱商业活动。蒙元时期的斡脱商人是指从事斡脱商业活动的特殊商人群体。元代实行诸色户计，按职业和民族成分划分人户，斡脱商人在元代亦官亦商，因此，政府专设了一种人户为斡脱户。根据《元典章》"户口条画"条，斡脱商人是奉旨做买卖的人，即代理蒙元皇室经商，这也是斡脱商人与其他普通商人的不同之处。斡脱商人的特别之处，还体现在斡脱商人在元代拥有一系列特权：可以携带军器；行船鸣锣击鼓；可骑乘驿马；在差役方面享受与僧、道、也里可温、答失蛮等特殊户计的同等优待，等等。斡脱商人获得特权也对他们商业活动的顺利进行有着很大的帮助，但他们也凭借他们所获得的特权行不法之事。斡脱商人在办买盐引时享有一些便宜之权，他们便以此欺侮仓官、贩卖时霸占行市。按照规定斡脱商人应当课税，但他们往往依仗权势避税、逃税。元廷对他们的跋扈行为曾予以限制，但效果参差不齐。

斡脱商人的主要商业活动为高利贷和长途贸易。斡脱商业活动中最为人熟知的是高利贷，也是影响最大、最坏的商业行为，以至于斡脱几乎相当于高利贷的同义词。斡脱商人放高利贷的本钱来源于蒙古贵族，获得利润的一成左右归蒙古贵族。在高额利润的驱使下，斡脱商人往往会不遗余力地榨取借贷者。根据《黑鞑事略》中斡脱钱的相关记载，若本钱银一锭，十年之后，利息共计高达一千二十四锭。高利贷在元代由于斡脱商人的活动而尤为发达，但高利贷并不是元代独有的，其有着古老的历史。唐代"兴胡"是元代斡脱的先驱，但是斡脱高利贷对当时社会所造成的危害远远超过唐代的兴胡。

蒙元时期的斡脱商人，除经营高利贷活动之外，也从事商业贸易。蒙古贵族提供本银，委托西域商人往来贸易，这些为蒙古贵族服务的西域商人也被称为斡脱商人。大蒙古国时期，尤其是初期，长途商业贸易是斡脱商人的主要商业活动。这一时期，斡脱商人们主要通过丝绸之路往返于西域、漠北和中原等地区，经营金银珠宝、绸缎皮毛等生活用品和奢侈品贸易。蒙元时期所谓"行使斡脱""行运斡脱"便是指贩卖商品的斡脱商人们。斡脱商人的贸易活动，除了陆路长途贸易之外，还有海上贸易。元朝统一中国之后，加强了对东南沿海贸易港口的经营，尤其是元代"官本船"制度建立之后，海外贸易繁荣发展起来，元朝政府鼓励斡脱商人下海贸易，斡脱商人的长途商业贸易活动也从陆上拓展到了海上。

二、蒙元时期斡脱商业的发展

大蒙古国时期，受单一游牧经济的限制，经济发展非常落后，物资十分匮乏，许多生活用品都需要从其他地区获得，经济对外依赖性较大。因此，蒙古统治者一直重视商业的发展。这一时期的商业基本掌握在西域回回商人的手中。早在成吉思汗建国以前，他们就往来于西域、漠北和中原各地，以粮食、绸缎等换取游牧民的皮毛、牲畜，转手贩卖。蒙古人征服西域后，更多西域商人为蒙古政权效命，来到东方经商。斡脱商业的形成与蒙元王朝的对外政策密切相关。成吉思汗在位期间，通过一系列措施来保护和优待前来经商的西域商人，创造了良好的营商环境，从而吸引了更多商人到蒙古高原经商。成吉思汗重商主义政策的推行，促使斡脱商业开始形成规模。窝阔台汗时期，基本继承了成吉思汗鼓励贸易的政策，《世界征服者史》和《史集》中都记载了窝阔台对斡脱的管理。但同时，斡脱商人的高利贷活动对经济社会造成的危害也引起了一些有识之士的重视，其中就包括耶律楚材等人，他们建议对斡脱的高利贷活动进行一定限制，但效果并不十分明显。到蒙哥汗时期，对斡脱商人采取了进一步的限制措施，包括让斡脱户和其他民户一样承担赋役等。忽必烈建立元朝后，对各项制度进行了规范化管理，其中也包括斡脱商业活动，一方面限制诸王的私属斡脱，另一方面于至元四年（1267）十二月设立诸位斡脱总管府，这也标志着斡脱官商身份的正式确立。因此，元人徐元瑞在《吏学指南》中所说的斡脱转运官钱，严格来说，应在诸位斡脱总管府设立之后，在此之前，不能算作是严格意义上的官钱。但是，斡脱钱有公私钱之分，皇帝（御位下）所属的资金是斡脱公钱，而帝室宗王（诸位下）的资金则属于斡脱私钱。在诸位斡脱总管府之后,世祖忽必烈又相继在中央和地方设置了管理斡脱的机构,如在地方上设置有涿州斡脱局,斡脱商业活动在政府管理下逐渐规范化。也由于官府高利贷的进入,使得民间高利贷的竞争力相对减弱,对经济社会的发展起到一定的积极作用。随着元朝统一战争开始和统治疆域扩大,斡脱活动范围越来越广。元统一中国后,许多斡脱商人转而经营海外贸易,至元十七年(1280)十一月,在斡脱总管府的基础上设置了泉府司,管理斡脱高利贷活动和陆路贸易,同时管理海外贸易。泉府司从始立到至大四年(1311),部分朝臣多次奏陈斡脱扰民,泉府司也几经废立。泉府司的反复废立也反映了元代斡脱商业的变化发展。

因为斡脱与统治阶层经济利益有直接联系,斡脱商人及其活动受政治环境的影响较大。纵观元代的历史,斡脱商业的兴衰与重商主义政策有着密切的关系。世祖朝阿合马柄权时,斡脱商人较为活跃,阿合马推行的财政政策有利于斡脱商业活动的发展,此外,阿合马回回人的身份对斡脱商人来说也有一定的便利之处。阿合马死后,后继者卢世荣、桑哥等继续了阿合马重商主义政策,这一时期,斡脱商业继续获得发展。卢世荣创立的"官本船"制度,也有利于斡脱海外贸易的发展与扩大。但是,这一时期斡脱商业的发展,与阿合马、卢世荣和桑哥三位理财大臣的财政政策是一脉相承的,以敛财为首要目的,因此也激化了社会矛盾。成宗即位后,对斡脱商业进行了一系列的限制。元代由于战争、灾害不断,统治阶层又喜好奢靡,滥行封赏的情况比较严重,政府财政支出非常紧张,财政危机不断加重,社会矛盾也日益激化,此后政府对斡脱商业的发展既鼓励又限制。而且,随着元代汉法的推行和汉化程度的加深,对重商主义的摒弃和对吏治的重视,斡脱商业发展受到的限制也进一步加重。仁宗即位(1311年)之后,全面废行泉府司,斡脱商业进入了低谷。泰定帝时(1324—1328),由于倒剌沙的当权,斡脱商业获得了一次短暂的复兴。倒剌沙是泰定帝的亲信,地位举足轻重。倒剌沙的得势带来了回回人政治势力的复苏,这也惠及斡脱商业的发展。泰定帝在位期间,对斡脱商人可谓优待有加,这与倒剌沙有着密不可分的关系。但是,随着政治风云变幻,"两都之战"后的皇位交替,倒剌沙倒台,回回势力随之一蹶不振,斡脱商业的再度繁荣也只不过是昙花一现。此后,斡脱商业也逐渐衰落。元代史料记载关于斡脱的情况,也与其衰落历程相一致,元朝前期关于斡脱的记载较多,到了元中后期,关于斡脱的资料记载逐渐减少,尤其是泰定时期权臣倒剌沙倒台之后。

三、斡脱商人活动的历史影响

关于元代斡脱商人的高利贷活动。高利贷商业活动在我国有着长久的历史，并不为元代所特有。但是，高利贷活动确实在元代发展到了一个新的历史阶段。斡脱高利贷为斡脱商人本身及其资金供给者聚敛了高额财富的同时，也对元代的社会经济造成了破坏。元杂剧中记录了很多斡脱高利贷活动及其对民众生活的影响，斡脱钱或许能解一时的燃眉之急，但对于普通民众而言，无异于饮鸩止渴。在元朝，百姓交纳不起赋税，州县官吏缴不足税额，都只得借斡脱钱填补，但如到期无力偿还，债额却越滚越大，以致最后卖妻鬻子也无法还清债务。一些地方官吏也借斡脱钱，他们为了还债就变本加厉地剥削、榨取劳动人民，或者肆无忌惮地贪污、侵吞公款，使得官场黑暗、政治腐败。斡脱钱的盘剥活动，始终是官府、皇室、诸王等榨取人民膏血的手段之一，斡脱高利贷活动也因此成为元代社会矛盾尖锐的根源之一。

关于元代斡脱商人的陆海贸易活动。从事长途商品贸易活动的斡脱商人，和其他通过丝绸之路往返于中西之间的商人一样，对中西物质文化交流有着至关重要的作用。商业贸易活动兴盛，对元代手工业和社会经济的发展都有着积极意义。此外，斡脱商业的发展与重商主义政策相合，对中国传统的重农抑商政策造成了冲击，有利于社会风气的转变和社会阶层的流动。

通过斡脱商人，可以窥见元代高利贷活动的空前发展，也可看到其荼毒范围之广、危害程度之深。通过看历史长河之中的高利贷活动，对元代斡脱商业，乃至元代经济有更为客观的认识。元代斡脱商人的长途商业贸易活动，从陆路延伸到海上，其背后是蒙元政权从草原到海洋的扩张，是元代中国的统一和疆域的扩大。斡脱商人是元代中国的一种特殊商人，他们不仅活跃在元代中国领土上，还活跃在元代陆海丝绸之路的商业贸易之中。在丝绸之路上还有许许多多像斡脱商人的商人群体，他们各自背后都有其独一无二的历史记忆和发展轨迹。正是这些商人的往来活动，才促成了丝绸之路上文明的交流互动。

参考文献：

1. 翁独健：《斡脱杂考》，《燕京学报》1941 年第 29 期。
2. 陈高华、史卫民：《元代经济史》，中国社会科学出版社，2020。
3. 韩儒林：《元朝史》(修订本)，人民出版社，2008。

4．高荣盛：《元代海外贸易研究》，四川人民出版社，1998。

5．张星烺编注，朱杰勤校订：《中西交通史料汇编》，中华书局，1978。

（余幸芷）

第四节　汉族商人

一提起丝绸之路的商业贸易，人们首先想到的是高鼻深目、须发浓密的西域胡商，以粟特人为代表的西域胡商确实在丝路贸易中扮演了极为重要的角色。莫高窟盛唐第 45 窟南壁观音经变中的"胡商遇盗图"，商客以胡人形象出现，驱赶着毛驴，驮载着货物；而盗贼则以汉人形象出现，持剑威吓胡商，抢夺其货物。不可否认，擅长多种语言、行走四方的西域胡商的确是丝路商人中最重要的成员，但丝路贸易的参与者十分多元，除了胡商也有汉商。不过总体来说，学界对丝路汉商注目不多，掩埋了汉族商人在丝路贸易中的贡献，是不符合实际状况的。

一、丝路汉商的缺位记录

中国古代以农为本，特别是商鞅实行重农抑商的政策，对封建社会产生了深远的影响。人民安土重迁，被束缚在土地上；商人地位低下，在士农工商中居于末位。尤其是史家对商人的记录，除了司马迁在《史记》中列有《货殖列传》外，正史中几乎完全断绝，以致造成商人的缺位记录。

自西汉张骞凿空西域以后，汉武帝派遣大批使者出使西域，在当时的社会上掀起了一股热潮，出现"使者相望于道，一辈大者数百，少者百余人"的盛况。这些汉朝使者组成数百人的庞大商队，一年之中多者派出十几个使团，少者五六个使团，或数年即返，或八九年才回。他们出使时效仿张骞，带着马、牛、羊、金币、丝帛等物，主要是与西域诸国开展贸易。可惜的是，史籍中只是作了笼统的记述，而没有记下他们的名字；他们的身份也是被当作使者，而容易忽略实际的商人身份，幸而史书里留下了"其使皆私县官赍物，欲贱市以私其利"的记载，从而揭明了这些打着使者旗号的丝路汉商的本质。这些商人私下里携带汉朝官方的货物，沿着丝绸之路西行，到西域售卖以获取个人私利。楼兰出土的佉卢文文书中也提到了汉商，称"目前没有汉商，因此绢债没法计算，等汉商到了再算"。韩森《丝绸之路新史》认为，楼兰当地人不经常用绢付款，否则就知道绢的价值，不必等到汉商到来才计算。这些汉商应该就是那些打着使者旗号出使西域的汉朝商人。

然而，这样的汉商记录实在是太少见了，楼兰出土的一千多件佉卢文文书中也仅此一见，中原王朝的史书更是对商人不屑一提，造成了汉商在丝绸之路上的缺位,因此亟须利用出土资料作些打捞工作,以弥补这种缺位状况,复原丝绸之路商业贸易的原本面貌。

二、汉族商人与丝路长途贸易

丝绸之路绵亘万里,经行茫茫大漠或大海,路途艰险,所以人们一般认为丝路贸易是接力式的商业活动。这种中转贸易确实是丝绸之路上的常态,但是长途贸易也并非全然没有。与西域胡商一样,汉族商人也参与了丝路长途贸易。

唐代敦煌人索谦就是丝绸之路长途贸易的汉商代表。据他的墓志铭记述,索谦字文纲,敦煌人,祖父索超,父亲索韩在隋代担任掌设府车骑将军;索谦被称为处士,在丝绸之路上从事长途贸易,东起中原,西迄西域,主要是将西域的珠宝、玉石等昂贵商品贩运至唐都长安等地,以赚取高额利润。索谦在唐高宗永徽六年(655)卒于长安隆政里,享年 46 岁,则知其生于 610 年。隆政里靠近胡人聚居的西市,索谦定居于此,与西市胡人开展贸易极为便利。626 年唐太宗上台时,索谦 17 岁,可能刚刚涉足商场,他主要活动在唐太宗贞观年间(627—649)及唐高宗永徽年间(650—655)。墓志记载"重以梯山航海之卖,昆峰丽水之珍"。用"梯山航海"来形容丝路长途贸易,意在说明跋山涉海,路途遥远。"昆峰"指昆仑山,"丽水"指伊犁河,是说索谦在西域昆仑山、伊犁河购买货物,昆仑山出和田玉,伊犁河是唐朝弓月城所在地,今伊宁市霍尔果斯一带。墓志又记:"天朝荐玉,嗤少和之未工;诣阙献珠,鄙握佺之重价。封越天旨,屡动宸衷。频蒙宠锡,每糜荣赏。"可以看出,索谦在和田购买的昆仑玉、在伊犁河弓月城购买的宝珠,都是卖给朝廷的,质量上乘,价格高昂,是丝绸之路长途贸易中的极品。唐太宗或高宗获得西域珍品,自然十分高兴,频繁地给索谦赏赐价值不菲的物品。除了给皇家提供珠宝、玉石之外,关中地区达官贵族多,奢侈品市场大,索谦出入五陵,优游三辅,就是将西域宝石等奢侈品卖给王公贵族,获取高额利益。墓志将他比作春秋陶朱公范蠡、战国白圭及西汉程郑、罗褒等富商巨贾。从"时置候宾之驿,家富秦赵之声"来看,索谦在经商时还利用了唐朝的官方驿站,并将丝路贸易向东扩展到赵地,更加表明他是一位典型的丝绸之路长途贸易的商人。索谦是敦煌人,自汉代以降敦煌索氏就是当地著名的世家大族,西晋都城洛阳太学中驰名海内的"敦煌五龙",有三位出自索氏,其中最有名的是书法家索靖,《晋书》中有其列传,《魏书》还有敦煌人索敞的列传。到了唐代,敦煌文献 P.2625《敦煌名族志》列有索氏,叙列了自西汉以来敦煌索氏的名人,惜西晋后残缺。晚唐时期,索勋出任归义军节度使,成为敦煌当地的最高统治者。于此可见,敦煌索氏在自汉迄唐的千年之间,簪缨不替,长盛不衰。敦煌地处丝绸之路的咽喉要冲,东去长安、西往西域均颇为便利,敦煌人索谦活跃在从中原到西域的丝绸之路上,从事长途贸易,是丝路汉商的杰出代表。

对于商人来说,追求的是利益,民族并非天然的隔碍,只是同一民族组织商队共同营商,在语言、饮食、风俗等方面较为便利而已,但有时为了经商营利,胡汉商人也会联合组成商队,共同开展长途贸易活动。吐鲁番出土了一件文书,定名为《唐西州高昌县上安西都护府牒稿为录上讯问曹禄山诉李绍谨两造辩辞事》,生动地记录了长安胡汉商人到西域各地合作开展长途贸易的情况。案件的梗概如下:唐高宗乾封二年(667),来自长安的汉商李绍谨与粟特胡商曹炎延、曹果毅、曹二等人一起结伴前往西域经商。因曹炎延途中走失,财物也无着落,其弟曹禄山于咸亨二年(671)将李绍谨告到高昌县。据曹禄山陈述,兄曹炎延等人与李绍谨从长安到安西(今新疆库车),然后跟着"兴生胡"到弓月城贸易;三年后,李绍谨向曹炎延借了275匹绢,当时有曹毕娑、曹果毅在场,李绍谨与曹炎延一道前往安西,时在安西的曹禄山只见到李绍谨,却未见其兄炎延;此后,曹禄山与李绍谨一起从安西到西州高昌县(今新疆吐鲁番),曹禄山在诉状中还提到其兄曹炎延的财物,有若干匹马、2头骆驼、4头牛、1头驴,以及价值200匹绢的其他财物。而李绍谨则陈述,他并未在弓月城向曹炎延借绢,也没有与曹炎延同去安西,只是在弓月城与曹毕娑打了一架而被捉拿至城。从长安到西域弓月城路途遥远,一般要组建商队出行。从这个案件可知,长安的胡汉商人一起前往安西,当是参加了同一个商队;从安西到弓月城,也是加入到以粟特为主的兴生胡商队。曹禄山在牒文中提到"其李三是汉",曹炎延"身是胡,不解汉语",但他们为了获得共同的利益,却组成了一个商队。荣新江指出,丝绸之路上的商队是以粟特为主而同时有其他民族参加的国际商队。这种多种族商队除了各种胡族之外,汉族商人也是不可忽视的。

三、汉族商人与丝路短途贸易

如果说丝绸之路长途贸易多以粟特胡商为主,那么短途贸易则更多地出现汉族商人的身影。在亚洲内陆腹地,丝绸之路穿行于沙漠之中,各个绿洲之间的距离并不太远,不同绿洲间互相交换商品,产生了短途贸易。以敦煌及周边绿洲的交易为例,汉商的数量远远超过了胡商。丝路短途贸易的这一现象是非常值得关注的。

敦煌与甘州(今甘肃张掖)之间的短途贸易。敦煌文献 S.4884《辛未年(911或 971)押牙梁保德取斜褐契》记载,梁保德因为要充使甘州,向洪润乡穆盈通取了十四段斜褐;等他从甘州返回敦煌后,要付一匹生绢作为利息。

敦煌与伊州(今新疆哈密)之间的短途贸易。S.4504v《辛亥年(951)押衙康幸全贷白丝生绢契》记载,康幸全因为要充使伊州,向耆寿郭顺子借贷一匹白丝生绢;等他从伊州返回敦煌后,限于九月前付一个锝鉴作为利息。

敦煌与西州(今新疆吐鲁番)之间的短途贸易。敦煌文献 P.3453《辛丑年(941)贾彦昌贷生绢契》记载,贾彦昌因为要充使西州,向龙兴寺上座心善借贷一匹生绢、一匹帛絁绵绫;等他从西州返回敦煌后,要付两匹上好的立机𬘘作为利息。

敦煌与南山(今甘青新交界处的昆仑山、祁连山一带)之间的短途贸易。敦煌文献 S.4445《己丑年(929)龙家何愿德贷褐契》记载,何愿德因为要到南山做买卖,向永安寺僧长千借贷三段褐、一段白褐;等他从南山返回敦煌后,要付六段褐作为利息。

由上观之,敦煌到邻近地区的甘州、伊州、西州等绿洲及南山地区,派往各政权的使者实际上都从事商业贸易,大多借贷丝绸或褐前去买卖,交易回来后要给借贷方支付利息。在这些使者、商人中,康幸全是粟特人,何愿德是龙家人,而梁保德、贾彦昌则是汉人。以上只是举几例予以说明,综观敦煌文献所记敦煌与邻近绿洲充使、贸易的事例,还有充使甘州的队头程住儿,充使伊州的王𪩘敦,充使西州的张修造、宋专甲、押衙就弘子、押衙徐留通、兵马使康员进、三界寺僧法宝,绝大多数为汉人,是粟特人、龙家人无法比拟的。由此可以看出,汉族商人在丝绸之路上发挥着切实的作用,是不容忽视的。

参考文献:

1. 荒川正晴:《唐代粟特商人与汉族商人》,荣新江、华澜、张志清主编:《粟特人在中国——历史、考古、语言的新探索》,中华书局,2005。

2. 荒川正晴:《ユーラシアの交通・交易と唐帝国》,名古屋大学出版会,2010。

3. Valerie Hansen, *The Silk Road: A New History*, Oxford university press, 2012.

4.荣新江:《中古中国与粟特文明》,生活·读书·新知三联书店,2014。

5.刘安志:《敦煌吐鲁番文书与唐代西域史研究》,中华书局,2011。

(冯培红)

第七章　丝路贸易中的重要商品

第一节　丝绸与丝绸技术的传播

中国是桑蚕丝绸的发源地。根据古代官方传说,黄帝元妃嫘祖是发明养蚕织丝的人。考古学材料表明,我国确实拥有五千多年的丝绸历史。长江与黄河流域的多个新石器时代晚期遗址,均发现有桑蚕和丝绸遗物。丝绸作为中华物质文明的代表之一,在古代长期是我国对外出口的标志性大宗商品。早在春秋战国时期,中原与中亚之间就形成"绢玉之路",通过游牧民族的中介,中原丝绸被用来换取昆仑玉石。《穆天子传》讲述的周穆王西巡故事,反映的正是先秦绢玉贸易的情形。新疆天山阿拉沟墓地、俄罗斯阿尔泰山巴泽雷克墓地,均出土有战国时期楚国刺绣等丝织品。到汉代,由于罗马贵族的追捧,我国丝绸源源不断地向西传输。魏晋南北朝时期,丝绸技术逐渐西传,为吐鲁番、塔里木盆地、波斯、拜占庭等地习得。西域各地也纷纷形成自己的特色丝织品,并曾沿丝绸之路广泛行销。

一、汉代丝绸之路上的丝绸

伴随着丝绸之路的正式开通,丝绸通过官方和民间两条渠道向域外大规模流播。根据史书记载,汉朝向周边派出的使者,一般会携带大量丝织品作为礼物。张骞第二次出使西域,组成三百人的庞大使团,"赍金币帛直数千巨万";汉武帝遣往开拓海路的使者,亦是"赍黄金、杂缯而往"。周边诸国的首领、使者前来朝贡,汉朝也往往回赐各类丝织品。例如,元康元年(前65),西域龟兹国国王绛宾携夫人前来朝贺,宣帝赐以"绮、绣、杂缯、琦珍凡数千万";始建国三年(11),王莽册封匈奴单于,赐以"安车鼓车各一,黄金千斤,杂缯千匹";永宁元年(120),掸国(今缅甸)王雍由调来朝,安帝"封雍由调为汉大都尉,赐印绶、金银、彩缯各有差"。所谓帛、绮、绣、彩缯、杂缯，皆为丝织品名称。由这些文献记载可知，丝织品在汉代因各种官方活动而大量流入周边各地，包括绿洲丝绸之路上的龟兹、草原丝绸之路上的匈奴，以及海上丝绸之路沿途的掸国。在民间的贸易活动中，丝绸也是深受欢迎的畅销品，这在史书中虽然阙载，但被丝绸之路沿线多处考古发现所证实。

我国西北地区气候干燥，在丝绸之路沿线的敦煌、楼兰、尼雅、洛浦等地，均有汉代丝绸实物出土。其中一些带有文字，为我们提供了丝路之绸的细节信息。20世纪初，英国人斯坦因在敦煌汉代长城烽燧遗址发现一件西汉丝绸残片，上有墨书一行，读作"任城国亢父缣一匹，幅广二尺二寸，长四丈，重二十五两，直钱六百十八"。这应当是捆扎绸缎的条布，上面写着所捆绸缎的产地、种类、数量、长宽、重量和价值。任城国亢父，在今山东济宁市，从残片上的文字可知，这里生产的缣每丈约值155文钱。1934年，中瑞西北科学考查团在楼兰古城附近的一座东汉墓中，也发现了一块捆扎绸缎的有字绸布条，不过上面的文字不是汉字，而是西北印度流行的佉卢文，其意为"身毒阿阇黎之绸缎，40（尺长）"。可见，这匹绸缎的所有者是一位身毒（印度）商人。上个世纪八九十年代，考古人员在塔里木盆地南缘的洛浦县山普拉墓地和民丰县尼雅墓地，发现了大批各类丝织物。山普拉墓地出土的有绢扇、"宜子孙"文字锦镜袋、杯纹罗梳镜袋、云气立鸟纹锦、云气玉璧鹿纹锦残片、几何纹三色锦梳镜袋、红缦地蔓草纹刺绣护颔罩等等。尼雅墓地出土的有不少织有吉祥文字，如"延年益寿保子孙"锦、"千秋万岁宜子孙"锦枕，以及著名的"五星出东方利中国"锦。这些锦缎色泽鲜艳，工艺精巧，乃皇家丝织场所产，是东汉朝廷对精绝王等上层人物的赏赐品。除了这类高档丝织品，尼雅墓地也发现有民间贸易而来的丝绸，其中一件素缣残片带有墨书汉字"河内修若（武）东乡杨平缣一匹"，河内修武，在今河南焦作市修武县。

在草原丝绸之路沿途，也有汉代丝绸出土，最重要的发现来自诺音乌拉山匈奴贵族墓地。该墓地位于蒙古国中央省，在乌兰巴托以北130公里色楞格河畔。墓地的年代大约在西汉晚期至新莽时期。该墓地出土的丝织品种类繁多，保存良好，质量上乘，包括田纹罗、鱼纹锦、乘云绣、有翼狮子刺绣、对兽对鸟纹刺绣、黄色菱格纹绮，以及织有吉祥用语的"广山"锦、"威山"锦、"风雨时节"锦、"游成君守如意"锦、"新神灵广成寿万年"锦、"凤皇（凰）下群鹄颂昌万岁宜子孙"锦等。这些高档丝绸应该是汉朝或新莽给匈奴贵族的赏赐物。它们被制成衣裤、帽子、靴子，为墓主所穿戴。丝绸沿草原丝绸之路传输到很远的地方。1842年，克里米亚半岛刻赤的一座萨尔玛提亚古墓中，曾出土了一块公元前1世纪的菱格纹绮残片。

罗马帝国是汉代丝绸需求的终端。20世纪上半叶,考古学家在罗马帝国故地帕尔米拉和杜拉—欧罗巴斯等遗址发现了一批汉代丝绸残片。其中,法国考古队在帕尔米拉的三座墓葬中,就发现了约五十块丝绸残片。帕尔米拉位于今叙利亚境内,是地中海东岸和幼发拉底河之间沙漠绿洲上的一座著名商业城市。公元1世纪中后期,该城发展成连接地中海世界与东方各国的贸易枢纽。公元2世纪中期,其地被罗马帝国吞并。帕尔米拉出土的汉代丝绸所用纺织技术不同于西方传统织法,被学界称为"汉式组织"。其品种有锦、绮、绣、绫等,纹饰包括柿蒂纹、神兽纹、铜钱纹、菱形几何纹、勾连雷纹等,这些类别和纹样在我国出土的汉晋时期丝织品实物中都很常见。

二、罗马帝国的丝绸风尚

汉代丝绸在罗马帝国需求旺盛。除了上述丝织品实物,还有很多图像和文献材料表明,中国丝绸曾风靡罗马上层社会。在公元初期的罗马艺术作品中,可以见到身穿丝绸服饰的人物形象。公元79年,维苏威火山的爆发掩埋了庞贝城和赫库兰尼姆城。意大利那不勒斯考古博物馆收藏的一件庞贝壁画残片,表现的是一位身着透体外衣的罗马女祭司。研究者们认为,这件透明外衣应该属于来自中国的丝织品。该博物馆还收藏有一件赫库兰尼姆壁画残片,其中人物身穿的丝绸衣物表现得更为显眼。该壁画在天蓝色的背景上绘着维纳斯女神的立像,她下身齐腰穿一条红色长裙,上身看似赤裸,其实不然,在她两臂与身体之间依稀可见透明的薄纱衣。画家让她右手弯举,轻提右肩上纱衣的一角,从而更清楚地向观众表达了薄衣的存在。维纳斯柔美的胴体与剔透的纱衣相得益彰。整幅画面不仅在于表现爱神的娇媚动人,也在于着力赞美纱衣的轻盈纤薄。这件若隐若现的衣物,应当也是来自中国的丝绸制品。

希腊拉丁作家对中国丝绸的生产情况怀有极大兴趣,他们热衷于转述道听途说的相关轶闻。从这些古典作品关于丝绸的片段中,我们可以很容易了解到丝绸在罗马社会中的受欢迎程度、文化涵义及价格等情况。关于前两点,我们可以看看塞涅卡、老普林尼、狄奥和索林等作家的描述和认知:

> 我见过一些丝绸制成的衣服。这些所谓的衣服,既不蔽体,也不遮盖。女人穿上它,便发誓自己并非裸体,其实别人并不相信她的话。人们花费巨资,从不知名的国家进口丝绸,却只是为了让我们的贵妇们在公共场合,能像在她们的房间内一样,裸体接待情人。(Lucius Annaeus Seneca, *De*

Beneficiis，50.7)

　　靠着如此复杂的劳动，靠着如此长距离的谋求，罗马的贵妇们才能够穿上透明的衣衫，耀眼于公共场合。(Pliny the Elder, *Natural History*, VI. 20.54)

　　按照某些人的记载，为了使太阳不晒着观众，他(凯撒)在看台的上方挂了由丝绸制成的幕帘。这种织物是野蛮人所使用的奢侈物，现在已经流入我国以满足贵妇人们过分讲究的虚荣。(Cassius Dio, *Roman History*, XLIII. 24)

　　这就是常称的"赛里斯织物"，我们容忍在公众场合使用它。追求奢侈欲望的首先是女性，现在甚至包括男性都使用之。使用这些织物与其说是为了蔽体，倒不如说是为了卖弄身姿。(Gaius Julius Solinus, *Polyhistor*, 51)

　　从四段引文中可以看出，丝织品备受罗马贵妇们的追捧，甚至连男性也热衷这种异域织物。其背后的文化原因，塞涅卡等人认为这与罗马人强烈的虚荣心有关，包括两个方面：其一，丝绸是一种高档奢侈品，穿上它可以显得自己富有、尊贵；其二，对于女性来说，丝织品轻薄透明的特质很好地满足了她们对身体的解放，方便了她们在公共场合炫耀身姿。

　　公元1世纪的罗马作家马提亚尔声称，在他生活的年代，罗马的土斯古地区存在一个丝绸市场。佚名史书《罗马帝王记》记载，在罗马皇帝奥勒良(公元270—275年在位)时期的罗马市场上，一磅丝的价格相当于一磅黄金。公元301年，罗马皇帝戴克里先(公元284—305年在位)颁布了一部《限价法令》，其中规定了丝织工人的工资，并限定丝织品的最高价格如下：白丝，每磅12000狄纳里银币；紫染生丝，每磅150000狄纳里。根据当时的货币换算体系，50000狄纳里银币合1磅黄金，则每磅白丝和紫染生丝分别值0.24和3磅黄金。可见，在罗马帝国中晚期，丝绸仍然十分昂贵。即便贵比黄金，丝织品仍源源不断地输入罗马帝国，从而造成国库空虚和大量财富外流，因此，多位罗马皇帝和执政官曾下令禁止男子穿丝绸衣服。

　　丝绸在罗马帝国如此紧俏，以至于罗马人对丝绸的产地也格外关注。公元1世纪的《波廷格地图》是一幅罗马帝国的道路网图，重在标记道路、城市和物产。这幅地图最东的部分是印度半岛和中亚地区，值得注意的是，在印度半岛东北部赫然标注着"丝绸主产地"。同一时期的佚名希腊文《厄立特里亚海航行记》提供了更精确和详细的信息。这是一份航海和商业手册,记录了印度洋沿岸各地区港口的分布情况和进出口货物内容。在印度半岛巴巴里孔(Barbarikon)、婆卢羯车、穆吉里斯等港口的出口货物名单中,都列有丝绸或丝织品。该书作者甚至探听到丝绸的真正产地和运输路线,他清楚地写道,丝绸是从中国内地,由陆路经中亚的巴克特里亚,最终运到印度西南海岸的利米里克,或者西北海岸的婆卢羯车。

三、汉代以后丝绸的西传

公元 380 年前后,罗马作家马塞林努斯声称:"服用丝绸,从前只限于贵族,现在已推广到各阶级,不分贵贱,甚至于最底层。"这表明在汉代以后,传入罗马帝国的丝绸数量进一步扩大,丝织品在人们的日常生活中逐渐普及,进入寻常人家。

在丝绸之路沿线,汉代以后的丝绸实物并不在少数。吐鲁番盆地的阿斯塔那、哈拉和卓的晋唐时期墓群,曾陆续出土了大批丝织品文物,种类包括绫、罗、纱、绮、绢、缣、织锦、刺绣、染缬等。这其中既有使用汉式传统经线显花的织物,如前凉末年织有"富且昌,宜侯王,天延命长"汉字的织锦圆头鞋,北朝时期的"贵"字纹绮,唐代的"王"字龟甲纹锦等;也有深受波斯图案和织法影响的斜纹纬线显花织物,如"贵"字孔雀纹锦、联珠对鸭纹锦、联珠骑士纹锦、联珠猪头纹锦等。这些西域风格的织锦,有些可能是波斯、粟特等地的产品,有些可能是中国织工吸收西域技法织造的,因为有些中间织有汉文,比如著名的汉字"胡王"牵驼纹锦。

塔里木盆地的多个墓地出土有魏晋时期的丝织品。计有:民丰县尼雅遗址出土有海兽葡萄纹锦残片;洛浦县山普拉墓地出土有刺绣套头绢上衣、花卉瑞兽连璧纹绮枕、云气瑞兽人物纹锦鸡鸣枕;且末县扎滚鲁克墓地出土有鸟纹刺绣、夔龙纹锦、红地狩猎纹锦、几何花卉纹锦;尉犁县营盘墓地出土有贴金锦、"右寿"字锦、"登高明望四海"锦、红地水波纹刺绣、深黄绢花卉纹刺绣,等等。这些丝织品既有汉式的平纹经锦,也有西域风格的斜纹纬锦。

继续往西进入中亚的费尔干纳盆地,考古工作者在乌兹别克斯坦的蒙恰特佩墓地也曾清理出一批公元 1—8 世纪的丝织品。这批丝绸大体分为绢、绮、绵线平纹纬锦、长丝平纹纬锦、斜纹纬锦等类。纺织考古专家赵丰指出,其中数量较大但技术较简单的平纹绢和绮是从中国内地进口的,另一些则是在中亚粟特地区或费尔干纳本地织造。

敦煌壁画中有表现丝绸贩运的情景。莫高窟 45 窟的"胡商遇盗图",描绘了粟特商队在途中遇到劫匪的场面。画面左下角强盗扣留的物品中,就有成捆的丝绸。作为中古时期欧亚大陆东部最为活跃的国际商人,粟特胡商在丝绸西传的过程中发挥着重要作用。敦煌长城烽燧遗址出土的粟特文古信札,年代在公元 4 世纪初,其中记载粟特人长途贸易网络经营的商品就包括丝绸。在信中,丝绸一词的粟特文形式写作 pyrcyk。

敦煌吐鲁番文书中,有关唐代丝绸的材料非常丰富。《唐天宝二年(743)交河郡市估案》,是对西州(吐鲁番)交河郡市场上的所有商品分行别类,规定其官方价格的文书。丝织品分为帛练行、彩帛行等行,各行下面详列各种丝织品名称,并各分上、中、下三等定价。帛练行包括大练、梓州小练、河南府生绝、蒲陕州绝、生绢、缦紫、缦绯等,彩帛行包括紫熟绵绫、绯熟绵绫、杂色隔纱、夹绿绫等。这份名录表明,内地各地丝绸在唐代大量行销西州市场。然而,西州绝不是丝绸行销的终点。吐鲁番出土的曹禄山诉李绍谨案卷记载,唐高宗乾封二年(667),粟特人曹禄山兄曹炎延与汉商李绍谨自京师长安出发,经安西至弓月城做生意,李绍谨在弓月城向曹炎延借了 275 匹绢。弓月城位于伊犁河流域,在今新疆霍城县西北,是去往中亚和欧亚草原道路上的重要节点。巨量的丝绸被胡汉商人贩运至弓月城,进而沿丝路古道扩散到中亚乃至更遥远的地方。

经济史学家李锦绣根据敦煌吐鲁番文书的记载,发现唐代沙州(敦煌)、西州官府和民间有大量使用非本地所产白练的现象。她研究指出,这些白练除经客商贩卖,更多的则是由官府运输而来。盛唐时期,丝绸主产地之一剑南道(四川)征收的赋税白练中,每年有三百多万匹被作为军需转运到西北边疆,用来给戍边将士发放薪资。这些巨量丝织品流入河西和西域市场,被当地视作一般等价物,发挥了货币的功能,也作为普通商品继续在西域各地贩运和销售。

喀什人喀什噶里所撰《突厥语大词典》(约成书于 1076 年)中,收有 xuliŋ 一词,乃汉语"吴绫"的借词。吴绫是江南地区出产的丝织品,唐五代主要产于浙江一带,为闻名遐迩的贡品。其名在敦煌文书中多次出现,表明这种江南织物在唐代曾被贩运至此。《突厥语大词典》收录这个借词,暗示直至 11 世纪,内地丝织品仍能通过丝绸之路行销西域。

四、丝绸技术的西传

丝绸技术的西传,应从丝绸织造技术和植桑养蚕技术两方面分开来看。根据现有材料,丝绸织造技术的西传时间显然更早。自汉武帝开始,汉朝对匈奴展开大规模反击,从匈奴手中夺得河西走廊,开列四郡,并从内地迁徙大量人口以实之。随着内地民户的到来，丝绸织造技术也扩散到了河西走廊。甘肃武威磨嘴子汉墓群有四座墓葬出土了不同品种的丝织品，包括素绢、花罗、织锦、刺绣、轧纹绂、方孔纱、菱孔冠纱、套色印花绢，以及手工编织的细丝带，等等。其中，72号西汉墓出土一件屯戍人物图绢地刺绣，图案反映的是汉代军营屯戍生活场景。红色绢底上尚残留墨线画稿的痕迹，可见，这件刺绣尚未全部完成，应为当地妇女的初学之作。22号东汉墓出土的一件织锦刺绣针黹箧，就是当地女性的针线盒。这件针线盒以苇编作胎，外包丝织物，四个侧面中心部位为长方形绢地刺绣，盒内装有木锭、绕板、铜针筒、针、玉饰、刺绣品等物件。这些文物表明，早在两汉时期，刺绣等丝绸织造技术已随实边之民传播到了河西走廊。

魏晋南北朝时期，随着丝绸之路文化交流的扩大，西域各地也纷纷出现自己的特色丝绸织造技术。吐鲁番哈拉和卓88号墓出土的文书中，有一件《北凉承平五年(447)道人法安弟阿奴举锦券》提到"高昌所作黄地丘慈中锦一张"，表明当时吐鲁番地区已经能生产织锦；另一件《北凉承平八年(450)翟绍远买婢券》提到"罚丘慈锦七张"。90号墓出土有阚氏高昌永康十七年(482)纪年文书，同墓还出有一件《高昌主簿张绾等传供帐》，上面记载"张绾传令，出疏勒锦一张，与处论无根"，另一件《高昌□归等买鍮石等物残帐》则提到"钵斯锦"。这批文书提到在高昌市场上存在丘慈(龟兹)锦、疏勒锦、钵(波)斯锦，反映了在5世纪下半叶，塔里木盆地乃至葱岭以西的伊朗高原已经掌握了丝绸织造技术。而且，他们的织锦声名卓著，能够在丝绸之路上广泛行销。

需要指出的是，丝绸织造技术在西域各地的出现，并非汉式技术的单一传输的结果，而是丝绸之路沿途各地民族根据自己既有的纺织技术和审美观念，对传入的中国丝绸和丝绸织造技术进行再创造，形成各具特色的丝绸织造技术。纺织考古专家指出，前述乌兹别克斯坦蒙恰特佩墓地出土的丝织品中，带有联珠纹的长丝平纹纬锦和斜纹纬锦当是在中亚粟特地区生产的，后来还反过来出口到中国境内；绵线平纹纬锦则可能是在中国新疆和乌兹别克斯坦费尔干纳盆地一带生产，使用的是汉式织造技术。他们进一步提出，费尔干纳盆地可能早在公元3—4世纪，就已经成为受中国直接影响的中亚丝绸生产中心之一。这么早的时期，桑蚕技术不大可能为费尔干纳居民掌握，但这里确实已经成为闻名的丝绸织造中心。另一个例证来自公元3世纪中期的《魏略·西戎传》，该书记载大秦国(罗马)"常利得中国丝，解以为胡绫，故数与安息诸国交市于海中"。这表明当时的罗马居民尚未习得植桑养蚕技术，当中国丝绸输入罗马帝国后，他们会按照自己的喜好将其拆解,重新染色和织造,做成胡绫。

关于植桑养蚕技术的西传,相关材料要少得多,其确切时间也难以断定。古代于阗曾流传一则东国公主(一作汉王之女)与蚕种西传的古老传说,为桑蚕技术传入塔里木盆地提供了可靠线索。该故事的两个稍异版本保留在《大唐西域记》和古藏文文献《于阗国授记》里,《新唐书·于阗传》也从《西域记》中作了节录。另外,20世纪初,斯坦因在古于阗东部的丹丹乌里克、哈达里克等佛寺遗址发现了八块木板画,也被认为是这个故事的变相。故事讲述了于阗本无桑蚕,某位于阗王向东国求取而不得,转而求娶东国公主而获允。这位公主出嫁时将桑蚕种子藏于帽絮中,躲过了边防官的严查,遂得以将桑蚕种携入于阗。于阗王后来在初种之地专门建了麻射僧伽蓝,以为供奉。因为这个故事,麻射伽蓝在于阗国具有特殊意义,被视为中国丝绸工艺西传的重要里程碑。

桑蚕技术进一步向葱岭以西的传播,体现在普罗科波《哥特人的战争》所载的一则故事中。故事讲的是在拜占庭查士丁尼大帝(527—565年在位)时期,"某些来自印度的僧侣们"前来觐见查士丁尼,声称自己曾在一个叫作赛林达的地方生活过一段时间,并非常仔细地研究过拜占庭制造丝绸的可行办法。他们向皇帝详细介绍了桑蚕的孵化过程,于是皇帝鼓励他们把桑蚕弄到拜占庭。为达此目的,这些僧人返回赛林达,从那里把一批蚕卵顺利带到拜占庭,并将其培育成功。从此,罗马人也开始生产丝绸。

这个故事中的关键地点赛林达,意为"中国与印度之间的地方",指塔里木盆地。将蚕引入拜占庭的"印度僧侣"很可能是佛教徒,当属汉唐之际大批前往葱岭以东弘法的天竺、月氏僧人之列。这些僧人曾在赛林达生活过,表明他们在塔里木盆地某地(比如于阗)开展佛教活动时,了解到当地种桑养蚕之法。后来,他们又向西前往拜占庭传教,向查士丁尼介绍桑蚕知识。这正是东罗马皇帝感兴趣的话题,因为他正在努力阻止罗马人从萨珊波斯那里购买丝绸。这些僧人历尽艰辛朝见查士丁尼,并将蚕种引入拜占庭,以博取东罗马统治者的好感,此乃他们的一种传教策略。这与景教传入唐朝、明清之际基督教入华采取的策略一样,是通过殊方技艺来吸引统治阶层的兴趣,从而获取支持。

参考文献:

1. R. Pfister, *Textiles de Palmyre : découverts par le Service des antiquites du Haut — Commissariat de la République française dans la*

nécropole de Palmyre，Paris：Editions d'art et d'histoire，1940.

2. 唐长孺：《吐鲁番文书中所见丝织手工业技术在西域各地的传播》，文化部文物事业管理局古文献研究室编：《出土文献研究》，文物出版社，1985，146—151页。

3. James C. Y. Watt，Anne E. Wardwell，*When Silk Was Gold：Central Asian and Chinese Textiles*，New York：Metropolitan Museum of Art，1998.

4. 马特巴巴伊夫、赵丰主编：《大宛遗锦：乌兹别克斯坦费尔干纳蒙恰特佩出土的纺织品研究》，上海古籍出版社，2010。

5. 杨共乐：《早期丝绸之路探微》，北京师范大学出版社，2011。

6. 赵丰：《锦程：中国丝绸与丝绸之路》，黄山书社，2016。

7. 李锦绣：《从敦煌吐鲁番文书看唐代丝绸之路上的剑南丝绸》，《敦煌学辑刊》2019年第3辑。

（罗　帅）

第二节　长盛不衰的中国外销瓷

瓷器是古代中国又一项长期输往域外的代表性产品。自唐代往后,中国瓷器一直是海上丝绸之路上的畅销品。有学者提出"丝瓷之路"的概念,就是在强调瓷器和丝绸一样,在古代丝绸之路物质文化交流中具有同等重要性。百余年来,考古工作者在东亚、东南亚海域,以及环印度洋各地如印度东海岸的阿里卡梅度遗址、西海岸喀拉拉邦的帕特南港遗址和奎隆港遗址,波斯湾的尸罗夫遗址和拉斯海马诸遗址,东非肯尼亚以及埃及开罗福斯塔特,均发现了大量晚唐以后的中国外销瓷器,包括长沙窑彩绘瓷、越窑青瓷、龙泉青瓷、广东青瓷、德化窑青白瓷、定窑白瓷、景德镇青花瓷等等。这些考古发现表明,中国瓷器在古代东亚、东南亚、南亚、西亚、非洲等地受到广泛欢迎。

一、传世外销瓷

国内外传世的中国古瓷并不在少数,但有明确来源和年代信息的却不多。威尼斯圣马可教堂保藏有一件著名的"马可·波罗罐"。这件瓷罐外表装饰有蕉叶、缠枝花卉等四排印花纹,学者们认为它是典型的福建德化窑青白釉印花瓷,年代在 13 世纪末。1291 年,在中国生活 17 年后,马可·波罗来到泉州,打算从这里坐船回国。他在等待季风期间,可能到访过泉州附近的德化窑。《马可·波罗行纪》记载,刺桐城(泉州)附近别有一城,制造瓷器既多且美,描述的应该就是德化窑的情况。德化窑生产的印花青白瓷在宋元时期确实是海上丝绸之路上的热销商品,在南海 I 号宋代沉船和爪哇元代沉船上均有大量发现。圣马可教堂的德化窑瓷罐,很可能就是当年马可·波罗从中国亲自带回去的。

伊朗的阿尔德比勒(Ardebil)灵庙与土耳其的托普卡比(Topkapi)宫,可以说是海外收藏传世中国瓷器最多、品质最佳的两个地方。阿尔德比勒灵庙位于伊朗西北高原上,靠近里海与阿塞拜疆边界。1611 年,萨法维王朝的沙·阿巴斯大帝到灵庙祭祖,将自己珍藏的 1162 件瓷器捐献出来,并在灵庙里建了一座专门摆放瓷器的"瓷屋"。1935 年,为避免这批宝藏流散,巴列维王朝国王将幸存的九百多件瓷器转移到德黑兰的伊朗国家博物馆。阿尔德比勒灵庙的中国瓷器几乎全部来自龙泉窑和景德镇窑,其中包括南宋和元代的龙泉青瓷、南方白瓷,元代枢府瓷和蓝釉瓷,以及 37 件珍贵的元青花瓷。

　　托普卡比宫位于伊斯坦布尔,曾经是奥斯曼帝国的皇室驻地。奥斯曼帝国灭亡后,这座王宫于1924年改为博物馆。托普卡比宫收藏有上万件瓷器,其中大约有八千件是中国瓷器。这些瓷器大体上有三个来源。其一是战利品。奥斯曼帝国自1299年建立后,历经数个世纪东征西讨,攻占了西亚、北非和巴尔干半岛的广大地盘。在这个过程中,波斯、叙利亚、埃及等地贵族积累数百年的中国瓷器被掠夺一空,运至奥斯曼王宫。其二是外国使节、宗教领袖以及附属国向奥斯曼宫廷进奉的礼物。第三是充交国库的仆从遗物。奥斯曼帝国王宫官员和侍从都是苏丹的奴仆,他们死后的遗产自然归属于苏丹,这其中也包含有大量中国瓷器。

　　托普卡比宫收藏的中国瓷器大致可分为三类,即宋元明龙泉窑青瓷、元明青花瓷以及清代瓷器。龙泉青瓷大约有1300件,有些可能早至宋代,更多的则为元明时期的产品。元明清三代的青花瓷大约有2600件,其中元代青花瓷有31件。清代瓷器数量最多,尤以康雍乾三代产品最具代表性。

二、沉船出水外销瓷

　　传至域外的中国瓷器,在蒙古高原和中亚腹地也有少数发现,它们是通过陆路携带出去的。由于瓷器沉重而易碎的特点,实际上绝大多数外销瓷是通过海路传输的。最近半个世纪,人们在北起黄海,经东海、南海直至爪哇海的广阔东亚、东南亚海域,发现和打捞了不少唐代往后的沉船。这些沉船满载大量中国南北各个窑口的瓷器,运往朝鲜半岛、日本、东南亚、南亚、西亚、非洲的各个目的地,因种种原因不幸中途沉没。一艘沉船出水的瓷器,动辄上万件乃至数十万件。对研究外销瓷而言,沉船瓷器可谓带来了颠覆性的新材料。以下对资料刊布较全的几艘唐元时期沉船的瓷器加以介绍。

　　(一)黑石号。沉没于印尼勿里洞(Belitung)岛附近海域,年代在公元826年或之后不久。1998年,一家德国打捞公司在该海域发现并打捞。船只的结构为阿拉伯式缝合商船,出发地有争议,一说为扬州,一说为广州,目的地为西亚某港口。该船满载货物,绝大多数为中国制造。其中以陶瓷器数量最大,多达6万余件。以长沙窑瓷器为主,也有的来自越窑、邢窑、巩县窑等窑口。其他文物还有金、银、铜、铁、铅、玻璃器和各种香料。出水瓷器中有一件长沙窑釉下彩绘碗,外壁阴刻"宝历二年(826)七月十六日"铭文,为船货提供了参考年代。

　　(二)印坦号。沉没于苏门答腊岛以东的爪哇海域,年代为10世纪中期。1997年,由德籍的海床勘探公司及印尼的老海成公司合作打捞。这艘船为东南亚船只，从广州启航，目的地可能是爪哇岛。出水六千余件非瓷器文物，来源非常广泛，包括中国银锭、唐代铜镜、南汉国所造"乾亨通宝"铅币、爪哇金器、婆罗洲铜块、邦加岛或勿里洞岛锡块、泰国东南部细陶军持、东南亚印度教和佛教铜像等。出水瓷器有七千多件，以中国各窑口数量最多，有越窑器或越式瓷、白瓷、青白瓷、褐釉和绿釉瓷。

（三）井里汶号。沉没于爪哇岛井里汶以北海域，年代在公元968年或稍后。2004年，印尼文化部委托一家比利时打捞公司对该船进行了打捞。井里汶号也是一艘东南亚船，其出发地和目的地均不明。出水完整器物达15万余件，可修复器物近8万件，瓷片26万余片。在总共近50万件文物中，有30余万件为各类瓷器，另有大量中国钱币和银锭，成批的铁锭、铁锚、铜镜、漆器、陶罐，来自马来半岛的锡锭和锡器，泰国的细陶军持，爪哇的金器和铜镜，斯里兰卡的红、蓝宝石，阿富汗的青金石，西亚的玻璃器，以及大批香料等。出水的中国瓷器，以越窑秘色瓷和青瓷为大宗，占到瓷器总数的四分之三，包括碗、盘、壶、罐、盒等器形。另有四千多件可能来自邢窑或定窑的白瓷，器形有碗、罐、盒、长颈盘口瓶等。

（四）南海Ⅰ号。沉没于广东阳江市东平港以南约20海里处，年代为南宋中晚期。该船于1987年被发现，2007年整体打捞，拖入阳江市海陵岛上的广东海上丝绸之路博物馆"水晶宫"保存。这是一艘典型的福船，出发地是泉州，途中于广州加载货物，目的地可能是西亚。南海Ⅰ号包括八个大小不一的船舱，每个船舱都堆满密密实实的货物。船货总数超过16万件，主要为瓷器，目前清理出的完整瓷器就有13000余件，其他文物包括17000枚铜钱，以及金、银、铜、铁器等。瓷器来自福建德化窑、磁灶窑、闽清义窑，浙江龙泉窑，江西景德镇窑，广东佛山奇石窑和文头岭窑等南方窑系。德化窑瓷器包括罐、盒、碗、盏、杯、壶、瓶等，其中带系罐中往往可见套装有其他器物。磁灶窑瓷器包括黑、褐、绿釉的罐、盘、瓶、钵等。义窑瓷器主要是青釉碗类产品。龙泉窑瓷器有刻花的青瓷盘、碗等。景德镇窑瓷器包括青白瓷碗、盘等。佛山窑口瓷器主要是酱釉四耳罐，即所谓的"广东罐"。

（五）爪哇海沉船。沉没于苏门答腊岛以西的爪哇海域，年代为13世纪中后期。沉船首先被当地渔民发现，并被当地潜水者洗劫。1996年，印尼文化部委托太平洋资源打捞公司对该船进行了打捞。这艘船很可能在印尼建造，在从中国出发前往爪哇岛的途中遇难。船货主要有190吨中国铸铁和10万件中国瓷器。其他物品有数百件泰国细陶军持，以及来自苏门答腊的产品。瓷器主要来自福建窑口，有同安窑珠光青瓷碗，德化窑青白瓷碗、印花盒、龙柄青白瓷壶，磁灶窑大罐、白花黑地印花盒、壶、盘等。

（六）新安沉船。沉没于韩国全罗南道新安郡智岛邑防筑里道德岛附近海域，年代为元英宗至治三年（1323）。1976—1984年，韩国新安海底遗物调查团对该船进行了11次水下发掘。这艘沉船为中国福船，从庆元港（今宁波）出发，目的地是日本博多港。出水文物包括近两万余件陶瓷器，28吨宋代铜钱，一千多根紫檀木，以及不少金属器、漆器、骨角器、石制品、香料等。瓷器以龙泉窑和景德镇窑为大宗，占陶瓷总量的85％以上。另有1200余件黑釉瓷，其中不少为茶具，产自福建德化窑、建窑、茶洋窑等窑口，器形有碗、碟、壶、瓶、盖、盒等。

（七）圣杯屿沉船。沉没于福建漳州市古雷半岛东侧圣杯屿海域，年代为元代晚期。该船的考古工作目前仍在进行中，最近出版的《大元遗帆：漳州圣杯屿沉船调查与保护（2010—2020）》，刊布了阶段性成果。目前出水文物数量近两万件，其中龙泉青瓷达17100件，器形有碗、盘、碟、盏、洗、香炉、高足杯等。据考古工作者推测，该船可能是从温州港出发，前往东南亚贸易的商船。

参考文献：

1. 三上次男著，胡德芬译：《陶瓷之路：东西文明接触点的探索》，天津人民出版社，1983。

2. 秦大树、袁泉：《走向世界的明清陶瓷》，上海古籍出版社，2015。

3. 刘未：《中国东南沿海及东南亚地区沉船所见宋元贸易陶瓷》，《考古与文物》2016年第6期。

4. 谢明良：《贸易陶瓷与文化史》，生活·读书·新知三联书店，2019。

5. 林梅村：《波斯考古与艺术》，北京大学出版社，2023。

（罗　帅）

第三节　胡椒:"罗马人的钟爱"

英国著名考古学家惠勒(R. E. M. Wheeler)曾说,填满罗马城的"胡椒仓库"是罗马同东方贸易的主要动力。普斯卡什(I. Puskás)甚至宣称,公元1世纪所谓的"胡椒之路"开始运行之后,胡椒不是印度洋船货的一部分,而是其全部。这类夸张的观点反映了胡椒跟丝绸一样,是罗马帝国狂热追逐的东方商品。衣食住行是构成人们日常生活的基本要素,丝绸是罗马人"衣"方面的追求,胡椒则时刻牵动着罗马人的味蕾。因此,它们在罗马帝国的需求量巨大,成为丝绸之路早期无与伦比的两样大宗商品。

一、胡椒的产地

冠以胡椒之名的香料实际上有三种,即黑胡椒、白胡椒和长胡椒。罗马作家老普林尼在其《博物志》中,对胡椒的种类和性状留下了详细记载。他写道,印度出产两种胡椒:产自东北地区的长胡椒和产自西南地区的黑胡椒。古典文献里还提到了白胡椒,是用去皮的熟黑胡椒磨成。老普林尼提到了全部三种胡椒,并指出黑胡椒最便宜,白胡椒次之,长胡椒最贵。作为丝绸之路大宗商品的是黑胡椒,当然,其精细加工品白胡椒也为数不少。长胡椒其实也是古代丝绸之路上的一种贵重香料奢侈品,汉文文献写作"荜拨",见于粟特文古信札和吐鲁番文书的商品名单。下文讨论的胡椒,除特别说明外,均指黑胡椒。

黑胡椒是一种热带香料作物。大航海时代之后,胡椒在东南亚被大力推广种植,产量巨大,成为近代香料贸易的主要货源地。然而,在大航海时代之前,胡椒可谓印度西南部马拉巴尔(今喀拉拉邦)海岸的特产。公元1世纪的《厄立特里亚海航行记》是罗马人撰写的一份印度洋商业手册,其中指出胡椒"仅产于科坦纳里克(Kottanarikê)的大部分地区"。科坦纳里克属于马拉巴尔海岸的腹地,但有道路与沿海的贸易港口相连。《航行记》也写道,马拉巴尔海岸诸港口的商船"满载货物,因为有大量胡椒和肉桂叶"。

马拉巴尔海岸首要的胡椒输出港是穆吉里斯。穆吉里斯是公元最初几个世纪跨印度洋海上贸易最繁荣、最重要的港口之一。胡椒和其他东方物产汇集到这座古港,使这里成为罗马商人的主要货源地。实力雄厚的罗马帝国家族财团派出大批代理商人,从红海沿岸港口出发前往穆吉里斯。这些罗马商人在穆吉里斯形成了临时性商业聚落,他们在这里大量收购胡椒等东方货物。马拉巴尔海岸属于泰米尔语使用区,留存下来的古代泰米尔文献中,有不少记载了罗马船只在穆吉里斯装运胡椒的盛况。有一首公元 1 世纪的泰米尔语诗歌描写道:

> 激起佩里雅河的白色浪花,
> 耶婆那人的华丽船只
> 带来黄金,带走胡椒,
> 只在穆吉里斯留下噪音。

印度文献中的"耶婆那人"一词与中国古代文献里"胡人"的情形比较相似,其涵义在不同时期不断变化。该词由"Ionian(爱奥尼亚人)"演化而来,最早出现于希腊化时期,印度人用它来指称希腊人。公元最初几个世纪,在印度半岛西部和西北,梵语和俗语文献里的"耶婆那人"一般是指希腊人和印度—希腊人;在印度半岛南部,泰米尔语桑伽姆诗歌里的"耶婆那人"则是指从罗马帝国东部而来的与贸易有关的到访者。后来,该词的涵义进一步扩大,包括了波斯人甚至阿拉伯人,有泛指"西方人"之势。上引泰米尔语诗歌中的"耶婆那人",乃指从事印度洋贸易的罗马商人,主要是居住于埃及的希腊人。在当地泰米尔人眼里,罗马商船"带来黄金,带走胡椒"。

另一首同时期的泰米尔语诗歌也有类似的描述,并提供了更多关于穆吉里斯胡椒贸易的细节:

> 在穆吉里斯,大海的喧嚣如同鼓声。
> 在这里,稻谷用来交换鱼,
> 它们在小船上堆得很高,使小船和房子看起来一样。
> 装有胡椒的麻布袋堆放在房屋旁边,使房子看起来像喧闹的海岸。
> 金器由大船运来,通过小船穿过回水带到岸上。
> 对于它的国王来说,棕榈酒不比水更值钱。
> 他戴着一顶华丽的花环,将山上和海中出产的珍贵货物,
> 作为礼物分赐给来朝见他的人们。

这首诗歌涉及了罗马商船同穆吉里斯贸易的方式与货物种类。关于穆吉里斯港口的运作形式,由于存在回水区域,罗马商船只能在外港抛锚,通过当地

的小船装卸货物,与岸上保持联系。诗歌里提到了两种贸易形式:一是本地的物物交换,即内地出产的稻谷和渔民捕捞的鱼类进行易物交换;二是罗马商人与当地国王的朝贡贸易,西方商船的商品以金器为代表,穆吉里斯的国王回赐给西方商人的则是山上和海中的珍贵货物,可能包括宝石和珍珠之类。当然,还隐含着第三种贸易方式,即堆积如山的胡椒,这是西方商人大量需求的一种商品,它可能包含在国王回赐给西方商人的珍品之中,但至少也会通过其他途径被西方商人收购,其具体收购形式这里没有给出,可能是西方人和本地人之间的易物交换。

老普林尼在《博物志》中按照时间顺序描述了从亚历山大时代到罗马帝国初期,跨印度洋航海的四个阶段以及各条航路的情况。他写道,从前,人们从南阿拉伯起航前往印度北部;但是在他生活的时代,完全可以从埃及启航完成到达穆吉里斯的整个航程。不过,从阿拉伯半岛南部的欧几里斯(Okelis)港启航的话,人们会发现最有利的航路。这条新航道的具体情况如下:

> 从那时起,在叫做希帕罗斯的西风的帮助下,他们利用了一条40天到达印度的第一座贸易集镇穆吉里斯的航线。然而,该港口不容易进入,因为附近有海盗出没,他们通常占据一个叫做海德里的地方;而且那里存储的商品也不丰富。再者,商船的停泊地点远离海岸,因此他们不得不通过专门的小船将货物转运到岸上。

这条利用季风跨洋远航直达印度西南海岸的航线,比以往的近海航线安全得多,并且只需要40天时间。更为重要的是,这条航线在印度一端的港口正是胡椒目的地穆吉里斯。在这段描述里,老普林尼也提到商船停泊地点远离海岸,需要用专门的小船来摆渡货物,这与前述泰米尔语诗歌反映的情况完全一致。

二、罗马人的胡椒热

在一些泰米尔语文献中,黑胡椒有一个很有意思的诨名,被称作"罗马人的钟爱"。1980年,奥地利国家图书馆购得一件公元2世纪中期的草纸文书,被称作"穆吉里斯草纸文书"(Muziris Papyrus)。该文书两面都有文字,由不同的人书写。正面是一份商业借贷合同的补充条款,其中提到借款的目的是前往穆吉里斯经商;背面书写于埃及亚历山大港,逐条登记了一艘名叫赫尔墨阿波罗号的罗马商船从穆吉里斯进口货物的内容与价值。根据文书记载,单单这一条船,运输的胡椒重量竟然超过13000塔兰特,约合353吨。

公元 408 年,西哥特国王阿拉里克(约公元 395—410 年在位)同罗马人签订城下之盟。在条约中,除金银之外,西哥特人还向罗马索要了 3000 件丝绸织物和 3000 磅胡椒。这不仅使西方对丝绸和胡椒的喜爱从罗马世界传播到了蛮族欧洲,也扩大了罗马人从东方进口这两种奢侈品的规模。

大量古典文献表明,胡椒是罗马人生活中最常用的调味品。古罗马诗人贺拉斯(前 65—前 8)在其作品中描述了一种调味酱的制作过程,其中就要添加白胡椒。到公元 1 世纪中期,胡椒在罗马帝国的风行程度甚至让老普林尼感到惊叹和不解:

> 相当奇怪的是,胡椒的使用变得如此流行,只是由于它有时在芳香方面,有时在外形方面吸引了我们的注意。然而,胡椒并不是水果,也非浆果,只是一种令人满意的辛辣料,而我们自始至终从印度进口! 是谁首先尝试使它成为一种食料?

除了作为日用调料外,胡椒也被罗马人用于医药和宗教目的。埃及红海沿岸的贝勒尼克(Berenike)是印度胡椒运往罗马帝国的首要到达港口。上个世纪末,考古工作者曾在古港遗址找到了一个特别的陶罐。该陶罐出自遗址区沙拉毗斯神庙北边的一处公元 1 世纪院落里,被发现时里面仍装有 7.55 千克黑胡椒,大约有 3000 粒,约 80% 被烧焦。学者们推测,这些胡椒应该是用于某种宗教仪式。

公元 3 世纪初,罗马历史学家卡修斯·狄奥记载,罗马城圣道(Sacra Via)北部有一座"胡椒仓库",用来储存和销售胡椒及其他东方香料。这座仓库由罗马皇帝图密善(公元 81—96 年在位)下令建造,直到康茂德(公元 180—192 年在位)时期才失火被毁。罗马皇帝马可·奥勒留(公元 161—180 年在位)在位晚期颁布了一份《亚历山大城关税表》,在所列的需要征收 25% 进口关税的香料名单中,包括了白胡椒和长胡椒,但不包括黑胡椒。这并不是说黑胡椒不在进口之列,而是因为它作为罗马人日常生活中的必需品,被豁免了进口关税。

参考文献:

1. J. I. Miller, *The Spice Trade of the Roman Empire*, 29 B.C. — A.D. 641, Clarendon Press, 1969.

2. 罗帅:《汉代海上丝绸之路的西段(一):印度西南海岸古港穆吉里斯》,《新疆师范大学学报》2016 年第 5 期。

3. F. de Romanis，*The Indo－Roman Pepper Trade and the Muziris Papyrus*，Oxford University，2020.

（罗　帅）

第四节 西方玻璃器

玻璃是人类社会很早就掌握的一种材料,其使用历史超过五千年。古代玻璃器从功用的角度,可分为器皿和饰品两大类,前者包括瓶、杯、罐、碗、盘等,后者以各种珠饰为主,兼有管、环、璧等;从制作技法的角度,可分为模制、吹制和吹模三类;从成分上看,又大体可分为铅钡玻璃和钠钙玻璃。我国古代的传统玻璃技术属于铅钡玻璃系统,透明度低,似玉,我国先民将其模制成各种饰件,用作玉石的替代品。地中海地区在腓尼基人时代就发明了玻璃制作技术,他们的玻璃以烧碱做催化剂,属于钠钙玻璃系统,透明度很高。罗马帝国时期,地中海玻璃技术有了飞跃,罗马人发明了吹制技术,从而可以大量生产各种玻璃器皿。后来,这套玻璃技术先后为萨珊波斯和阿拉伯帝国传习并发扬光大。透明的西方玻璃器皿,从罗马帝国时期开始,历经萨珊波斯,直至阿拉伯帝国时期,千余年间源源不断地向东方世界传输,可谓丝绸之路上贸易时间最持久、销售范围最广泛、文化内涵最丰富的西方代表性商品。

一、罗马玻璃

公元 1 世纪的罗马商业手册《厄立特里亚海航行记》,提供了罗马商人向印度海岸诸港出口货物的名单。在这份名单中,印度河河口的巴巴里孔,印度西北海岸的婆卢羯车和西南海岸的穆吉里斯,均从罗马商人那里购买玻璃器皿或玻璃原料。从文物考古材料来看,从南亚、东南亚、中亚、我国新疆和内地、蒙古、朝鲜半岛直至日本,在各地的窖藏、墓葬、佛寺地宫等遗迹中,出土罗马玻璃器的报道屡见不鲜。

罗马玻璃最大宗的发现来自阿富汗贝格拉姆遗址。该遗址位于阿富汗东北部的帕尔万省,喀布尔河的两条支流潘吉希尔河与古尔班德河的交汇处,北边为兴都库什山,西边为巴格曼山,东南为河谷。在古代,这里是伊朗高原、中亚与印度之间的交通枢纽。20 世纪 30 年代,法国考古学家在贝格拉姆遗址发现两间密室,里面堆放有上千件来自世界各地的贵重物品,包括来自罗马帝国的玻璃器、青铜器和石膏制品,来自印度的象牙和骨雕,来自中国的漆器,等等。其中,玻璃器皿的数量多达 179 件,器形和种类也非常丰富,包括千花玻璃碗、辐射状凸棱纹碗、釉彩玻璃杯和碗以及各种动物造型水注等。其中有一件外壁饰有浮雕图案的大口玻璃杯很有罗马地方特色,浮雕的中心部位是亚历山大港灯塔,塔上站着罗马神话里的海神尼普顿,塔周围环绕一些船只。这两间密室可能是公元 1 世纪中期罗马人在中亚的一处商站,罗马玻璃器从这里可以通过丝绸之路进一步贩卖到我国境内。

玻璃考古专家安家瑶曾总结了我国出土罗马玻璃器的特点,以及它们反映的罗马玻璃发展概况。公元前 1 世纪中叶至公元 1 世纪是罗马玻璃发展的早期,那时的玻璃器是贵族阶层享用的奢侈品。我国汉墓出土的少数几件都是早期罗马玻璃器皿中的精品。公元 2—3 世纪是罗马玻璃发展的中期,这时期由于吹制技术的发明和应用,玻璃产品数量骤增,透明度加强,装饰手法也多种多样,玻璃器皿在地中海世界不再是奢侈品。然而,我国出土的罗马玻璃器中比较缺乏这个时期的产品。公元 4—5 世纪是罗马玻璃发展的晚期,罗马帝国这时期政治不稳定、各行省割据的状态也反映到玻璃生产上,行省之间的产品差异越来越明显。我国魏晋南北朝时期出土的罗马玻璃器皿,多属于罗马晚期偏东部行省的产品。

塔里木盆地的多个地点,包括和田、尼雅、楼兰、尉犁县营盘墓地、且末县扎滚鲁克墓地等,出土了大批汉晋时期的西方玻璃器皿碎片和五件完整的玻璃杯。这几件完整的玻璃杯均属于两晋之际;大多数容器碎片的确切年代难以判定,它们既可能属于汉代,也可能是两晋时期传入的。其中部分样品的化学成分检测显示为泡花碱玻璃(钠钙玻璃),产地很可能是罗马帝国。

在我国黄河与长江流域,目前只发现过四件汉代的罗马玻璃器皿。它们分别是江苏邗江县甘泉宫 2 号汉墓出土的辐射状竖凸棱纹搅胎玻璃碗残片,邻近的老虎墩汉墓出土的侈口直腹圜底玻璃杯,洛阳东郊汉墓出土的长颈玻璃瓶,以及加拿大皇家安大略博物馆在河南搜集的模制玻璃瓶。

二、萨珊玻璃

两晋南北朝时期,输入我国的西方玻璃器数量较之汉代明显增多。这一时期的文学作品里多有反映富豪贵族使用玻璃器之风雅韵事,尤以记录晋代士大夫轶闻之《世说新语》为甚。该书《汰侈》等篇多次提到两晋上层官僚使用“瑠璃盌”“瑠璃椀”等异域珍品,此即玻璃杯、碗等器物。西晋诗人潘尼更是写有一首《琉璃碗赋》,盛赞宴会上见到的一件玻璃碗之清澈透明,并描述了此碗从西方传入中土的艰难历程:“览方贡之彼珍,玮兹瓷之独奇。济流沙之绝险,越葱岭之峻危。其由来也阻远,其所托也幽深。”流沙即沙漠,葱岭即帕米尔高原,那么这件玻璃碗显系从陆上丝绸之路贩运而来。

与文献记载相呼应,考古工作者已经在新疆、岭南以及内地多个地区,发掘出这一时期的钵、碗、杯、水注等玻璃器皿三十余件。另外,类似的器物在朝鲜半岛和日本列岛也偶有发现。这些玻璃器中,有些仍然属于罗马玻璃,例如辽宁北票北燕冯素弗墓出土的鸭形玻璃水注,南京象山 7 号东晋墓出土的磨花玻璃杯等。更多的则属萨珊玻璃,它们大体上表现为四种类型,即凹球面磨饰玻璃碗、突起的圆形凹球面装饰碗、同心圆装饰碗和乳突装饰碗。敦煌莫高窟壁画保留了中古时期人们在生活中使用玻璃器的各个不同场景,据统计,这些画面中可辨别出的玻璃器皿多达 80 余件,其中大部分是玻璃碗,而且很可能是萨珊玻璃。

关于两晋南北朝时期西方玻璃器传播到东亚的过程,研究认为,西晋中晚期,活跃在丝绸之路上的粟特商队将西方玻璃器皿携入我国新疆和中原地区。东晋十六国前期,由于中原动乱,粟特商人的活动范围退缩到河西地区,并形成了"粟特商人—前凉—东晋"的贸易渠道,长江流域的南京等地发现的一批玻璃器皿正是这种贸易模式的结果。东晋十六国后期至北朝时期,粟特商人在我国北方的商业网络逐渐恢复,此时以萨珊玻璃为代表的西方玻璃器皿主要流向我国北方乃至朝鲜和日本。

三、伊斯兰玻璃

公元 7 世纪,阿拉伯帝国崛起,迅速攻占了地中海东岸、伊朗高原等罗马和萨珊玻璃生产中心地带,由此继承了西方玻璃制造业。在长期的发展过程中,伊斯兰玻璃也形成了一些自己的特色,如贴丝和贴花工艺、仿金属容器玻璃器、大尺寸玻璃盘等。

随着唐朝与阿拉伯之间密切的贸易与文化交流,伊斯兰玻璃也很快传入中国。1987 年,考古人员在陕西扶风法门寺地宫中清理出 18 件晚唐埋入的伊斯兰玻璃器,包括素面蓝玻璃瓶、贴塑纹盘口瓶、拉斯特彩罂粟纹盘、刻花描金十字纹团花蓝玻璃盘、刻花描金八弧形团花蓝玻璃盘、刻花描金八弧波浪纹团花蓝玻璃盘、刻花描金四层花瓣团花蓝玻璃盘、刻花米哈拉布花卉虚实方格纹蓝玻璃盘等等。法门寺与唐朝皇室关系密切,多位唐朝皇帝曾前往法门寺供养佛指骨舍利,将大量稀世珍宝捐献给该寺。法门寺地宫出土的伊斯兰玻璃器保存完整,十分精致,应当正是晚唐皇室的供养之物。

史书记载,大历八年(773),岭南节度使路嗣恭平定广州的哥舒晃之乱,事后将一件直径九寸的玻璃盘进献给唐代宗,并将另一件直径达一尺的玻璃盘献给宰相元载。法门寺的那些玻璃盘实物,正是这种大尺寸玻璃盘。而路嗣恭所获,显然是从海上丝绸之路而来的伊斯兰玻璃。

五代十国和宋辽时期,伊斯兰玻璃持续输入我国。在广州南汉康陵、安徽无为宋塔、浙江瑞安北宋慧光塔、河北定县五号宋代塔基、天津蓟县辽代独乐寺白塔、内蒙古奈曼旗辽陈国公主墓和辽宁朝阳辽耿延毅墓等遗址与墓葬中,均出土有数量不等的伊斯兰玻璃器。例如,河北定县五号塔基一次就出土了八件伊斯兰玻璃器皿,包括刻花玻璃瓶、深蓝玻璃瓶、直壁杯、细颈瓶、方形瓶、侈口碗等。我国陆地发现的这些伊斯兰玻璃实物,年代均在 11 世纪初之前。此外,近年在南海和东南亚海域打捞的唐宋时期沉船,如黑石号、印坦号、井里汶号和南海 I 号,往往也有伊斯兰玻璃器发现。单单井里汶号一艘船,便出水了数百件叙利亚或波斯产的玻璃瓶。

参考文献:

1. 安家瑶:《中国的早期玻璃器皿》,《考古学报》1984 年第 4 期。

2. 干福熹主编:《丝绸之路上的古代玻璃研究》,复旦大学出版社,2007。

3. 阿卜杜拉·马文宽:《伊斯兰世界文物在中国的发现与研究》,宗教文化出版社,2006。

4. 罗帅:《阿富汗贝格拉姆宝藏的年代与性质》,《考古》2011 年第 2 期。

(罗　帅)

第五节　丝路贸易中的香药

古代香料有焚香、调味、医药等用途。由于香料大多数可用作药物，故常被称为"香药"。古代东西方医书药籍中可见到各类香料之名。香料在丝绸之路沿线各地都有大宗贸易。例如，阿拉伯半岛西部的沙漠道路被称作"熏香之路"，乃因古代有大量的乳香沿着这些道路从阿拉伯半岛南部输往地中海东岸。同样，东南亚的马鲁古群岛（Maluku Islands）在大航海时代被誉为"香料群岛"，盖因此地盛产丁香、肉豆蔻、胡椒等，并大规模运送到西方。中国古代社会同样对域外香药表现出极大的渴求，各种外来香药因此源源不断地输入中国。

一、香药的种类与产地

我国本土出产的香药主要有大黄、麝香，以及生于"剑南道诸州"的茅香和"江淮湖岭"的茴香，另外还有白芷、薰草、芸香、桂等。这些香药在《诗经》《楚辞》《山海经》等先秦文献中就已有记载。

域外香药的种类繁多，来源广泛。西汉时期，随着张骞凿空以及对匈奴、南越的征服，陆海丝绸之路开通，各种外来物品流入中原，外来香药也进入中国人的视野。古代外来香药的主要产地有印度、东南亚以及西亚和地中海地区。

（一）印度

印度，古称天竺、身毒。自张骞通西域后，印度香药便传入中原。东汉和帝以后，西域动乱，陆上丝路中断，但印度仍通过海上丝绸之路继续与中国进行贸易往来。《后汉书·西域传》记载了印度的各种香料，如石蜜、胡椒等。三国时期，吴人万震所撰《南州异物志》明确提及印度产的青木香，其形状似中国之甘草。印度也是香附子的原产地。香附子又名雀头香，直至唐朝，高品质的香附子仍然是从印度进口的。《魏书·西域传》称波斯国出薰陆、郁金、苏合、青木香、胡椒、荜拨、香附子、诃梨勒等物。但实际上，薰陆、青木香、胡椒和诃梨勒等均原产于印度。之所以造成这种误解，是由于自南北朝至隋唐时期，波斯人控制了从波斯湾经印度洋到南海的航线，充当了中印香药贸易的中介商。

（二）东南亚

汉武帝元鼎六年（前111），平南越国，始置日南郡，来自东南亚地区的香料开始为中原人熟知。东晋立都建康后，依靠地域优势，与东南亚诸国之间的贸易往来更加频繁。南北朝时期,陆上丝绸之路因南北分割而受阻,南朝诸王朝转而与东南亚诸国开展朝贡贸易。此时,沉香、婆律膏、檀香、詹糖香等香药通过海上丝绸之路运至南朝。《梁书·诸夷传》提到扶南产沉香,《晋书》和《新唐书》更是将沉香与金银珠宝并列,作为扶南百姓向国家交纳贡赋的主要物产。此外,《梁书·诸夷传》言及林邑国的沉香也十分出名,特别是天宝八载(749)向唐王朝进贡的黑沉香尤为上品。

随着海上交通的日益繁荣,从扶南输入内地的香药品种不断增多。苏敬《新修本草》和陈藏器《本草拾遗》介绍了当时从扶南输入的各类香药,包括白老藤、庵摩勒、丁香、詹糖香、诃黎勒、苏方木、白茅香、桐木等。五代时期,李珣根据自己的亲历写成《海药本草》一书,这是我国第一部关于外来香药的专著,收录了来自东南亚地区的香药,如丁香、降真香等。其他见载于史籍的还有产自马来半岛的藿香、栈香以及都昆国的流黄香。

(三)西亚和地中海地区

两汉时期,中国就已与西亚的安息(帕提亚帝国)、地中海的大秦(罗马帝国)等国之间有了交往。这一时期西亚及更远地区香药传入的种类,主要为苏合香、乳香、没药、肉豆蔻、诃子、鸡舌香等等。目前考古发现最早的异域香药是西汉南越王墓出土的乳香,可能是通过民间贸易的方式获得。由于广州地近南海,通过海路可与乳香的产地——阿拉伯半岛南部、红海沿岸等地进行贸易往来。班固《与弟超书》提到,希望班超帮忙在西域购买"月氏马、苏合香"。但需注意的是,苏合香不是塔里木盆地的物产,它的产地在小亚细亚南部。这种香药经过善于经商的大月氏人转手而逐步传入中土。

根据《魏略·西戎传》记载,大秦国出产 12 种香料,分别是微木香、苏合香、狄提香、迷迭香、兜纳香、白附子香、薰陆香、郁金香、芸香、胶香、薰草香、木香。南北朝隋唐时期,粟特商人将大量西方香药转卖到中国,其中包括西亚的安息香、阿魏、没药等。

到了宋代,随着海上丝绸之路的兴盛,中国与阿拉伯的交往日益密切。据宋人赵汝适《诸蕃志》记载,当时从阿拉伯等西亚国家输入的香药有乳香、龙涎香、芦荟、沉香、茴香、金颜香、降真香、没药、血竭、安息香、蔷薇水等数十种。

蒙元时期欧亚交通空前顺畅,从西亚输入的香药种类比宋代更多。例如,"南乳香"一词开始出现在元代中医典籍中。但南乳香并不等同于备受关注的乳香,而是今日所谓的洋乳香,在元明时期的汉文文献中被音译为"马思答吉""麻思他其"以及"母思忒欺",也是一种产自地中海沿岸的香药。

二、香药贸易

古代香药重量小,价格高昂,便于携带,且市场需求量大。因此,在各个时期,它们一直是陆海丝绸之路上的重要商品。吐鲁番文书《高昌内藏奏得称价钱帐》非常直观地展示了香药作为大宗贸易商品的地位,其中记录的交易量动辄高达上百斤。

中古时期,香药在朝贡贸易中扮演着重要角色。据两《唐书》记载,唐代域外各国进贡香药计有 120 多次,香药品种多达 30 余种。大食(阿拉伯)使者前往宋朝,每次都会携带香药作为贡品。自宋太宗建隆元年(960)至淳熙五年(1178)的200 余年间,有明确记载的阿拉伯使节来华入贡香药的次数多达 98 次,所献香药品种繁多,诸如白龙脑、乳香、蔷薇水等,不胜枚举。

由于香药贸易的巨大收益,在民间贸易中它们备受历代商人们青睐。根据粟特文古信札,在 4 世纪初粟特人经营的商品中,各类香药占据大头。粟特语专家辛维廉(N. Sims-Williams)指出,在粟特、中国、印度的三角贸易中,粟特人是主要的贸易承担者。印度是中古时代香药的出口大国,故辗转于中印之间从事贸易的粟特人中,有许多是香药贸易商。汉文史料中提到的甲煎粉、沉香汁、栟香以及粟特文史料中出现的龙脑香等,都是由粟特人转运到中原。上述《高昌内藏奏得称价钱帐》中记录的买卖双方也多为粟特人。

不仅域外香药源源不断地输入中土,我国的本土香药也通过丝绸之路传入西方。其中最具代表性的就是传入波斯的麝香以及运往阿拉伯的大黄。麝香从我国的关中地区、四川盆地和青藏高原等地,通过陆上丝绸之路进入伊朗高原。中国的大黄在阿拉伯医学中有很重的分量。伊本·巴伊塔尔在《药草志》中,阐述了中国大黄对阿拉伯医药的贡献。此外,元人周达观在《真腊风土记》中,也记述了我国的麝香、檀香、草芎、白芷等深受真腊(今柬埔寨)人的欢迎和喜爱。

三、中国古代的香药文化

我国用香的历史源远流长。春秋战国时期,我国已有使用、焚烧、佩戴香料的记载。当时域外香药尚未大量传入,所用香药大多是各地本土所产的香草香木,主要有兰、蕙、桂、白芷等。丝绸之路开通后,随着各种域外香药源源不断地输入,香药的种类愈发丰富,香文化也丰富多彩。香药在我国古代社会中占据重要地位，贵族阶层尤其沉迷此道。异域香药一直受到上层社会的追捧与青睐。汉唐以降，皇室成员与达官显贵在建筑、装潢、家具、器物乃至饮食、服饰、美容中大量用香。

异域香药最初传入中原主要用于疗病。晋人张华《博物志》记载，汉武帝时焚烧返魂香以辟疫气："一时香闻百里，数日不歇，宫中病者闻之即起，疫死未浃者，熏之皆活，人皆称其为返生神药。"这种传闻未必是事实，但反映了汉晋时期异域香药入华之初，确实以治疗疾病作为主要功能之一。这一时期，异域香药还被用于尸体防腐、沐浴等方面。《世说新语》记载，石崇在厕所中焚烧甲煎粉、沉香汁，以祛除晦气、净化环境。香药也会被用作贵族之间互赠的礼物，这一用途一直延续至宋代，当时蔷薇水也被当作珍贵的礼物馈赠朋友。

南北朝时期是各民族饮食文化交融的时期，许多外来风味的肉食、面食以及酒类涌入中原地区，对当地的饮食文化产生了极大的影响。在饮食中添加香料成为流行风潮。《齐民要术》记录了北朝时期风靡的"胡炮肉"，其中便用到了来自印度的胡椒。此外，门阀士族也制作了胡椒酒等饮品。贵族阶层大量消耗香药的风尚也影响到了一般平民。隋唐时期，香文化逐渐从贵族走向大众。在东南沿海地区，人们每逢除夕，不分贫富，都会如同燃烧柴火般焚烧降真香。另外，宋代还流行举办香宴，即在宴会上摆设名贵的香药或香剂食品以飨宾客。

除世俗生活中大量用香外，宗教仪式和祭祀仪式中亦大量使用香料。自东晋十六国起，随着佛教的兴起，普通百姓开始在礼佛仪式中焚香。焚香作为佛教礼拜的主要仪式，在敦煌佛教教团法会中得到了广泛应用。敦煌的僧尼们使用香料不仅仅是用以沐浴，还以甘汤和药物的形式进行服用。在道教仪式中，焚香同样不可或缺。宋徽宗崇尚道教，据陆游的《老学庵笔记》中记载，崇宁年间（1102—1106）每月用于道教仪式的沉香、乳香等香料的数量惊人。宣和年间（1119—1125），流行于浙江、福建一带的摩尼教也"烧必乳香"。

参考文献：

1. 劳费尔著，林筠因译：《中国伊朗编》，商务印书馆，2015。

2. 山田宪太郎：《东亚香料史研究》，中央公论美术出版，1976。

3. 温翠芳：《中古中国外来香药研究》，科学出版社，2016。

4. 毕波：《粟特人与晋唐时期陆上丝绸之路香药贸易》，《台湾东亚文明研究学刊》2013年第10卷第2期。

5. 求芝蓉:《元代医籍中的西域药物"南乳香"考》,《西域研究》2020 年第
2 期。

（凌丽华）

第八章　丝绸之路上的货币

第一节　西域的历代中原王朝钱币

世界古代钱币大致分为四大体系,即地中海币系、伊斯兰币系、印度币系以及以中国钱币为代表的东方币系。西方三大币系属于打制钱币,主要为金、银材质,兼有少量铜币。中国传统钱币用模子铸造,以铜币为主,兼有少量金、银、铅、铁等材质。自秦始皇统一货币后,我国古代钱币形成圆形方孔钱的定式。历代中原王朝发行的钱币在陆海丝绸之路沿线多有发现。地域范围从吐鲁番盆地、塔里木盆地直到葱岭以西;从日本列岛、东南亚、印度海岸直至波斯湾、东非。钱币种类和年代涵盖汉代的半两钱、五铢钱,一直到清代的红钱。其中,以五铢钱、唐钱和宋钱发现的数量最多,分布范围最广,影响力最大。

一、五铢钱

自汉武帝开始,汉朝着手经营西域,逐步将塔里木盆地及周边地区纳入版图。公元前138和前119年,张骞两次奉命西使,塔里木盆地诸国自此与中原地区建立了官方联系。随后,西域三十六国内属,汉朝置使者、校尉领护之。公元前60年,盘踞丝绸之路北道的匈奴西边日逐王率众归降,汉朝得以完全控制南北道,遂设立西域都护府,以护鄯善以西南道使者郑吉为首任都护。西汉从此持续不断地委任了十余位都护,对西域进行长期有效的治理。直到新莽时期,王莽举措失当,致使西域怨叛。东汉建立后,公元73年班超代表朝廷重返西域。东汉前期对西域的经略颇费周折,历经三绝三通,至公元123年,班超之子班勇出任西域长史之后方才稳定下来。此后,东汉的统辖维系了半个多世纪。两汉对西域的长期治理,将中原地区的文化、技术、制度传播到当地,推动了当地社会长足进步,人口快速增长。

　　元狩五年(前118)，汉武帝进行币制改革，始铸五铢钱。此后数百年，这种形制的钱币在历代延续铸行，一直到唐高祖时期。伴随两汉经略西域，五铢钱也大量输入塔里木盆地，成了维系当地经济流通的基础。19世纪末20世纪初，西方考古探险者在新疆所获文物中，包含有大量五铢钱。例如，斯坦因三次探险考察在和田地区共获得五铢钱468枚，伯希和在库车地区所获更多，总数多达3000余枚。1929年，中瑞西北科学考查团考古队员黄文弼在罗布泊地区古道旁，共采集到五铢钱600余枚。新中国成立后，考古工作者在塔里木盆地周缘诸汉晋时期遗址中，往往会发现数量不等的五铢钱和新莽货泉。1977年，和田的买力克阿瓦提遗址出土一口陶缸，内盛汉代五铢钱45公斤，约有15000枚。2012年，库车县龟兹故城附近的一处基建工地发现钱币窖藏，包含汉代五铢钱、王莽货泉、蜀汉太平百钱等钱币14000枚。

　　汉代钱币甚至沿丝绸之路传播到葱岭以西地区。在中亚的费尔干纳盆地，考古人员曾在16个墓地中清理出汉代五铢钱41枚，王莽货泉1枚。它们大多作为坠饰或串饰的一部分，是墓主人的装饰品。既然五铢钱被当地人当作一种时髦的饰品，那么实际流入此地的数量应该会更多。很多钱币由于受到严重侵蚀而难以断代。在有明确时间线索的样本中，有3枚属于公元前118年，还有1枚属于公元前73—前47年。大体而言，这些钱币是东汉末期之前流入费尔干纳盆地的。

　　在汉朝势力进入之前，塔里木盆地诸绿洲原本没有发行过地方货币。五铢钱传入后，刺激当地仿照五铢钱发行具有当地特色的钱币。在古代于阗王国发行的货币中，除了西方造币体系的汉佉二体钱外，还有一种汉佉二体五铢铜钱。它们虽系打压制成，但正面中心打出象征中国钱的方框凸纹，方框周围有汉字"五朱"(即五铢)和心形族徽；背面中间为心形族徽，周围环绕佉卢文字母。这种钱无疑想要模仿五铢钱，但其重量只有约1.5克，不及五铢钱的一半。钱背的佉卢文铭文也显得杂乱无章，显然设计不成熟。在东汉时期于阗的货币流通体系中，五铢钱居于主要地位，汉佉二体钱等自造币只起到辅助兑换作用。

　　史书记载，龟兹王绛宾崇尚中原文化，曾积极模仿汉朝制度建立宫室，制定礼仪。龟兹王国在魏晋南北朝时期也仿照五铢钱，发行龟兹五铢钱，又称汉龟二体钱。这种铜质钱币的币面与汉五铢钱基本相同，但钱背铸造有龟兹文，标示币值。同于阗的仿制品一样，龟兹五铢钱也减重严重，只有汉五铢钱重量的一半左右。

二、唐朝钱币

在历经魏晋南北朝数百年动荡之后，隋唐王朝重新实现大一统。太宗时期，唐朝逐步取得对西域的控制。永徽元年（650），西突厥阿史那贺鲁趁太宗驾崩、高宗新立之机，据西域叛唐。高宗很快平定贺鲁之乱，于显庆三年（658）在塔里木盆地设立龟兹、于阗、疏勒、焉耆等四镇，并属安西都护府。此后，唐朝对西域的治理持续了上百年，直至8世纪中期因吐蕃的阻隔而放弃。安西四镇的设置，意味着唐朝一系列政治、军事、交通、运输体制直接导入西域，中原经济、制度对西域的影响达到一个新的高度。

武德四年（621），唐高祖整顿币制，废五铢钱，始铸开元通宝。唐朝大规模铸行两种钱币，除开元通宝外，另一种是唐肃宗乾元元年（758）开始发行的乾元重宝。这两种唐钱在西域各遗址被广泛发现，而且数量往往不少。另外，安史之乱后，因吐蕃占领河西，切断了中原与西域的联系，安西、北庭孤悬于外，为了维系驻地经济运转，坚守的唐军在西域发行了大历元宝、建中通宝以及元字、中字钱。

斯坦因在新疆所获文物中，计有开元通宝311枚，乾元重宝417枚。伯希和所获也有总共50枚开元钱和乾元钱。这些唐钱大多是他们在吐鲁番、米兰、瓦石峡、和田、图木舒克、库车、焉耆等地的遗址中发现的。新中国成立后，新疆各地多次发现大规模唐代钱币窖藏。1979年，新疆考古工作者在罗布泊东北的一条古道附近，发现一处窖藏，含开元通宝970多枚。1981年，在焉耆通往库车公路边的兰城子遗址中，出土了一个陶罐，内装钱币五六公斤，包括开元通宝、大历元宝、建中通宝等唐钱一两千枚。1992年，新和县古城发现一处钱币窖藏，含钱币3000余枚，主要是安西守军铸造的大历、建中钱及少量的元字、中字钱。2013年，库车县老城区改造施工的过程中发现一处窖藏，清理出钱币23124枚，其中有开元通宝22845枚，乾元重宝32枚，另外还有少数南北朝时期的五铢钱。

唐朝钱币在葱岭以西地区也有发现。19世纪上半叶，英国探险家查尔斯·马松（Charles Masson）在东印度公司的资助下深入阿富汗境内探险考察。他在兴都库什山南麓的贝格拉姆遗址挖掘和搜集到钱币68877枚，现大部分藏于英国国家博物馆。在这数万枚钱币中，至少有3枚唐钱。其中1枚为完整的开元通宝钱，字形工整平稳，年代应属唐代前中期。另2枚均残，1枚余一"元"字，字体端正，为四字方孔钱制式中下方的字；1枚存一"宝"字，字为圆角，为左侧字。这2枚残币也可能为唐代的开元通宝钱。20世纪五六十年代，考古人员在乌兹别克斯坦费尔干纳盆地也发现有不少开元通宝钱。7世纪下半叶,唐朝在葱岭以西设置有羁縻州府,唐钱可能曾在这些羁縻地区流通使用。

由于隋唐王朝的强大影响力,开元通宝等中原钱币也被丝绸之路沿线多个政权仿铸。这包括麴氏高昌王国的"高昌吉利"钱,粟特诸国的粟特文钱,突骑施汗国的突骑施钱,漠北回鹘的"日月光金"钱,高昌回鹘的回鹘钱,等等。这些钱币的币铭或为汉文,或为当地民族文字,或为胡汉双语,但在形制上都属于汉式的圆形方孔钱。另外,在日本、越南、朝鲜半岛等深受唐朝文化影响的地区,古代发行的钱币也都是以唐钱为母本。

三、宋朝钱币

宋代经济和科技水平都取得长足的进步,特别是冶铜技术的突破,使得宋代铜产量大幅提高。在这种情况下,两宋发行的铜钱数量巨大,质量上佳。因此,在丝绸之路和海上丝绸之路沿线,宋钱得到各国商人的广泛认可,成为国际贸易中的通用货币。

宋代版图不曾及于西域,但在塔里木盆地很多地方仍发现有不少宋钱。斯坦因三次探险考察,在和田地区总共获得宋钱200余枚,包括熙宁重宝、元丰通宝等。另外,他在米兰戍堡附近也采集到1枚政和通宝钱。我国考古工作者在南疆和田、叶城、阿图什等地,也发现过大量宋钱,包括天禧通宝、景祐元宝、皇宋通宝等等。例如,墨玉县阿克萨莱乡曾一次性出土了8.5公斤宋代钱币。

宋代海上丝绸之路贸易繁荣。在东亚和东南亚海域,古代海上丝绸之路沿途发现的沉船中,往往装载有数以万计的中国钱币。10世纪中期的印坦号沉船,出水了大量的南汉国所造"乾亨通宝"铅币;北宋初的井里汶号出水文物总数达49万余件,其中包括不少中国铜币;南宋中晚期的南海Ⅰ号,清理出的宋代铜钱多达17000枚;元代的新安沉船,出水了28吨重的宋代铜钱。这些外贸商船携带如此大数量的钱币,表明中国货币在当时的海上丝绸之路上是公认的国际货币。

从中国沿海上丝绸之路往东,在日本列岛、朝鲜半岛,往西在越南、新加坡、爪哇岛、斯里兰卡、印度海岸、波斯湾、阿拉伯半岛,乃至东非索马里的摩加迪沙、坦桑尼亚的桑给巴尔岛,都出土有皇宋通宝、政和通宝、淳祐元宝等大批量宋钱,足见其流通之广泛。

参考文献：

1. J. Cribb and D. Potts，"Chinese Coin Finds from Arabia and the Arabian Gulf," *Arabian Archaeology and Epigraphy* 7，1996，pp. 108—118.

2. Helen Wang，*Money on the Silk Road*，British Museum Press，2004.

3. H. 戈尔布诺娃、H. 伊沃齐金娜著，姚朔民译：《费尔干纳古墓出土五铢钱》，《中国钱币》1996 年第 2 期。

4. 罗帅：《中华文明在中亚南部的流传》，荣新江主编：《丝绸之路上的中华文明》，商务印书馆，2022，第 67—81 页。

5. 王永生：《钱币上的中国史：器物、制度、思想视角的解读》，中信出版社，2022。

（罗　帅）

第二节　汉佉二体钱

汉佉二体钱是塔里木盆地诸国发行的最早货币,由广德、讫帝、放前等三位于阗王发行,时间大约在公元85—132年。这种钱币用青铜制作,圆形无孔,分大钱和小钱两种,通过打压制成,属于希腊造币体系。钱币的一面印有汉文铭文,另一面印佉卢文铭文。所谓佉卢文,是一种起源于西北印度的古老文字,用来书写印度语支中的西北俗语,即犍陀罗语。公元1世纪中期以后,佉卢文成为西域大国贵霜王朝的官方文字之一。汉佉二体钱具有多元文化面貌,是一种应对丝绸之路国际贸易的中介货币。其设计和发行,体现了塔里木盆地在丝绸之路物质文化交流中的枢纽地位。

一、汉佉二体钱的发现与分布

绝大部分汉佉二体钱是19世纪末20世纪初西方探险者在和田及其邻近地区搜集的,现分藏于英国、法国、俄国、芬兰、印度、巴基斯坦和我国的多家单位。其中大宗有三批,分别为英国人斯坦因所获226枚、赫恩雷所获152枚,芬兰人马达汉所获76枚。日本大谷探险队、法国吕推探险队、俄国人彼得罗夫斯基和奥登堡、英国人福赛斯和罗伯特·肖,各获得数枚至二十余枚不等。新中国成立后,考古文博工作者在和田地区又陆续发现数十枚。根据各种正式报道,目前已知的汉佉二体钱总数为539枚。

在分布地点方面,早期西方探险者所获汉佉二体钱基本上没有确切的出土地点。它们是赫恩雷、斯坦因、马达汉等人在塔里木盆地搜求购买所得,但绝大部分据称出自和田绿洲的约特干等遗址,少数来自库车、莎车等地。可见,大部分汉佉二体钱分布在古代于阗王国境内,集中出自于阗国都约特干一带,少量流散到邻近的龟兹和鄯善西境。由此可知,这种钱币应该是由于阗国发行的。少数几枚钱币上有汉字"于阗大王",也印证了这一点。

汉晋时期,贵霜王朝曾对塔里木盆地西缘的疏勒等国在政治上产生过重要影响。那么,汉佉二体钱为何没在这些国家发行,而偏偏在比疏勒更靠东的于阗发行?这其实跟汉代葱岭以西地区同塔里木盆地的交通状况有关。在汉代,贵霜与塔里木盆地之间有两条道路被频繁使用:一条从犍陀罗(今巴基斯坦西北)经迦毕试(阿富汗贝格拉姆)到蓝氏城(阿富汗马扎里沙里夫),向东越过葱岭到达疏勒

(喀什）；另一条溯印度河上游谷地，过悬渡至皮山，称为罽宾道。这两条道路的汇合点在于阗境内。罽宾道在西汉后期就被充分利用，在贵霜时期仍被继续频繁使用。而且，贵霜的都城犍陀罗正位于罽宾道的南端。

20世纪七十年代以来，德国—巴基斯坦联合考古队对喀喇昆仑公路两侧的摩崖题记进行调查，并对沿途多处遗址进行发掘。摩崖题记包括粟特文、佉卢文、婆罗迷文、汉文等多种文字。近年日本学者土谷遥子也对这条道路展开调查，结果表明罽宾道在古代商旅交通和文化传播等方面发挥了重要作用。正是由于汉代罽宾道的繁荣，于阗作为这条道路的北方端点，故汉佉二体钱由于阗而不是别的西域国家发行。

二、汉佉二体钱的币面设计与发行经过

汉佉二体钱的正面印有汉文铭文，小钱作"六铢钱"，三个字呈品字形，占满整个币面；大钱的中心为族徽图案，周围环绕"重廿四铢铜钱"六个字，最外围还有一圈边饰。背面印有佉卢文铭文，中心为一匹走马或骆驼，周围环绕一圈佉卢文。佉卢文铭文分为短铭和长铭两种，均由头衔＋王名构成。短铭内容为"大王、于阗王某某"；长铭为"大王、王中之王、伟大者某某"，或者"大王、王中之王、于阗王某某"。一般而言，短铭用在小钱上，长铭用在大钱上。

汉佉二体钱在重量、铭文和图案等方面受到贵霜钱币的极大影响，显然是以某种或某几种贵霜钱币作为样本的。但是，并非所有贵霜钱币都符合这种样本要求。贵霜前三王（丘就却、维马·塔克图和阎膏珍）发行的钱币均使用希腊文和佉卢文，且大部分是带有这两种语言文字的双语钱币。迦腻色迦纪元元年（127），贵霜王朝用巴克特里亚语取代希腊语作为官方语言，此后的钱币只使用巴克特里亚文。钱币的铭文内容也表现出这种阶段性变化。自迦腻色迦起，贵霜钱币上的头衔仅保留了"王中之王"，迦腻色迦的多数钱币甚至只有省文形式"王"，而前三王均发行有带"大王、王中之王"头衔的钱币。在币面图案方面，贵霜钱币也表现出类似的差别。贵霜钱币正面基本为王的全身像或头像，背面情况各异：丘就却的钱币包括神像和骆驼像，维马·塔克图的钱币包括骆驼和马的形象，阎膏珍的钱币基本上是骑公牛的湿婆形象，从迦腻色迦往后的钱币为各种神像。因此，汉佉二体钱的发行，是以某种或某几种贵霜前三王的钱币作为样本的。

发行钱币既是一种经济行为，也是一种重要的政治宣示。于阗王在钱币背面使用佉卢文并照搬贵霜王的头衔，显示出一种和贵霜王平起平坐的姿态。在本应该使用王像和名衔的正面,于阗王采用汉文铭文"六铢钱"和"重廿四铢铜钱"作为主要图案。币铭仅标示钱重,这符合汉钱的传统,可以建立同五铢钱的兑换关系。不出现任何反映政治主张的文字,更是对汉王朝地位的认可和尊重。于阗王通过使用"六铢钱"字样来向汉王朝表明,汉佉二体钱是五铢钱的一种变体,是一种从属于五铢钱的辅助货币。汉文铭文的使用表明汉朝势力在于阗占有重要地位,所以汉佉二体钱开始发行的年代必在班超降服于阗之后,约在公元 85 年。汉佉二体钱的币面安排,体现了于阗尊汉而与贵霜平起平坐的态度。其政治话外音是:汉朝为西域之宗主,贵霜只能与汉朝附庸于阗的地位对等。这非常符合汉王朝的利益,因此它的发行得到了班超的认可和支持。

顺帝阳嘉元年(132),忠于汉朝的疏勒王臣磐率军击败于阗王放前,这一事件导致了汉佉二体钱最终停止发行。放前一共发行了四种钱币。早期,他更改了讫帝的驼纹钱币设计,回归到广德的马纹汉佉二体钱样式,汉铭仍使用"重廿四铢铜钱"(大钱)。晚期,他进行了重大的货币改革,放弃了汉佉二体钱传统的汉铭格式,改作"于阗大王";同时,他还发行了两种铅币。总体来看,放前的货币政策频繁变动,比较混乱。汉佉二体钱在放前统治的末期终止发行,是政治因素和经济因素共同作用的结果。

政治方面,放前依附贵霜,对汉朝屡有冒犯。公元 123 年,班勇代表东汉重返西域;127 年,于阗随同疏勒、龟兹等国背贵霜而向汉;自 129 年起,放前又不用汉命,在西域擅行废立之事,终于在 132 年被亲汉的疏勒王臣磐击败。放前即位于阗王的时间大概在 119 年东汉重新对西域产生影响之后,因此即位之初,放前发行的汉佉二体钱沿袭广德的钱币形制,大钱汉铭仍用"重廿四铢铜钱",以示对汉朝的尊崇。到 129 年,可能因为得到贵霜在背后的支持,放前的野心大为膨胀。在钱币设计方面,他放弃了传统的汉铭体例,径自使用"于阗大王"等字样,侵犯了东汉的威严。132 年放前被挫败之后,作为一种遏制和惩罚措施,汉朝禁止了于阗发行钱币的权力。

经济方面,汉佉二体钱并非一种高质量钱币,兼因于阗的造币金属匮乏,决定了汉佉二体钱不可能成为一种长期持续发行的货币。汉佉二体钱小、大钱的比值为 1∶4,重量采用的是波斯—印度标准单位的德拉克马(3.26 克)和四德拉克马(13.05 克)。汉铭标称小钱重 6 铢,大钱重 24 铢,按东汉重量标准,分别相当于 3.48 克和 13.92 克。然而,多样本实测显示,汉佉二体钱的个体在重量、尺寸等方面的差别非常大,重量从 0.30—17.15 克都有。这表明汉佉二体钱无法像五铢钱、贵霜钱等货币一样,在重量、尺寸、铜含量等方面保持稳定,相当一部分个体的实际重量远低于标称,因此并非一种质量好、信誉佳的钱币。那么,它的发行和流通注定不能持久。

三、汉佉二体钱与丝路贸易

汉佉二体钱的发行与罗马、贵霜、汉朝之间的丝绸之路贸易有关。公元 1 世纪,罗马商人是印度洋贸易最积极的参与者,他们在印度海岸拥有完善的贸易网络,并以南印度东西海岸为中心建立了一套货物转运体系;到公元 1 世纪末 2 世纪初,印度海岸贸易出现了北移的趋向,西北海岸和东海岸中部在远洋贸易中的地位增强,来自印度西部州、贵霜王朝和粟特地区的东方商人纷纷参与到远洋贸易中。

印度洋贸易的发展变化得到了印度半岛出土的罗马钱币的充分证实。公元 1 世纪的罗马钱币集中出土于南印度东西海岸地区;公元 1 世纪之后,罗马钱币在南印度减少,而在西北海岸的古吉拉特地区增加。这是因为,贵霜王朝崛起后占领了整个印度北方,深刻改变了印度半岛的贸易结构。

公元 1 世纪上半叶,由于百乘王朝的阻挠,贵霜境内的丝绸等商品不能大规模经印度西北海岸出海,只能经印度北部的商道运至东海岸,再经东海岸的港口转运至西南海岸。相应地,罗马人在印度东南海岸建立商站,负责将恒河到东南海岸的商品转口到西南海岸的商业中心穆吉里斯,然后从穆吉里斯越洋输往红海港口。这种迂回的商品运转方式,极大地限制了国际贸易的规模。

公元 1 世纪末 2 世纪初,贵霜王朝向印度半岛纵深扩张,逐渐囊括从印度河流域至恒河流域的广阔疆域,印度东西海岸的北部均受其控制。这些地区统一在贵霜王朝境内,商品的流通变得十分通畅。最重要的是,贵霜人和印度西海岸地区的西部州政权结盟。从中亚而来的货物因此能顺利便捷地运至西海岸港口婆卢羯车,而不必借助印度北方商道绕到东海岸。造成的结果是,一方面,罗马商人在南印度海岸的货物转运体系崩溃,印度洋贸易的重心向北迁移;另一方面,印度洋贸易参与者的结构发生了变化,罗马商人在罗马—印度贸易中的优势地位日益下降。印度西北海岸主导的长途贸易的便捷性使得贸易成本大大降低,从而制造了巨大的利润空间。在利益的驱使之下,越来越多的东方商人参与到远洋航行之中。同时,印度洋贸易对东方货物特别是丝织品的需求大幅增加。

为了拓展丝绸来源,贵霜王朝同塔里木盆地的贸易必然扩大。在这种情况下，为了应对迅速发展的于阗—贵霜贸易，于阗王国发行了汉佉二体钱。这种钱币的出现，从侧面反映了贵霜商人在当时国际贸易中地位的加强。换言之，汉佉二体钱的发行正是公元 1 世纪末 2 世纪初，印度洋贸易北移及参与者结构变化在葱岭以东的回音。

参考文献：

1. 夏鼐：《"和阗马钱"考》，《文物》1962 年第 7—8 合期。

2. K. Enoki, "On the So — callded Sino — Kharoṣṭhī Coins," *East and West*, Vol. 15, 1965.

3. J. Cribb, "The Sino—Kharosthi Coins of Khotan：Their Attribution and Relevance to Kushan Chronology," *The Numismatic Chronicle*, Vol. 144 — 145, 1984—1985.

4. 林梅村：《再论汉佉二体钱》，《中国钱币》1987 年第 4 期。

5. 罗帅：《汉佉二体钱新论》，《考古学报》2021 年第 4 期。

（罗　帅）

第三节　拜占庭金币

丝绸之路是一个存在千余年的横跨欧亚大陆、连接东西方的道路网络体系，在商贸流通、政治互动、文化交流等多元层面促进了东西方的互动和交流，因此在欧亚大陆诸文明的互鉴发展中做出了重要的贡献。在公元后 1000 年的时间里，丝绸之路沿线出现了众多强大的文明，自西往东分别是罗马—拜占庭文明、波斯—阿拉伯文明、中华文明。上述文明之间沿着丝绸之路彼此联通，互相交流，在不同居间族群的协助下，共同促进了欧亚大陆文明的整体发展。

丝绸之路上的物质文化交流是该交流体系中的重要内容，来自西方的玻璃、金银器以及来自东方的丝绸、纸张等推动了丝绸之路沿线文明的互动交流、经济与文化的发展。其中，来自罗马—拜占庭文明的钱币大量发现于丝绸之路沿线地区，则是这种互动交流的最好证明。

罗马—拜占庭文明塑造的罗马—拜占庭帝国是地中海世界公元 1—15 世纪的强大帝国。古代希腊的文化、罗马的行政和军事制度以及基督教的信仰共同构成了该帝国的核心要素。该帝国一般被分为早期的罗马帝国时期（1—4 世纪）和其后的拜占庭帝国时期（4—15 世纪）。在历代统治者的努力下，罗马—拜占庭帝国的版图曾囊括整个地中海及其周边地区，因此其影响力更是扩展到亚非欧三大洲，并且一直是丝绸之路西端最为重要的文明体。由于政治、经济和文化等多种原因，罗马—拜占庭文明与丝绸之路上的诸文明之间一直保持着密切的交流和互动关系。

印度在罗马帝国初期便是重要的东方贸易中心，斯特拉波就曾在其《地理志》中提到，在奥古斯都时期，每年都有多达 120 艘船只从埃及的红海港口起航远航至曼德海峡之外各地，有的甚至远达恒河。大约在提比略（Tiberius，14—37 年在位）执政时期，有一位名叫希帕鲁斯的罗马商人在长期实践的基础上发现了印度洋季风的规律。罗马人利用季风，不但可以直接跨越印度洋，而且大大缩短了罗马至印度的距离。根据学者们的统计，在印度出土了大量罗马时期 1—3 世纪的钱币，其数量多达 6000 多枚，且以银币为主，包括少部分金币，这种趋势一直保持到 3 世纪末左右，之后在罗马世界"三世纪危机"的影响下，罗马钱币的流入便逐渐停止了。受到罗马与印度交往的影响，一些罗马的铜币和金币也流入了东南亚地区。与此同时，在陆路丝绸之路上，2—4 世纪时期的少量罗马银币和铜币也被发现于中亚地区。中国也曾发现数枚罗马时期的钱币，但多以零星情况出现，学者们认为或从中亚地区流入。

拜占庭钱币，尤其是金币，近年来广受国际和国内学界关注，因为在其于丝绸之路上流动的时期，也正是欧亚大陆诸文明频繁交往和互动的重要时期。考虑到研究趋势与研究的资料，本文着重探讨丝绸之路上拜占庭金币的流动问题。

拜占庭金币作为拜占庭帝国权力、宗教信仰以及经济实力的象征，在拜占庭帝国与丝绸之路沿线文明以及族群的交往过程中，通过外交礼物、赎金、贡金以及交易金钱等方式，流入西亚、中亚、南亚和东亚等地区。这些金币在上述地区一方面向该地的统治者和民众展现了帝国的强大和富有的形象，另一方面也可能参与到了当地的经济流通，并且在很多情况下被他们作为重要的物品收藏、做成首饰或者赠品得以保留或者流传。

近年来随着国际与国内考古合作的深入，考古挖掘进度不断加快，越来越多的拜占庭金币在丝绸之路沿线地区被发掘出来，这为研究拜占庭金币沿丝绸之路向东方的流动提供了丰富的实物证据。与此同时，随着全球史、帝国史、内亚史、丝绸之路史等研究成为热点，拜占庭金币在丝绸之路上跨区域与跨文明流动的历史价值和意义日渐凸显，拜占庭金币研究这一课题越来越受到各领域学者的重视。

一、拜占庭金币的历史及其在丝绸之路沿线的发现

学者们一般把拜占庭帝国的历史追溯到 324 年，因为这一年罗马帝国的统治者君士坦丁（Constantine，324—337 年在位）将其驻节地迁到了东部古城拜占庭，并按照帝国都城罗马的城市布局和行政结构来重新建设这里，6 年后的 330 年建成，由此该城也以君士坦丁的名字来命名——君士坦丁堡。虽然拜占庭帝国之初，在货币发行方面，继承了罗马的传统，也发行金、银、铜三种货币，但由于"三世纪危机"中，帝国不仅在外部出现了边境的军事危机，而且在帝国内部也出现了通货膨胀、民不聊生的经济危机，为了尽快稳定局面，君士坦丁在其前任皇帝戴克里先（Diocletian，284—305 年在位）的货币改革基础上，继续推行帝国的货币革新政策，废除罗马金币奥勒斯（aureus），确立以金币索里德（solidus）为核心，银币和铜币为辅的货币体系，其中索里德的重量标准为 4.55 克，为罗马镑的 1/72，即 24 克拉。5 世纪末帝国皇帝阿纳斯塔修斯一世（Anastasius Ⅰ，491—518 年在位）再次进行币制改革，创制了铜币富利（follis，相当于古代罗马铜币努米的 40 倍），由此，确立了拜占庭货币相对固定的对换比率，自此金币索里德（希腊语称为诺米兹玛，

nomisma)确立了其无可动摇的统治地位,并且由于其长期在地中海世界被作为通用货币广泛使用,被誉为"中世纪的美元"。

金币索里德一方面由于其纯金品质以及质地精良,而被作为帝国财富储备、收税、纳贡、支付官员工资的方式而广泛使用;另一方面,金币上丰富生动的帝王半身像、宗教元素和铭文又使得其担负着宣传皇帝权威与教会教化意图的功能。为了提高索里德的地位以及显示帝国的权威,6 世纪帝国皇帝查士丁尼(Justinian,527—565 年在位)在其颁布的《查士丁尼法典》中规定:"黄金不仅不得提供给蛮族;甚至一旦发现蛮族人持有拜占庭之黄金,必须以智谋取回。此后若有商人因购买奴隶或其它商品而将黄金支付于蛮族,他们不会被罚款,而是处以死刑;若有法官发现此类罪行而不予处罚,甚或助之隐瞒者,以同犯论处。"黄金本身的价值,金币上宗教符号的意义,法律的严格规定,加之帝国的权威,使得拜占庭金币一时声名鹊起,不仅拥有至高无上的地位,而且还是财富、信仰与帝国权威的象征,由此不难理解其成为帝国之外的国家和民族所趋之若鹜之物。

虽然拜占庭帝国严格控制金币索里德的外流,但是丰富的东西方原始文献记载表明,拜占庭金币曾大量流出帝国。拜占庭金币的流出主要通过以下几种方式:礼物、纳贡、赎金、被掠、购买昂贵物产(丝绸、香料等)。前面几种情况主要是通过外交的方式来实现的。5 世纪的拜占庭文献曾记载,金币作为赎金和礼物大量流入了阿提拉的匈人部落。6—7 世纪的拜占庭文献则记载了阿瓦尔人定居在拜占庭北部边境地区之后,曾向帝国皇帝查士丁尼及其继承者请求效忠。为了安稳他们并借助其军事力量,打击高加索以及北部多瑙河流域的蛮族,查士丁尼曾大量赠送其金币,而贪婪的阿瓦尔人要求赠送金币的数额逐年增加,后来的索求高达 12 万索里德;561 年同萨珊波斯签订 50 年停战合约时,查士丁尼同意送给萨珊波斯每年 3 万枚索里德;6 世纪 70 年代,为获得萨珊波斯的停战协定,查士丁二世(Justin Ⅱ,565—578 年在位)被迫每年提供给萨波斯 4 万 5 千枚索里德,并且连续赠送 5 年。在对外贸易中,文献记载,来自东方的丝绸质地精良,因此在帝国被视为非常重要的奢侈品而受到官方的控制。帝国购买东方丝绸主要用金币来支付,而为了获得巨额利润,粟特人不惜利用各种手段也要将其卖往拜占庭帝国。通过以上各种方式,拜占庭索里德得以走出帝国之门,尤其是向东方流去。

大量拜占庭金币流出帝国以外后经历了什么境遇?文献上的记载为我们提供了蛛丝马迹。成书于 6 世纪的拜占庭史著《基督世界宇宙志》的作者是一位曾航行于印度洋的修士,科斯马斯,他通过该书主要记述了 6 世纪基督教统治下的世界。其中他记载来自埃塞俄比亚和波斯的船只每年定时航行前往斯里兰卡。在公元5世纪末6世纪初，一位名为索帕特罗斯的商人从阿迪斯港乘船前往斯里兰卡。在觐见当地国王的时候，国王要求他指出拜占庭与波斯谁更伟大，而这个拜占庭商人则通过将拜占庭的金币与波斯的银币相比较，令当地的国王惊叹于拜占庭金币的精美，后者高度赞扬了拜占庭帝国的伟大。同时，中文史料《隋书》卷24《食货志》中记载北周时期（557—580）："河西诸郡，或用西域金银之钱，而官不禁。"大部分学者认为这里的金币应该是拜占庭金币。吐鲁番出土文书在记载突厥与西域的高昌国之间的交往中，提到："头六撷书后作王信金钱一文。"显然这里的金钱是作为建立双方关系的信物。学者们同样认为只有拜占庭金币（也有可能是与金币很像的拜占庭印封）才能具有这一殊荣。上述内容明确表明，拜占庭金币在6—8世纪已经出现在了印度和中国西部，并且受到当地人的追捧。耳听为虚，眼见为实，文字材料始终是一种书写和再创造，没有考古资料的互证，始终只是一种说法而已，陈寅恪先生概括的王国维先生二重证据法之一，"一曰取地下之实物与纸上之遗文互相释证"，便使得该问题迎刃而解。在拜占庭帝国世界之外，尤其是沿丝绸之路所发现的拜占庭金币，为我们提供了一幅拜占庭与东方交往的盛景。

近代以来，沿丝绸之路向东，不断有拜占庭金币及其仿制品被发现。拜占庭金币在东方的发现和出土，一方面显示了金币的强大生命力，另一方面说明，拜占庭帝国时期通过丝绸之路东西方外交和经济交往的繁盛。据美国中亚学家内马克教授的研究，中亚拜占庭金币及其仿制品的发现数量在20枚左右（以其收集的考古报告为主）。鉴于这里的金币的发现多与粟特人有关，学者们一般认为，粟特人是这些金币的主要持有者。但这些金币多发现于墓葬和神庙之中，因此这些信息不足以支撑它们在中亚流通的这一看法。2011年蒙古国布尔干省巴彦诺尔发掘的突厥墓出土了41枚金银币，这些金银币的构成、来源以及用途，受到了众多学者的关注。据中国拜占庭钱币学者郭云艳博士判断，在该批钱币中，大概有25枚拜占庭金币和其仿制品，10枚萨珊银币背面仿制品。鉴于这批金币发现于突厥人的墓葬中，这使得我们更加明确了突厥人对拜占庭金币的热爱以及其在传播中的作用。同时，这也是在草原丝绸之路所发现的位置最靠东的金币的证据。上文提到，印度地区曾出土了大量罗马时期的钱币，虽然在4世纪以后，地中海世界与印度地区的交往再次建立，但从发现的拜占庭时期的钱币来看，规模有所缩小。据英国学者瑞贝卡·达莉统计，印度所发现的拜占庭时期钱币总数有4000多枚，以铜币为主,其中金币及仿制品 189 枚。由以上数据来看,拜占庭时期帝国与东方的贸易依旧存在,并非如文献中所载,被萨珊波斯垄断,这也印证了科斯马斯对出现在斯里兰卡拜占庭金币的记载。与此同时,在印度发现的金币多有打孔或附有环扣,这说明,流入该地的金币多被作为饰品使用,不再具有流通的功能。

从数量上看,在丝绸之路的中部和东部,中国是拜占庭金币及其仿制品发现量最多的地区。自 19 世纪末中国开始发现拜占庭金币以来,已经近 200 枚金币及其仿制品(据郭云艳统计,来自出土报告、博物馆收藏和私人收藏)被发现。其中真币大概 37 枚。这一数据非常丰富,远远高于中亚、南亚以及东南亚地区的发现数量。考古报告显示,中国所发现的拜占庭金币及仿制品大部分出自墓葬,且以外族人墓葬为主,如粟特人;中原墓葬有一些属于贵族和皇族。另外考古报告还指出,上述金币出土地点基本位于丝绸之路在中国境内的走向之上,包括新疆、青海、甘肃、宁夏、河南、河北、内蒙古、辽宁等地。这些信息基本可以反映出,金币及其仿制品来自西域及其之外的民族之手,现在受到密切关注的族群包括波斯人、粟特人、嚈哒人、柔然人、突厥人等。

二、丝绸之路上的拜占庭金币研究的意义及其启示

从学术角度看,拜占庭金币及仿制品的存在,不仅对地中海世界的拜占庭的历史研究具有深远意义,而且对其与东西方贸易、文化交流乃至外交活动的研究也具有积极深远的意义。拜占庭金币在欧亚大陆上,沿着丝绸之路在不同国家和地区的流动所形成的网络,展现了拜占庭在欧亚大陆各地的文化影响,以及各个地区的不同国家与族群对其的接受与回应,构建出东西方经济文化交流的动态图景。

从现实角度看,对拜占庭金币的研究有助于推动当代东西方世界的沟通与交流。古代丝绸之路上的东西方互动和交流,主要是通过文化和经济交流。通过这两种方式,位于欧亚大陆上的文明区之间实现了语言、音乐、艺术等文化上的彼此交流与融合,同时也通过物产和货币的东来西去建立了长期的经济往来关系。今天中国"一带一路"的倡议便是在这个基础上提出来的,其初衷即是加强古代丝绸之路上的各现代文明、国家和地区的互动和融合,重现昔日繁荣景象,共同推动世界和平发展和进步,而拜占庭金币的发现与国际合作研究正是这"一带一路"倡议的最好体现。

由以上可知,对国内发现的拜占庭金币进行深入研究具有深远的意义。事实

上，自夏鼐先生于 1959 年最先提出拜占庭金币研究以来，随着考古挖掘、新的拜占庭金币的出土，国内的拜占庭金币研究经过数十年的时间已经取得了一定成绩。但是综合来看，国内拜占庭金币研究依旧停留在对发掘品的介绍与初步研究的阶段，与国际学界较为成熟的拜占庭金币研究有较大差距。因此提高国内丝绸之路的拜占庭金币的研究水平，首先，需要完成中国所发现的拜占庭金币的英文目录的出版以及数据库的建设。其次，加强与国际学者的合作，深入研究所发现的拜占庭金币的材质和制造技术。第三，将拜占庭金币纳入全球史视域下的中国与地中海世界交往史研究中。

参考文献：

1. 瑞贝卡·达莉(Rebecca Darley)撰，汪柏序、徐家玲译：《罗马—拜占庭钱币的流入与印度次大陆的社会变迁》，《古代文明》2020 年第 3 期。

2. 张爽、薛海波：《丝路视域下拜占庭、中介民族与中国关系研究》，中国社会科学出版社，2022。

3. 郭云艳：《罗马—拜占庭帝国嬗变与丝绸之路：以考古发现钱币为中心》，中央编译出版社，2022。

4. 浙江省博物馆编：《丝路流金：丝绸之路金银货币精华与研究》，文物出版社，2020。

5. 张绪山：《中国与拜占庭帝国关系研究》，中华书局，2012。

6. 李铁生：《拜占庭币：东罗马帝国币》，北京出版社，2004。

7. 林英：《金钱之旅：从君士坦丁堡到长安》，人民美术出版社，2004。

（李　强）

第四节 萨珊银币

一、萨珊银币概述

公元 208 年,波西斯(Persis)伊什塔克尔神庙祭司萨珊家族的后人阿尔达希尔(Ardashir Ⅰ,208—242 年在位)继任国王,此时,波西斯曾经的宗主国——帕提亚帝国(即汉文史籍中的"安息")已经进入混乱衰败期。224 年,阿尔达希尔一世在霍尔姆兹甘(Hormozgan)平原击败最后一任帕提亚国王阿尔塔巴努斯四世(Artabanus Ⅳ,216—224 年在位),帕提亚帝国灭亡。两年后,阿尔达希尔一世在泰西封举行加冕仪式,自称"王中之王",正式开始发行萨珊式钱币。

萨珊钱币属于希腊币系,采用打制法,即将金属币坯置于上下两个模具之间,通过敲击模具在币坯上压印出图样。起初,萨珊钱币的币坯较厚,后来逐渐变得大而薄,直径从 24 毫米增加到 30 甚至 34 毫米左右,是历史上最早的薄坯钱币。萨珊钱币材质有金、银、铜三种,金币数量稀少,主要作赏赐或纪念之用;铜币用于日常生活,但传世的数量也非常有限;银币处于主导地位,发行量大,流通范围广,现今各收藏机构和私人所藏的萨珊币绝大多数都是银币。

由于萨珊帝国兴起前,帕提亚的银币已经在两河流域到中亚之间广为流通,所以萨珊银币的币值沿用了帕提亚银币标准,仍以德拉克马(drachma)为基本面值,重约 4 克。一德拉克马相当于 6 个奥波尔(obol)。萨珊帝国初期还发行过半德拉克马面值的银币,霍米兹德二世(Hormizd Ⅱ,303—309 年在位)之后废止。

币面风格方面,萨珊银币与帕提亚银币差异明显。帕提亚的阿尔萨息王室(Arsacids)出自游牧的斯基泰部落,随着王国的发展和王权观念的变化,钱币上的王像经历了游牧式、希腊化式和波斯式三个发展阶段。但无论如何变化,正面始终是国王头像,除塞琉西亚造币场外,其他造币场发行的国王银币背面几乎都是弓箭手坐像,币文均采用希腊语。萨珊银币的设计风格则继承了波西斯地方造币传统,始终彰显着浓厚的波斯和琐罗亚斯德教文化特色。

萨珊银币正面为国王头像,一般是侧面像,正面像出现得较少。国王的发髻、胡须和服饰均为波斯式,造型相似,主要区别在于王冠。根据冠体形状不同,萨珊王冠可分为圆帽冠、城齿冠、鹰翅冠和宽沿冠四类,冠顶有新月、双翅、宝珠等装饰。发生重大事件时,王像和王冠可能会被赋予特殊含义,样式有所变化,所以大多数萨珊国王只有一种冠式,仅少数几位国王有多种冠。背面图像的主体部分是一座祭火坛,坛中燃起熊熊火焰。自沙普尔一世(Shapur Ⅰ,241—272 年在位)时起,祭火坛的两侧分别增加了国王或祭司站像。两面图像皆以联珠纹环绕,起初只有一圈联珠纹,后逐渐增至两圈或三圈。卡瓦德一世(Kavadh I)复位以后(499年)发行的银币上,珠圈外往往还会添缀三个或四个新月抱星图案。

与波西斯地方钱币一样,萨珊银币的币文也彻底抛弃了希腊语,采用巴列维文字拼写的中古波斯语。币文一般从王像右上方开始,沿逆时针方向拼读。正面币文较为丰富,常见内容有"神圣的国王","＊＊(王名)之子","伊朗国王＊＊,神圣马兹达崇拜者","天降的伊朗国王＊＊","伊朗和非伊朗的王中之王","来自欢乐国度的","幸运的","神圣的","繁荣昌盛"。背面币文相对简单,早期只有"＊＊之火",卑路斯一世(Peroz Ⅰ,459—484 年在位)时增加了纪年,与造币地缩写分别置于图像左右两侧。

萨珊银币发行量巨大,据统计,萨珊帝国境内可能曾经存在 30 余处造币场,以及 10 余处随军造币场。传世的萨珊银币中,数量最多的是库思老二世(Khosrau Ⅱ,590—628 年在位)银币,沙普尔二世(Shapur Ⅱ,309—379 年在位)、库思老一世(Khosrau Ⅰ,531—579 年在位)等国王的银币也比较丰富。

二、作为"国际货币"的萨珊银币及其仿造币

萨珊帝国历时四百余年,几经兴衰浮沉,其银币始终保持着较高的含银量,币值稳定,享有良好的信誉。所以,萨珊银币不仅是萨珊帝国境内的法定货币,还随着帝国的扩张,沿丝绸之路广泛流通,欧洲、西亚、中亚以及中国境内都有发现,有"国际货币"之誉。粟特人从事商贸活动时,便主要以萨珊银币作为交易货币。

除了萨珊帝国打制的银币外,中亚和印度地区发行过萨珊式银币,萨珊帝国覆亡后,位于里海沿岸高地的泰伯里斯坦(Tabaristan,中国史书中称"陀拔思单")和阿拉伯王朝也继续发行了一段时间的仿萨珊币,充分反映出萨珊帝国的实力以及萨珊银币作为"国际货币"的影响力。

中亚和印度的仿萨珊币,主要包括贵霜沙、嚈哒和西突厥发行的萨珊式银币。公元 3 至 4 世纪,萨珊帝国占领了原属贵霜王国的索格底亚那、巴克特里亚和犍陀罗等地区,并派遣波斯王公管理这些地方,封其为"贵霜沙"(Kushanshah)。贵霜沙发行萨珊式和贵霜式两种类型的钱币。两类钱币上的国王装扮都仿照萨珊国王,背面图像除了祭火坛、祭司和国王外,有时还会出现与印度—伊朗神话有关

的人物形象。例如木鹿（Merv）发行的霍米兹德贵霜沙（Hormizd Kushanshah Ⅰ，约 271—356 年之间）钱币背面，描绘了国王正在接受神明授权赐福的场景。画面左侧是身着萨珊服饰的国王面右而立，左手上举，右手垂向祭火坛；画面右侧神明端坐在高背王座上，左手执权杖，右手上举。现代学者经常将这位神明认作阿娜西塔（Anahita），但仅从人物造型来看，其形象与晚期印度—希腊人和印度—斯基泰人的钱币上的宙斯形象非常相似。这或可视为希腊、印度与波斯文化在中亚融合的例证之一。

公元 5—6 世纪，游牧于中亚的嚈哒人崛起，与波斯帝国东境接触频繁，常有战事发生。卑路斯在位期间，为解决东境之困，曾多次率军与嚈哒作战，但最终失败被俘，波斯人被迫向嚈哒支付大量赎金后，才得以赎回国王。自此以后，波斯人长期向嚈哒交纳岁贡，直至库思老一世即位。这期间嚈哒获得了大量萨珊钱币，尤其是卑路斯一世期间发行的银币。在此背景下，嚈哒人以萨珊钱币为原型，开始打造自己的钱币，有时甚至直接在已有的萨珊银币上加盖嚈哒徽记，或在联珠纹外打上四个点，作为自己钱币的标志。例如嚈哒曾经发行过一种萨珊银币的仿制币，以卑路斯新月球髻双翅王冠型为原型，底部增加了嚈哒文 ηβ（释读为"嚈哒王公"）。到 6 世纪后半期，突厥势力强大起来，波斯与西突厥联合灭亡嚈哒，双方瓜分其领土，但很快西突厥完全占领了嚈哒故地。这期间双方往来密切，所以西突厥也曾一度接受并模仿过萨珊银币。近年蒙古国杭爱省发现的 400 枚萨珊银币，被认为是 5 世纪突厥人统治时期所造，后经粟特人和回鹘人中转流入蒙古境内。

相较于真正的萨珊银币，中亚诸国的仿制币大多工艺比较粗糙，币文币图模糊，含银量不稳定，所以一般只在有限范围内流通使用。

632 年，最后一任萨珊国王耶兹格德三世（Yazdgard Ⅲ，632—651 年在位）即位，此时奄奄一息的萨珊王朝已经无力阻挡新兴的阿拉伯大军。651 年，逃亡中的耶兹格德三世在木鹿被部下杀死，标志着萨珊帝国覆灭。政权虽亡，其钱币却被继续沿用了很长一段时间。早期阿拉伯钱币以库思老二世和耶兹格德三世钱币为原型，发行阿拉伯—萨珊币。币图与两位国王的钱币样式相似，甚至还继续沿用着耶兹格德三世纪年。不过阿拉伯—萨珊币上的币文以阿拉伯总督的名字取代了原来萨珊王国的名字和对国王的赞语，并且正面出现了科菲体的阿拉伯文 kalima（意为"万物非主，唯有真主"）或 bismillah（意为"以真主的名义"）。直至 698 年，倭马亚王朝对钱币进行伊斯兰化改革，萨珊式钱币才被正式废止，钱币上不再出现任何图像。泰伯里斯坦、锡斯坦(Seistan)、布哈拉(Bokhra)等地被阿拉伯人占领后,也长期发行阿拉伯—萨珊币,个别地区甚至沿用到了 9 世纪初。

三、萨珊银币与中国

两汉之际,随着张骞出使西域,帕提亚钱币的信息也传入我国。《史记·大宛列传》中记载安息"以银为钱,钱如其王面,王死辄更钱,效王面焉"。《汉书·西域传》载:"安息亦以银为钱,文独为王面,幕为夫人面,王死辄更铸钱。"20 世纪初,斯坦因曾在新疆搜集到 2 枚安息钱币,但究竟是否为新疆本地出土,并不清楚。目前来看,帕提亚钱币实物很可能并未传入国内。

萨珊银币是最早以较大规模传入我国境内的丝路沿线古国钱币。20 世纪初至新中国成立前,新疆吐鲁番和库车共发现 6 枚萨珊银币。新中国成立后,随着考古工作的开展,新疆、青海、陕西、山西、内蒙古、河南、河北、山东、江苏、广东等地都有出土萨珊银币。据统计,目前中国境内发现的萨珊银币及其仿制币共2000 枚左右,其中数量最多的是库思老二世银币及其仿制币,其次为卑路斯一世银币。出土地点包括墓葬、窖藏、寺庙塔基等。从空间分布可以看出,萨珊银币主要是通过陆上丝绸之路传入我国境内,且集中分布在新疆和西安、洛阳周边地区,具体走向为:从新疆乌恰开始,向东经库车、吐鲁番、张掖转至西宁、兰州、西安、陕县,到洛阳;从张掖向东还有一条辅线,经武威到固原、呼和浩特、大同和定县;少量萨珊银币通过海上丝绸之路传入东南沿海一带。从时间分布看,萨珊银币在中国的传播也呈现出比较明显的阶段性特征。

4 世纪末至 5 世纪初,即北魏十六国时期,沙普尔二世、阿尔达希尔二世和沙普尔三世等萨珊国王发行的银币开始进入吐鲁番地区。1950 年、1955 年在高昌古城发现了两批萨珊银币,均为三者混合存放。

5 世纪中后期至 6 世纪中期,萨珊银币开始大量传入中国,并沿着丝绸之路逐步向东扩展至中原地区,广东英德、曲江和遂溪等地发现的银币也属于该时期。这一阶段,传入数量最多的是属于卑路斯一世的银币,另外也包括耶兹格德二世(Yazdgard Ⅱ,438—457 年在位)、卡瓦德一世和库思老一世等国王的银币。

朝贡和商贸是这一时期萨珊银币的主要传入渠道。据《魏书·高宗帝纪》,北魏文成帝太安元年(455),"波斯、疏勒国并遣使朝贡",这是最早的萨珊波斯使者来华官方记录。455 年至 522 年间,波斯遣使来华多达十次,前五次的目的地是北魏都城平城(今山西大同),孝文帝迁都后,目的地东进至新都洛阳。所以当时北魏王室御府中应存有一定数量波斯使臣进贡的银币。当然不排除其中有些使臣是商人冒充的可能性。出自河北定县塔基舍利函的 41 枚萨珊银币中,含卑路斯银币 37 枚,耶兹格德二世银币 4 枚。据夏鼐先生分析,这批银币应是建塔时北魏王室从御府中拨调的施舍品。值得一提的是,其中一枚耶兹格德二世的银币边缘有"S"形符号,下面压印了一行嚈哒文,表明这实际是嚈哒货币。因此当时携带萨珊银币的应当既有波斯使节,也有嚈哒人。青海西宁城隍庙发现的一处窖藏则是商贸往来的例证。5 至 7 世纪,西宁地处东西交通孔道,在丝路贸易中有重要地位。该窖藏中发现了 76 枚银币,均属于卑路斯一世,所以推测应是 5 世纪时由从事长途贸易的商人携带而来,晚些时候被埋藏于此。534 年,北魏分裂成东魏、西魏后,失去对西域的控制,西域先后被柔然和突厥控制,波斯与中原王朝的直接往来受阻,但是非官方往来或间接交往应该依然存在。

7 至 8 世纪中期,这一阶段中外交流极为繁荣,仅从数量看,新疆乌恰山的一处窖藏中集中发现了近千枚萨珊银币,似乎出现了一个波峰。但从整体分布范围来看,这一阶段随着萨珊国力衰退及覆亡,萨珊银币的分布区域较此前呈现明显的收缩趋势,主要集中在新疆以及两京附近。这一阶段传入的银币以库思老二世银币及其仿制币为代表。590 年,库思老二世即位,对内平息叛乱,使政权重新归于统一,对外远征埃及,占领小亚细亚的大部分。出于经济发展以及军事征服的需要,库思老二世时期的银币产量大大增加,是传世最多的萨珊银币类型。阿拉伯阿拔斯王朝早期和泰伯里斯坦发行的萨珊式银币也主要模仿库思老二世类型。因此,流入中国的萨珊银币中,库思老二世样式及其仿制币也是最多的。新疆乌恰共出土了 947 枚萨珊银币,包括库思老二世银币 567 枚,库思老二世样式的萨珊—阿拉伯币 281 枚,以及王属不明的银币 97 枚。这些银币与 13 根金条一起放置,可能是过路商人遇到紧急情况时匆匆掩埋。库思老二世去世后,萨珊帝国陷入分裂与衰落,风雨飘摇中,萨珊国王曾多次遣使中国,企图寻求协助,甚至有王室后裔居住中国。所以萨珊王朝晚期一些发行量不大的银币,如布伦女王(Buran,630—631 年在位)、耶兹格德三世的银币,在中国也有发现。

流入中国的萨珊银币,发挥着充当随葬品、装饰品、宗教供奉等多种功能。至于是否曾作为货币流通,目前仍存在争议。大多数学者认为,史籍和出土文书中多次提到西北地区使用的"银钱"就是指萨珊银币。麹氏高昌统治中后期,萨珊银币开始在吐鲁番地区被当作通货使用,直到唐朝控制高昌一段时间后,才被圆形方孔钱取代。这一时期也被视为吐鲁番的银本位阶段。当地出土的一份粟特买卖奴婢契约中,明确提到购买者以高纯度的卑路斯钱120德拉克马购买了一名为优婆遮的曹族奴婢。也有学者提出反对意见,认为流入的萨珊银币总体数量有限,尚不足以成为通货,且重量相差较大,所以文献中的"银钱"应另有所指。

萨珊波斯银币在丝绸之路广泛流通,并且被其他丝路沿线国家接受和模仿,形成了一个广阔的萨珊银币贸易圈,这对5至8世纪丝绸之路贸易的繁荣无疑具有积极影响。波斯人、嚈哒人、突厥人、粟特人等都曾是萨珊银币的东传者。萨珊银币通过朝贡、贸易等多种方式,经陆上和海上丝绸之路进入中国,是中国与伊朗长期政治经济友好往来、文化交流互鉴的重要见证。

参考文献:

1. Göbl, Robert. , *Sasanian Numismatics* , Braunschweig: Klinkhardt & Biermann, 1971.

2. Alram, Michael. , Rika Gyselen etc. , eds. , *Sylloge Nummorum Sasanidarum* (6 vols) , Paris — Berlin — Wien: Verlag der Österreichische Akademie der Wissenschaften, 2003—2017.

3. 夏鼐:《综述中国出土的波斯萨珊朝银币》,《考古学报》1974年第1期。

(李　潇)

第九章　丝绸之路上的动物传播

第一节　天马

在古代中国,无论是有名的赵武灵王的"胡服骑射",还是著名的成语"老马识途",讲的都是古代中国人对于马的开发与利用的智慧史实。而崛起于今天甘肃地区的秦人也以历代养马而著称,出土的秦始皇兵马俑更是以令人叹为观止的军马阵容而扬名于世。然而,马作为一种俊美的个体动物,在中国古代历史上真正引起人们的关注,却是在西汉武帝时期。随着张骞出使西域,关于西域的大宛有"天马"的消息传入中原朝廷,引起了朝堂上下的极大兴趣,并随着对西域的进一步探索而形成了"天马热",汉武帝为获取"天马"甚至不惜发动了战争。可能正是因为西汉时期的这种"天马热",使得此后有相当数量的西域名马、良马被输入中原,中原王朝的马匹得到了改良。在汉唐之际的文物造像中可以见到的那些长相俊美、鞍辔华丽的高头大马,应该就是西域骏马输入和中华品种改良结果的真实写照。由此,我们的研究与叙述话题,就从"天马"开始。我们所说的天马,当然不是指起源于西方的能飞翔在天际云端的"翼马",而是对一种来自西域的良种马的称呼。因为据传说,天马是野马与天上的龙交配而产下的后代,它们虽然不会浮云而飞,但是体形优美、速度超快,所以被誉为"天马",是龙种。在西汉武帝时期,"天马"的美名曾先后被馈赠给三种马:敦煌渥洼池马、乌孙马和大宛马。这三种马中,当然是大宛马最为宝贵,形象也最为俊美,是汗血宝马,所以,"天马"这一顶尊贵的桂冠最终还是固定到了大宛马的头上。

一、敦煌渥洼池马:来自野马血统的"天马"

西汉帝国需要马,汉武帝更需要马,因为北方游牧民族匈奴的威胁。从汉高祖刘邦建国,直到汉文帝、汉景帝时期的 70 多年中,匈奴一直是西汉北部和西北边疆最为严重的威胁。西汉朝廷曾奉行"和亲"政策,将皇室公主嫁给匈奴单于,以此来缓和关系,延缓匈奴的骚扰。然而,匈奴的游牧经济决定了对农业区的劫掠是其不可停止的再生产方式。尤其是当北方草原遭遇气候灾害的时候,南下劫掠农业地区,就是匈奴的草原帝国得以维持的主要经济支柱之一。在匈奴骑兵的劫掠下,边境地区经常性地面临禾稼被毁、人畜伤亡的境地。在汉文帝十四年(前166),匈奴大军甚至逼近长安,严重威胁到西汉朝廷的生死存亡。

在这种境况下,出兵打击匈奴自然势在必行。况且,在汉武帝时期,西汉帝国经过长期的发展和休养生息,在经济上已经具备了可以支撑对外作战的能力。而汉武帝刘彻本人,也是一个醉心于开疆拓土的"鹰派帝王"。

匈奴是一个马背上的民族,匈奴单于的草原帝国是一个马背上的帝国。要打击匈奴,面临的不是攻城略地,而是要消灭那些骑在马背上倏忽来去地移动的有生力量。这就需要汉军也要有相当数量和一定作战素质的马匹。由此,对良好的战马的选择和培养,则变得非常迫切。正是在这种背景下,渥洼池马被冠以"天马"的美称贡献到了朝廷。

渥洼池,又被称作渥洼水,位于今天甘肃敦煌市西南 70 公里处,因邻近古寿昌城,又名"寿昌海""寿昌泽",是众多泉水汇集积蓄而成的一泓湖池,是处在戈壁沙漠包围中的一片绿洲。渥洼池是该地域内除党河水之外的一个重要的绿洲水源地。从马的生长环境来看,渥洼池海拔 1300 多米,是丛生禾草的荒漠草原,自古以来为理想的天然牧场和屯田佳地,我们从卫星图上可以清晰地看出渥洼池在此漠漠黄沙中的珍贵之处。

沙漠地区骤降骤升的严寒与酷热气候可以锻炼肺活量,广阔无垠的戈壁正是骏马恣意奔驰的天地,水草丰美的草原又能提供足够的营养与能量。此地出良马就是情在理中了。《史记》卷 24《乐书》中记载了汉武帝元狩三年(前 120)渥洼池出天马的史迹:

> 南阳新野有暴利长,当武帝时遭刑,屯田燉煌界。人数于此水旁见群野马中有奇异者,与凡马异,来饮此水旁。利长先为土人持勒鞯于水旁,后马玩习久之,代土人持勒鞯,收得其马,献之。欲神异此马,云从水中出。

发现和捕获"天马"的是一位名叫暴利长的囚徒,他是南阳新野人,因罪被发配到敦煌屯田。此人对于相马应该很有眼力,他发现一群常来渥洼池饮水的野马中的一匹马品相非凡,就跟当地人一起慢慢接近野马群,花了很长时间,慢慢赢得野马的信任,打消了马的警惕性,并最终捕获了这匹出类拔萃的野马。当然,此处所说的"野马",可能不一定就是生物进化上所说的"普氏野马"之类或其他未经驯化的野马,也可能是已经过人类的驯化而进化出的家马,只不过因为没有人管束而成为在野外生存的家马种群而已。

为了将这匹长相神俊的野马神异化,暴利长又编了一个"马从渥洼水出"的神话,然后将马献给了汉武帝。汉武帝大喜,认为这是上天赐给他的神异之马,于是为之作了一首《太一之歌》:"太一贡兮天马下,沾赤汗兮沫流赭。骋容与兮跇万里,今安匹兮龙为友。"在《太一之歌》中,汉武帝第一次将这匹得自渥洼水旁的敦煌野马称为"天马"。

在捕获渥洼池马的元狩三年(前120)之前的七八年,汉武帝已经在张骞关于西域的报告中知道了大宛有一种骏马——"汗血马"也是龙种天马的消息,但是却一直没有见到过这种汗血宝马。在《太一之歌》中,汉武帝则不但赞颂渥洼池马"沾赤汗兮沫流赭",而且还说这匹野马竟然"今安匹兮龙为友"。这就是说,这匹马不仅流"赤(红)汗",而且与天龙相好,那么汉武帝认可这匹敦煌野马是源出龙种的汗血宝马。不过,即使渥洼池马就是一匹汗血宝马,对于西汉王朝的马匹改良和骑兵建设,也不会有什么建设性贡献。但是对汉武帝而言,则有着近乎宗教性的意义,元狩三年正是他派遣骠骑将军霍去病开始反击匈奴的时刻。在这样的年代得到如此一匹"天马",当然是非常振奋人心、鼓舞士气的,也可能进一步激发了这位雄才大略皇帝远征西域或制服匈奴的雄心与激情。

二、张骞通西域与乌孙马的大批输入

乌孙马是文献记载中西汉王朝最早大批引进的西域良马,从输入的数目来看,有数十匹至一千多匹不等,可以看出乌孙马对于中原马匹的改良是有一定贡献的。

乌孙马的主要产地是以今天新疆维吾尔自治区昭苏县为中心的天山、乌孙山盆地,与乌孙马有密切血缘关系的现代品种就是伊犁马。昭苏县为中亚内陆腹地一个群山环抱的高位山间盆地,由于四周高山环抱,形成了一个较为独特的自然生态环境,海拔在1323—6995米之间。南部为天山主脉,山势雄伟,高峻绵亘,是阻挡南疆沙漠干热风的天然屏障;北部为乌孙山,呈东西走向,山体较矮;西部受沙尔套山以及哈萨克斯坦境内查旦尔山的阻隔,形成一个南、西、北三面高,东部

略低的盆地。山地、丘陵与平原之比为 4∶1。号称"天山之父"的汗腾格里峰,位于西南部的中哈边境线上,海拔 6995 米,是天山山脉第二大高峰,终年积雪区达100 平方公里以上,是特克斯河的主要水源,昭苏是新疆境内唯一一个没有荒漠的县。

乌孙马的输入,源于张骞的第二次出使西域。汉武帝元鼎元年(前 116),张骞再次出使西域,目的在于联络乌孙国,夹击匈奴。乌孙国是西汉时由游牧民族乌孙在西域建立的行国,位于巴尔喀什湖东南、伊犁河流域。乌孙国首领称"昆莫"或"昆弥"。西汉文帝时,被匈奴击溃的月氏攻击乌孙的牧地,乌孙族大败,乌孙王难兜靡被杀害。匈奴冒顿单于收留乌孙余部,此后,匈奴军臣单于约于前113 年指派乌孙首领猎骄靡率领乌孙远征伊犁河、楚河流域的大月氏,乌孙军大获全胜,随后猎骄靡在该地域建立了一个国家,以族名命名为乌孙国。匈奴通过乌孙间接控制了从伊犁河流域西抵伊朗高原的交通线。匈奴军臣单于死后,乌孙国便不肯复事匈奴,但是很长时间内一直羁属匈奴。乌孙国曾经是西域最强大的国家,后来与西汉建交,西汉宣帝时分裂为二,5 世纪为柔然所灭。

张骞在公元前 139 年第一次出使西域时,虽然没有亲身到达乌孙这个国家,但是对乌孙的情况有所耳闻,所以回来后向汉武帝所作的报告中也提到了乌孙。当时的乌孙国力强盛,按张骞的描述,是"与匈奴同俗,控弦者数万,敢战",那就是说他们有数万人的军队,并且作战勇敢,与匈奴风俗差不多,是一个游牧国家。

张骞第一次出使没有联络到月氏人夹击匈奴,所以回来后又向汉武帝提出联络乌孙人夹击匈奴的建议。当时,骠骑将军霍去病率领汉军已经大破匈奴,绕道居延海,追击匈奴到达了天山的东端,这是汉朝军队第一次进入西域。正是在这样的背景下,张骞建议与乌孙建立外交关系,彻底斩断匈奴在西域的势力。

汉武帝接受了张骞的建议,于元鼎元年派遣他率领 300 多人的庞大使团来到了乌孙。然而,由于乌孙臣服匈奴时间太长,知匈奴而不知西汉王朝之大小。虽然张骞再三利诱年老的乌孙王,并答应将西汉诸侯王的女儿嫁给乌孙王子,但是由于乌孙上层贵族的牵制,再加上乌孙王子的分兵自立,张骞再次无功而返。不过乌孙王在临行之际,还是给张骞赠送了乌孙骏马数十匹作为礼物,并且也派遣了十多人的使团,跟随张骞来到长安,来看看汉王朝到底是一个怎样的帝国。

这是文献记载中乌孙马第一次被引入中原,几十匹马虽然不多,但是已经可以组成一个种群了,如果这些作为礼物的马在性别比例和生殖能力方面没有问题的话,繁殖应该不成问题。这应该是此次张骞出使所取得的重要成就之一,开启了乌孙马进入中原的先河。

汉武帝见到这数十匹乌孙马自然非常高兴,这当然与当年仅仅获得一匹来历不明的渥洼池野马的心情不可同日而语了。因此,汉武帝又将这种乌孙马称为"天马"。

乌孙马的大批引进始于此后不久乌孙与匈奴的和亲。张骞在乌孙时,就已经提出嫁西汉王侯的女儿给乌孙王子,但是没有得到乌孙王的积极回应。当乌孙王的使者随张骞到长安访问后,才了解到西汉是一个远远强于匈奴的大帝国。而汉王朝对乌孙使者也舍得出手,赐予厚重的礼物。因此,乌孙开始同汉王朝建交往来。乌孙同汉王朝的频繁往来,自然引起了匈奴的注意,并打算出兵攻打乌孙。但是其时的西域形势,已经不是文景时代匈奴完全说了算的时候了。在公元前129—前119年之间,汉武帝共发动10次汉匈之战,派遣卫青、霍去病率军连续打击匈奴,不但威服西域各国,而且在自酒泉至玉门关之间,修筑了连绵如链的亭鄣,保证了西域道的畅通和对匈奴的制约。《史记》卷123《大宛传》记载,乌孙派使者前来求婚,要求迎娶西汉诸侯王的女儿,聘礼中就包括了1000匹乌孙马。这1000匹乌孙马的输入,已经足以作为种马来改良或优化本土马的种群了。

三、李广利远征贰师城与大宛汗血宝马的输入

大宛汗血马是汉武帝最早知道的西域"天马"。大宛是中亚古国,位于帕米尔高原的西麓,即今天中亚的费尔干纳盆地一带,地处东西方陆路交通要地,首都贵山城(一说卡萨,一说俱战堤),原始居民以东伊朗语族的塞种人为主。希腊—巴克特里亚王国最盛时曾占有该处,在各地修筑了古典希腊式堡垒。这里出产的汗血宝马不仅体型比例优美,而且在耐力与速度方面也是中原马匹难以匹敌的。

大宛汗血马是一种古老的世界名马,因其奔跑时脖颈部位流出的汗中有鲜红似血的红色物质,而被称为"汗血宝马"。其现代种即是中亚的阿哈尔捷金马,至今已有3000多年的驯养历史,是人工饲养历史最长的一个马种。据了解,这种马在平地上跑1000米仅需要1分07秒,速度之快令人惊叹。阿哈尔捷金马还是土库曼斯坦的国宝,它的形象被绘制在国徽中央。现代汗血马体高1.5米左右,一般3岁成熟,5岁生崽,怀胎11个月,一年产一崽。这种马耐渴,在50摄氏度的高温下,一天只需喝一次水,适于在沙漠中长途跋涉。更重要的是,汗血马耐力极好。在1998年一场赛程为3200公里、赛期60天的比赛中,54匹参赛汗血马都坚持到了终点。因而,2100多年前,汗血宝马作为种马输入中原地区,是马匹育种

史上一件重要的史事。

张骞第一次出使西域返回后，就向汉武帝作了一项详细的报告。在这份报告中，张骞对汉武帝描绘了神奇的大宛汗血马。这份报告留存在司马迁的《史记》中。关于"大宛"这个国家的整体情况及其特有的汗血宝马，张骞是这样对汉武帝刘彻说的：

> 大宛在匈奴西南，在汉正西，去汉可万里。其俗土著，耕田，田稻麦。有蒲陶酒。多善马，马汗血，其先天马子也。

自此，西域的"天马"成为汉武帝梦牵魂绕的至爱宝马。可惜的是，张骞是在匈奴隔断丝绸之路的情况下仓皇奔逃到长安来的，自然无法带来这种汗血天马，只能说说而已，而刘彻也只能听听而已——这是公元前127年的事情。

及至公元前120年，在敦煌屯田的囚犯暴利长将在渥洼池畔捕获的一匹俊美野马献上来时，汉武帝迫不及待地称其为"天马"。到了公元前115年左右，当乌孙马被张骞从西域带回时，汉武帝又觉得乌孙马明显优于渥洼水野马，于是又将乌孙马称为"天马"。然而，这些"天马"，都不是张骞向他所作的报告中提到的那种汗血宝马，只有汗血宝马才能当得起"天马"这个称呼。汉武帝见到真正的汗血天马，要到太初四年（前101）李广利远征大宛之后。其时，汗血宝马才被大批输送到中原来，汉武帝终于见到了将近25年前就心向往之的"天马"。

其实在此之前，因为张骞通西域，大宛与中原应该已经有了交往，但是大宛马可能一直没有被输入到中原来——这一点，可以从《汉书》的记载中得到证明。《汉书》卷22《礼乐志》记载了汉武帝见到大宛汗血宝马后作的一首《天马歌》，歌词的小序说明是："太初四年诛宛王获宛马作。"由此可见，确实是在李广利于太初四年远征大宛返回后，汉武帝才见到了真正的天马——大宛汗血宝马。

汉武帝看到大宛的汗血宝马后，他才知道自己以前对渥洼池野马和乌孙马的赞誉是太过头了，于是他又将"天马"这项桂冠正式颁赐给了大宛马，《史记》卷123《大宛传》载："（汉武帝）得乌孙马好，名曰'天马'。及得大宛汗血马，益壮，更名乌孙马曰'西极'，名大宛马曰'天马'云。"自此，乌孙马就被称为"西极马"，而"天马"则固定指大宛汗血宝马了。甘肃武威雷台汉墓骑兵俑中高大的马俑，被研究者认定为"大宛马"的形象，其身材高大、修长，颈部较高，身躯短，是良好的骑乘用马。

现在我们回过头来看一下，李广利是如何远征大宛、获得汗血宝马的。从《史记》的《大宛传》和《李广利传》来看，其实张骞最早向汉武帝描绘大宛有龙种汗血宝马时，汉武帝肯定是心向往之，但是并没有引起他足够的重视，所以一旦得到渥洼池马和乌孙马，就兴致勃勃地将他们当成"天马"。然而随着汉朝使者的不断出使西域，就有人不断地给汉武帝吹风，说大宛王将汗血宝马藏在了贰师城，不愿意让汉人知道。这种来自使者口中的说辞，更加勾起了汉武帝获取大宛汗血宝马的欲望，于是派遣使者前往大宛，专程购马。

汉武帝此次派使者购买汗血宝马的过程却是曲折的。派出的使者名叫车令，是个有名的壮士，当他率领威武雄壮的大汉外交团队携带着上千两黄金和一匹金铸的骏马来到大宛王城贰师城时，却碰了一鼻子灰——当时那个名字叫作毋寡的大宛王不愿意把汗血宝马卖给汉朝使者。西渡流沙、万里迢迢舍生冒死来到西域的大汉王朝使者们一怒之下，不但说了一些不好听和威胁的话，还将带去的那匹黄金马当场砸碎了，气冲冲地离开大宛，急着回去向汉武帝报告事情的经过。这个当口，可以预见，一场战争将势不可免。

其实大宛人也是怕战争的，沙漠、戈壁包围下的一个弹丸绿洲之地，无论在经济实力还是军事力量上自然无法同东亚大帝国西汉王朝相抗衡。然而，他们对汉朝军队能否出兵西域的分析也是有一定道理的。据《史记》卷 123《大宛传》的记载，当车令到达的时候，大宛的大臣们就跟国王毋寡出主意说："汉去我远，而盐水中数败，出其北有胡寇，出其南乏水草。又且往往而绝邑，乏食者多。汉使数百人为辈来，而常乏食，死者过半，是安能致大军乎？无奈我何。且贰师马，宛宝马也。"这个想法简单而实用——汗血宝马是国宝，不能随便卖给汉朝人。汉王朝离大宛太远，派使团来都是一路忍饥挨饿，一大半使团成员都死在了道路上，要派大军来征伐更是不可能的，兵马的粮草和饮水无法供应啊。所以，得罪汉朝也不是什么可怕的事情。这样一想，大宛王毋寡的胆子就不是一般的大了，索性命令镇守在大宛东部边疆城邑郁成（今奥希）的将军杀了东归的汉朝使者，劫了他们携带的黄金财物。

事实证明，大宛王和贵族们的想法错了，雄才大略的汉武帝可没有他们想象的那般好惹。当派出去买马的使者被杀的消息传到长安时，汉武帝勃然大怒，于太初元年（前 104）派李广利以属国骑兵 6000 人为核心，带领数万人马远征大宛。李广利是汉武帝宠妃李夫人的兄长，这位将军领到的任务是拿下远在西域的大宛都城贰师城，夺得天马，于是他被冠以"贰师将军"的称号。不过，这个"贰师将军"既没有汉武帝那样气吞万里的胆识与豪气，也没有卫青、霍去病那样势如破竹的英勇与谋略。

大军抵达西域后，正如大宛王所预料的那样，西域各绿洲城邦小国坚守不出，不肯给过往的汉朝军队提供粮草。数万人马饥肠辘辘，跟着李广利一路磕磕绊绊地向西打将过去，勉强到了大宛的东部城池郁成，只剩下了几千人。刚一接战，就被大宛郁成的守军打得落花流水。无奈，只好仓皇东撤、退到敦煌。将近 2 年的折腾，人马只剩下不到出师时的十分之一。李广利不想再打，朝中的部分将军们也不主张继续远征大宛，但汉武帝毫无退意，传令李广利："敢入玉门关者斩之！"随后，汉武帝大规模调兵给李广利统帅，边关精良士兵 6 万人，运粮的牛 10 万头，战马 3 万匹，负责驮运粮草物资的驴、骡更是数量庞大。无数百姓被征发在丝绸之路的河西走廊上转运粮草。

最终，有 3 万多汉朝军队抵达大宛都城贰师城下，攻打 40 多天后，大宛军队力不能支，外城被破。大宛贵族中虽然有人坚持要杀了所有的汗血马后与汉军抵抗到底，但是这时候他们期望的康居等国的援兵慑于汉军的强悍，不敢前来。最终，大宛贵族们杀其王毋寡，向汉军求和，并将藏在城中的汗血宝马赶到城外，让汉军挑选。

在李广利从敦煌出发前，汉武帝就选派了 2 位善于相马的专家，官封"执驱校尉"，随军准备挑选大宛汗血宝马。这 2 人从大宛城放出的马群中首先挑出最好的上等良马数十匹，然后又按一定比例挑选了中等以下的公马与母马 3000 多匹——汉军是有备而来的，不仅仅是为了获得战马，而是要获得可以持续繁殖的种马。3 万多人的殊死奋战，不足 3000 人活了下来，仅仅换回了 3000 匹"天马"，可见当时为获得大宛汗血宝马所付出的代价惨重，平均"10 条人命换回 1 匹马"。

显然，这 3000 多匹马输入中原，对西汉帝国的军马改良有重要的价值，并影响到了整个汉唐时期中原战马的改良和演化。要知道，在战争中马匹的损伤数量是非常巨大的，单以汉武帝元狩四年（前 119）卫青与霍去病分路出塞远征匈奴为例，出征时有 14 万匹马，回来时剩下不满 3 万匹，损失数高达 11 余万匹。因而，优良马匹的本土培育就显得异常重要。

四、"天马"的输入与汉马的培育

在乌孙马、大宛马输入之前，古代文献记载里可查的中国本土良马最有名的可能有两种。

一是秦马。秦马是在今甘肃、陕西地区出产的马。在《史记·秦本纪》的记载中,秦人的祖先就是在渭河一带为周王室养马而起家的。秦国的军队之所以横扫六国、统一天下,一定程度上也与其拥有大批的良马有关。二是代马,就是今日山西北部、河北地区盛产的马。在西域还没有开通的西汉早期,皇帝能得到的名马大概也就是来自这一地区的了,如汉文帝所拥有的号称"九逸"的 9 匹良马,就是来自这一地区。

无论是秦马还是代马,都是蒙古马系的草原马。代马在先秦时期是中国北方草原天字第一号的名马,所谓代马、胡犬、昆山之玉,是当时赵国的三宝。汉初,中原地区的马大都是以蒙古马为母本的地方改良品种,但是农业生产方式下养育起来的马匹,其奔跑速度、耐寒能力、自然适应能力显然远远无法同草原游牧民族养育的马匹相匹敌。为提高中原马匹的品质,汉朝不得不大力寻求引进优良马种,对原有马种进行改良,西域良驹自然成为首选。

从公元前 116 年张骞第二次出使西域之后,乌孙马正式被引入中原地区,同秦马、代马一起,成为中原马匹演化与改良的种群源头。而公元前 104 年,西汉大将李广利远征大宛贰师城后,大宛汗血宝马成为汉代中原马匹演化与改良的又一个重要的种群源头。

根据著名育马专家王铁权先生的研究,在大宛汗血宝马引入中国之前,中国马为蒙古马系统,体高 130 厘米左右。大宛马体高可达 150 厘米,外形漂亮,奔驰速度快,是远远优于蒙古马的高档名种。从汉到唐代,大宛马被持续不断地引入中原,并且与当地马杂交,育成了新的品种——汉马。汉马体型轻快,大耳,弯颈,四肢灵活。我们在汉唐之际的各类美术作品中,都能见到这种明显不同于蒙古马体形、外貌的优良马种。乌孙马、大宛马的引入改良了西汉王朝直至唐代马匹的种群,在古代的中原地区出现了大批体形优美的良马,但是这种被称为"汉马"的骏马并没有在今天的中国北方蒙古草原上被培育流传下来。

按历史来源、生态环境及体尺类型等综合因素来划分,中国现代本土的马可以分为五大独立的类型:蒙古马、西南马、河曲马、哈萨克马、西藏马。蒙古马是我国北方主要的地方品种,体高一般在 115—135 厘米之间,数量多、分布广,其数目约占中国马总数的 90% 以上。

为什么那些体形优美的"汉马"没能成为中国本土马的主要品种呢?这可能跟农业社会生产背景下的群牧群养、不注重马种血统纯正的养马方式有关。在漫长的历史阶段中,我们很难将历史上某一阶段不同地区、不同用途的马的品种,同历史上关于马的图画、雕塑品形象及现代同一地区的马的品种完全作出线性的一一对应来,任何一种推断都只能是一种局部的说法,而绝非精细完美的科学论证。

参考文献:

1. 陈宁:《秦汉马政研究》,中国社会科学出版社,2015。

2. 马俊民、王世平:《唐代马政》,西北大学出版社,1995。

3. 谢成侠:《中国养马史》,农业出版社,1991。

4. 王铁权:《纯血马、汗血马、阿拉伯马》,中国农业科技出版社,1996 年。

5. 尚永琪:《国马资源谱系演进与汉唐气象的生成》,《中国社会科学》2000 年第 8 期。

6. 尚永琪:《欧亚大陆视域下的中国古代相马术》,《丝路文明》第 1 辑,上海古籍出版社,2019。

7. 芒来、张焱如、孟青龙、乌尼尔夫:《中国马遗传育种研究进展》,《遗传育种》2004 年第 3 期。

8. L. K. Glazovskaya, *Akhalteke* : *A Great Racer of History*, Ashgabat,2003.

（尚永琪）

第二节　贡狮

西域狮子东来古代中国,虽然主要是指狮子作为一个物种的被传播,但由于狮子很难在以黄河流域和长江流域为中心的中华大地生存繁衍,所以我们也要关注狮子图像及狮子文化的东传中国及其发展。

亚洲狮以前生活在从欧洲西南部到西亚和印度的广大地区,雄踞东方的中国本土不出产狮子。虽然《汉书》中有片言只语很模糊地提到西汉宫廷的皇家苑囿中养有狮子,但是这些狮子从何而来却史无明文,不足以使我们相信西汉皇帝和近臣们见过狮子。对于狮子形象的描述,中国文献中最早的清晰记载来自东汉时期成书的《东观汉记》:"狮子形如虎,正黄,有髯耏,尾端绒毛大如斗。"这已经是非常写实、准确的对于亚洲雄狮的描写,这表明在东汉时期的首都洛阳,来自西域地区的猛兽狮子,已经不仅仅是一种传说了——作为动物的狮子从欧亚草原正式向东方的中国走来。

一、狮子东来之路

史书中明确记载东汉时期西域诸国向汉王朝贡献狮子。据《汉书》卷88《西域传》的记载,东汉章帝章和元年(87)安息国王遣使进贡狮子,此后,汉和帝永元十三年(101),安息王满屈再次献狮子与孔雀;汉顺帝阳嘉二年(133),疏勒国又献来狮子和犀牛。可以肯定,至迟自公元87年以后,东汉宫廷及皇家近臣都见到了真实的狮子,对狮子有了直观的了解和接触。

西域诸国进贡狮子的历史从东汉时期一直延续到明代,历代都有狮子被贡献到皇家苑囿来。历史上,进贡而来的狮子来自西域的帕提亚古国、波斯、疏勒、月氏、嚈哒国、康国、石国等。当时西亚、中亚诸国把狮子作为贡奉的礼品有两个原因,首先是西域各国家视狮子为神兽,是威权和神圣的象征,进贡神兽给国际大帝国中国,是最能表达崇敬之心的;其次当然是因为中国没有狮子,物以稀为贵,这种象征勇气和力量的大型猛兽,更容易引起皇帝和上层王公贵族的兴趣。

魏晋南北朝时,西域朝贡狮子的记载逐渐增多。要将狮子这样的大型猛兽从万里之遥的西亚等国带到黄河流域、长江流域来,不但要历经沙漠戈壁等恶劣的地理气候区,而且行程漫长,到达后还不一定能适应东亚地区的气候条件。从西亚把狮子赶到东方的洛阳、长安来,在畜力时代,是一件耗日持久的事情,抛尸在丝绸之路上的狮子不知道就有多少。譬如据《洛阳伽蓝记》卷 3 的记载,北魏永安末年(530),波斯国王进贡给孝庄帝元子攸的狮子被送到京师洛阳,元子攸收了下来,养在皇家苑囿。到了普泰元年(531),广陵王元恭即位,他一则嫌狮子这样的大型猛兽养着麻烦,二则也可能是发了善心,觉得将威猛的狮子王圈养得无精打采是件缺德的事情,于是下诏说:"禽兽囚之,则违其性,宜放还山林。"于是这头狮子被送还到波斯国去。那个负责喂养狮子和送狮子的波斯人好不容易挣命到了洛阳,现在又要让他带着这样一头猛兽,跨越万里山河险阻回到波斯去,不免心生畏惧。结果是,这个波斯人敷衍着皇帝的诏令走了不远,就想办法把这头狮子给杀了,然后偷偷溜回洛阳。官府当然不会放过他,于是这个波斯人被逮了起来,准备治罪。事情报告到元恭那里,他可能也觉得情有可原,于是下令释放那个波斯人,赦免他抗旨杀狮的罪行。这只是漫长的历史长河中西域贡狮子发生的一件被记载下来的事情,但由此可以看出,当时的贡狮子活动所造成的对狮子的猎杀情况。

而有一些在狮子产地或有机会到狮子产地的地方官员,为了讨好朝廷升官晋爵,也加入了贡狮子的队伍。如据《北齐书》卷 14 的记载,平秦王归彦因罪被贬到今天的甘肃宁夏一带,多年后学会了西域胡人的语言,被派去做西域大使,带回一头狮子献给朝廷,获得功劳,被升为河东太守。

隋唐时期,西域的波斯、康国、石国等几乎都有贡狮子的记载,但是狮子之难以豢养也是众所周知的,因而唐朝、宋朝都有"止贡"的记载。《旧唐书》卷 89《姚璹传》记载,武则天当政时期,西域石国国王打算进贡狮子到洛阳来,大臣姚璹上表认为,把狮子从碎叶送到洛阳,不但在路途上耗费财力,即使到达后,光供应狮子的肉食就所费不薄,是一件吃力不讨好的事情。武则天认为姚璹讲得有道理,就拒绝了石国国王进献狮子。

当然并不是所有的贡狮子都是政府行为,隋唐时期有一些商团领袖发起贡狮子,他们打着所在国国王的旗号,带着狮子来到长安、洛阳等大城市,目的在于同中原皇家与官府建立联系,为其经商创造便利。据《旧唐书》卷 198《西戎传·拂菻国》、《新唐书》卷 221 下《西域下》记载,在唐代开元七年(719),大秦国王派遣吐火罗大首领罗摩献狮子、五色鹦鹉。像这种派遣商团首领来献狮子的,可能更多的是商人开拓经商环境的个人行为。

唐代画家阎立本绘有《职贡图卷》,生动形象地描绘了西域国家的使臣率领庞大的团队,肩挑背扛地带着各种各样的西域奇珍异宝远赴华夏的情景。阎立本所画的是西域国王派来的使团,有正式的外交使者带队。戴着阿拉伯式沙漠头巾的外交使者骑在马上,手执轻鞭,身边穿红衣服的可能是僧侣或翻译之类的文职随从,使者的身后有侍从为他撑起伞盖,其后依次跟随着手捧象牙与孔雀毛、头顶葡萄酒坛、怀抱奇石、手牵羚羊、抬着笼中鸟等贡品的庞大献宝队伍。在这支队伍中,还有一位胡人肩上坐着一个穿红裙的儿童,这应该就是西域百戏或魔术表演的艺人。阎立本的这幅《职贡图卷》虽然没有画出贡狮子的具体形象,但从这幅图画里面,我们可以非常直观地了解中古时期的西域使团是如何将奇珍异宝奉送到中原来的。

据《宋史》卷 154《舆服志》的记载,宋神宗元丰三年(1080),广西的地方官莫世忍向朝廷进贡狮子等奇珍异宝,被赐以"西南诸道武盛军德政官家明天国主印"的官印,同时还赐给广西南丹州刺史印。《宋史》卷 17《哲宗本纪》记载,北宋元丰八年(1085),于阗国打算进贡狮子,宋哲宗下诏拒绝了。对华夏地区来讲,狮子虽然是金贵稀少的大型猛兽,但是过于频繁的进贡和狮子难以在苑囿中豢养,使得狮子往往成为皇家或官府的一个不大不小的麻烦,因而中原王朝对于贡狮子抱着一种喜忧参半的复杂心态。

到了明代,郑和下西洋从马六甲带回狮子,狮子的传入又多了一条途径,《明史》卷 332 记载,宣德五年(1430),郑和出使西洋,买回了奇珍异宝及麒麟、狮子、鸵鸟。古代史书中记载的最后一次外国贡狮是清康熙十七年(1678)葡萄牙使臣携带非洲狮子朝觐,《清圣祖实录》卷 76"康熙十七年八月庚午"条记载了葡萄牙国王进贡狮子的表文,内有"永怀尊敬大清国之心,祝万寿无疆"之语。

据宋岚《中国狮子图像的渊源探究》一文的统计,从《后汉书》到《明史》,历代正史本纪中记载外国贡狮有 21 次,其中东汉 4 次、北魏 2 次、唐 2 次、宋 2 次、元 5 次、明 6 次。《清史稿》本纪中未载。

二、中国传世图像中所描绘的西域"贡狮"

对不出产狮子的中国而言,我们所说的狮子的东来,是包含两层意思的:一是狮子作为一个物种和猛兽从西域被进贡到中国来;二是狮子文化从西域传来,在中国文化中被全面接受,不但其图像成为中国吉祥图样的一个主要元素,而且狮子舞等艺术样式也彻底中国化,形成了独具特色的中国传统狮子文化。

作为一个物种,狮子从东汉以来只是皇家苑囿中的一个非常稀罕的观赏动物,除了皇族和宫廷近臣见过这些身披金毛的猛兽外,对于绝大多数的民众来说,狮子一直是一个传说。所以,作为动物的狮子并不是中国狮子文化兴盛的主要源头,作为传说的狮子才是中国狮子文化真正的发展源泉。

正因为中国的狮子文化是以传说的狮子为源头的,所以狮子雕塑、图像的变形就比较普遍。遍布寺庙、官衙、贵族府邸、富商深宅、桥头、宗祠等处的雕塑狮子、图案狮子,或可爱顽皮,或体态旖旎,已经失去了作为热带草原上最凶猛野兽的凶残、勇猛与暴力,成为一个吉祥的可爱动物形象。

虽然狮子图像从隋唐以后遍布各类建筑与器物的装饰中,但是中国人对于狮子的认识却浅近得很,很多狮子的图像有狗化的趋势,以至于元代画家将西域进贡来的狮子称为"獒"——将狮子当成了大狗。

现在,我们已经知道的是,狮子与老虎、猎豹同属猫科,但狮子却是猫科动物中唯一的群居动物。狮群以雌狮为中心,由雄狮和幼狮构成。它们主要靠群体的力量来猎食大型的食草动物,是热带大草原上最厉害的肉食动物。

中国文献中,把这种传说中的西方猛兽称作"狻猊"。东汉以来,被中国古代文献称为"狻猊"的狮子形象开始在中国流传,如四川芦山县发现的东汉墓前石兽中已有了狮子的形象。魏晋时期,作为实存动物的狮子才在中原图像中有所反映。南朝帝陵和王侯墓前有了呈行走状态的带翼的狮子。南朝石狮具有吐舌、身肉肥满、长尾、四足据地、带翼等特征,这些狮子虽然是一定程度上的写实的动物,但又是作为一种神兽出现的——是南朝人接受了西域文化中的狮子图像的仿制物。

东晋以后,随着佛教的传播,具有印度风格的守护在佛座两侧的写实的狮子图像逐渐被中国人所熟悉。唐代以后,西域狮大量涌入中原,更多的人见到了真狮,早先观念中充满神异色彩的狮子不复存在,狮子图像也随之褪去双翼,进一步向写实性演变,狮子被刻画得壮丽且逼真:头披卷毛,张嘴扬颈,四爪强劲有力,神态盛气凌人。唐代狮子图像除表现为陵墓石狮外,还出现在丝织、印染、陶瓷等各方面。在雕塑作品中,蹲狮逐渐取代了走狮,成为在中国文化传统中最常见的狮子形象。

中国传统图样中,狮子图像与文化的源头一是来自印度,二是来自萨珊文化,当然主要是以亚洲狮的形象为本源。亚洲狮是非洲狮的近亲,大约在 10 万年前从非洲狮分离而出,曾经在从希腊到印度的广大土地上漫游。从东晋十六国开始流传的佛教造像中,主要是佛陀和弥勒菩萨造像中,作为护法的狮子在佛陀或菩萨两旁蹲立守护。由于这种图像最早来自犍陀罗或秣菟罗这些对动物狮子非常熟悉的地区,所以狮子的写实性非常高。

波斯帝国不但崇尚狮子的力量,而且其国王有猎狮的传统,因而,狮子及猎狮图像作为一种装饰纹样影响了中亚的广大地区,并进而东传。尤其南北朝以后,在萨珊朝的银盘、织锦等器物中,狮子作为装饰纹样非常普遍,并通过丝绸之路传到了中国。那些到中原经商的西亚和中亚商人,在其所携带的陶壶等器物及其去世后使用的葬具上,都刻画了生动形象的狮子头、猎狮及勇士斗狮等图像。而狮子戏、狮子舞也通过龟兹等地区,在隋唐时期不但进入了中原王朝的宫廷乐舞中,而且在民间也有广泛的影响,逐渐发展成了风行大江南北、流派各异的舞狮子。

随着狮子这样一种外形极具震撼力的大型野兽进入中国,狮子作为图像也进入了中国艺术家的笔下,但是因为隋唐之前贡献而来的狮子相对少,真正见过狮子的人更少,所以艺术家们对于狮子的了解就比较浅,社会上流传的那些狮子图样跟真狮子差距甚远。

《洛阳伽蓝记》卷5记载北魏时期的敦煌人宋云曾在西域见到狮子的事,就很能说明当时的人们对于真狮子的了解程度。宋云在北魏孝明帝神龟元年(518)十一月,受胡太后之命,与崇立寺沙门惠生、法力等出访天竺。从洛阳出发,经吐谷浑、鄯善、于阗等地,进入西域,在犍陀罗国见到中印度舍卫国国王送给犍陀罗国王的两头小狮子。宋云是第一次见到真狮子,感叹中原地区流传的狮子图或狮子造像实在是变形太大,与真狮子大大不同。

南朝刘宋的宗炳曾画过《狮子击象图》,是根据曾到印度大陆的僧人的描述而画的,表现的是狮子与大象搏斗的场景,至于宗炳本人是否亲眼见过狮子,就不得而知了。

据《太平广记》卷210的记载,南朝刘宋时代画家顾光宝是以画狮子闻名的。他的好友陆溉住在建康,患病多年,求医问药毫无疗效。顾光宝偶然去陆家造访,认为陆溉之病是被恶鬼缠身所致。他让人拿来纸笔墨,画了一张狮子图,并把画挂在窗外。当晚,陆家焚香祷告,夜深人静时,窗外有悉悉声。第二天早晨,画上的狮子口胸有鲜血,陆溉的病也好了。这自然是神话故事,即所谓"猛狮啖鬼",但从一个侧面看出了顾光宝画技高,将狮子画得栩栩如生,威猛有力。

唐玄宗时期的画家韦无忝,以画马和异兽擅名于当时,有"韦画四足,无不妙也"的说法。据说他曾为西域献到朝廷的狮子画了写真,等到后来这头狮子被放归本国后,那些养在皇家苑囿的大型猛兽们见到这张狮子图,都会露出惊恐畏惧之色，由此可见韦无忝所画狮子是何等生动形象。

唐代画家阎立本曾画过多幅狮子的写真图，见于记载的就有《职贡狮子图》和《西旅贡狮子图》，可惜此二图久已失传，我们不得见其真容。宋人周密在《云烟过眼录》卷下记载阎立本《职贡狮子图》的内容是："图大狮二，小狮数枚，虎首而熊身，色黄而褐，神采粲然，与世所画狮子不同。"阎立本以写实见长，写真的狮画当然与变形的狮画相去甚远。周密是宋末元初的大学问家，他在《云烟过眼录》卷上还提到阎立本的另一幅狮画《西旅贡狮子图》，图中的狮子"类熊而貌猴，大尾"。宋代画家钱选也画有《西旅贡獒图》。

据《图画见闻志》卷2《纪艺上》记载，五代时期的蒲延昌出身画工之家，工于画佛道鬼神，尤其精于画狮子。他画狮子行笔劲利、用色不繁，很受人们喜爱，后代的王公贵族、文人墨客往往以拥有一轴蒲延昌的狮子图而为乐事。

我们今天能见到的古人画的贡狮子写真，最早的是出自元代画家笔下的《贡獒图》，这幅图现藏台北故宫博物院，画面上是两个胡服打扮的壮汉一前一后牵着庞然大物——狮子。显然，这头鬣毛飞扬、劲尾横扫的狮子王不愿意在狮子郎的牵引下前进，它抬起前爪紧紧抓住拴着其脖子的铁链，对着前面的那个壮汉低声吼叫；身后的那个壮汉，一手牵着铁链，一手高高扬起捶打狮子的臀部，驱赶它前进。这个画面，真实地再现了狮子在被贡献之路上无奈、无助的生存状态。

中国古代画家对于狮子的描摹写真，有"怒则威在齿，喜则威在尾"的深刻认识。一个被铁链锁起来的雄狮，其血盆大口中的利齿之威和可自由甩动如钢鞭似的劲尾之雄，全都无法发挥。明代画家画的《西旅贡獒图》中的狮子，与那个牵着它的胡人蹲在地上，完全没有了雄狮的气概，像是一只体型巨大的乖乖狗，难怪看到它的人要把它称为"獒"了。

狮子在中国古代又被叫作狻猊，狻猊是中国古代传说中的一种猛兽，至于它的原型是不是狮子就很难说了，因为在先秦文献中就有这种瑞兽的存在了，而东汉以后往往把狮子称作狻猊。

明清时期的画家画过不少《狻猊图》，就是雄狮的写真，如藏于台北故宫博物院的《狻猊图》，画中的雄狮卧在中国式的青松山涧的岩石上，其场景完全是按中国传统画虎的场景来表现的，但是狮子的写真程度则很高，尤其是对雄狮头部及身体比例的表现，同中国传统狮子艺术造型的那种变形表现法不同，完全是写实的——狮子的眼睛、口形与牙齿的描摹，非常逼真。

对万物生息的自然来讲，狮子仅仅是一种大型猛兽，然而对人类的文化体系而言,狮子则是一种符号。中国文化中的狮子,无论是在陵墓的神道两侧,还是寺庙、官衙的门口,自然都是具有辟邪与守护功能的"神兽",但已经不是古埃及或萨珊波斯文化中那种具有复杂神格的神,没有那么多的寓意了。作为吉祥装饰图样的狮子,在中国传统建筑装饰和器物装饰中花样繁多,千姿百态,其表现形式有石雕、砖刻、木雕、彩绘。

参考文献:

1. 尚永琪:《莲花上的狮子:内陆欧亚的物种、图像与传说》,商务印书馆,2014。

2. 宋岚:《中国狮子图像的渊源探究》,南京艺术学院硕士学位论文,2010。

3. 杨晓春:《南朝陵墓神道石刻渊源研究》,《考古》2006 年第 8 期。

(尚永琪)

第十章　丝绸之路上的植物传播

由于不同的地理环境和气候条件,世界各地生长着不同的植物,有着不同的功用。有的可供观赏,有的可供食用,有的可供香药之用。丝绸之路的开辟为各地植物的传播创造了条件,域外各种奇花异草、名果异木、香花药草和粮食作物通过不同的途径传播,有的通过移植传播,不能移传播植者则以源源不断地输入。域外植物的传入,对当时社会生活和文化艺术产生了重要影响。

第一节　果蔬类植物

一、水果类

(一)葡萄

葡萄是世界最古老的植物之一,在中国古代文献上被写作"蒲陶""蒲萄""蒲桃"。世界各地都有野生的葡萄,后来又传入人工栽培的品种优良的葡萄。人类在很早以前就开始栽培这种果树。据考古资料,最早栽培葡萄的地区是小亚细亚里海和黑海之间及其南岸地区。大约在 7000 年以前,南高加索、中亚细亚、叙利亚、伊拉克等地区也开始了葡萄栽培。公元前 4600 年,希伯来人已开始栽种葡萄并酿酒。

中国引进葡萄已有 2000 多年历史,乃张骞出使西域后引入。中国内地引进的葡萄来自今新疆地区、中亚和西亚等国家。据史籍记载,西域安息、大宛、罽宾、乌弋山离、伊吾、车师、且末、龟兹、于阗、康居、大月氏等地都盛产葡萄,并善酿葡萄酒。汉代文献明确记载,葡萄是汉朝出使西域的使节从西域带来,《史记·大宛列传》记载:"宛左右以蒲陶为酒,富人藏酒至万余石,久者数十岁不败。俗嗜酒,马嗜苜蓿。汉使取其实来,于是天子始种苜蓿、蒲陶肥饶地。及天马多,外国使来众,则离宫别观旁尽种蒲萄、苜蓿极望。"

葡萄传入中国内地以后,葡萄酒也随之而来,中国也产生了人工酿造的葡萄酒。唐太宗时从高昌引进马奶葡萄酿酒技术。《唐会要·杂录》记载:"葡萄酒,西域有之,前世或有贡献,及破高昌,收马乳葡萄实,于苑中种之,并得其酒法,自损益造酒。酒成,凡有八色,芳香酷烈,味兼醍醐,既颁赐群臣,京中始识其味。"唐太宗所得应该是一种以马奶葡萄特殊酿制的品种。

(二)安石榴

安石榴,即石榴。东汉至唐中国文献中写作"若留""若榴""楉留",也有写作"千涂""丹若""石榴"的。石榴原产伊朗(古安息国),坚固若石,形状似瘤,瘤与榴谐音,安石榴即安息石榴的简称。在汉文文献里,安石榴最早出现于东汉张仲景的医学名著《金匮要略》;汉末魏初的缪袭《祭仪》也提到安石榴。安石榴是从域外引进的,梁元帝《赋得咏石榴诗》云:"西域移根至,南方酿酒来。"孔绍安《咏石榴诗》云:"可惜庭中树,移根逐汉臣。"历来认为石榴是张骞出使西域带来汉地的,实际上史书并没有张骞带回石榴的直接记录。

石榴树应该是先传入中亚和新疆地区,而后渐至中原。石榴树经丝绸之路传入内地,首先在当时的帝都长安上林苑种植,因得到汉武帝的喜爱,又命人栽植于骊山温泉宫。东汉时首都洛阳北宫正殿德阳殿北有濯龙苑,种植有安石榴。东汉蔡邕《翠鸟诗》写到石榴:"庭陬有若榴,绿叶含丹荣。"若榴即石榴。曹植诗《弃妇篇》中有咏石榴树的名句:"石榴植前庭,绿叶摇缥青。丹华灼烈烈,璀采有光荣。光华晔流离,可以处淑灵。"这些材料都说明石榴在汉代已经引种中国内地。唐代以后,石榴树种植地区逐渐扩大,南下东进,在各地扎根,开花,结果。离长安二十五里的临潼,以自然条件得天独厚,所产石榴品质最优,至今仍为我国名产之一。石榴花可供观赏,果实可解渴造酒,充作杀虫剂,榴木有文采,用制几案、枕头。

石榴树花红似火,果大籽多,味道甜美,因此受到各地人们的喜爱,进入诗人文士的吟咏中。汉赋和汉诗中已经有作品写到石榴。西晋时许多文人作赋咏叹石榴,傅玄、应贞、庾儵、夏侯湛、潘岳等皆有《安石榴赋》。南北朝以后,出现许多咏石榴的诗,如梁元帝、隋魏彦深、唐孔绍安等人的作品,都对石榴极尽赞美。自汉代引进石榴以后,石榴文化便渗入中国民俗中。石榴多籽,象征多子多福,这种观念至迟在南北朝时已经形成。石榴为吉祥之物,唐代流行结婚赠石榴的礼仪。宋代流行"石榴生殖崇拜",开始盛行石榴对联、谜语。宋代人还用石榴果裂开时内部的种子数量,来占卜预知科考上榜的人数,形成"榴实登科"的成语,寓意金榜题名。金元时流行"石榴曲",院栽和盆栽石榴开始普及。中秋时正是石榴上市季节,明清时形成"八月十五月儿圆,石榴月饼拜神仙"之风俗。中国石榴名产有临潼大红蛋"冰糖石榴"、怀远"水晶石榴"、巧家会理"铜皮石榴"、西昌"宝石榴"、峄县"软核石榴"、铜山"无籽石榴"等。

（三）胡桃

胡桃,即核桃,原产波斯东部的俾路支和阿富汗。汉代时已经传入中国。《西京杂记》卷1记载:"初修上林苑,群臣远方各献名果异树,亦有制为美名以标奇丽。"其中有"胡桃,出西域"。东汉杨孚《异物志》提到胡桃,马融《西第颂》写到胡桃。《东观汉记》记载后汉有胡桃宫,《后汉书·南匈奴列传》记载顺帝幸胡桃宫,取名"胡桃宫",可以推测宫中栽种有胡桃树。东汉张仲景《金匮要略》提到胡桃不可多食,令人动痰饮。汉末孔融《与诸卿书》提到胡桃。

中国中原地区的胡桃不是直接从波斯传入,而是从"羌胡"之地传入。关于胡桃的来源和传入中国的途径,张华《博物志》卷6云:"张骞使西域还,乃得胡桃种。"李时珍《本草纲目·果部》引苏颂《图经本草》云:"此果本出羌胡,汉使张骞使西域始得种还,植之秦中,渐及东土,故名之。"汉代文献中没有张骞带回核桃的直接证据,胡桃从域外传入,未必是张骞所为,但应该是汉武帝时代已经开始在上林苑中栽种,所以汉朝文献中已有关于胡桃的记载。

中国文献中说胡桃出于"羌胡",羌胡只是胡桃传播过程中的中转之地。我国农学家石声汉指出:"在四世纪初,今日陕南、甘南和四川接界的地区,正是羌族居住地带。赵宋苏颂《图经本草》说'此果本出羌胡',……应当是正确事实。羌族居住地,大致地说,在汉族集中地域西边,张骞第一次从大宛回关中,就有过取道南山经过羌族地区的打算。因此'羌胡'连称。羌族地区也常包括在广泛的西域范围之内。今日秦岭各地,都有胡桃林。我们很难想象四世纪以前的汉族,会舍近求远,不从羌族而从中亚去引入胡桃。"

（四）无花果

无花果,其实有花,雌雄异花,花隐于囊状总花托内,外观只见果而不见花。无花果肉质松软,味甜,可供鲜食或制果干、果酱、蜜饯等。中医学上也以果干入药,可开胃止泻,主治咽喉痛,树皮又是造纸原料。无花果原产亚洲西部,可能由海上丝绸之路传入,我国长江流域以南及山东沿海地区有栽种。劳费尔认为,这种植物是从波斯和印度移植到中国的,时间不早于唐朝。

（五）橄榄树

橄榄树原产地中海沿岸地区,传至世界各地。中国引种很早,今广东、广西、湖北、四川、云南、贵州及陕西等省区广泛种植。其果可榨油,供食用,也可制蜜饯。至迟三国时已经移植吴地,左思《吴都赋》叙述吴地水果有"龙眼、橄榄"。吴地的橄榄还被作为贡物入贡中原朝廷,晋嵇含《南方草木状》记载:"橄榄树,身耸,枝皆高数丈。其子深秋方熟,味虽苦涩,咀之芬馥,胜含鸡舌香。吴时岁贡,以赐近侍。本朝自泰康后亦如之。"泰康是晋武帝年号。裴渊《广州记》记载:"橄榄,涩酒。"此记载可能有脱字,缪启愉认为或许是"味涩,消酒"。宋马志等《开宝本草》称橄榄"生食、煮饮,并消酒毒"。魏晋南北朝文献中提到的橄榄产地在广州、交州、博南县、武平、兴古、九真等,皆在今中国南方沿海地区和越南北部,反映橄榄树是通过海上丝路传来。在西方橄榄具有特殊的含义。据《圣经·创世纪》记载,上帝因世人行恶,降大洪水。洪水退落,诺亚放出鸽子去探测洪水是否退去。鸽子口衔一枝橄榄飞回,表示洪水退去,人类和大自然又重新获得生机。因此,人们把橄榄枝和鸽子当作和平的象征。在中国文化中,橄榄只是一种可食用的、有医药价值的果实,可以作为礼物送人。宋梅尧臣获朋友赠橄榄,其《玉汝送橄榄》诗表达谢意:"南国青青果,涉冬知始摘。虽咀涩难任,竟当甘莫敌。来从万里外,或以苦口掷。所投同木瓜,欲报无琼璧。"李时珍据梅尧臣此诗又称橄榄果为"青果"。又唐孟诜《食疗本草》云:"熟时生食味酢,蜜渍极甜。"故梅诗云"竟当甘莫敌"。

二、蔬菜类

（一）胡荽

胡荽,即芫荽,别称"香荽""香菜"。胡荽有特殊香味,茎叶可做蔬菜,果实可提制芫荽油,中医学上以全草入药,性温味辛,功能解表,透发麻疹。根据美国汉学家劳费尔的研究,胡荽原产地在地中海沿岸各地,但传入中国者乃伊朗所产。胡荽的种植在伊朗非常发达,伊朗所产的传播到各地。胡荽汉代就已经传入中国,东汉医家张仲景《金匮要略》多处提到胡荽,他说:"猪肉以生胡荽同食,烂人脐。"又云:"四月、八月勿食胡荽,伤人神","胡荽久食之令人多忘","病人不可食胡荽及黄花菜"。医家的这些经验说明,在张仲景之前很早,胡荽就已经传入中国,并且医家注意到了它的医药价值。陈藏器《本草拾遗》记载:"石勒讳胡,故并、汾人呼胡荽为香荽。"北魏贾思勰《齐民要术》详细介绍了种植胡荽的时令和方法。

西晋张华《博物志》云：“张骞使西域，得大蒜、胡荽。”把胡荽的传入归功于张骞，在汉代文献中没有看到直接记载，后世不少人沿袭此说，其实并无证据。

（二）胡蒜

胡蒜即大蒜，一名葫，因来自蕃中，故称胡蒜，又名荤菜。中国黄河流域原有小蒜，汉时从胡地传入大蒜。晋崔豹撰《古今注》云：“蒜，茆蒜也，俗谓之为小蒜。胡国有蒜，十许子共一株籜，幕裹之，为名胡蒜，尤辛于小蒜，俗亦呼之为大蒜。”《东观汉记》卷16记载：“李恂为兖州刺史，所种小麦、胡蒜，悉付从事，一无所留。”东汉崔寔《四民月令》云，八月“种大、小蒜”。张仲景《金匮要略》提到蒜。这些材料证明，胡蒜确于汉代已经传入中国。据瑞典植物学家德亢朵儿的观点，大蒜原产地是欧洲南部。劳费尔肯定输入中国的胡蒜来自伊朗，是“中亚细亚和伊朗的葱属植物”。大蒜传入中国，受到人们的喜爱，不仅作为菜蔬和调味品，并被医家认为是具有良好性能的药材。大蒜素具有较好的防癌、降脂、抗菌作用，正确食用可以有效地增进健康，而且对各种疾病的治疗很有帮助。大蒜原产于西亚，长期以来一直是地中海地区的主要调味品。在古埃及，大蒜备受推崇，甚至曾被当作货币流通。在欧洲文化中，大蒜被认为可以击退吸血鬼，还可以抵御妒忌仙女的恐吓。而以大蒜作为护身符的习俗，至今仍流行于希腊等地。宋人罗愿著《尔雅翼》云：“胡人以大蒜涂体，爱其芳气，又以护寒。”说明古时大蒜在西域很流行，胡人使用大蒜的方法和对大蒜功能的认识也为中国人所熟知。在中国早期有关烹饪的史料中，烹肉用以去腥膻的调料有葱、姜、芥、韭、薤，没有蒜。根据上文论述，大蒜当在张骞出使西域后传入中国。

（三）胡葱

胡葱，原产于西伯利亚，中国栽培历史悠久，分布广泛。葱可能在先秦时已从北方民族传入，《管子·戒篇》记载，齐桓公“北伐山戎，出冬葱及戎菽，布之天下”。这种冬葱又有冻葱之称，汉代又从西域传入，称“胡葱”，有时又写作“葫葱”。葱的嫩叶及鳞茎作调料用，鳞茎也可作腌渍原料。东汉崔寔《四民月令》称七月可种大、小葱子，小蒜，胡葱。葱的药用价值为汉代医家所认识，张仲景《金匮要略》提到葱，其“旋覆花汤方”的配方是“旋覆花三两、葱十四茎、新绛少许”；在“果实菜谷禁忌并治”中强调“正月勿食葱”，“生葱不可共蜜食之，杀人”，“枣合生葱食之，令人病”，“生葱和雄鸡雉、白犬肉食之，令人七窍经年流血”。佚名作者《西河旧事》云：“葱岭在敦煌西八千里，其山高大，上生葱，故曰葱岭也。”晋郭义恭《广志》云：

"休循国,居葱岭,其山多大葱。"葱岭是古代中国文献对帕米尔高原的称呼,这里是古代中国和中亚、西亚以及非洲、欧洲各国的陆上交通的必经之地,地处中亚东南部、中国之西陲,横跨中国、塔吉克斯坦和阿富汗。现在其东部倾斜坡为中国所辖,其余大部分属塔吉克斯坦,瓦罕帕米尔属于阿富汗。

（四）洋葱

洋葱传入中国,一开始亦称"胡葱",原来之大葱被称为"汉葱"。这种洋葱在元代被称为"回回葱"。《本草纲目》云:"元人《饮膳正要》作'回回葱',似言其来自胡地,故曰胡葱耳。"元代时大量西域人进入中国中原地区,这些人后来有了统一的称呼,即"回回",当时有"元时回回遍天下"之说。元代人了解到这种胡葱原产于中亚、西南亚、小亚细亚的伊朗、阿富汗高原地区,故称这种植物为"胡葱",或"回回葱"。原先被称为胡葱的大葱,因为在中国栽种既久,反而被称为"汉葱"了。

（五）胡瓜

胡瓜即黄瓜,原产埃及和西亚,汉代时乌孙、大月氏、匈奴都有种植。汉代已经传入中国中原地区。东汉张仲景《金匮要略》"果实菜谷禁忌并治"提到:"黄瓜食之,发热病。"清人高学山解释此条云:"黄瓜非《月令》之所谓王瓜。即今之作菜食者是,得种西域,旧名胡瓜,后因避讳改名,孟夏生蔓,炎暑成瓜,抱阴质而成阳气,故其性本寒而标热,孟诜谓其损阴血而发虚热者此也。"胡瓜改名为黄瓜,一说从五胡十六国时开始,陈藏器云:"北人避石勒讳,改呼黄瓜,至今因之。"另一说起于隋炀帝,最早见于唐代吴兢《贞观政要·慎所好》的记载,贞观四年,唐太宗说:"隋炀帝性好猜防,专信邪道,大忌胡人,乃至谓胡床为交床,胡瓜为黄瓜。"晚唐杜宝《大业杂记》亦载此事,称大业四年九月,炀帝自塞北还至东都,改胡床为交床,改胡瓜为白露黄瓜,改茄子为昆仑紫瓜。

（六）胡萝卜

胡萝卜,原产地中海地区,肉质根可作蔬菜、饲料等,营养价值高。清乾隆年间《重修肃州新志》记载:"有红、黄二种,甘甜堪食,可生可熟。昔人题云:'不是张骞通西域,安得佳种自西来。'盖出西域故云。"说胡萝卜由张骞带回没有根据。美国汉学家劳费尔认为胡萝卜原产地很可能是伊朗某地区,而传入中国的胡萝卜是北欧产的植物。李时珍《本草纲目》认为胡萝卜是"元时始自胡地来,气味微似萝卜,故名"。胡萝卜不是一下子从原产地西亚或北欧传来,其传至中亚和中国西北地区,再传至中原,其间应该有一个过程。李时珍说的是传入中原的时间,但传入中亚、中国新疆和北方地区的时间应该比较早。胡萝卜是中亚地区和新疆地区的主要蔬菜之一,是那里盛行的"抓饭"的主要原料。

参考文献:

1. 司马迁:《史记》卷一二三《大宛列传》,中华书局,1982。

2. 班固:《汉书》卷九六《西域传》,中华书局,1962。

3. 劳费尔著,林筠因译:《中国伊朗编》,商务印书馆,1964。

4. 薛爱华著,吴玉贵译:《撒马尔罕的金桃:唐代舶来品研究》,社会科学文献出版社,2016。

5. 石云涛:《汉代外来文明研究》,中国社会科学出版社,2017。

（石云涛）

第二节　观赏性花木

一、茉莉花

茉莉花，常绿小灌木或藤本状灌木，品种繁多，外形美丽。其花主要是白色，紫色少有。茉莉花原产于印度、阿拉伯等地，中心产区在波斯湾附近，现广泛种植于亚热带地区，主要分布在伊朗、埃及、土耳其、摩洛哥、阿尔及利亚、突尼斯，以及西班牙、法国、意大利等地中海沿岸国家。印度以及东南亚各国均有栽培，在印度，从妇女的发饰，到日常敬献天神、佛陀的供花，以及在结婚典礼等喜事中，茉莉花都是不可缺少的物品。在印度的市场、街角花店及寺院，经常可见用线串成的茉莉花花鬘出售。

中国茉莉花自域外传入，南宋诗人杨巽斋《茉莉》诗前两句云："麝脑龙涎韵不侔，薰风移种自南州。"茉莉是通过海上丝路传入中国南方沿海地区，然后移植内地的。茉莉，在中国古籍中常写作"末利"。有两个品种，一种拉丁学名为yasaminum sambac（sambac 一词源自波斯语的 zanbaq，即"鸢尾花"），此种花在较早时经印度、东南亚传入中国岭南地区，被称为"末利"。汉语中的"末利"一词，源自梵语 malikā，经暹罗（泰国）语 mali 到占城（越南南部）语 molih 演变音译而成。此花耐寒，故很快传入中国北方地区。因其花色雪白、花香清幽而广受喜爱，大江南北遍种之，或佐香茗，或作妇女头饰。故杨巽斋赞茉莉的诗后两句云："谁家浴罢临妆女，爱把闲花插满头。"另一种茉莉花拉丁学名为 yasaminum officinale，花朵稍大于前者，俗称大花茉莉。此种茉莉不耐寒，故仅在岭南地区种植，传入中国的时间不可考，应晚于前一种"末利"。

茉莉花原产于波斯南部法尔斯省及其他波斯湾沿岸气候比较炎热的地区，法尔斯省省会设拉子更是以出产茉莉花精油著称。在有"设拉子夜莺"之称的著名抒情诗人哈菲兹（1327—1390）的诗歌中，"茉莉花"一词频频出现，如："因羞于与你的娇颜媲美，茉莉借风之手用遮掩嘴。""哈菲兹啊！没有美酒佳人，就别徒劳闲坐；这是赏闻玫瑰与茉莉的时节，当戒酒戒色。"广州是海上丝绸之路的起点和终端港口，不少来自阿拉伯—波斯地区的穆斯林商人在此落脚生根，其后人多以种植香花为业，使岭南地区至今仍是中国香花生产的主要基地。该地区的回族穆斯林在祭祀祖先时，香花在各种供品中占据显赫地位，并且主要是茉莉花和素馨花。

唐代段公路《北户录》卷 3 云："耶悉弭花、白末利花,皆波斯移植中夏,如毗尸沙、金钱花也。本出外国,大同二年始来中土。"南朝梁武帝大同二年为公元 536 年。这个说法并没有正确说明这两种植物最早传入的时间。

　　茉莉花从海路传入中国,经印度和东南亚传入。据西汉陆贾《南越行纪》记载,茉莉花在汉代已传入中国南方:"南越之境,五谷无味,百花不香。此二花(耶悉茗花、末利花)特芳香者,缘自胡国移至,不随水土而变,与夫橘北为枳异矣。"汉初赵佗割据南方时,陆贾多次奉汉朝廷之命出使南越国,他的记载说明其时茉莉花已在南越国有种植。另西晋嵇含《南方草木状》卷上云:"耶悉茗花、末利花,皆胡人自西国移植于南海,南人怜其芳香,竞植之。"李时珍《本草纲目》记载:"末利原出波斯,移植南海,今滇、广人栽莳之。"

二、耶悉茗花

　　耶悉茗花,波斯语的音译,即素馨花。又名素英、野悉蜜、玉芙蓉、素馨针,属木犀科。耶悉茗花是温带和亚热带地区广泛栽培的观赏花卉,喜温暖湿润的气候和充足的阳光,宜植于腐殖质丰富的沙壤土,可用压条、扦插法繁殖。

　　耶悉茗花原产波斯,越南、缅甸、斯里兰卡和印度皆有种植。陆贾《南越行纪》提到耶悉茗花和末利花,说明此二花在汉代已传入中国。西晋嵇含《南方草木状》云:"耶悉茗花、末利花,皆自西国移植于南海,南人怜其芳香,竞植之。"唐段成式《酉阳杂俎》称为野悉蜜:"出拂林国,亦出波斯国。苗长七八尺,叶似梅叶,四时敷荣。其花五出,白色,不结子。花若开时,遍野皆香,与岭南詹糖相类。西域人常采其花,压以为油,甚香滑。"

　　汉代耶悉茗花经海路传入中国南方,《北户录》云:"耶悉弭花、白末利花,皆波斯移植中夏,如毗尸沙、金钱花也。本出外国,大同二年始来中土。"大同二年为公元 536 年,这不是此花传入中国南方的最早时间。汉武帝平南越之前,中国南方沿海地区和非洲、波斯、印度之间已有海上交通和往来。陆贾的时代,此二花完全有可能从波斯经印度、东南亚各地传入中国南方。到了唐代,耶悉茗花、茉莉花的原产地已经确定无疑。《北户录》说自"波斯移植中夏",再后的《本草纲目》和《广群芳谱》等有关草木类的著作都明确记载末利是从波斯移植到广东的芳香类植物。波斯语 yāsamīn 一词,经阿拉伯人传至欧洲,欧洲人又传至他们的殖民地,几乎成为世界各国语言中的通用字,当然不同的语言在字母上稍有变异。

三、指甲花

　　指甲花即凤仙花,又名染指甲花、小桃红等。凤仙花科一年生草本花卉,高

60—100 厘米,全株分根、茎、叶子、花、果实和种子六个部分。因其花头、翅、尾、足俱翘然如凤状,故又名金凤花。可食用,有观赏、药用价值,和明矾配合可染红指甲。性喜阳光,怕湿,耐热不耐寒。指甲花原产波斯,汉代经印度移植中国。在中国文献中最早见于《三辅黄图》记载,汉朝扶荔宫种植有指甲花。扶荔宫中所植皆汉武帝破南越后所获南方沿海地区的植物,指甲花是其中一种。西晋嵇含《南方草木状》卷中云:"指甲花,其树高五六尺,枝条柔弱,叶如嫩榆。与耶悉茗、末利花皆雪白,而香不相上下。亦胡人自大秦国移植于南海。而此花极繁细,才如半米粒许。彼人多折置襟袖间。盖资其芬馥尔,一名散沫花。"大秦即罗马,其地中海东岸地区与波斯相邻,故自大秦或自波斯其实皆指西亚。指甲花作原料染指甲,普遍使用于古代埃及、南亚、西亚、阿拉伯地区女性中。中国女性用来染指甲,其法来自西方。

四、郁金香

别名郁香、紫述香、洋荷花、草麝香,在植物分类学上属于百合科郁金香属的具球茎草本植物。郁金香原产地中海南北沿岸及中亚细亚和伊朗、土耳其等地,确切起源已难于考证,但现时多认为起源于锡兰及地中海偏西南方向。魏晋时人认为郁金香是从域外传入的。鱼豢《魏略·西戎传》云:"生大秦国,二、三月花如红蓝,四、五月采之。其香十二叶,为百草之英。"《梁书·诸夷传》"中天竺"条特别强调:"郁金独出罽宾国,华色正黄而细,与芙蓉华里被莲者相似。国人先取以上佛寺,积日香槁,乃粪去之,贾人从寺中征雇,以转卖于他国也。"陈藏器《本草拾遗》称:"郁金香生大秦国,二月、三月有花,状如红蓝;四月、五月采花,即香也。"

至迟汉代郁金香已传入中土,东汉朱穆《郁金赋》热情赞颂"郁金香"。朱穆是东汉中晚期人,顺帝末大将军梁冀使典兵事,桓帝时任侍御史,后官至尚书,故有机会目睹从域外传入并植之宫禁的郁金香花。西晋左芬《郁金颂》明言郁金香是从域外传入:"伊此奇草,名曰郁金,越自殊域,厥珍来寻。"唐代仍从域外引进这种植物。史载贞观十五年(641),天竺国王"遣使献大珠及郁金香、菩提树"。天宝二年(743),安国向唐朝进献郁金香,这种郁金香可能是整枝的郁金香花,也可能是郁金花的干柱头,或从其干柱头提取的香料。贞观二十一年(647)三月十一日"伽毗国献郁金香,叶似麦门冬,九月花开,状如芙蓉,其色紫碧,香闻数十步,华而不实,欲种取其根"。这显然是整棵的郁金香,可以取其根种植。

郁金香所散发的香气使许多人士为之倾倒。在插花艺术方面,它又是最难能可贵的花材。它的花柄可长达四五十厘米,不论高瓶、浅盂、圆缸,插起来都格外高雅脱俗,清新隽永,令人百看而不厌。而今郁金香已遍及世界各地,其中以荷兰栽培最为盛行,成为商品性生产。中国各地庭园中也多有栽培。

五、迷迭香

迷迭香是一种具有清香气息的香花,在温暖的微风及热太阳下都会释放出香气。原产于南欧、北非、南亚、西亚,引种于暖温带地区。鱼豢在《魏略》中说大秦国出迷迭。迷迭香至迟汉末时已经传入中国,或经商胡贩运,或经异域入贡。故汉代乐府诗有云:"行胡从何方?列国持何来?氍毹毵毲五木香,迷迭艾蒳及都梁。"迷迭香最早传入中国,主要作为观赏性植物。曹丕《迷迭赋序》云"余种迷迭于庭之中,嘉其扬条吐香,馥有令芳,乃为之赋",赋中有云"越万里而来征"。曹植《迷迭香赋》云"播西都之丽草兮,应青春而凝晖","芳莫秋之幽兰兮,丽昆仑之芝英"。王粲《迷迭赋》云:"惟遐方之珍草兮,产昆仑之极幽。受中和之正气兮,承阴阳之灵休。扬丰馨于西裔兮,布和种于中州。去原野之侧陋兮,植高宇之外庭。布萋萋之茂叶兮,挺苒苒之柔茎。色光润而采发兮,以孔翠之扬精。"都强调其来自远方异域,欣赏其姿态之美和气味芳香。陈琳、应玚等皆有同题之作,都热情洋溢地赞美迷迭的枝干花叶之美及其芳香之酷烈。

六、菩提树

菩提树属桑科常绿乔木,又称婆罗树、贝多树、椠多树,都是梵文 Bodhi 的音译,意为智慧和觉悟。桑科无花果属的菩提树原产印度,因此通称印度菩提树。一般树高 15 米,直径 2 米。树皮黄白色,树干凹凸不平。树枝有气生根,下垂如须,侧枝多数向四周扩展,树冠为圆形或倒卵形,枝叶扶疏,浓荫覆地。叶互生,三角状卵形;深绿色,有光泽,不沾灰尘,被看作圣树的象征。叶形美观,常用作诗画题材。花生于叶腋,不见真面目,称隐头花序。隐花果,扁平圆形,冬季成熟,紫黑色。

西晋时菩提树在中国南方沿海地区已有少量移植。晋顾微《广州记》云:"贝多,似枇杷,而有光泽耀日。枝柯去地四五丈,作悬根生地,便大如本株形,一树亦可有数十根如本形。花白,子不中食。种于精舍浮图前。"裴渊《广州记》云:"椠多树,不花而结实。实从皮中出,自根着子至杪,如橘大。食之,过熟,内许生蜜。一树者,皆有数十。"从这些记载可知,晋时或已移植中国南方沿海地区。稍后也移植到北方。佚名《嵩山记》记载:"嵩寺中忽有思惟树,即贝多也。有人坐贝多树下思惟,因以名焉。汉道士从外国来,将子于山西脚下种,极高大。今有四树,一年三花。"清顾光等《光孝寺志》卷 6 记载,天竺僧智药三藏于南朝梁武帝天监元年(502)"持菩提树航海而来",在广州法性寺(今光孝寺)求那跋陀罗所建戒坛前,亲植菩提树一株。植树时立下预言:"吾过后一百七十年,有肉身菩萨于树下开演上乘,度无量众。"唐仪凤元年(676),禅宗六祖慧能至法性寺,与僧作风幡之问答,并于菩提树下剃发受戒,在这棵菩提树下大开东山法门,首次弘扬他创立的顿悟学说,正应智药三藏法师之说。光孝菩提树相传是中国第一棵菩提树,自古盛名远扬,今岭南各佛寺内种植的菩提树,都是光孝菩提树繁衍之后代。智药三藏被视为光孝寺的第三位开山祖师。

《梁书·诸夷传》记载:"盘盘国,宋文帝元嘉,孝武孝建、大明中,并遣使贡献。……中大通元年五月,累遣使贡牙像及塔,并献沉檀等香数十种。六年八月,复使送菩提国真舍利及画塔,并献菩提树叶、詹糖等香。"传说佛祖释迦牟尼是在菩提树下修成正果,觉悟成佛,故菩提树又称"觉树",被佛教徒视为圣树,别名"思维树",佛寺普遍种植。在中国北方因菩提树不能越冬而无法种植,故用叶形相仿的丁香代替。菩提树干富有乳浆,可提取硬性橡胶;花可入药,有发汗解热之功。

七、娑罗树

娑罗树,梵语音译,亦作娑萝。龙脑香科常绿大乔木,原产于印度、东南亚等地。北魏贾思勰《齐民要术》列入"五谷果蔬菜茹非中国物产者",又引盛弘之《荆州记》云:"巴陵县南有寺,僧房床下,忽生一木,随生旬日,势凌轩栋。道人移房避之,木长便迟,但极晚秀。有外国沙门见之,名为娑罗也。"据此记载,似南朝时娑罗树已有移植。娑罗树生于热带,中国北方地区不宜栽种,故对中原地区来说仍属珍稀。据唐人段成式《酉阳杂俎》记载,可知对于唐天宝时期的中国人,生长在拔汗那(地处费尔干纳盆地的中亚古国)的娑罗树还是"奇绝"之物,安西都护专门派人赴其地采取其树枝,作为贡物进献玄宗皇帝。在佛教中娑罗树有特殊意义,佛祖降生与圆寂都与之相关。摩耶夫人归宁途中,手攀娑罗树枝时悉达多太子从右胁下降生;后来释迦牟尼亦在娑罗树下涅槃,故佛寺常种,以为"佛门圣树"。汉地不宜栽种娑罗树,从唐代开始佛寺就以七叶树替代娑罗树植于佛寺。白居易《天竺寺七叶堂避暑》诗云:"郁郁复郁郁,伏热何时毕。行入七叶堂,烦暑随步失。"宋欧阳修《定力院七叶木》诗云:"伊洛多佳木,娑罗旧得名。常于佛家见,宜在月宫生。"实际上"娑罗"并非七叶木的旧名,只是汉地缺少娑罗树,用七叶木代之而已。七叶木,也叫七叶树,掌状复叶有 7 片小叶,故名,属无患子科植物,二者并不同类。据白居易和欧阳修诗可知,汉地普遍以七叶树代娑罗树,佛寺里常见。

参考文献:

1.张华撰,范宁校证:《博物志校证》,中华书局,1980。

2.嵇含:《南方草木状》,广陵书局,2003。

3.严可均辑校:《全上古三代秦汉三国六朝文》,中华书局,1958。

4.汪灏等编,张虎刚点校:《广群芳谱》,河北人民出版社,1989。

5.石云涛:《魏晋南北朝丝绸之路与对外关系史研究》,社会科学文献出版社,2023。

（石云涛）

第三节　药用植物

一、红蓝花

红蓝花，即红花，其扁圆形的浆果熟时呈深红、紫色或黑色，民间常用作胭脂涂女孩子的额角，故又名胭脂草。西晋张华《博物志》云："红蓝花生梁汉及西域，一名黄蓝，张骞所得也。"南宋赵彦卫《云麓漫钞》也以为张骞带回，此说并无根据，但红蓝花于汉代已经引种应无疑议。

中原人开始使用胭脂是从汉代开始的，最初是流行于匈奴地区的化妆品和化妆方法，由匈奴传入中原地区。匈奴妇女化妆用色彩艳丽的燕支，古代文献中的"阏支""焉支""燕支""胭脂"等，都是匈奴语的对音。汉武帝时霍去病率军进击匈奴，夺取河西走廊，祁连山和燕支山在此境内。祁连山宜放牧，燕支山是种植红蓝花的地方，出妇女化妆的颜料。匈奴失此二山，乃歌曰："亡我祁连山，使我六畜不蕃息；失我焉支山，使我妇女无颜色。"大概在那时汉人就从河西获得这种植物。东晋南北朝时中原地区的妇女已经普遍使用燕支装饰面容。汉地使用的燕支并非只红蓝花提取之一种，据李时珍《本草纲目》的说法有四种，一种以红蓝花汁染胡粉而成，一种以山燕脂花汁染粉而成，一种以山榴花汁染作成者，一种以紫绯染绵而成者。

关于红蓝花，劳费尔推测这种植物是从伊朗传入的。汉代时与罽宾有频繁交往，罽宾盛产红蓝花，大概是从古埃及、阿拉伯半岛间接传入。至北宋时，红蓝花在中国已普遍种植。苏颂《图经本草》云："今处处有之。"中国人把红蓝花简称为"红花"，还把另外一种域外的植物番红花也称为"红花"。李时珍说："番红花出西番回回地面及天方国，即彼地红蓝花也。元时以入食馔用。按张华《博物志》言，张骞得红蓝花种于西域，则此即一种，或方域地气稍有异耳。"

二、番红花

番红花，别名藏红花、西红花。番红花在中国又叫藏红花，藏红花这个名字只意味其经西藏运到中国内地，西藏并不出产红花，而是从克什米尔输入。番，旧时对西北边境各族的称呼，亦为外族的通称，凡冠以"番"的产品，跟过去冠以"胡"和后来冠以"洋"的一样，皆标明是外来的产品。因此从字面来看，番红花应当来自域外。李时珍《本草纲目·草部》云："出西番回回地面及天方国，即彼地红蓝花也。元时以入食馔用。"劳费尔认为番红花传入中国必在元代以后。李时珍《本草纲目》卷15"番红花"条载其另有"泊夫蓝""撒法郎"之称。元朝的人把番红花掺和在食物中作调味品，这是印度、波斯的习惯。劳费尔说："的确，红花似乎直到那时候才输入中国而被人使用了。至少我们没看见更早的材料说过这话。"番红花是西南亚原生种，但由希腊人最先开始人工栽培，具体栽培时间不详。一般认为番红花原产于地中海地区、小亚细亚和伊朗。约961年阿拉伯人将其栽种于西班牙。10世纪一本英格兰的医书中有记载。后来在西欧消失，直至十字军又将其重新引入，主要种植于西班牙、法国、西西里岛、意大利亚平宁山脉以及伊朗和克什米尔。后由蒙古远征军传入中国。

三、胡椒

胡椒是多年生常绿攀援藤本植物，冠名曰"胡"，表明这种植物或其果实来自域外。胡椒从海路和西北丝路传入，我国南方有栽培。胡椒分布在热带、亚热带地区，生长于荫蔽的树林中，主要产于马来西亚、印度尼西亚、印度南部、泰国、越南等地。古代传入中国的胡椒来自南亚、东南亚。印度是胡椒的原产地，在印度，胡椒自史前时代便被用作香料。虽然胡椒也生长于泰国南部与马来西亚，但它最主要的来源是印度，特别是在马拉巴尔海岸地区，也就是现今的喀拉拉邦。胡椒在中国的种植以及使用有相当长的历史。

胡椒的移植、贸易和扩散是东西方文化交流的一个媒介，对中国丝绸和印度胡椒的追求曾经是欧洲人进行东方贸易的重要动力。公元1世纪时古罗马作家老普林尼在《自然史》一书中感叹罗马"每年至少有一亿枚罗马银币被印度、赛里斯国以及阿拉伯半岛夺走"。印度是罗马东方贸易的中转站，汉代中国人的海外贸易也到达印度，东汉末年罗马人最早来到中国也是通过海上交通实现的。胡椒在西方世界历史进程中发挥了重要作用。9世纪时，威尼斯商人在君士坦丁堡购买东南亚诸岛所产丁香、肉桂、豆蔻、胡椒等香料，转销欧洲，获得了丰厚利润。15世纪，欧洲人发现海上新航路，葡萄牙人、荷兰人先后侵入香料产地，将大批香料运入欧洲市场。中世纪结束前的欧洲、中东与北非市场上的胡椒都出自印度马拉巴尔地区。

16世纪胡椒开始在爪哇岛、巽他群岛、苏门答腊岛、马达加斯加岛、马来西亚与东南亚其他地区进行栽培，但这些地区种植的胡椒大多用于与中国的贸易，或者用于满足当地的需求。马拉巴尔地区的港口是远东地区香料贸易在印度洋的中转港。胡椒因其特殊功用成为欧洲人生活中的必需品,与其他珍贵的商品一起成为促使欧洲人寻找印度新航线并建立殖民地的原因之一,在寻找新航线的过程中,欧洲人发现并殖民了美洲。从某种意义上可以说,胡椒和远东地区的其他商品一起激发了欧洲人对东方贸易的渴望,开创了地理大发现的时代,改变了世界历史的进程。

四、诃梨勒

诃梨勒,由梵文音译,或写作诃黎勒,又译作诃利勒、呵利勒、呵梨勒、诃梨怛鸡、呵梨得枳、贺喇怛系、诃罗勒、苛子树等。落叶乔木,叶长椭圆形,叶里呈粉白色,开秋结果,果实为青黄色,为五六棱形之卵状。印度诃梨勒树传入中国,有的是经过东南亚而来,移植到南方沿海地区,唐代广州一带种植不少。鉴真和尚东渡日本前,在广州大云寺看到"诃梨勒树二株,子大如枣"。钱易《南部新书》记载:"广之山村皆有诃梨勒树,就中郭下法性寺佛殿前四五十株,子小而味不涩,皆是陆(六)路。""六路"即六棱。

诃梨勒树的果实,简称诃子,有药用价值。其药用价值甚至被佛教经典无限放大。诃梨勒意译为"帝释天持来的妙药",可治眼疾、风邪,且有通便之效,同时也作染料之用。汉文医籍中最早把诃梨勒当作药物记录的文献是汉末张仲景《金匮要略》:"气利(痢),诃梨勒散主之。"又有诃梨勒散方,"诃梨勒十枚,煨。右一方为散,粥饮和顿服"。其"杂疗方"又记载"长服诃梨勒丸方",主治腹胀。其配方:"诃梨勒、厚朴、陈皮各三两,右三味,末之,炼蜜丸如桐子大,酒饮服二十丸,加至三十丸。"

诃梨勒果实汉代已经传入中国,后来诃梨勒树也移植中国,其经过海路而来,所以先见于南方沿海地区。晋嵇含《南方草木状》云:"诃梨勒树,似木梡,花白,子形如橄榄、六路,皮肉相著,可作饮,变白髭发令黑,出九真。"九真郡在今越南境内,说明印度的诃梨勒是经过东南亚而传入中国。但此树栽种数量极少,唐代仍从域外传入,非常珍贵。诃梨勒树不仅果实具有药用及饮用价值,树叶也具有药效,可以祛除久治不愈的疾病。唐代诗人包佶《抱疾谢李吏部赠诃黎勒叶》写道:"一叶生西徼,赍来上海查。岁时经水府,根本别天涯。方士真难见,商胡辄自夸。此香同异域,看色胜仙家。茗饮暂调气,梧丸喜伐邪。幸蒙祛老疾,深愿驻韶华。"说明他获得的诃梨叶是经海上丝路传来的,并认为诃梨叶有"调气""伐邪"和"祛老疾"之功效。

五、青木香

青木香，又称"木香""五香"。其根茎具有浓郁香味，汉代时已从域外传入中国。汉乐府古辞云："行胡从何方，列国持何来。氍毹毾𣮾五木香，迷迭艾蒳及都梁。"《广志》记载："青木出交州、天竺。"《南州异物志》记载："青木香出天竺，是草根状如甘草也。"佚名《太清金液神丹经》以为青木出于天竺。隋炀帝西征吐谷浑，武威太守樊子盖献青木香以御瘴气雾露，可见这种植物至迟隋唐时已移植到陇右、河西之地。

美国学者薛爱华指出，"马兜铃属或姜属植物的根茎可以产出一种挥发性的油，这种油能够散发出异常浓郁的香味，故而在香料中占有重要的地位。在汉文中，这种芳香的根茎叫作'木香'"。岑参有一首诗题目是《临洮龙兴寺玄上人院同咏青木香丛》，从岑参的诗可知，这首先是一种植物的名称，非仅指此一植物的根部。另外，青木香与其说在香料中占有重要地位，毋宁说在药物中占重要地位，从中国文献中看到的主要是作为药物应用。起初中国人没有认识到青木香的药用价值，只是作为香料使用，故陶弘景说："今皆以合香，不入药用。"后来人们认识到其药用价值，苏恭说："叶似羊蹄而长大，花如菊花，结实黄黑，所在亦有之，功用极多，陶云不入药用，非也。"中国虽有种植，但域外传入者药性较佳，故唐代以后仍然"多从外国来"。

唐代青木香的根茎仍从域外传入，其传入的途径有陆路和海道，苏恭《唐本草》云："此有二种，当以昆仑来者为佳，西胡来者不善。"《唐书》记载："曹国出青黛，安息、青木等香。"《南夷志》记载昆仑国出"青木香"。所谓"西胡"即指曹国，"昆仑"包括师子国。宋代时主要从海道上来，故苏颂《图经本草》云："今惟广州舶上来，他无所出。"但据现代科学研究证明，青木香有致癌作用，目前已被医药禁用。

六、豆蔻

豆蔻分草本类豆蔻和木本类豆蔻，木本类豆蔻原产于印度尼西亚，称"爪哇白豆蔻"，引种于热带及温带地区，中国海南、云南、广西皆有引种。至迟三国时吴国就得到豆蔻。晋人环济《吴地记》记载："黄初三年，魏来求豆蔻。"曹魏政权曾请求吴国赠送豆蔻。西晋嵇含《南方草木状》记载，西晋太康二年，交州进贡豆蔻一筐，上试之有验，以赐近臣。左思《吴都赋》铺叙吴国植物："草则藿纳、豆蔻。"

豆蔻是姜科植物白豆蔻或爪哇白豆蔻的干燥成熟果实，气味芳香而辛凉，被称为肉豆蔻。豆蔻有药用价值。晋刘欣期《交州记》云:"豆蔻,似杭树。味辛,堪综合槟榔嚼,治断齿。"刘宋人雷敩《雷公炮炙论》记载了豆蔻入药方法:"凡使,须以糯米作粉,使热汤搜裹豆蔻,于糖灰中炮,待米团子焦黄、熟,然后出,去米,其中有子,取用。勿令犯铜。"梁陶弘景《名医别录》称豆蔻"味辛,温,无毒。主温中,心腹痛,呕吐,去口臭气。生南海"。宋赵汝适《诸蕃志》记载室利佛逝物产有豆蔻,室利佛逝,音译自梵文 Sri Vijaya,宋代后汉文史籍称为三佛齐王国,是 7—14 世纪时在巽他群岛建立的一个海上强国。

豆蔻树果实内部坚硬的内果皮称内豆蔻,豆蔻树具有光滑的灰色树皮,内含一种黄色汁液,与空气接触后,即变为红色。它会形成圆锥形树冠,带互生的椭圆形叶片,长约十公分,前端满尖锐,暗绿色,具芳香味道,且上表皮光滑。其花小呈黄色,像铃兰一样,覆月绒毛。果实为外表光滑的圆形核果,里面部分的坚硬内果皮即为豆蔻,肉质的外层即为假种皮,而所提供的香料则来自肉豆蔻。豆蔻干燥后具有一种怡人的香气,其中肉豆蔻素是香气的主要活性成分。与檀香及欧薄荷混合,可以用来制造沐浴香皂。核仁磨粉后与鸢尾及其他成分混合,可以放在香囊中。

豆蔻也受到佛家重视,一是作为出家人修法前之口香糖之用,一是供献之用。豆蔻花生于叶间,南方人取其未大开者,谓之含胎花。花萼管状,白色微透红,花冠管与花萼管近等长,裂片白色,长椭圆形。宋代诗人范成大有诗《红豆蔻花》咏之:"绿叶焦心展,红苞竹箨披。贯珠垂宝珞,剪彩倒鸢枝。且入花栏品,休论药里宜。南方草木状,为尔首题诗。"提到豆蔻,就会想到杜牧有名的诗《赠别二首》其一:"娉娉袅袅十三余,豆蔻梢头二月初。春风十里扬州路,卷上珠帘总不如。"杜牧诗中用豆蔻花形容少女脸庞的白里透红,以比喻十三岁的少女,后世以"豆蔻年华"代指十三岁少女。

参考文献

1. 严世芸、李其忠主编:《三国两晋南北朝医学总集》,人民卫生出版社,2009。

2. 陶弘景编,尚志钧、尚元胜辑校:《〈本草经集注〉辑校》,北京科学技术出版社,2019。

3. 苏敬等撰,尚志钧辑校:《唐·新修本草(辑复本)》,安徽科学技术出版社,1981。

4. 李珣著,尚志钧辑校:《海药本草(辑校本)》,人民卫生出版社,1997。

5.唐慎微撰,王家葵、蒋淼点评:《证类本草》,中国医药科技出版社,2021。

6.李时珍:《本草纲目》,中医古籍出版社,1994。

（石云涛）

第四节　粮食作物和棉花

一、苜蓿

苜蓿，古代大宛语 buksuk 的音译，是一种多年生开花植物，在中国古代文献中也写作目宿、牧蓿、木粟，俗称怀风、光风、风光草、金花菜、盘歧头、草头、连枝草等。佛经中译为"塞鼻力迦"。伊朗是苜蓿的重要原产地。

苜蓿是古代伊朗极重要的农作物，与饲养良种马匹有密切关系，古伊朗语"苜蓿"（aspō-asti）意为"马的饲料"。苜蓿种类繁多，多是野生的草本植物。其花有紫、黄或同开白黄青紫三种，可作饲料和菜蔬。苜蓿中最著名的是作为牧草的紫花苜蓿，营养价值很高，是良好的牲畜饲料。据现代科学研究，紫花苜蓿含有最丰富的维他命 K，含量之高，超过各种蔬菜。其他如维他命 C、B 也相当丰富。苜蓿以"牧草之王"著称，不仅产量高，而且草质优良，各种畜禽均喜食。大宛国盛产良马，其汗血马闻名于世，汗血马喜食苜蓿，因此大宛早就引入了苜蓿的种植。

苜蓿于公元前 470 年传入希腊、罗马。意大利至今称苜蓿为"米地亚草"。公元前 5 世纪，发生希波战争，波斯入侵希腊，波斯骑兵用苜蓿喂马和骆驼，把苜蓿种子带入希腊。公元前 200 年，苜蓿种子传入意大利和北非。中国西汉时引进苜蓿，是伴随着西域良马的输入而引种的。汉武帝时，为了获得大宛汗血马，贰师将军李广利率军远征大宛国，获得不少汗血马。为了饲养汗血马，汉使从大宛国带回苜蓿种子。《史记·大宛列传》记载大宛国："俗嗜酒，马嗜苜蓿。"天马嗜食苜蓿，随着中外交流的开展，天马越来越多，而且外国使者来时也带来苜蓿、葡萄种子，于是苜蓿种植也越来越多，此后苜蓿在汉地得到推广。唐人颜师古注《汉书·西域传》云："今北道诸州旧安定、北地之境往往有目宿者，皆汉时所种也。"苜蓿后出现在李时珍的医药学著作中，显然中国人也注意到苜蓿的医药价值。

二、胡麻

胡麻是一种外来植物，随着丝绸之路的开辟传入中国。胡麻在汉代时应该已经传入中国。冠名"胡"字，跟胡桃、胡萝卜一样，意谓域外传入之物种。东汉人崔寔《四民月令》云，二月"可种植禾、苴麻、大豆，可种胡麻"，三月"时雨降，可种杭稻及植禾、苴麻、胡豆、胡麻"，四月"蚕入簇，时雨降，可种黍、禾（谓之上时）及大、小豆、胡麻"，五月"时雨降，可种胡麻"，但最合适的时令是二月，"二月可种胡麻，谓之上时也"。大约成书于东汉时的《神农本草经》记载了胡麻。东汉时汉地人已引进胡饼的做法，而胡饼需要胡麻。东汉人以此饼出自胡地，以胡麻做配料，故称胡饼。东汉刘熙《释名·释饮食》云："饼，并也，溲面使合并也。胡饼，作之大漫沍也，亦言以胡麻着上也。"说明胡麻在汉代时已经引种至中国。陶弘景云："胡麻，八谷之中，惟此为良。纯黑者名巨胜，巨者大也。本生大宛，故名胡。"把胡麻看作"八谷"之一。

美国汉学家劳费尔指出中国人所谓"胡麻"是从伊朗来的，他说，中国人称为"胡麻"，"从语言学上说来，这情形有些和'胡豆'的情形相似。很可能这两种都是由伊朗地区来的，只不过在中国适应了水土，因为这两种植物都是古代亚洲西部所特有的栽培植物"。胡麻的传入丰富了汉地农作物的种植技术和品种。中国自古以农业立国，在外来文明中重视农作物的引进和改良，胡麻是其一。胡麻传入后，汉地人很快掌握了胡麻的适宜土壤、种植时令和收藏方法。胡麻生性喜寒耐寒，在中国只适合生长在西部、北部高寒干旱地区，主要分布在山西北部、河北北部、河南、山东、甘肃、宁夏、内蒙古等地。胡麻作为食材和榨油原材料，也是重要的经济作物，因此成为市场上大量交易的农产品，在当时农业和经济领域里具有一定重要性。

胡麻的输入和引种丰富了中国人的饮食文化。胡麻制饼、胡麻制丸和胡麻制羹等饮食文化传入中国，胡麻的种植为此提供了基本的食材和调料。胡麻可以榨油，胡麻油是一种古老的食用油，在中国有着悠久的食用历史，贾思勰《齐民要术》中就讲到用胡麻籽榨油。正是由于可以榨油，因此胡麻在宋代被称为"油麻"。胡麻传入中国后，其医药价值也很快被中国医家发现。在中国医家的观念里，百草皆有药性，因此从域外传入的胡麻自然引起他们的关注和探讨。医家重视胡麻之医药价值，历代医药学著作皆著录胡麻，并论述其药性。在中国医药学著作中，最早著录胡麻的是《神农本草经》，说胡麻味甘，平，主治伤中虚赢，补五内，益气力，长肌肉，填髓脑。中医自古重视食疗养生，"药食同源"是中国传统医学中对人类最有价值的贡献之一。中国医家很早就认识到食物不仅有营养，而且还能疗疾祛病。在中医的观念里，食品和药品没有截然的分界线。胡麻是食品，其医药价值也为人所认识，故成为医家食疗的原料之一种。古代医书中记载不少胡麻的食疗之方。胡麻是富有营养的健康食品，又有医药价值，其强身治病的功效被道家过分夸大，便成为食之可延年益寿甚至得道长生的仙药。在中国古代流传下来的各种仙话传说中，胡麻成为神奇的食物，普通人食用胡麻可以得道成仙，而神仙都好以胡麻为饭食。相信道家食之长生的仙话,古代不少人从事修炼时服食胡麻。

三、高粱

高粱种植有悠久的历史,一般认为原产于非洲,经印度传入中国。据最新研究成果,在两汉魏晋时期,高粱可能先后通过西南丝绸之路、西北丝绸之路及东南海上丝绸之路分别传入中国西南、关中及岭南地区。比较可靠的材料说明,至迟在 3 世纪前,高粱即传入四川,"蜀黍"因此得名。西晋张华《博物志》云:"地三年种蜀黍,其后七年多蛇。"两汉魏晋时期,高粱也通过西北丝路传入中国北方。高粱有别名"大禾",晋郭义恭《广志》记载:"大禾,高丈余,子如小豆,出粟特国。"

广州东汉前期墓葬内发现了高粱,出土的陶提筒内有高粱近半筒,器盖内有墨书"藏酒十石令兴寿至三百岁"。"藏酒十石"是此器用途的自证,按字面解释应为盛酒器。高粱既可供食用,亦是酿酒原料,藏高粱于筒内,似乎与酿酒用具有关。该标本经广东粮食作物研究所鉴定,认为籽粒外形、大小与现在栽培的高粱相同,根据周边省份暂未发现秦汉及秦汉以前高粱遗存的状况,推测可能是经过海上丝绸之路进入岭南地区。至迟到东晋南朝时,高粱已经扩展到长江中下游地区。高粱被视为"粗稼"(粗粮),在魏晋南北朝时虽然有时也充当口粮,但主要用于造酒、青黄不接时的备用口粮和灾荒年景时的救荒。

四、棉花

印度是树棉原产地,北非是草棉原产地。中国棉花的种植从汉代开始,但最早仅限于西南边疆地区,当时云南西部人民已经种棉织布。范晔《后汉书·西南夷传》记载哀牢人"知染采文绣,罽氎帛叠,兰干细布,织成文章如绫锦"。帛叠,又写作帛迭、白叠,即棉花。华峤《后汉书》亦云哀牢夷:"有梧木华,绩以为布,幅广五尺以还,洁白不受垢污,俗名曰桐花布。以覆亡人,然后服之,及卖于人。"古代哀牢国地跨今缅甸和中国云南西部。西晋常璩《华阳国志》记载永昌郡种植"梧桐木,其花柔如丝,民绩以为布"。永昌郡,今云南保山,在古哀牢国。哀牢地产"梧木华"或梧桐木,显然是树棉,这是南亚棉花经缅甸传入中国西南地区的记录。

魏晋南北朝时,中国人对棉花有了更多了解,于种植方面也有进展。首先,中国人了解到东南亚地区种植木棉。三国吴康泰《吴时外国传》云:"诸薄国女子织作白叠花布。"诸薄国在今加里曼丹岛。康泰奉孙权之命访问扶南,诸薄是其路经之地,他把这个新奇的见闻记入书中,说明他此时才知道东南亚国家种植木棉,也说明所谓汉代以前中国南方沿海地区已有棉花种植的说法或不能成立。其次,从南亚传至东南亚的木棉,魏晋时已传至中国南方沿海地区。三国吴万震《南州异物志》云:"五色班布,似丝布,古贝木所作。"所谓"古贝木"即树棉。树棉在古代文献中常写作"木绵"。晋顾微《广州记》云:"木绵,枝似桐枝,叶似胡桃而稍大。出交、广二州。"晋人张勃《吴录·地理志》记载:"交阯定安县有木绵,树高大,实如酒杯口。有绵,如蚕之丝也。又可作布,名曰'白緤',一名'毛布'。"与万震的记载相对应,交阯安定县已经是徼内了。又袁宏《罗浮山记》云:"木绵,正月则花,大如芙蓉,花落结子,方生绵与叶耳。子内有绵,甚白,蚕成则熟,南人以为缊絮。"晋宋间人裴渊《广州记》云:"蛮夷不蚕,采木绵为絮……绩以为布。"再次,木棉从南方丝路传入中国西南地区,郭义恭《广志》:"白叠毛织出诸薄洲。"此与《南州异物志》说法一致。又云:"梧桐有白者,剽国有桐木,其华有白毳,取其毳淹渍,缉织以为布。"此所谓"桐木"乃多年生木棉无疑。剽国,在今缅甸,是木棉传入中国西南地区的中转之地。

瑞士植物学家德空多尔认为草棉最早产于南亚,并认为"草棉之输入中华,为时当在纪元后第九至十世纪间,此可证明草棉之原产区域仅限于印度南部及东部"。这些认识都不正确。非洲草棉在中国的种植,最早的资料见于南北朝,《梁书·诸夷传》记载高昌国(今新疆吐鲁番一带)"多草木,草实如茧,茧中丝如细纑,名为白叠子,国人多取织以为布。布甚软白,交市用焉"。"白叠子"即棉花,这是一年生的非洲草棉,或称籽棉。新疆考古发现的棉籽,经中国农业科学院棉花研究所鉴定乃是非洲草棉。植株矮小,棉铃小,产量低,但成熟早,耐干旱,适于在生长期短的中国西北边疆地区种植。籽棉经波斯、印度传入中国西北地区。"交市用焉"说明在高昌棉布已经进入了商品市场,这也反映此地草棉种植已经有了相当的规模。新疆地区考古资料提供了棉花种植与棉布使用的物证,吐鲁番高昌、西州时期的文书中也有一些植棉及使用棉布的记载。1959—1960年,新疆博物馆考古队在吐鲁番阿斯塔那和哈拉和卓发掘墓葬30座,墓葬年代为麹氏高昌至唐西州时期,出土棉织品10件。1963—1965年,新疆维吾尔自治区博物馆对阿斯塔那和哈拉和卓两地的一部分墓葬进行发掘,出土一块棉布被单。1972—1973年,新疆维吾尔自治区博物馆考古队和吐鲁番文物保管所对阿斯塔那古墓群晋至唐时的墓葬进行发掘,清理墓葬63座。据发掘报告所附"出土织物登记表"统计,出土棉织品9件。1975年春,新疆维吾尔自治区博物馆考古队对哈拉和卓古墓群十六国至唐西州时期的51座墓葬进行发掘,出土一件"蓝棉布,出土物似为一件棉衫裙,内有絮棉,已槽朽成粉状"。1995年10月,中日尼雅遗址学术考察队新发现一处墓地,出土纺织品多件,其中有一件长

7.5厘米、宽5厘米的棉布方巾,该墓地年代属于魏晋前凉时期。1986年,在阿斯塔那古墓群发掘墓葬8座,出土棉布织品3件。阿斯塔那墓出土高昌国和平元年(西魏大统十七年,551)的叠布(即棉布)借贷契约,借贷量达60匹之多。这些材料说明,至迟十六国时期新疆吐鲁番地区已经有了棉花种植和纺织业,魏晋南北朝时吐鲁番地区的棉花种植已经相当普遍。东晋十六国时期后凉段龟龙《西河记》记载:"西河无蚕桑,妇女着碧缬,裙上加细布裳,且为戎狄性,着紫缬襦裤,以外国色锦为裤褶。"此"细布裳"当为棉布,"外国色锦"的"锦"字当为"棉"字之误,色棉即花布、班布。西河指今甘肃一带,这个记载反映其时河西走廊尚无棉花种植,故其著棉布仍称"外国色棉"。

棉花在魏晋南北朝时期虽然只在边疆地区种植,但已为进入中原地区创造了条件。棉布的使用已经进入中原地区,被称为"越装""越叠"的棉布衣装和衣料成为受限制和受追捧的物品,反映了它的珍稀程度,对棉布的需求必然造成棉花的移植。

参考文献:

1.崔寔著,石声汉校注:《四民月令校注》,中华书局,2013。

2.贾思勰撰,石声汉校释:《齐民要术今释》,中华书局,2009。

3.孟诜原著,张鼎增补,郑金生、张同君译注:《食疗本草译注》,上海古籍出版社,2007。

4.石声汉校注:《农桑辑要校注》,中华书局,2014。

5.德亢朵儿撰,俞德浚、蔡希陶编译:《农艺植物考源》,商务印书馆,1940。

6.罗伯特·N.斯宾格勒三世著,陈阳译:《沙漠与餐桌:食物在丝绸之路上的起源》,社会科学文献出版社,2021。

(石云涛)

下编

丝绸之路上的文化交流

第十一章 文字、文书与典籍

第一节 丝绸之路上的语言文字

虽有"丝绸之路"这一通称,实际依据所指地域不同,讨论的对象亦有所差异。本文准备讨论的,乃是中国称为"西域"那一带的地域。西域主要有三条交通要道:天山与昆仑山之间,沿塔克拉玛干沙漠南北边缘的绿洲有两条,即所谓西域北道和西域南道;另一条则是穿过天山山脉北侧草原的道路。草原之道主要是游牧民活动的区域,与之相对,西域南、北两道沿线则古来即有当地居民傍绿洲建立小国定居。从语言的角度考虑,以上两者的情况存在颇大差异,且作为"丝绸之路",草原之路的开拓远远早于绿洲之路。

历史上,西域各民族起起落落、兴亡反复。此地所通行之文字语言,亦随时代变迁而产生极大变化。若考察文字或语言的情况,则必不可欠残留下来的文字材料,而若想获知文字记载之前的情况,亦是极为困难。本文主要使用的材料,是以敦煌、吐鲁番为主西域各地所发现之写本,而因材料所限,讨论时代亦受到极大限制。从上述新出写本中,大可一窥公元第一千年纪前后的语言文字情况,至于之后的第二千年纪的情况,亦可藉由传世史料、出土资料等知晓,但其时所谓的丝绸之路及其历史使命,已然终结,故此处不列入讨论之范畴。

概观丝绸之路上语言文字的主要材料,是发现于敦煌及吐鲁番的出土文献,从分量上而言,前者更胜一等,倘若论起语言文字的种类,则后者更为丰富多彩,可以说一共包括二十种以上的语言文字。

一、粟特语与于阗语

首先,西域南、北道中通行的语言中,最具优势的是伊朗语支的语言。其中最为著名的是粟特语和于阗语,两种均属于所谓的中古伊朗语。粟特人本居于所谓"索格底亚那",其地在阿姆河与锡尔河之间,中心都市是撒马尔罕。汉文史书中所谓"九姓昭武",即指粟特人,此已为学界定说。作为商业民族,粟特人在西域自不必提,在中原内地亦有大量商业基地。来往中国的粟特人亦称用汉姓,其姓氏主要依据其出身地,康姓出自撒马尔罕、安姓出自捕喝、石姓出自柘支、史姓出自竭石国等等。斯坦因第二次探险时,在敦煌西部的望楼发现了著名的粟特文古信札(Sogdian Ancient Letters),目前学界以为其年代在 4 世纪左右,是来往于东方的粟特人寄往故土撒马尔罕的家信。由此看来,粟特人在西域的商业活动始于极早的时代,而后又可一直延续至唐。敦煌发现的《沙州伊州地志》(S. 367),是学界已颇为熟悉的,其中见有"康艳典"这一人物,是为粟特商队的首领。《沙州伊州地志》中记载,贞观年间,康艳典曾占据曾为楼兰国故地的鄯善,称典合城。又,据敦煌发现的天宝年间差科簿(P. 3664V),8 世纪中叶的敦煌,亦存在名为"从化乡"的粟特人聚落。敦煌藏经洞发现有五十件以上的粟特语写本,亦是其族确确实实在敦煌存在过的明证。不过,这些粟特语写本中,大部分为佛典,敦煌粟特人大抵有不少佛教徒。10 世纪曹氏归义军时代的敦煌,粟特语亦为回鹘人所利用,若论其使用者,或是回鹘化的粟特人,又乃至于受到粟特语强烈影响的回鹘人,这一点从突厥化的粟特语文献中亦可见一斑。

而另一方面,藏经洞发现的于阗语文献数目则远胜粟特语写本,敦煌以外,在于阗故地附近的丹丹乌里克遗址,也发现有于阗语写本。于阗塞语是位于塔里木盆地南缘的绿洲国家于阗王国的语言。高宗时期,唐在于阗设置毗沙都督府,对其进行直辖统治。7 世纪后半叶,于阗受到吐蕃的侵略,归入其统治中,其后又藉助唐庭援助恢复独立,自此之后,于阗王国由尉迟(Viśa)氏统治。10 世纪,于阗王国与敦煌曹氏归义军政权开始通婚联姻、交通使节,关系极为密切。以外交使团为中心的于阗人群体,当是常驻于敦煌。藏经洞中发现的大量于阗语文献,正是基于上述历史背景。11 世纪初叶,于阗国被伊斯兰势力征服,不过,就总体而言,10 世纪的于阗国以崇奉佛教而闻名,亦成为佛教文化的一大中心。至于与于阗语具有亲缘关系的语言,可能是图木舒克语,在中国亦被称作据史德语,因为在塔里木盆地西部图木舒克(Tumshuq)发现了相关写本,而为人所知。

如上所述,尽管粟特语抑或于阗语均属于中古伊朗语一系,但两者使用的文字却大相径庭。粟特语使用叙利亚文字书写,于阗语则使用印度系的婆罗米文字书写。于阗语使用婆罗米文字记写,究其原因,大抵是于阗受佛教影响甚大。如梁僧祐著《出三藏记集》中所云"昔造书之主凡有三人：长名曰梵，其书右行，次曰佉楼，其书左行；少者苍颉，其书下行。梵及佉楼居于天竺，黄史苍颉在于中夏。梵佉取法于净天，苍颉因华于鸟迹"，当时中国佛教徒所知的文字，仅止于婆罗米文、佉卢文、汉字三种而已。事实上，有关西域佛教诸国通行的文字之原委，最初流行的是佉卢文，而后则有婆罗米文取而代之。佉卢文来自阿拉米文（Aramaic），主要通行于以印度西北部犍陀罗为中心的地区，婆罗米文字的通行的地域范围则更为广大。正如《出三藏记集》所言，佉卢文属于阿拉米文一系，因此具有从右至左书写的特征。以尼雅遗迹为首的塔里木盆地所发现的用佉卢文书写的桦树皮文书，记写的语言大多是西北印度的俗语（Prakrit），亦称作犍陀罗语，内容几乎都是佛典。可以说，在塔里木的绿洲诸国传播的佛教，最初是凭借西北印度的俗语所书的佛典进行传播的，而后则被诸使用婆罗米文的民族的语言替换了。至于印度本土，由佉卢文所书写的佛典，渐次以正规的梵语重新书写，可以说两者同出一辙。

二、焉耆语与龟兹语

塔里木盆地北缘的绿洲国家焉耆（Agni，今又称喀喇沙尔），以及龟兹（即今库车）的语言，也是使用婆罗米文书写。这两种语言曾经都被称作吐火罗语，为区分两者，前者称"吐火罗语 A"，后者则称"吐火罗语 B"。两者都曾被误解为是吐火罗的语言。上述吐火罗语 A 及吐火罗语 B 两种语言，从地理分布上而言，是印欧语系中最靠东方的语言，但是却与分布在西欧的希腊语族、以拉丁语为代表的意大利语族、日耳曼语族、凯尔特语族等同属于腭音类（Centum）语言。由于这种特异性，"吐火罗语"在被发现伊始就备受学界瞩目。吐火罗语 A 的文献，大部分仅出自喀喇沙尔（即古之焉耆）附近的锡克沁（Šorčuq）遗迹，与此相对，吐火罗语 B 的文献则是有出土自锡克沁的，亦有出自以克孜尔千佛洞为中心的范围甚广的遗迹群中。两种文献虽然均以佛经为主，但吐火罗语 B 文献中还见有医学文献及俗文书等。如此，将吐火罗语 A 视为焉耆国的语言，而吐火罗语 B 视为龟兹国的语言，是一种相当有力的学说。吐火罗语 A 只用于经典中，吐火罗语 B 则也用在关乎日常生活的文书中。因而有论者以为，这种区别表明，所谓的吐火罗语 A 并非焉耆国日常通用的语言，而是作为经典的语言从其他地域传入的。可以说，无论是这两种语言的哪一种，最终均为回鹘族等讲突厥语系的语言的人群渐渐吸收，从而走向消亡的命运。另外，研究这两种吐火罗语的中坚学者，近年来又根据出土干尸的 DNA 鉴定结果提出假说,认为其或许与北方的阿凡纳谢沃文化(Afanasievo culture)具有关联性。

三、回鹘语

雄飞于天山以北草原地带的乃是突厥系民族及蒙古系民族,在第一千年纪,突厥系民族要重要得多。特别是 9 世纪中叶回鹘可汗国瓦解后,一部分回鹘人西迁,占据吐鲁番盆地,建立西回鹘国。吐鲁番盆地古来便由汉族地方政权统治,贞观十四年(640)唐军灭高昌国,在其地置西州,开始直辖统治。而两百年之后,此地却归于回鹘人之手。德国探险队在吐鲁番发现的回鹘语写本,现在收藏于柏林科学院吐鲁番写本研究所,而俄国探险队发现的写本则收藏于圣彼得堡东方写本研究所,数目甚巨,时代跨度从约九、十世纪开始,一直到元朝。这些写本使用的文字,几乎都是借用粟特语而形成的粟特式回鹘文,活字体与笔记体因为时代相异,印象相当不同,时代较早的回鹘语写本,亦见有直接使用粟特文字的。用来书写回鹘语的文字相当多样,回鹘文以外,摩尼教徒用摩尼文字,而佛教徒则受到近邻的焉耆国与龟兹国的影响,使用婆罗米文字。敦煌莫高窟也发现了回鹘语文献,在巴黎、伦敦大约收藏了五十件左右,其当然以佛典为主,但亦见有商业用的书简。从敦煌北区石窟还发现有元朝的回鹘文献,伯希和还带走了回鹘文活字。斯坦因在第二次探险时,于莫高窟发现了用突厥文字书写的回鹘语写本,乃是被称为"Irk Bitig"(占卜书, Or. 8212/109)的文书。顺便一提,其为册子本,书品甚精丽,附有元至正十年(1350)题记,可以推测,该文书原本并非存于莫高窟中。现今学界主流观点认为,该文书是王道士在斯坦因访问莫高窟以前,从北区的佛窟中挪过来的。突厥文字是八、九世纪塞北回鹘可汗国所用的文字,目前可知使用突厥文的有"磨延啜碑"(Shine-Usu Inscription)或"九姓回鹘可汗碑"(Karabalgasun Inscription)等,颇有意思的是,直到元朝,还见有使用这种文字的。大抵立足于回鹘民族所固有的传统的某类文献(此处即为占卜书),而非佛教文献等,就会特意用这种文字记写。在 1900 年,俄国东方学家马洛夫(C. E. Малов)从甘肃得到的回鹘文《金光明最胜王经》写本,书写于清康熙二十六年(1687),以此可知,直至清康熙年间,新疆东部至甘肃一带,仍有回鹘佛教徒传承延续回鹘佛典。记写回鹘语的文字,依据文化背景的不同也各有不同,非常耐人寻味。

在汉代时,吐鲁番已成为汉人的军事据点,颇受汉文化熏陶。直至于北朝时代,阚氏、麴氏等汉人在此处建立独立政权高昌国。至唐贞观年间,高昌国向唐军投降,吐鲁番从此变成了唐的直辖地。由此可知,吐鲁番盆地有着绵长的中国文化的传统,汉字汉文广为流通。值得大书一笔的是,9 世纪中叶之后,回鹘国时代的吐鲁番,发展出了独自的汉字音,使用回鹘字音来读诵汉字汉文。可以与此并举的是,在日本、朝鲜、越南等国亦均创制出独自的汉字音,由此也可一窥这些地方受到中国文化的浸染之深。

四、藏语

藏语是 7 世纪初贤王松赞干布所开创的吐蕃帝国的语言。尽管历经时代推移,言语亦有所变化,但藏语至今仍然为藏人所使用。据传,吞弥·桑布扎(Thonmi Sambhota)在 7 世纪中叶创造藏文。其是通过翻译佛经,从印度引进婆罗米文字中的一种作为基础,由此创制的藏文。吐蕃与唐纷争不断,8 世纪中叶,吐蕃攻略河西走廊,敦煌亦为吐蕃所统治。吐蕃乃后又攻略塔里木盆地,将于阗纳入其势力范围中。9 世纪,由于吐蕃的政治影响力,藏语在西域广泛通行。藏语在这一时期,发挥着塔里木盆地各个民族之间的一种共通语的作用。吐蕃统治敦煌长达约六十年,因此敦煌藏经洞发现了许多藏文文献。此处所述的藏文文献,除了佛典以外还有历史文献、医学文献、占卜书、契约书、书信等,种类颇为丰富,为研究古吐蕃文化提供了贵重的材料。加之,敦煌自汉代以来,长年累月受到中国文化的浸染。吐蕃统治时期的敦煌,在文化交流方面,有值得特别一提的文化现象发生。敦煌藏文文献,有译自中国古典的藏文文献,譬如《尚书》(P. 986)、《战国策》(P. 1291),至于《孔子项托相问书》(P. 992),也应当是从汉文翻译成藏文的。此外,还有基于五姓说的基础,排列中国姓氏的藏文写本《人姓归属五音经》(P. 127),亦是展示汉藏文化交流的一例。不过,敦煌发现的藏文文献中,绝大部分还是由吐蕃统治末期推行的写经事业而产生的《十万颂般若经》和《无量寿宗要经》写经。这两种写经不仅大量存在于英、法、俄国探险家带走的文物中,在残存于甘肃的敦煌文献中,也达到极为壮观的数目。该写经事业所动员的抄经人员,大多为敦煌汉人住民,相当耐人寻味。且敦煌的汉族住民通过参加这一写经事业,也领悟出使用藏文字母记写自己所讲的汉语。如此,藏文书写的汉语文献在英、法藏文献中达到数十点,而在俄藏文献中亦有发现。在英藏文献中,有一称为"长卷"(IOL Tib J 1772)的文献,正反面合计近 500 行,内容是用藏文记写的汉语佛教教理问答及佛教赞歌,其篇幅在这类文献中可谓是庞然大物。九、十世纪,藏语在西域极具影响力,除上述使用藏文记写汉语的情况之外,也见有用藏文记写回鹘语的例子(P.1292)。

五、西域的汉语方言

唐的军事攻势尚且能影响到西域时,在西域设安西都护府,下置所谓"安西四镇"(龟兹、于阗、疏勒、焉耆)都督府实施统治。又为统治天山以北草原,设北庭都护府。唐在西域一带发展的这一时期,各地估计均通行来自长安的"雅言"。然而,这样的时代并不长久,终如潮水落尽。一方面,在中原通向西域的关口敦煌、丝绸之路交通中转站吐鲁番等地,不同土地孕育出来的当地固有的汉语方言已经稳稳扎根下来。现以敦煌为例进行说明。从汉代以来,敦煌就是汉人殖民的都市,汉人在此构筑了漫长的历史传统,在唐一代,敦煌也应当是利用与中原别无二致的长安官话作为标准音。然而,经过吐蕃统治之后,9世纪张氏归义军以及10世纪曹氏归义军统治的时期,敦煌本土的河西方言开始在社会各层占据上风。这一情况的产生,自然是因为敦煌此时不再受到长安的影响,而统治者张氏及曹氏又原本即为敦煌当地豪强。如此一来,分析使用藏文书写的汉语文献,即可明确的事实是,敦煌的汉语规范发生了很大的变动。由藏文书写的汉语文献,有着清晰的时代分层:较早期的文献中体现出来的特征,近似长安音系;10世纪曹氏归义军时代的文献,则明显具有河西方言的特征。从广义上考虑,长安方言也好、河西方言也罢,都属于汉语的西北方言,但仍可以观察到不少相异的音韵特征。上文已提及,10世纪仍有大量于阗人居住在敦煌,从敦煌藏经洞中发现有使用于阗文书写的汉文《金刚经》(IOL Khot S 7),其所表现的音韵特征,与10世纪归义军时代用藏文书写的汉语文献是一致的,使用的也当是河西方言。顺便一提,西回鹘国时代的吐鲁番所通行的汉语,以及时代稍晚的西夏国人所使用的汉语,就广义上而言,同敦煌的河西方言均属于汉语西北方言的一种,但其特征仍有不少相异之处。

六、西域旅行与语言

商人、使节、朝圣者等穿梭于西域各地的旅行者,数量应当不少,语言不通,必然会造成不少麻烦。敦煌发现的几部会话用例集,应当就是供这种情景使用的。譬如,藏汉对译词汇例文集,就有 S.2736V、S.1000V、S.5212V(2)等,举例而言,其中有"这里担饭来""马要喫啊"等汉语例句,各自对应有藏文"'dir zan khyeog(把饭拿到这边来)""rta la "as par dgos(需要喂马)",如此看来,这些对话都是假设发生在旅社这一场景的。而后者中对应"饲料"的""as par"，其实是于阗语，这也反映了当时复杂的语言状况。这样的文例集不仅有汉藏对照的，还有于阗语汉语对译的，如S.5212V(1)、Or.8212/162、P.2927V，在于阗语汉语文例集中，不仅可以见到同样的例句"担饭食来"（于阗语：khāysā vā bara）、"酒担来"（于阗语：mau vā bara），其整体内容亦同前述藏汉对译文例集几乎一致，是供讲这些语言的西域旅行者所利用的。此外，亦发现有梵语于阗语对译会话文例集（P.5538V），为曹氏归义军时期的写本。已知这一时期有从印度途经敦煌赴五台山的印度僧侣，上述文例集应该是供跟随这些印度僧侣的于阗人利用的。此例尤为特殊，由此可知梵语也曾作为口语通行过。

　　不仅仅是旅行者，西域各地也需要负责在不同言语间从事翻译工作的译语人，且由目前材料可知，这一类人确实也曾存在过。唐都城长安鸿胪寺设置有"译语"之职，负责对外国使节的接待和翻译工作。翻译在西域各地也同样是必不可少的。唐西州时期的吐鲁番，自然有大量不通汉语的胡人居住，从行政的角度，翻译亦不可或缺。试举唐代吐鲁番文书中的一例以说明，有胡人名曹禄山接受官员质询时，答曰"身是胡，不解汉语"（66TAM61）。此事另有背景如下，西州官府设有译语人的编制，其中大多为粟特人和突厥人，汉人似较为少数。至于西域其他地方，或未必有很多地方正式设置译语人之职，但从事译语人工作的人必然存在。译语人是研究丝绸之路的语言时极为重要的要素，然而，可惜的是，研究这一主题的材料相当欠缺。

七、没有文字的语言

　　以上主要是基于敦煌吐鲁番等地发现的古写本，对丝绸之路的语言文字进行概观，但对于不存在文字的语言，只能付之阙如。不过，笔者在此还是想就其中一两种重要的语言，略叙一二。

　　首先是在汉代时霸唱北方，强大势力延及西域的民族——匈奴。由于匈奴不使用文字，有关于匈奴语，从突厥语说一直到蒙古语说、伊朗语说、斯基泰语说甚至于叶尼塞语说，学界众说纷纭，至今仍悬而未决。亦有论者以为，5世纪由阿提拉（Attila）率领侵攻欧洲的匈人，即是匈奴的一支，但这一假说并未有确凿证据支撑。总而言之，言语资料压倒性的匮乏导致这一问题无法得到解决。但无可置疑的是，在第一千年纪的早期，丝绸之路上曾经通行过匈奴语。

　　另外还有一种是吐谷浑语。吐谷浑被视作源自中国东北、南下建立北魏等王朝的鲜卑族慕容部的分支,其主要以青海为中心扩张势力,五、六世纪,其势力进入塔里木盆地。由此可以推测,在一定时期,吐谷浑语也在西域流通过。被视为吐谷浑起源的鲜卑族,其语言有论者以为是突厥语,亦有以为是蒙古语者,暂无定说。至于吐谷浑的语言,同样有很多不明的地方,极难断定。而6世纪后半吐蕃灭吐谷浑之后,留在青海的吐谷浑残部吐蕃化,从而使用藏语,而逃往唐的一支或许最终与汉族同化,亦未可知。

(高田时雄)

第二节　汉文典籍在西域的传播

西域一名,始于西汉,是中国史籍对于古代西北边疆地区的专称。近代随着"丝路"一名的出现,往往将"西域"与"丝路"画上等号。丝路指的是路线,西域指的是区域,两者虽相近相涉,却不等同。所谓的"西域"有广狭二义,传统指的是狭义的西域,相当于丝路中段,即玉门关、阳关以西到葱岭。这片广袤的区域,自古就是多民族杂居,进入历史时期后,不是被北方游牧部族控制,便是受中原王朝管辖。

一、汉字汉籍在西域传布的途径与人员

从张骞通西域以来,中原与西域各王国的文化交流日趋频繁。其间非汉语的民族与王国,长期以来大多借助汉字作为书写阅读的工具;透过汉文典籍,来学习中华文化,借鉴汉民族的发展经验,汲取先进的文明。作为交流工具和文化载体的汉字、汉籍,对周边地区民族文化的发展有着重大功用。"汉文典籍"在西域的传播,无形中形成了所谓的"汉籍之路",而与经济交流活动的"丝绸之路"交相辉映。

"丝绸之路"的称谓,主要着眼于商业活动的路线,所以很容易引人联想起穿梭在丝路的商队,也意味着西域与中原的文化交流是伴随贸易而产生的,是以贸易乃早期文化交流的主要途径;而商人无疑是此一阶段汉字、汉文与汉籍的主要传播者。又提起"西域"自然会关注到戍守边疆的军队,这些来自中土的将士,自然也是汉字、汉籍传播的重要角色。再者,中古时期流行传教布道与西天求法,行走于丝路上的胡汉僧侣,他们也是重要的文化传播者。尤其佛教东传后,西域诸国成了佛教大国,佛经汉译工作在此大量进行,汉传大乘佛教也在此积极传布、发展。其间东来西往的高僧在讲经、译经、解经等弘法布道的过程中,也在此留下各类宝贵的汉文佛典。

总的来说,汉唐期间西域汉字、汉文典籍及汉文化的传播者,主要有商人、军队、僧侣、外交使节、政府官员。这些人员身份不同,传播的内容有异,典籍各有侧重,留下了古代西域汉字使用与汉籍传播的整体面相。

二、汉文典籍在西域传播的遗存及意涵

19 世纪以来,西域地区长时间大规模的考古发掘,提供了研究古代西域地区

语言、文字、民族、政治、经济、军事、宗教、历史、文化等学科丰富的珍贵资料。多语种文字文献的出土,是古代中国与西域文化交流情形最直接展现的具体材料,体现了各民族与汉文化交融的实况。其中大量的汉文文献遗存,更是考察汉字、汉籍在西域使用与传播的历程与实证。兹以汉唐时期西域地区主要的绿洲王国高昌(今吐鲁番)、龟兹(今库车)、于阗(今和田)为代表,略述如下。

(一)高昌

汉文典籍在西域传播的遗存数量最大、种类最多、时代跨度最长的,当属吐鲁番出土的文书。吐鲁番地区古为高昌,是古代东西交通的要道。其历史大致可分为三个时期。

一是西汉至唐灭高昌置西州以前。汉元帝初元元年(前48)屯田车师(今吐鲁番盆地),设置戊己校尉,东汉魏晋仍在此设戊己校尉,是为高昌壁时代。东晋咸和二年(327),前凉张骏于此置高昌郡。其后西凉、北凉沿袭之。北凉承平十八年(460),柔然灭沮渠氏,立阚伯周为高昌王。此后,张、马、麹诸姓相继称王,史称高昌国时代。

二是唐西州时期(640—755)。贞观十四年(640)唐灭高昌,置西州,进入西州高昌时期。此时期主要为汉人统治,民族多元,除原住民外,主要为汉族及粟特人,使用的语言、文字有汉语文、突厥语文、粟特语文;信仰佛教,为丝路佛教重镇。

三是803年回鹘汗国成立以后。803年,唐朝势力退出后,为回鹘汗国所控制,9世纪末建立高昌回鹘王国(即所谓的西州回鹘),改奉伊斯兰教,佛教信仰从此消退。

汉代以来,历经晋唐,高昌地区始终以汉人为主体,汉文化居于主导地位。《周书·高昌传》载:"文字亦同华夏,兼用胡书。有《毛诗》、《论语》、《孝经》,置学官弟子,以相教授。虽习读之,而皆为胡语。"表明汉语为主的多语环境及儒学教育的实况。近代吐鲁番地区出土的汉文文献虽大多为残片,但数量庞大,种类繁多,从中仍可获得一定程度的印证。

其中汉文文书,包括名籍、账簿、符、牒、表、启等各式的官文书,说明了汉字是当时的官方文字;而各类寺院文书,无论是寺院内部的簿籍疏牒,或是寺院对外的往返书函,也均采用汉字。至于民间私文书,诸如借贷、租佃、买卖、书信及商务活动等文契,也用汉字,显见汉字汉文在当时社会、经济活动使用的广泛。至于汉文典籍方面,据今公布的目录、图录与相关资料,得知抄写时代,主要从晋到唐;内容以佛教典籍居多,而汉文化精华的非佛教典籍数量虽远不及佛典,然种类可观,包括四部要籍,关系着唐前及唐代高昌地区对汉文化的吸收,呈现政治、经济、军事、教育等方面的发展实况,是西域历史、文化研究的重要材料。

其中儒家经典有《尚书》《毛诗》《礼记》《春秋左传》《论语》《孝经》《尔雅》,白文、注本并见,同时还有唐代各经的经义策论。经部附庸的小学有《玉篇》《切韵》等。史部主要有《史记》《汉书》《汉纪》《三国志》《后汉书》《晋阳秋》《新唐书》《春秋后语》《列女传》等。子部,诸子有《列子》《刘子》,类书有薛道衡《典言》,蒙书有《急就篇》《千字文》《开蒙要训》《太公家教》等,医药有《本草经集注》,天文历法、术数、占卜有《星占书》《解梦书》等。集部,总集有《文心雕龙》、《文选》白文及李善注,诗赋有汉扬子《羽猎赋》、汉班孟坚《幽通赋》、晋潘安仁《西征赋》、唐刘瑕《驾幸温泉赋》等。

佛教典籍最为大宗,写本年代跨度长,从高昌郡、高昌国、唐西州到西州回鹘时期;来源有传自中原,也有出自当地的抄本。主要见于唐智升《开元释教录·入藏录》的经典居多,其中《法华经》最多,其次为《大般若经》《大般涅槃经》《金刚经》等。《开元录》未收,而为其后大藏经所收的约 20 种,其中《开元录》编纂前译及编纂后译各半;而历代大藏经未收的也约有 20 种,其中疑伪经居半。除佛教经典外,还有《老子道德经注》《道德经序诀》《南华真经》《太玄真一本际经》《通玄真经》等少量唐写本道经残卷。

(二)龟兹

龟兹是汉唐时期丝绸之路北道最重要的绿洲王国,北据天山,南临塔克拉玛干大沙漠,是佛教进入中国的天然门户。龟兹佛教发达,石窟寺院众多,汉传佛教著名的翻译大师鸠摩罗什便出生于此。唐前,龟兹使用焉耆文作为记录龟兹语的文字,或称吐火罗文。公元前 60 年,汉朝控制西域,直至唐显庆年间平定西突厥,将安西都护府迁至龟兹王城,下辖安西(龟兹)、于阗、疏勒、焉耆四镇,龟兹成为唐朝统治西域的军政中心。在安西四镇完整的军事防御体系下,“长征健儿”制的实施,使前往西域的兵士不再番替,而改为长年镇守,眷属因得以从军而居。由于中原将官、军士及眷属读书的需求,汉文典籍纷纷传入。

今龟兹汉文文献遗存,主要见于 20 世纪初,各国探险队在龟兹故国库车地区的大量发掘。1903 年,日本大谷探险队在库车、克孜尔、库木吐喇千佛洞等地发掘了汉文文书,约 56 件。1904—1914 年德国吐鲁番考察队的四次考察中,其中第三次及第四次考察,在库车、巴楚地区,即古代龟兹国的范围内进行发掘。荣新江据德藏原藏编号带有"T IV K"的判定属库车地区出土的有 18 件。1907 年,法国伯希和在库车地区发掘所得汉文文书多达 200 余件。1928 年,黄文弼在新和的通古斯巴什城获有汉文文书 3 件。

这些文献多数原属寺院图书馆藏书或官方行政文书,汉文典籍相对较少,主要为唐写本的韵书《切韵》,《汉书》《史记》等史书,及《唐律》法典残存,是唐朝时期从中原流传到西域的传统文化的精华。遗存较多的是唐写本汉译佛典,主要为唐时最流行的《金刚般若波罗蜜经》《妙法莲华经》《大般涅槃经》,及 9—10 世纪回鹘时期写本《四分律比丘戒本》。这些遗存表明当时龟兹流行的汉文佛典与同时期的西州(吐鲁番)及沙州(敦煌)基本相同。

(三)于阗

古代西域绿洲王国之一的于阗,西汉经营西域时即属西域都护府管辖。南北朝时,于阗与中原各王朝保持密切联系。唐贞观末年于其地设于阗镇,为唐代安西四镇之一。上元二年(675),设毗沙都督府,属安西都护府。8 世纪末,吐蕃雄踞西域,于阗曾为其属地。后晋天福三年(938)封其王李圣天为大宝于阗国王。1006 年为西州回鹘喀喇汗王所灭。

于阗在魏晋南北朝时期曾经使用佉卢文,5 世纪时开始使用自我创制的于阗文,一直流行到 9 世纪末、10 世纪初。至于汉字传入于阗为时甚早,19 世纪末和田等地出土的东汉时汉文—佉卢文二体钱便是实证。

2 世纪前后佛教进入于阗,于阗快速发展成佛教译经研学的重镇,成为丝路佛教古国。有来自印度、中亚系统的佛教,也有本地特色的宗教,还有汉传佛教系统。境内有 14 座大型佛寺及许多小型寺院,是当时西域大乘佛教的文化中心。唐贞观十八年(644),玄奘法师从印度回国途中曾在此停留,并讲经说法。1006 年,信奉伊斯兰教的西回鹘喀喇汗王朝征服于阗后,于阗从此改奉伊斯兰教,居民也逐渐放弃原有的于阗语,改采维吾尔语。佛教从此在于阗销声匿迹。

今所知见英国霍恩雷、斯坦因,瑞典斯文赫定,俄国,德国,日本大谷探险队所获及少数中国公私收藏的和田出土汉文文书,约 300 多件。2010 年,中国人民大学博物馆获赠一批和田出土唐代多种语文的西域文书,其中也有 300 多件汉文文书。这些汉文文书,大多为零碎的残片,完整的文书不多;内容除唐于阗镇守军的军事文件外,还有帐、籍、簿、牒、状、契等官、私文书,属社会、经济文书。

相对而言,于阗的汉文典籍较少,且以佛典居多。如《大般若波罗蜜多经》《大般涅槃经》等,反映了大乘佛教在于阗的兴盛景象。而禅宗典籍《神会语录》的遗存,则表明了大唐盛行的南宗禅,也传入于阗。非佛教的汉文典籍遗存较少,有《经典释文》《古文尚书正义》《刘子》,另有蒙书《急就篇》、多件汉字习字的《千字文》、习书的《兰亭序》《尚想黄绮帖》等,表明于阗汉字教育的实况。尤其斯坦因在丹丹乌里克发现的《兰亭序》习字文书残片中有题记:"补仁里,祖为户,□(学)生李仲雅仿书册行,谨呈上。"更是当地学生学习汉字的具体明证。

总体而言,西域地区多民族的高昌、龟兹、于阗,汉唐时期汉字、汉籍在此流通传布,遗存的大量汉文文献,反映这些地区的实际状况,即贸易为主,宗教传播与军事事务居次,官方的行政影响又居次;而代表汉文化的典籍,相对比率不高,种类有限,显示汉籍在西域的传播是有所选择的,主要集中于儒家经典、三史及作为汉字教育的蒙书等中华文化思想核心与精粹,凸显了汉文典籍传播的精要与实用。

三、汉文与汉籍在不同地区传播的差异

高昌、龟兹、于阗同属绿洲王国,且早在汉代前后便与中原交流,接触汉字文化,均为丝路的交通要道,又是东西商旅交易的贸易城市,来往汉客胡商不绝于道,交易频繁。近代考古发掘的汉文文书中有大量各类商务活动的经济文书以及社会活动的官私文书、信件等,反映出其市场之活跃与经济活动之热络。而于大唐盛世,高昌、龟兹、于阗等王国尽归大唐管辖,军镇机构、羁縻府州、官府往来文书均采汉字。汉人移民增多的大唐属地,民众与官府往来行文或民众之间往来书信自然也以汉文为主。今见考古发掘的官文书内容涉及土地、户籍、赋役、军事、诉讼等,呈现西域地区于大唐统治下使用汉字的实况。私文书则多为借贷、买卖契约等民间经济活动的文书,是当时西域地区日常生活使用汉文的具体展现。

高昌、龟兹、于阗考古发掘的汉文典籍,同样均以佛典为居多,非佛教的传统典籍相对较少。尽管如此,仍可窥见中原传统儒家文化精粹及文士诗文在西域的流传,同时也有当地学子习字及诵习诗文的遗存,呈现西域地区汉文化接受与传播的独特景观。

但由于地缘与历史关系,汉文典籍在不同地区间的传播也出现一些差异现象。特别是吐鲁番地区出土的汉文文献,无论于数量或种类,均远远超过库车及和田的遗存。明显呈现出高昌地区汉字通用的程度与汉籍传播突出的情形,且与

河西文化相通的敦煌文献存在着相续相涉的现象。

高昌位于今新疆吐鲁番盆地,是丝路中段的枢纽,在东西方经济往来和文化交流上产生过巨大的作用。历史上的高昌壁时期,西汉在此屯垦驻军。高昌郡时期,先后为河西地区的前凉、后凉、西凉、北凉等政权所控制。河西诸凉多崇佛尊儒,儒家文化因此相对发达。高昌王国时期,先后经历了阚、张、马、麹四氏的统治,居民主要是汉人。四姓贯属及郡望,均源出中原大族。其中,麹氏立国长达140年,使用汉语汉字作为学习中原儒学、吸取中华文化的工具。唐西州时期,由大唐统治长达150年。唐朝的各项军政制度在西州推行,教育制度也在其地推行。其时西州及其属县建立有州学、县学和医学,从吐鲁番文书可约略窥见其情况。其中儒家经典、史书、诗文、童蒙读物等,深受关注,主要有《论语》《孝经》《毛诗》《尚书》《礼记》等儒家经典,《千字文》《开蒙要训》等唐代最流行的童蒙识字教材,以及《太公家教》等当时民间最为通行的格言谚语式的处世箴言。这显示出唐代这些地区的汉文教育状况与中原地区基本一致,同时限于环境,更加凸显其因地制宜、力求简要、侧重实际生活的实用性等特色。

至于大量汉文佛典的遗存,说明高昌、龟兹、于阗等佛教王国,东来弘法的胡僧通晓汉语,识读汉文,手赍胡本,口诵汉经;往西天取经的汉僧更是汉文经典随身,朝夕持诵。其详情《魏书》《出三藏记集》《高僧传》等多有记述。

4世纪末高昌王国成立后,佛教译经风气大行,佛法大盛,寺院林立,高僧辈出。今吐鲁番出土的汉文佛典正是此一盛况的真实反映。即便在公元840年以后信奉摩尼教的西迁回鹘人在吐鲁番建国,其时汉僧也仍可继续使用汉语酣畅地宣讲经文,西州地区留下来的S.6551讲经文可作例证。

丝路绿洲王国龟兹,是佛教进入中国的天然门户。虽然佛教传入龟兹的具体时间并不清楚,但从今所得见的克孜尔石窟、库木吐喇石窟、森木塞姆石窟、克孜尕哈石窟等著名石窟,可知唐前此地佛教发达,石窟、寺院林立;胡汉杂处,佛经翻译大行,经录中白姓、帛姓的译经高僧多数出自龟兹,著名的鸠摩罗什更是龟兹王国的译经大师。尽管今日在龟兹(库车地区)发掘所得的汉文佛典数量有限,但仍可从寺院考古发现的文物、文献遗存与史料、经录中窥知当年佛教的盛况。

于阗因地缘关系与印度关系密切,早在公元前2世纪,佛教即从迦湿弥罗国传入于阗,于阗快速发展为新疆西南最大的佛教王国,大小寺院林立,其盛况从今考古遗址与发掘可以想见。644年,唐玄奘西天取经返唐路过于阗,并在此讲经说法。《大唐西域记》对于阗的建国传说、风土民情及佛教盛况多有记述,从中也可窥见唐代于阗的佛教世界。

四、汉字与汉文典籍在西域消退的原因

西域出土的汉文文献，尽管大多为残卷断片，但这些广泛而真实的遗存，无疑是考察古代汉字与汉籍在西域流行与传播的最佳窗口，是理解汉字文化在历史上西域多民族地区的传播历程及兴替规律的重要凭借。至于汉字文化在西域的传承与消退，除了政治势力、经济活动等主要的外在因素外，关键还在于该地区的民族、操持的语言、使用的文字与宗教信仰等。

文化的传承与发展，凡是主动的、内需的较能长久而深入；被动的、外加的一般短暂且难以持续。汉字文化在古代西域的发展历史也符合这一原则。汉字与非汉字双轨并行，在汉族政治势力的控制下，官方推动汉语，行政文书使用汉字、汉文，但这是被动的、外加的，所以汉字仅止于与官府交涉时使用，难以生根。一旦政治力衰退，汉籍传播随之中断，汉字的使用也会随之消失。

汉字、汉籍长期在高昌、龟兹、于阗广泛使用与流传，当大唐势力退出后，汉字、汉文与汉籍的使用与传播也就迅速消退，汉文化也随之淡化。可见大凡官方语言、文字与该地区民族语言、文字相一致，或与其宗教信仰使用的语言、文字相一致者，则官方语文传播易于形成，透过语文与典籍的传播、涵融，其文化也得以深入而长存。反之，大凡官方语言、文字与民众生活使用的语言文字不兼容者，又与宗教信仰使用的语言文字不契合者，则其官方语文传播的文化不易形成，且难以长存。一旦政治力不再，官方语言文字更替，宗教信仰改变，其官方及宗教使用的语言文字必随着传播的语文与其承载的文化远离而逐渐消退。虽然晚唐五代，中央政权在边疆的势力逐渐衰颓，汉字文化圈逐渐消退，但只要当地还有汉人生活，就仍旧保留有汉语与汉字的使用。交河故城出土有大唐政权势力退出的高昌回鹘时期，题有宋真宗天禧三年（1019）作为识字蒙书使用的《千字文》写本，是汉字汉文仍为当地唐代遗黎通行的明证。

（郑阿财）

第十二章　宗教的传播

第一节　佛教

佛教是由释迦牟尼创立的宗教,为当今世界三大宗教之一。释迦牟尼出生于约公元前 6 世纪中期的中印度,本名为乔达摩·悉达多,毗迦罗卫国净饭王之子。释迦牟尼是后人送给他的尊称,意为"释迦部的圣人"。释迦牟尼生性纯良,勤于思考。29 岁离家修行,先后拜认多位老师学习,终不能有助于解除他心中的疑惑。后选择苦修,饿成皮包骨,依然未能解决他的苦恼,于是放弃苦修。35 岁时在菩提树下终于大彻大悟,成为觉悟者,被称为"佛陀",意为得道者,得道后遂四处传道。当时的印度处于思想极为混乱的时期,各种宗教、思想、学派各行其道,使人们无所适从,要求统一思想的呼声很高。另外,印度盛行种姓制度,婆罗门高高在上,首陀罗低贱卑微,看不到改变身份的任何希望,而处于第二、三等级的刹帝利和吠舍亦不满婆罗门独享权利。在这种背景下,释迦牟尼宣扬的人人平等的思想得到很多人的响应与支持,新宗教迅速发展起来。公元前 485 年,释迦牟尼入寂。他去世后,教团内部立刻出现了不同的声音,为防止异端思想产生,佛教分裂,众僧在迦叶主持下于王舍城结集,这就是佛教史上的第一次结集,肃清了邪说异见,统一了认识。之后,分别在吠舍离、华氏城、迦湿弥罗又举行第二、三、四次结集。其中第二次吠舍离结集后,佛教出现了分裂,分为上座部与大众部,即后来的小乘佛教与大乘佛教。

佛教创立后的大发展时期是印度孔雀王朝第三代国王阿育王时代。阿育王向外扩张,国势强盛。他为了消弭战争中杀戮带来的负罪感,大力提倡和发展佛教,大兴慈善活动,奉劝国民行善,在全国巡礼佛迹,兴建佛塔,实行布施。在他的支持下,佛教从中印度向四方传播。通过羯陵迦之战将佛教传入南印度;向北传入印度西北部,并经此传入波斯、阿拉伯、中亚等地区,最后经中亚、西域传入中原,进而继续东传至朝鲜和日本,为南传佛教和北传佛教的形成奠定了基础。

公元前334年亚历山大东征,入侵印度西北部,希腊人在此建立巴克特里亚政权,接受佛教信仰。公元前2世纪中,东来的大月氏占领巴克特里亚,继承了希腊移民的佛教信仰,五部翕侯之一的丘就却统一各部,建立贵霜王朝,位于欧亚十字路口的贵霜王朝成为佛教传播的新的中心。在佛教东传中国的过程中,贵霜僧人发挥了重要作用,涌现出如支谶、支曜、支谦这样杰出的代表。大约与此同时,伊朗高原的安息也接受了佛教,安息人也向中国传播佛教,其中以安世高贡献最大。安息北面是康居,佛教何时传入康居缺乏明确记载,但康居僧人在贵霜、安息之后成为向中国传播佛教的主力。葱岭以东是中国西北地区的塔里木盆地,这里分布着由一系列绿洲连接起来的交通路线,也就是传统意义上的丝绸之路绿洲道。绿洲道分南北两道,其中南道以于阗为中心,北道以龟兹为中心。这条路线在当时不仅是沟通东西的交通要道,也是佛教东传中国的主要线路。佛教入中亚后,越过葱岭,进入今新疆地区,沿绿洲道进入阳关、玉门关,最后进入内地。此外,有些学者关注到佛教沿南海航线东传的问题。考古学者在江苏连云港和徐州、四川乐山等地的东汉墓葬中均发现与佛教有关的内容,故佛教沿海路传播的现象也不应忽视。随着这方面新证据的进一步发现,佛教沿海路传播的研究或当有更多进展。

佛教传入中国的路线相对明晰,但何时传入中国却较为模糊,有种种不同的说法。经学者们辨析,这些说法大多为杜撰,不足为信。三国曹魏史官鱼豢在《魏略》中提到汉哀帝元寿元年(前2)有博士弟子景卢跟随大月氏王的使者伊存"口授《浮屠经》",这是目前学界所公认的最早明确记载佛教的史料。此外还有关于汉明帝永平求法的传说,学界认为这一传说有一定的合理成分。因此,佛教传入中国比较可靠的说法应该是西汉末年、东汉初年。

佛教传入中国后,对中国传统文化产生了巨大而又深远的影响,为中国文化注入了新鲜血液,使之在魏晋南北朝时期迸发出异常焜烂的光彩。主要表现在以下诸方面。

音韵学。随着佛教的传入,印度语音学也进入中国。梵文字母被称作"悉昙",也就是中国佛经中所谓的"四十七言"。东晋著名学者谢灵运就曾在这方面下过功夫,著有《十四音训叙》,也就是梵语的十四个元音。中国僧人学习佛经,需要掌握梵文。为了帮助记忆,有些僧人就用汉字注音梵文。在这个过程中,中国人意识到了两种语言文字的差异,并且发现了汉语的四声现象。即使是中国人,也会面临认字的问题,尤其是生僻字。最早解决的办法是利用直音法,也就是用相同声调的字来注音,但这种方法有很大的局限性,一旦没有同音字就行不通了。于是又被进行了改进,即先注同音字,再标明声调,但这种改进过的直音法依然不能解决一切生僻字的问题。东汉时,反切之法开始流行,即用两个汉字合在一起拼写第三个汉字的读音。佛教传入之前,中国人已有"合音"的概念,但将其有意识地应用于音韵学,则是受到印度语音学的影响。中国人开始整理韵部的工作,也就是反切下字,致使魏晋南北朝时期出现了大量韵书方面的著作。而反切上字的归纳工作进行得相对较晚。中国音韵学上素有"三十六字母"之说,被称为"纽",至宋元时期,代表三十六纽的汉字基本固定了下来,从此解决了中国人认字的问题。

翻译学。佛教传入中国后,要想进一步传播,佛经的翻译成为第一要务。在这一过程中,就翻译的原则出现了不同的看法,有人主张直译,有人主张意译,这样就引发了翻译领域"质"与"文"的争论,形成了不同的翻译风格,促进了翻译学的初步发展。

文学。佛教故事、传说的传入,影响到了这一时期中国文学的发展,出现了一些新气象。佛教故事、传说被中国文学家所接受,并对其进行改造,成为家喻户晓、妇孺皆知的故事,如喷酒灭火、曹冲称象等。而且这一时期对开国君主外貌的描写趋于同质化,这些都是受到了佛教的影响,是以释迦牟尼为模板所做的描述。这些为唐代志怪小说的出现奠定了基础。

地理知识。中国人自古有天圆地方、中华中心的观念,这与印度人对世界的认识不同。佛教的传入,使中国人逐渐了解、认识了周边世界。这方面最显著的事例就是郦道元的《水经注》,这本著作包含了南亚和中南半岛地区的地理知识,尤其是关于印度河和恒河的记述,表明这一时期中国人对域外地理认识的进步。唐代中国人对世界的认识进一步拓展,出现了《西北五印之图》,包含中亚、次大陆、今阿拉伯海在内的地理信息。

医学。随着佛教的传入,印度医学知识与医学著作也传入中国。《隋书·经籍志》《新唐书·艺文志》和《通志·艺文志》中就提到多部印度医学著作,如《婆罗门诸仙药方》《龙树菩萨药方》《婆罗门药方》等。唐代素有药王之称的孙思邈所著的《千金要方》中不仅吸收了印度医学理论,还专辟一章介绍印度按摩法;他的另一部医学著作《千金翼方》收录多个印度医方。5世纪印度的外科手术已发展到相当成熟的水平,《龙树眼论》共收 722 个治疗眼疾的方子。印度最精湛的技术是用金篦术治疗白内障,时人有"金针一拨日当空"之赞誉。在印度眼科著作和技术的影响下,中国也出现了这方面的专著《治目方》,共五卷。

天文学。魏晋南北朝时期印度天文学对中国影响最大的是七曜知识,这方面的影响在唐代达到高峰,出现了印度天文世家几代把持皇家天文机构的现象。唐代声名显赫的印度天文世家以迦叶氏、瞿昙氏和俱摩罗氏三大家族为代表,其中瞿昙氏尤甚。他们的主要职责是观察星象,为皇室制订历法。先后编有《经纬历》、《光宅历》(瞿昙罗)、《九执历》(瞿昙悉达)以及《大唐甲子元辰历》(瞿昙谦)。关于这些历法的内容与功用,学者们有不同的看法。如有人认为瞿昙罗所编的两种历法,反映的是印度历法知识,但有人提出反对意见,不能因瞿昙罗印度人之身份就将其看作是印度历法,它们很可能是按照中国传统历法修订的。而瞿昙悉达的《九执历》应该是在几种印度历法的基础上编印而成的,我们可以从中辨别出属于印度天文学史上的希腊时期的成分。不过这部历法编成后,当时中国天文学家对它评价不高,认为不仅繁琐,还很诡异,故并未颁行使用。围绕这一历法,还出现了中国天文学史上最早的"门派之争"。总之,佛教传入后,印度天文学知识的传入与影响在唐代达到了顶峰,以后则逐渐消失。

艺术。佛教在发展过程中形成了色彩斑斓的艺术形式、风格,取得了极为了不起的成就。这些艺术形式、风格也随着佛教东传而传入中国。其中以绘画与石窟艺术为代表,尤以后者为甚,对中国石窟艺术的形成乃至发展产生了巨大的影响。绘画方面主要是指绘画方法,即汉文史料中所谓的"凹凸法",以石青、石绿等颜料进行绘画,表现物体的阴影,有很强的立体效果。南朝著名画家张僧繇就用这种画法为佛教寺院作画,时人谓远望为平,近观则凸,形象地描述出这种画法强烈的立体感,该寺因而被称为"凹凸寺"。这是张僧繇在中国传统绘画基础上吸收了来自印度的新技法而做的一种创新。凹凸法除用于绘画外,还用于雕塑。代表作为天水麦积山石窟第 4 窟门楣上的大型壁画。这组壁画采用了"薄肉塑"即绘画与雕塑相结合的方法制作而成,时代为北周。壁画中飞天身上的衣裙、飘带、花篮、鲜花、水果均以绘画的形式处理,而脸面、手臂、腿脚等肌肤裸露之处全部采用泥塑的方式加以雕琢,最厚处用泥仅为 5 毫米。飞天的动作、肌肉的变化、透视的效果,就展现于几毫米之间,精美又生动,既充满装饰效果,又营造出飞天绝壁而出的立体效果,具有极强的视觉冲击力。

佛教石窟艺术的传入,不仅为中国带来了新的艺术形式,还催生出一批如敦煌莫高窟、天水麦积山石窟、龙门石窟、云冈石窟、克孜尔石窟等艺术瑰宝。

佛教诞生后很长时间内是没有人形佛像的。约在公元 1—2 世纪,迦腻色迦占据犍陀罗地区,将它作为新的统治中心。迦腻色迦是继阿育王后又一位热心佛教的君主,他不仅建造佛塔,还下令仿照犍陀地区希腊、罗马神像的样子雕塑佛像,从此出现了人形释迦牟尼像,遂以该地为中心形成了犍陀罗艺术,于 2 世纪达到巅峰,5 世纪随着嚈哒的入侵,这里的佛教文化遭到扫荡,犍陀罗艺术从此走向衰落。犍陀罗艺术是佛教早期的一种艺术流派,带有鲜明的希腊艺术风格,其最显著的特征为希腊化的人体写实搭配印度元素。犍陀罗艺术以贵霜帝国的灭亡为界,分为前后两个时期,前一时期希腊化艺术特征显著,后一时期因吸收了波斯萨珊、拜占庭艺术元素而更显多元化。

佛教艺术的另一大流派是笈多艺术。笈多艺术是在笈多王朝时期形成的,被看作是真正的印度佛教艺术。笈多王朝是继孔雀王朝之后印度又一大王朝,这一时期佛教因印度教的兴起而在本土发展缓慢,但同时由于笈多王朝的宗教宽容政策,故其艺术还在发展之中,并形成了马图拉与萨尔纳特两大艺术中心。笈多艺术的显著特征为佛像一般为立佛,脸型为印度人脸型,肉髻为螺旋形卷发,背光华丽硕大,身穿单薄透体袈裟,仿佛刚从水里出来一样,由于这种效果,笈多艺术的佛像又被称为湿衣佛像。马图拉与萨尔纳特两大中心的佛像风格极为相似,区别仅在于佛像所穿的袈裟,前者袈裟上的褶皱呈有规律的 U 形纹路,营造出一种波动感;而后者则仅在衣口、领口和下摆处刻画几条细线来表示,乍看上去如同裸体一般,因此萨尔纳特佛像被称作裸体佛像。

犍陀罗艺术和笈多艺术都随着佛教的东传而传入中国,并对所到之处的石窟艺术产生影响。新疆、甘肃等地的石窟壁画或雕塑中均可看到这两种佛教艺术风格,甚至还出现了两者的混合风格。如在斯坦因发现的新疆米兰佛教遗址中就曾发现六座泥塑趺坐佛像,头部皆呈犍陀罗艺术风格;在此发现的彩色壁画亦属相同风格,希腊化面容的佛陀头顶朴素的背光,嘴角留有胡子,身后有六个比丘,皆为希腊式面部特征;此外还有带着翅膀的飞天。这些发现表明犍陀罗艺术在东传过程中对新疆石窟艺术的影响。考古学者在新疆和田地区洛浦县拉瓦克发现的佛教遗址中有笈多艺术的遗留。除此之外,新疆克孜尔石窟第 123 窟还出现了这两种艺术风格完美混集于一佛之上的壁画。这两种佛教艺术风格通过丝绸之路从新疆传入内地,在这一时期的北方石窟中均有发现。笈多艺术的绘画方法也由来自异域的画家带入中国。北朝时粟特画家曹仲达擅长画佛像,创造出曹家样风格的佛画,他画的佛像,袈裟轻薄贴体,衣纹呈 U 形纹,具有水波的律动感,带有强烈的笈多艺术"湿衣佛像"的特点,人们创造出了一个新的词语来形容他所画佛像的特征:曹衣出水。

从西汉末年至隋唐时期,在大批番僧东来的同时,也有中国人西行,或出使,或求法,其中典型的代表人物有王玄策、玄奘。王玄策于 643 年作为副使奉唐太宗之命出使印度,之后又分别于 647 年、657 年出使印度。这是唐代中国与印度之间的官方往来,加强了双方之间的政治联系、文化交流。唐太宗在印度派出使臣之后挑选工匠前往印度学习制糖法,提高了中国的制糖技术。

玄奘和义净则是中印之间民间友好往来的代表人物,尤其是玄奘,几乎成为中印文化交流的代名词。他自印度学成归国后,除翻译佛教经典外,还撰写了记录西行经历的《大唐西域记》这部不朽的著作,为后世留下了对西域各地区珍贵的记载,尤其是古代印度缺少历史记载,如果没有这部著作,研究古代印度的历史几乎是不可能的。

佛教传入中国,在历史发展的长河中,逐渐适应中国的实际情况,渐次完成了它的中国化历程,成为中国传统文化的有机组成部分,丰富了中国的哲学、思想、文学、艺术内容,甚至影响到中国的饮食文化,创造出独特的素斋文化。

综上所述,佛教传入中国后,深刻而又长远地影响了中国各层面,为中国文化的发展提供了养分。中国文化之所以能够生生不息,代代相传,主要原因在于善于吸收和改造外来文化,使之成为自己的组成部分。佛教的传入及其在中国的发展,充分说明了这一历史规律。

参考文献:

1.刘迎胜:《丝路文化·草原卷》,浙江人民出版社,1995。

2.马田行啟著,宋立道译:《印度佛教史》,商务印书馆,2021。

3.杜继文主编:《佛教史》,江苏人民出版社,2006。

（马　娟）

第二节　祆教

祆教即琐罗亚斯德教（Zoroastrianism），创始人为琐罗亚斯德（Zoroaster）。据该教的说法，琐罗亚斯德出生于公元前628年，卒于公元前551年，为一童贞女所生。关于他来自何处，学界有不同的看法，有人认为他出生于伊朗西北部米底亚地区拉格斯镇（今德黑兰郊区），有人说他来自今阿富汗地区，有人认为他来自伊朗东部锡斯坦。根据该教赞美诗可知，琐罗亚斯德的身份是祭司。据说他二十岁时离家，三十岁拥有洞彻一切的灵感，这使他有能力创建并传播新的宗教。琐罗亚斯德尊奉阿胡拉·马兹达（智慧之主或贤明之主）为最高善神，他是阿胡拉·马兹达派到人世间的使者，劝人悔过，弃恶从善。起初琐罗亚斯德主要是面对下层民众传教，但收效甚微。后来转变策略，向王公贵族传教，效果显著。公元前588年，大流士的父亲维斯塔巴接受琐罗亚斯德教，这是该教历史上极具转折点的事件，推动了该教的发展。公元前551年，琐罗亚斯德去世。关于他的死有两种说法，一说在统治阶级内乱中被杀害，一说被传统祭司所谋害。琐罗亚斯德教被阿契美尼德王朝视为国教，马其顿亚历山大东征使该教发展一度中断，帕提亚王朝时又有所恢复，至萨珊帝国时再次获得国教地位，这是琐罗亚斯德教历史上最辉煌的时期，之后由于阿拉伯人灭亡萨珊帝国，该教遂在波斯本土衰落。

琐罗亚斯德教是一种二元论宗教，认为宇宙间万事万物皆有善恶两端，善界最高神为阿胡拉·马兹达，他的神性代表一切美好的方面；他的对立面即是恶神安格拉·曼纽，又称阿赫里曼，意为魔鬼，他所表的是一切丑恶的方面。阿胡拉·马兹达为了保护人类，与安格拉·曼纽展开一系列的斗争，这是善与恶、光明与黑暗、正义与邪恶的斗争，安格拉·曼纽即使取得胜利，也是短暂的，最终的胜利必将属于阿胡拉·马兹达。据琐罗亚斯德教的教义，整个世界的历史划分为一万两千年，共四个阶段，每个阶段为三千年。第一个三千年里，阿胡拉·马兹达创造了精神世界；第二个三千年里创造了物质世界，首先创造了光明，然后从光明中创造了火，从火中创造万事万物；第三个三千年里，安格拉·曼纽开始进行破坏活动，为害人类，阿胡拉·马兹达派出光明使者琐罗亚斯德降临人间，以协助善神与恶神展开势均力敌的斗争，这是善与恶决战的时期。第四个三千年是太平盛世时期，阿胡拉·马兹达的战士最终战胜并杀死他们的对手，世界回到天地初创时的和平，至于安格拉·曼纽，即使不被消灭，也已变得相当衰弱，再无力为害人类。

人类从此与阿胡拉·马兹达在四季如春的乐园里过上美好的生活。这一阶段也是琐罗亚斯德教所认为的由该教主宰整个人类的时期。琐罗亚斯德教的经典是《阿维斯塔》,编订于萨珊帝国时期,由六部分组成,在汉文文献中被称作"胡律"。

祆教是琐罗亚斯德教传入中国后的称呼,又称火祆教、拜火教。琐罗亚斯德在汉文文献中被译为"苏鲁支"。祆教约在魏晋南北朝时期随着粟特人的东来而传入中国,当时中国人已了解到阿姆河地区盛行"火祆教"。《说文解字》中没有"祆"字,这是一个后造的汉字,有学者认为该字至晚在隋末唐初出现,从示从天,用以表明这种信仰胡神的外来宗教,意思明了,充分显示了古代中国人的造字智慧。

学界普遍认为由粟特人传入中国的祆教已不同于波斯的琐罗亚斯德教,而是粟特版的琐罗亚斯德教,这从汉文史料中的"祆教"之称也可管窥一般。自南北朝以来,除却文字记载外,祆教还留有不少考古与实物遗存。

祆教神职人员称萨宝、祆正、祆祝、穆护(又译麻葛、穆格)。唐代长安建有四座祆庙。祆教最引中国人注意的是其丧葬仪俗,也就是人死后由狗看护尸体,称之为"犬视"。狗在祆教中是神圣的动物,祆教认为,人死亡后,恶神安格拉·曼纽会立即玷污死者灵魂,由狗看护尸体即可去除被玷污的部分。此外,祆教徒不实行土葬,而是天葬,即人死后尸体喂狗。这一点不管是在中亚发现的浮雕,还是在汉文史料中均可看到。如《旧唐书·李嵩传》中就明确记载了山西太原地区祆教徒的葬俗,因与儒家伦理相悖而遭到地方官员的禁绝。当然也有祆教徒迫于周围环境的压力而改变丧葬习俗的例子,像康阿达、翟突娑之父大萨宝娑摩诃等均是采取土葬的祆教徒。这也是祆教徒适应中国环境而做出的改变。祆教徒丧葬习俗的改变标志着其已迈出华化的步伐。

祆教祭祀也独具特色,太原、西安发现的安伽、虞弘墓中的彩色浮雕均有这方面生动而又直观的展示。从中可看出,祆教祭祀的主要元素包括人首鹰身的赫瓦雷纳鸟(主天宫祭司)、豪摩汁(酒)、石榴、琵琶、箜篌等。祆教认为,教徒为使其所信仰的神蒙恩而饮用以豪摩这种植物做成的汁或酒,用以教徒通往天国的洁净礼。根据祆教义,在末日审判之际,阿胡拉·马兹达将与所有复活的义人以及六从神一起举行最后一次豪摩祭,从而将永生权授予每个复活的人。从此以后他们与六从神一样,长生不老。另外在浮雕中引人注目的还有硕大的火盆以及熊熊燃烧的火焰,这种形式在世界各地发现的祆教绘画、壁画、石刻、骨瓮上均可看到。

祆教对中国的影响主要表现在艺术与建筑方面。正如姜伯勤先生所说,祆教艺术的传入,为中国艺术的发展带来了一股波斯风,生命树、对鸟是祆教艺术中常用的符号,它的传入为中国纺织图样提供了新的范式。

建筑方面最有代表性的是山西介休的祆神楼。据研究,祆神楼修于北宋,后于明清时期重修。它的平面图呈"凸"字形,突出部分为山门,全楼进深总计二十米。虽经明清重修,但楼檐上的牛头、骆驼头、骑在神兽身上着胡服的武士,都带有明显的波斯风格。根据祆教经典《阿维斯塔》可知,胜利之神拉格纳有种种化身,祆神楼上这些不同的雕塑应该就是胜利之神的化身。这些新发现与世界其他地区发现的祆教遗存一起构成了研究祆教的珍贵资料。

唐代敦煌素有"华戎所交一都会"之称,在此居留的粟特人非常多,甚至形成聚落,他们将自己的祆教信仰带入敦煌,对当地的民俗产生了一定的影响。如在敦煌盛行的"赛祆"活动。在敦煌还发现了绘在白纸上的两位女神像,左面的女神一手持托盅,一手托盘,盘中有一只小狗;右面的女神则有四臂,后边两手分别手执日月,前面两手分握蛇蝎。这幅白描图还有挂绳,说明是可以移动的,很有可能是在赛祆活动中悬挂于活动场所的。

祆教自魏晋南北朝传入中国后,历隋唐而不衰,直到唐武宗颁布灭佛诏令。在这次灭佛事件中,祆教也受到牵连。僧侣被迫还俗,信徒由专门机构接管,祆教在中国的发展受到很大影响,但这并没有使中原地区的祆教从此灭绝。山西地区的祆教信仰一直不绝于缕,直到元大德年间还有祆神庙修建。如洪洞县不仅建有祆神庙,还附带有戏台,除宣教功能外,它还成为传播胡风音乐、舞蹈的场所。

除上述祆教艺术对中国艺术的影响外,祆教信仰还影响到元曲的书写。在元曲中我们可以看到诸如祆庙火、祆神庙、火烧祆庙、烧祆庙等字眼,还有"祆神急"的曲调。元以后汉文文献关于祆教的记载逐渐淡出人们视野。

祆教是一种非常古老的宗教,它在7世纪随着阿拉伯人对萨珊帝国的征服而衰落,有一部分祆教徒离开波斯,迁移到今印度孟买地区,被当地人称为帕西人,中国以粤语发音译为巴斯,他们是今日祆教徒的组成部分之一。英国著名学者玛丽·博伊斯(Mary Boyce)曾在1963年前往伊朗亚兹德沙里发巴特村进行田野调查,在此基础上完成专著《伊朗琐罗亚斯德教村落》,为我们了解与世隔绝的伊朗本土祆教徒的生活、信仰、宗教仪轨提供了全新的内容。半个世纪之后,中国学者高启安教授曾在亚兹德亲身见证了当代伊朗祆教徒的宗教祭祀活动,为我们发回了关于21世纪祆教最新的报告。

参考文献：

1. Mary Boyce，*A History of Zoroastrianism*，vol. I，Leiden，1975；vol. II，Leiden，1982；vol Ⅲ，Leiden，1991.

2. 姜伯勤：《中国祆教艺术史研究》，生活·读书·新知三联书店，2004。

3. 张小贵：《中古祆教东传及其华化研究》，上海古籍出版社，2022。

4. 张小贵：《祆教史考论与述评》，兰州大学出版社，2013。

（马　娟）

第三节　摩尼教

摩尼教是公元 3 世纪由波斯人摩尼所创立的一种宗教。中世纪曾西传至大西洋,东至中国东南沿海,在这辽阔的区域内都能看到摩尼教的身影,其经典被译为拉丁文、希腊文、帕提亚文、中古波斯文、大夏文、突厥文、科普特文、亚美尼亚文、回鹘文、粟特文、汉文等多种文字,教徒遍及亚、欧、非三大洲,是中世纪世界性的宗教。

摩尼教是以其创始人之名命名的。摩尼于公元 216 年 4 月 14 日出生于美索不达米亚泰西封,也就是古巴比伦的苏邻国。据说摩尼的父亲跋帝(Patig)出于王族,不是美索不达米亚土著,他的母亲满艳(Maryam)来自被 4 世纪亚美尼亚史家所称的名门贵族金萨犍种氏。可见摩尼出身于贵族之家,这使他有机会接受良好的教育。在他小时候,父亲加入了浸礼和节欲教派,他从小就跟随父亲生活在这个教派里。据说,摩尼十二岁时接到第一次启示,让他脱离洗礼教派。摩尼在成长过程中学习了其他宗教神学思想,为他创立新宗教奠定了基础。二十岁时,他受到第二次启示,明确让他建立并传播新宗教。从这时起,摩尼把自己视作一切知识的化身,被派往人间的"光明使者",劝人趋善避恶,抛弃旧的宗教信仰,以他所传播的新宗教为信仰。他还认为,以往的宗教都是不完全的,甚至是被篡改过的,并以琐罗亚斯德教、基督教、佛教为例说明,前者只行于波斯,基督教只适用于西方,而佛教刚流行于东方,只有摩尼教才是放之四海而皆有效的宗教。摩尼精通各宗教神学思想,同时他还是一位画家,他非常重视绘画在宗教传播中的作用。他还将自己与其他宗教先知对比,认为自己不仅识字,还会书写。

摩尼教教义的核心内容可概括为"二宗三际"。该教认为人世间存在着光明与黑暗两种绝对对立的矛盾,"二宗"即指光明与黑暗。明界最高统治者为察宛,为中古波斯语音译,统治东、北、西三个方向,而暗界所占据的是南方。明界是一个充满清净、和平、美好的世界;与之相对立的暗界则是一个充满肮脏、污秽的地方,生活着各种五类魔,均分雄雌,整日沉浸在争吵与情欲之中。摩尼常用两种树来代表明暗两界,象征光明的是光明树,既生长于明界,也生长于暗界,大神修建城墙来保护暗界的光明树,故看不到其光;代表黑暗的是五毒死树。

"三际"指摩尼教所划分的世界历史发展的三个阶段:初际、中际和后际。初际是指初创天地之时,这一时期光明与黑暗互不侵犯,互相对峙。中际为第二个发展阶段，这一时期黑暗入侵光明王国，明界大乱。为了打退暗界势力，察宛进行了第一次召唤。按摩尼教的说法，所有的善神都是召唤而来的。察宛召唤出一位名叫"生命母"的神，"生命母"召唤出"初人"，以其为自己的儿子前去抵抗黑暗。初人亦进行了召唤，唤出"五明子"即气、风、水、火、明作为自己的甲胄。但初人并未收到意料中的胜利，反而昏倒在战场上，五明子也被黑暗所吞噬。初人苏醒后向生命母求救，生命母向察宛求救，察宛进行了第二次召唤，才最终制止了黑暗的入侵。也就是说，第二个阶段是光明与黑暗的大决战时期。后际为第三个阶段，这一时期光明与黑暗重新划分开来，善与恶相剥离，世界重新回到初创之时的状态。与琐罗亚斯德教所宣称的阿胡拉·马兹达最终战胜安格拉·曼纽教义的不同之处在于，摩尼教并不宣扬光明最终战胜黑暗，而是强调二者的对峙，信徒所要做的就是趋善避恶，将善与恶区分开来。

摩尼还给信徒制订了一系列清规戒律：不吃荤，不饮酒，不结婚，不积聚财产等。信徒每天要进行忏悔，忏悔入教之前所犯的罪行，如迫害善人，为恶人作证，搬弄是非等。摩尼教以星期日为举行忏悔仪式的日子，这一天不管是选民，即摩尼教正式僧侣，还是听者，都要举行忏悔的宗教仪式。除此之外，摩尼教有着森严的等级制度，共分为五级：慕阇为第一等级，意即"法师"；拂多诞为第二等级，指"侍法者"；默奚悉德为第三等级，即"法堂主"；阿罗缓乃第四等级，指出家僧侣或"一切纯善之人"；最后一级为听者，也就是一般信徒。

摩尼开始传播新宗教时，遭到琐罗亚斯德教祭司的忌恨，他们想方设法迫害他。241 年对摩尼教而言是一个重大的转折点，这一年萨珊帝国的开国君主阿尔达西尔去世，其子沙普尔一世继位。摩尼通过沙普尔一世的弟弟卑路斯结识了新帝王，并赢得赏识。沙普尔一世允许摩尼公开传教，摩尼迎来人生中的高光时刻。摩尼亲自撰写了阐释该教教义宗旨的小册子，题为《沙普尔干》，即献给"沙普尔的"。这一时期，摩尼教传播迅速。摩尼利用自己擅长绘画的优势，在所写书籍中配有多幅插图，便于目不识丁的人们了解摩尼教，从而使摩尼教在短期之内能够与国教琐罗亚斯德教一争高下。但摩尼的辉煌未能持续很久，随着沙普尔一世的驾崩，摩尼失势。一直致力于恢复琐罗亚斯德教声威的穆格们想尽办法迫害摩尼。新即位的国王瓦赫兰下令召摩尼入宫，然后将摩尼囚禁起来，274 年 2 月 26 日摩尼被处死。刽子手将其人皮剥下，填充以稻草，悬挂在城门上示众。

摩尼遇难后，他的信徒将他的宗教向东、西方传播。向西传入罗马帝国，但传播过程并不顺利，尤其在罗马帝国狄奥多西一世定基督教为国教之后，摩尼教在西方遭到更多的迫害。而向东的发展则相对顺利。这一时期的中亚小国林立,各种宗教在这里都能找到栖身之地,为摩尼教在中亚地区的快速发展提供了有利土壤。3 世纪末,摩尼教传入中亚并很快形成教团。

摩尼教传入中亚后被粟特人所接受。随着粟特人的大量东来,摩尼教也传入中国。关于摩尼教是何时传入中国的,学界并未达成共识。汉文史料首次提到摩尼教的信息来于宋人释志磐的《佛祖统纪》,其中提到在武则天延载元年(694)拂多诞携《二宗经》到达长安。有人认为这是摩尼教传入中国的时间,实际上这只是说明摩尼教在武则天时期得到唐朝政府的允许,可以在中国公开传教,并不能算作是这种宗教传入中国的时间。摩尼教应该早就在民间传播,只不过没有被记录下来而已。840 年,回鹘汗国灭亡。唐武宗借此机会于五年后颁布灭佛令,摩尼教作为外来宗教一并被禁。摩尼教在中国的传播受到严重打击。摩尼教之所以受禁,除因为外来宗教外,根本原因在于其基本教义,摩尼教历来宣扬光明必胜,并以此作为号召,发动信徒起来反抗统治阶级,因此其在中世纪所传播之地均受到迫害。唐朝统治者亦有此顾虑,故借灭佛之际一并禁止摩尼教的传播。摩尼教在唐代受到官方禁止,又与中亚教团失去组织上的联系,这一外来宗教被迫开始走上华化之路。因此有学者认为,会昌法难之后在中国流行的就是逐渐华化的摩尼教。

宋代之前,汉文史料对摩尼教有着不同的称呼,如末末尼教、牟尼教、妈妈尼教等,但均为中古波斯语 Mani 一词的音译。从宋代开始摩尼教被称为二宗教、明尊教、明教。这样的变化,反映出摩尼教传入中国后发展的两个不同的阶段,末末尼教等称呼代表的是摩尼教传入中国的早期阶段,而明教等名称则是会昌法难之后摩尼教逐渐华化的结果。除了称呼的本土化外,摩尼教原本比较复杂的教义也发生了中国化的变化,被简化为八个字:光明、清净、大力、智慧。这样一来更容易为中国底层贫苦百姓理解与接受,更容易被中国老百姓看作是自己的宗教。摩尼教在宋出现了两个非常显著的趋势,一是佛教化,一是道教化。摩尼教因屡受禁止与迫害,不得不借助早已在中国站稳脚跟的佛教以求生存;另一方面,摩尼教借用很多道教术语来阐释本教教义,以至摩尼教经典误被收入道藏之中。而底层教众被官方看作是邪教教民加以禁断,这就迫使他们走上农民起义的道路。北宋末年在浙江爆发的方腊起义即是这方面的例子。另外还要注意到,宋代出现了"吃菜事魔"的专有名称。有人认为这指代所有非法民族宗教,包括摩尼教;也有人持不同看法,指出这一名称起初的确是指摩尼教,至南宋时其使用范围扩大,概称所有不被官方认可的非法民间宗教教徒。

元代在中国流行的是越来越华化的摩尼教。和宋代官府对摩尼教的禁断与防范不同的是,摩尼教在元代是被政府所认可的一种宗教。在泉州发现的一块汉文与突厥文合璧的石刻明确表明了这一点,一位名叫马里失里门的人受元朝政府之命统领江南明教。明清时期,摩尼教日益与中国民间宗教相结合,已大不同于早期传入的摩尼教。在摩尼教产生的本土波斯及中亚,该教早已式微,但在中国却一直绵延不绝。

20世纪初在敦煌莫高窟、新疆吐鲁番发现了一批摩尼教经卷,有的以回鹘文写成,有的以摩尼文写成,还有的以汉文写成。其中最著名的是《摩尼光佛教法仪略》,其中提到摩尼身世。这些摩尼教文献的发现,推动了世界范围内摩尼教研究的进展。21世纪后,学者们在中国福建霞浦、屏南、福清等地相继发现新的摩尼教汉文文献,其重要性不亚敦煌、吐鲁番文献,具有极大的学术价值。经研究,这些摩尼教文献与敦煌同类文献有着渊源关系,某些地方可以相互比照,其时代多为明清时期。透过这些新发现的文献,可以清晰地看到摩尼教这一外来宗教是如何在中国一步一步融入民间宗教并成为福建地区民间宗教的一个组成部分的。福建地区的摩尼教是由为躲避迫害而逃入华南的回鹘呼禄大师传入的。朱熹在泉州任职期间还曾拜谒过呼禄大师墓,并题写了"勇猛精进"四个字。

中古时期沿着丝绸之路传入中国的古老的摩尼教虽然最终因融入中国民间宗教而销声匿迹,但其在中国传播发展的过程中亦留下了艺术与建筑方面的遗迹。如在吐鲁番发现的摩尼与众高僧的壁画,在柏孜克里克石窟发现的三干树等,向我们展示了摩尼本人及其所描绘的光明树的具体形态。而在东南地区则有摩尼教寺院的发现,如宁波崇寿宫、温州平阳潜光院、泉州华表山摩尼草庵。其中以泉州摩尼草庵最有代表性,内有摩尼像,但造型与吐鲁番发现的摩尼像有所不同,后者戴有摩尼教所规定的白色高帽,身穿白色法袍,而前者则呈"光明顶",表明唐代摩尼教较宋元时期的摩尼教有了巨大的变化,后一时期佛教化趋势增加。

摩尼在创教过程中吸收了琐罗亚斯德教、佛教、基督教、太阳神教等宗教的合理内容,但并非这些宗教的简单混合,他号召人们追求光明,坚信光明,同时又认为光明与黑暗并存,正因如此,摩尼教被认为是彻底的二元论宗教。它沿陆路丝绸之路传入中国,之后在东南沿海地区扎根发展,最终融入当地民间宗教,丰富了东南地区民间信仰的内容,成为丝绸之路上文化交流的一大景观。

参考文献：

1. 林悟殊：《摩尼教及其东渐》，中华书局，1987。
2. 林悟殊：《摩尼教华化补说》，兰州大学出版社，2014。
3. 马小鹤：《光明的使者：摩尼与摩尼教》，兰州大学出版社，2013。
4. 杨富学：《霞浦摩尼教研究》，中华书局，2020。

（马　娟）

第四节 景教

景教为基督教的分支,其创立者为叙利亚人聂思脱里(Nestoria),又称聂思脱里教,虽然当今世界已无信徒,但在中世纪影响非常大。这个教派的产生始于对耶稣人性与神性、耶稣之母是人还是神的争论。当时担任君士坦丁堡大主教的聂思脱里主张耶稣既是人又是神,而其母玛利亚只是生了盛神的容器,她是人,不是神,反对"神母"的说法。由于聂思脱里为人倨傲,树敌过多,因此遭到很多人的忌恨。亚历山大城主教西利勒(Cyril)就是其中一位。他一直紧盯君主坦丁堡主教的位子,聂思脱里的主张给了他绝好的进击机会。西利勒在亚历山大城的势力非常强大,当聂思脱里的主张传到亚历山大后,他很快就呈文罗马教廷请求治罪聂思脱里,更以贿赂手段笼络收买人心,并最终得逞。431年召开的以弗所会议上宣布聂思脱里的主张为异端,聂思脱里被流放至埃及西部的沙漠,最终死在那里,"神母"之说获得胜利。聂思脱里死后,他的追随者将他的主张向东方传播,得到了波斯萨珊国王卑路斯的庇护,从此在波斯站稳了脚跟。498年波斯的景教徒正式宣布脱离罗马教廷,与罗马教廷一刀两断,放弃圣职人员独身的制度,提倡素食,反对崇拜玛利亚,在原来的叙利亚教会的基础上自立东方教会,成为一个名副其实的独立教会,驻牧于塞琉西亚,762年移牧于阿拉伯帝国都城巴格达。

唐太宗时期,该派通过陆上丝绸之路传入中国,在唐代文献中被称为景教,又称波斯经教、秦教。景教之所以能够在唐代传入中国并非偶然,有其特殊的历史背景。这一时期阿拉伯人迅速崛起,向东发展,波斯萨珊帝国的统治岌岌可危,政治上的动荡不可避免地影响到波斯的景教徒,他们在这种背景下东来中国寻找新的发展空间可谓是符合历史逻辑的。与此同时,唐太宗实行的文化宽容政策也为景教徒创造了良好的环境。

人们不知道基督教早在唐代已传入中国,直到明天启五年(1625)在西安发现《大秦景教流行中国碑》。该碑立于唐德宗建中二年(781),高过3米,宽约1米,重约两吨,由景教教徒伊斯出资,僧侣景净撰写碑文,吕秀岩书篆,碑首刻有十字架,碑文共32行,每行62字,总计近两千字。碑石上还列有景教徒叙利亚文与汉文对照之姓名。这块碑石的发现在景教历史上具有划时代的意义,是号称四大最负盛名碑石之一。碑文主要以汉字为主,间有古叙利亚文。内容可分为三部分:第一部分为景教教义介绍,第二部分是景教传入中国的时间、过程及其发展历程,

第三部分是对景教教士伊斯的颂歌。其中第二部分包含信息丰富,史料价值最大。据此可知,唐太宗贞观九年(635),景教僧侣阿罗本来到长安,开始传教。到立碑之时,该教在中国活动已近一个半世纪。《大秦景教流行中国碑》发现后,首先引起在华耶稣会传教士的高度关注,遂有人进行研究。关于该碑发现时间有三种不同的看法,一种认为是天启三年,即公元1623年,以阳玛诺为代表;一种认为是在天启五年,代表人为鲁德昭,这一看法得到徐光启和李之藻支持;第三种综合了上述两种观点,认为是天启三年至天启五年,以冯承钧为代表,他推测可能发现于天启三年,而后被移入金胜寺。阳玛诺本人并未亲眼见过《大秦景教流行中国碑》,他的说法可能得知于传闻;第二种说法最为可靠,被普遍接受。该碑碑文先后被译成拉丁文、英文、法文和德文,引起各国学者的强烈兴趣,研究成果十分丰富。

《大秦景教流行中国碑》发现的消息经耶稣会传教士传到欧洲后,人们普遍不相信基督教在唐代已传入中国,认为这块碑是假的,伪造的,就连启蒙思想家伏尔泰也曾作诗进行讽刺,直到19世纪中期仍有人怀疑这块碑的真实性。1908年,伯希和在敦煌莫高窟藏经洞发现景教经卷《三威蒙度赞》和《尊经》,均为唐代写本,其内容均可与《大秦景教流行中国碑》相对照。可以说,百余年来,经过多方研究,它的真实性已不容置疑。明人李之藻在《读景教碑书后》中释"景"为大、光明之意。

长期以来,景教被误为是祆教、摩尼教,甚至是伊斯兰教。清末洪钧《元史译文证补》中对此进行了厘清,虽然他没有区分景教与天主教,但已很准确地指出前者即聂思脱里派。之后钱念劬进一步指出景教即基督教之"异端"聂思脱里教,从而彻底解决了这个对景教认识混乱的问题。

景教在唐代传入中国,受到唐太宗礼遇,在长安发展迅速,建有寺院。同唐代其他外来宗教一样,景教随着唐武宗的灭佛令而受到禁断,中国教徒令其返回本贯,外国人送还本处收管,从此在中国难觅其踪。直到蒙古兴起后,该教又随之重新传入内地,迎来其在中国发展的第二个阶段。

景教长期在游牧部族中传播,如克烈、乃蛮、汪古等,都是信仰景教的代表。蒙古时代,蒙古人也有信仰景教的。13世纪随着蒙古人的南征北战,景教再次传入中原地区。蒙元时期,该教传播范围极广,西北、东南、东北、西南均有教徒分布。这一时期,信仰景教者被称为也里可温,关于该词来源,一直没有定论。有人认为是蒙古语,也有人认为来自希腊语。但不管是哪种语言,其意思十分明了,都指信仰聂思脱里教的人。

　　元朝时期，设置专门的机构管理聂思脱里教教徒的活动，称为崇福司。这一时期有许多教徒在朝中做官，为该教的发展提供了很多有利条件。在该教最鼎盛的时期，崇福司的数量一度达到七十二所。最显著的事例即为撒马尔干聂思脱里教徒马薛里吉思，其祖父在成吉思汗西征时东来，以擅长医术与善制舍里别而见用。马薛里吉思曾任镇江路副达鲁花赤，任职期间，他共建教堂七座，其中两座在杭州。此外，他还侵占佛教用地，引发争讼，但马薛里吉思因有同为聂思脱里教徒的完泽丞相的庇护而毫发无损。他在镇江建成大兴国寺后，请汉人梁相撰写了《大兴国寺记》，详述该教在中亚地区的情况，又描述了在镇江地区的发展情况，是现存关于元代聂思脱里教唯一的一份反映元代汉人对该教认知的文献，史料价值非常高。遗憾的是，原文未能保存下来，我们今天只能从元人俞希鲁所修纂的《至顺镇江志》中看到它的摘要。这些史实均反映出聂思脱里教在元代是一个非常有势力的宗教。元朝政府优容各种宗教，聂思脱里教亦不例外，教职人员享受免科差之优待。

　　元代是聂思脱里教发展的黄金时期，这一点在考古发现方面亦能得到证实。扬州、泉州、内蒙古百灵庙等地均发现聂思脱里教徒墓碑，其中除汉文外，还有突厥文、八思巴文等不同文字。元代聂思脱里教的发展还有一件值得注意的事，那就是畏吾儿人列班·扫马出使欧洲。他与汪古人马忽思结伴从大都出发西行，欲往耶路撒冷朝觐，至伊利汗国因战事西行受阻，遂受伊利汗之命前往欧洲。列班·扫马到达罗马，适逢教皇去世，他还去拜见了英王和法王，随后觐见新任教皇，然后返回。列班·扫马是第一个到达欧洲的中国人，曾著文记述西行经过，遗憾的是，原稿未能保存下来，我们今天只能看到叙利亚文译本，其中与宗教无关的记述悉数被删。

　　需要注意的是，蒙元时期交通大辟，打破了此前此疆彼界的限制，为东西方人员的流动创造了良好的条件，加之西方基督教世界欲与蒙古人结盟共同对付穆斯林，故频频派遣传教士东来。他们在中国停留期间均注意到了聂思脱里教徒，不过欧洲天主教传教士依然视聂思脱里教为异端，对其百般诋毁。这在同时代方济各会传教士的旅行报告中都有所反映。故我们说，元代的基督教除了自唐代已传入又绝迹的景教，至蒙元时期再次传入的聂思脱里教以外，还包括天主教。不过，随着元朝的灭亡，这种外来宗教再次在中原地区消亡。

　　景教之所以能够在唐、元两代迎来其在中国发展的历史机遇，其中一个主要原因在于景教徒所拥有的特殊技能,即突出的医学技术。唐代文献记载了秦鸣鹤为高宗医眼疾之事,学界认为秦鸣鹤即景教徒,他利用希腊罗马医术为高宗治病。善治眼疾是景教僧侣的一大特长,杜环在《经行记》中特意记载了这一点。唐代史料中还有"大秦医眼僧"之说,都能够说明这一点。至元代,这方面的记载更多,如来自叙利亚的聂思脱里教徒爱薛,曾主管"皇家药房"广惠司事务。还有上述马薛里吉思的祖父,因擅长煎造糖浆或果子露而受到成吉思汗器重,马薛里吉思本人也曾负责此事。除此之外,沿丝绸之路东来的景教商人将宝石、香料等贵重物品运到中国,不仅丰富了中国市场,还加强了中西之间的物质文化交流。

参考文献:

1. 阿·克·穆尔著,郝镇华译:《一五五〇年前的中国基督教史》,中华书局,1984。

2. 朱谦之:《中国景教》,东方出版社,1993。

3. 江文汉:《中国古代基督教及开封犹太人》,知识出版社,1982。

(马　娟)

第五节　伊斯兰教

伊斯兰教是世界三大宗教之一，与犹太教、基督教并称世界三大一神教，兴起于 7 世纪初的阿拉伯半岛，创始人为穆罕默德。伊斯兰为阿拉伯语 Islām 的汉语音译，意为"和平的""顺从的"。阿拉伯半岛位于亚洲西南部，东临波斯湾和阿曼湾，南濒阿拉伯海，西滨红海，北邻美索不达米亚平原，这样的地理位置使它在东南西北四个方向与东南亚、南亚、地中海、北非、中亚乃至东亚连接起来，从而形成了一个庞大的贸易区。

伊斯兰教创立前的阿拉伯半岛处于所谓的"蒙昧时代"，部落战争是这一时代的主要特征。这一时期的阿拉伯半岛盛行多神教，每个部落都有自己的部落神。经年积月的血仇战争使人们身心俱疲，渴望能够出现一位解决部落冲突，熄灭战争之火，带领人们过上和平生活的领袖人物。这是伊斯兰教创建的历史前提。伊斯兰教的创始人穆罕默德就是在这种背景之下登上历史舞台的。

穆罕默德出自麦加古莱什部落哈希姆氏族，出生前父亲已去世，六岁时失去母亲，由祖父和叔父相继抚养长大。他从小没有接受过教育，依靠体力从事力所能及的劳动。据说十二岁时第一次随商队前往叙利亚，途中遇到基督教隐士贝希拉，他从穆罕默德的双肩上看到了先知的印记，遂提醒他的叔叔加以注意，以防犹太人加害于他。

二十五岁，穆罕默德受雇于富裕的孀妇赫蒂彻，替她经营商务，后娶她为妻，生活境遇发生重大改变，摆脱受雇于人的穷困生活，有时间有精力去思考长期积聚于心中的重大问题。从这时起，他不时前往希拉山洞进行苦修。610 年的一个夜晚，据说他得到了天使的第一次启示。这一夜晚被称作伊斯兰教史上的"盖德尔之夜"，意为"高贵之夜"。穆罕默德奉劝身边的人放弃偶像崇拜，改信宇宙间唯一的至上神安拉，限制高利贷，主张救济贫苦之人。这是穆罕默德传教的开始。起初他只是在关系密切的人中传教，皈依者有他的妻子赫蒂彻，堂弟阿里，好友艾卜·伯克尔以及释奴宰德。经过三年的准备，613 年穆罕默德公开传教，标志着伊斯兰教的诞生。接受伊斯兰教信仰的人被称为穆斯林。

新宗教的诞生遭到麦加古莱什贵族的强烈反对，认为影响了麦加的商业地位，损害了他们的政治和经济利益，遂对穆罕默德及其他穆斯林进行迫害。面对古莱什贵族的压力，穆罕默德被迫前往麦加附近的塔伊夫，但遭到当地首领反对，无奈之下返回麦加。这期间他在安拉的恩赐下,完成了乘飞马一夜之间从麦加到达耶路撒冷的旅行。这次旅行意义非凡,被穆斯林称为"登霄之夜",同时穆罕默德宣布耶路撒冷不仅是犹太教的圣地,也是伊斯兰教的圣地,还规定耶路撒冷是穆斯林礼拜时的朝向,号召犹太人与穆斯林和平友好相处,宣布犹太人为"有经人",承认摩西也是安拉派到人世间的使者。这些做法在很大程度上缓解了犹太人与穆斯林之间的紧张关系,为伊斯兰教的发展赢得了时间与机遇。

麦加贵族并没有放弃对穆罕默德的攻击,当他们得知麦加只有穆罕默德、阿里和艾卜·伯克尔时,便计划谋杀他。穆罕默德得到消息后连夜逃出麦加。621年、622年分别有两批麦地那人前来拜见穆罕默德,并邀请他定居麦地那,帮助调停部落战争。622年9月24日,穆罕默德和艾卜·伯克尔到达麦地那,受到麦地那人的热烈欢迎,这一年就是伊斯兰教史上著名的"迁徙之年",也是伊斯兰教发展史上重要的转折点,后来被定为伊斯兰教历纪年元年。穆罕默德以麦地那为基地,不断壮大自己的力量。这一时期的传教被称作麦地那时期,是伊斯兰教发展史上的重要时期,确定了伊斯兰教各种典章制度,并把政治、军事和经济结合在一起,突破了血缘组织的限制,确立起以共同信仰为纽带的新社团,阿拉伯语称作"乌玛"。随后穆罕默德与麦地那各部落签订《麦地那宪章》,制定乌玛宪章,规定了三项目标,首先是制止内部仇杀,其二调整内部关系,其三共同御敌。这份章程带有明显的军事盟约的性质,因此在一定程度上,伊斯兰教在麦地那既是政治制度,又是军事联盟。乌玛的建立意味着以后向在麦地那建立统一民族国家迈出了关键性的一步,它也是以后哈里发国家的雏形。在麦地那期间,穆斯林与犹太人关系破裂,穆罕默德改变了礼拜朝向,不再朝向耶路撒冷,而是朝向麦加。

随着穆罕默德在麦地那力量的迅速壮大,开始向麦加贵族吹起反攻的号角。624年,穆罕默德发动针对麦加古莱什贵族从叙利亚返回的商队的伏击战,双方战于白德尔,穆斯林首次战胜麦加贵族,鼓舞了士气,提高了穆罕默德的声望。之后,双方经过伍侯德之战、壕沟之战,彻底击败麦加古莱什部落,为收复麦加奠定了坚实的基础。630年,穆罕默德组织穆斯林进攻麦加,麦加贵族艾卜·苏非扬皈依伊斯兰教,穆斯林不战而胜,进入麦加,扫除克尔白神殿神像,郑重宣布信仰独一的至高神安拉的核心教义。次年,多地代表团来到麦加表示对穆罕默德的效忠,阿拉伯半岛在伊斯兰教的旗帜下得到统一。632年,穆罕默德带领穆斯林前往克尔白朝觐,这是伊斯兰教史上的第一次朝觐。6月,穆罕默德在麦地那去世,故此次朝觐史称"辞朝"。

伊斯兰教在不断发展的过程中,其教义也得到完善,最终形成了俗称的六大信仰,即信安拉,信经典,信使者,信前定,信后世,信天使。伊斯兰教只有一部经典,也就是《古兰经》。"古兰"是阿拉伯语 Qur'an 之音译,其意为"诵读",特指将启示的经文以韵律的形式诵读出来。《古兰经》的经文是在穆罕默德多次所受启示的基础上形成的,在穆罕默德生前并无定本,只是在穆斯林中以口头的形式传诵,一直到第三任哈里发奥斯曼时才最终形成定本,共计 30 卷,114 章。《古兰经》是伊斯兰教的根本经典,也是伊斯兰教法的依据。除此之外,穆斯林法学家还会根据"圣训"来进行法律裁决。伊斯兰教的宗教义务共有五项,主要包括念、礼、斋、课、朝,简称"五功"。

伊斯兰教创建之始是没有派别之分的,但随着历史的演进,尤其是第三任哈里发奥斯曼被刺后,叙利亚总督穆阿维叶对阿里继任第四任哈里发表示不满,双方爆发了隋芬之战,阿里在获胜的情况下接受穆阿维叶提出的以《古兰经》仲裁的意见,从而导致不同派别的出现。总体而言,伊斯兰教分为两大派别:逊尼派和什叶派。在后续的发展过程中,两大派别之中又分出若干支派,最有影响力的是苏菲派,这是伊斯兰教中的神秘主义派别,涌现出了安萨里这样伟大的学者,也正是安萨里,成功调和了神秘主义信仰与正统信仰,将神秘主义信仰纳入正统信仰的框架之内,使正统信仰的理论达到了一个新高度。

伊斯兰教统一阿拉伯半岛后,不断向外发展。唐永徽二年(651),倭玛亚王朝向唐朝派出使臣,一般认为这是伊斯兰教沿丝绸之路传入中国的起始。不过,文化的传播是一种渐近的过程,651 年阿拉伯使臣到达长安只是代表阿拉伯帝国与唐朝之间官方的正式往来,民间的往来应该早于这个时间节点,因此伊斯兰教传入中国的时间可能要早于 651 年。

唐代广州是对外贸易最为繁荣的港口城市,出现了外国人聚居区域,汉文史料称为"蕃坊",内设蕃长,对内管理侨民内部事务,对外负责为唐朝政府招徕外商。这其中就有穆斯林。到了宋代,关于在东南沿海的穆斯林的记载有所增加且逐渐清晰,泉州出现了"蕃人巷",并发生过穆斯林与当地人的法律诉讼案件。泉州还建造了清真寺和穆斯林的公共墓地。表明两宋时期,伊斯兰教在中国东南沿海有了较大发展,这一时期来到中国的穆斯林主要采取海路,从阿拉伯半岛出发,经过阿拉伯海,进入印度洋,沿海岸线向东航行,到达广州或泉州。进入元代,陆路交通与海路交通均得到前所未有的发展,沿两条线路来华的穆斯林更多,分布更广,这使得伊斯兰教在中国进入了新的阶段——普传时期。关于伊斯兰教的汉文、阿拉伯文、波斯文史料都比唐宋时期更加丰富,清真寺的修建更加普遍。

由于元代进入中国的穆斯林规模远甚前朝,而且中世纪伊斯兰文明与汉文明均为世界先进文明,故穆斯林中的学者、工匠、商人等将相关知识和技术带入中国,形成了继唐代之外,中西文化交流的又一高潮。伊斯兰地理学、数学、天文学、医学相关知识的传入,在汉文史料中多有反映。如来自伊利汗国的著名地理学家、天文学家札马鲁丁,为元朝政府修订了《万年历》,在全国推行使用。后来被郭守敬制订的《授时历》取代,而《授时历》就从《万年历》中吸取了不少合理成分,元朝秘书监所藏来自西域的天文书籍也给了郭守敬很多启发,可以说,《授时历》是中西天文学交流的优秀结晶。元代传入的伊斯兰天文在明代结出了绚烂的果实。明承元制,继续设置回回天文科,一些天文学著作也被译为汉文,如《七政推步》《回回历法》,都是含金量比较高的天文学著作,这些著作的翻译与使用,推动了这一时期中国天文历法的发展。

元朝疆域空前辽阔,前代所修地理志或因战乱受损,或未包含新征服地区,为了适应这一时期广阔疆域的实际需要,札马鲁丁上奏元世祖,请求编修新的全国地理志。这部耗时十八年,规模巨大的地理总志最后定名为《大元一统志》。这是中国地理学史上首次使用"一统志"的概念,为札马鲁丁首创;也是中国地理学史上第一部官修且使用"一统志"名称的全国地理总志,这种模式为明清两代所继承。《大元一统志》编成不久,元代另一位地理学家朱思本就在吸收这部巨著的基础上绘制了新地图;李泽民和僧清睿也利用札马鲁丁的"天下总图"分别绘制了《声教广被图》和《混一疆理图》。这两幅地图在明代曾被朝鲜使臣带回,对朝鲜的制图学产生了深远影响。直到清代,刘智《天方典礼》和《天方性理》两部著作中依然包括多部伊斯兰地理学方面的书籍名称。

元代随着穆斯林的大批东来,伊斯兰医学知识也传入中国,促进了中西之间医学领域的交流,成果相当令人瞩目,其中最重要、最有代表性的就是《回回药方》这一中、西医学交融汇聚的医学巨著。这部专著包括内科、外科、儿科、妇科、骨科等门类,内容极其丰富,记载了656个治疗处方,是一部门类齐全、内容丰富的医学著作。遗憾的是,这部医书只保存下来四卷,其中一卷为目录下,约成书于元末明初,应是对元代广惠司医官所使用的处方集的汉译,但其中保留了大量阿拉伯文和波斯文语汇,以及它们的汉字音译。这部医书包含了大量古希腊的医学知识,通过元代穆斯林这一中介,希腊、波斯、阿拉伯医学体系传入中国,丰富了中国人的本草学内容,增加了新的治疗方剂,为中国医学的发展做出了巨大贡献。

　　穆斯林传入的数学知识也值得一提。考古工作者在西安安西王府遗址中发现了五块尺寸相同的正方形铁板，上有阿拉伯数码，被称为阿拉伯数码幻方，横、纵皆有六个数码，又叫阿拉伯六阶数码幻方，它上面的数字，无论横加、竖加，还是对角线相加，所得总和均为 111，反映出很强的对称性。这种数码幻方一直到明代还在社会上流行。另外传入的伊斯兰数学计算方式有被俗称为土盘法和格子算两种，前者为元代穆斯林天文学家的通用计算方法，后者主要用来计算乘法，至明代已成为中国天文学家常用的计算方法了。

　　伊斯兰教传入中国后逐渐走上中国化道路，至明代中叶基本完成这一历史进程。明末清初涌现出一批"以儒诠经"的穆斯林学者，其中以王岱舆、刘智最具代表性。

参考文献：

1. 金宜久主编：《伊斯兰教史》，中国社会科学出版社，1990。

2. 刘迎胜：《丝绸之路》，江苏人民出版社，2014。

3. 李兴华、秦惠彬、冯今源、沙秋真：《中国伊斯兰教史》，中国社会科学出版社，1998。

（马　娟）